老人居家照顧的服務與治理

謝美娥、沈慶盈　著

五南圖書出版有限公司

自 序

　　寫這本書，起因於執行101年度國科會專題研究「穩定失能老人居家服務人力措施探討」之計劃。一向擅於運用少少的研究經費，以兼任研究助理的方式拜託學生加上自己補貼的少許工讀金，完成了不可能的任務。該研究不但執行300名量化資料之蒐集，又加上必要訪談和焦點團體，完成了大量質化資料。在國內質化研究不易投稿受理的情況下，乾脆出一本書來與學界和實務界分享質化研究的成果。當然由於研究主題的焦聚，後來又投入許多助理人力和休假期間擴大蒐集資料，全力撰寫修改才得以完成。把這樣的過程呈現出來，也想鼓勵一些社會工作學界後進，研究經費不必要求多，重點在想法和執行。我的許多研究論文都是在這種困境中寫出來的，所以，大家加油了。

　　規劃書的架構時，想到曾經聽說師大沈慶盈老師做過居家照顧服務管理和品質方面的研究，也就惜才的邀請他來撰寫兩章。其實是自己疏懶與時間不夠，要架構那兩章，恐怕又要耗費更長時間。沈老師有實證資料的印證，與本書盡量參照實證為主的想法相合。

　　本書第三、四、五、九、十章的實證部分，係由該國科會專題研究質化部分發展而成，研究方法在第三章有說明。第六章則為本人未通過計劃交與學生執行，研究方法在第六章有說明。第七八章沈慶盈老師執筆部分，全權由他負責，我只給予架構上建議以符合本書要求。

　　感謝歷年來研究生助理何昭蓉、蔡芸佳、陳宜君、張涵絜與黃葆華等人協助，尤其是前面兩位學生，跟著東跑西跑蒐集實證訪問與訪談資料，是國科會兼任助理。當然，跟著老師做研究，自己碩士論文也很快完成，現在分別在公部門工作。

　　本書的出版，最感謝的是國科會，也就是現在的科技部給予專題補助以從事研究，NSC 101-2410-H-004 -098 -。其次也感謝政治大學研究發展處於103學年經由「學術研究補助審查小組」通過出版學術專書補助。能得到政治大學學術專

書補助，更是對作者的一大鼓勵和認可。

　　這本書結合學術與實務，不僅希望做研究的人可以參考，更希望在居家照顧服務界的實務工作人員可以參考，這樣，不但在招募合適人力可以參用，即便是召募進來後的督導工作進行都可以有實質的幫助。

謝美娥

2015年4月

目錄

第一章　我國老人人口現況與長期照顧

/謝美娥

　　長期照顧爲近年來各國積極重視與探討的議題，在相關的政策、法規、服務、人力等等的面向上皆投入大量的研究和心力，其乃爲了強化與健全長期照顧制度，並能成爲維護老人生活安全和品質的重要參考對策。至於長期照顧到底有何重要性？爲何長期照顧與相關的措施成爲當今亟須理解的議題？要回答這樣的問題就必須從人口結構談起，尤其臺灣正處於人口型態快速變遷，邁向少子化高齡化方向發展的處境。越來越多的老人和越來越少的扶養人口，不難想像每一位成年人所需擔負的照顧壓力將越來越沉重，這也讓我們意識到「照顧」並非只是個人或家庭的責任。如何透過社群、社區和國家的力量來支持個人和家庭，並建立一套穩固和友善的制度，是面對人口結構變遷所帶來的衝擊時所應採取的行動。而長期照顧就是爲了因應這樣的議題而成爲熱門的話題。本書將著重在長期照顧中居家服務此一面向的探討，在進行說明前，本章將先針對我國的老年人口與長期照顧現況進行簡要說明。

第一節　臺灣地區人口現況

世界上許多國家的人口結構正面臨快速變遷，從過去高生育率、高死亡率逐漸朝向低生育率、低死亡率的型態，這樣的轉變使得各國的人口結構趨向老化。人口老化的現象可以從很多面向來分析，其中生育率的下降是影響人口結構趨於老化的關鍵。出生率下降導致年輕人口（0-14歲）的減少，相對的老年人口（65歲以上）比例就會提高並影響老年扶養比，意味著個人的扶養負擔將逐漸增加。除了逐年下降的出生率之外，老年人口的壽命延長，也使得在特定時期之下，老年人口數相對增加。快速減少的新生兒，以及不斷增加的老年人口，共同形塑了人口老化的趨勢，形成許多過去不曾出現的新興社會議題。今日在許多國家都出現類似的趨勢，老化的過程主要取決於出生率，次要則是受到死亡率的影響（林歐貴英等人，2007），故在理解人口老化時，必須針對這兩現象。如同這個國際趨勢，臺灣也正在經歷快速的人口老化，從我國的生育率和老年人口比例的發展，即不難發現相關議題的迫切性。

一、臺灣地區生育率概況

臺灣地區的總生育率在50年代初便逐步下滑，1984年時總生育率為2.05人，始低於替代水準的（replacement level）2.1人。接著在1986年時，總生育率為1.67人，往後幾年呈現上下波動的趨勢，到1997年為止，平均維持在1.75人左右。另一波總生育率的快速下跌時期為2001年與2002年間，分別為1.39人與1.33人（劉一龍、王德睦，2004）。進一步，依據國家發展委員會【以下稱國發會】（2014）所做的人口推估分析，可以推測在2061年時，總生育率將落在0.8人。

另外，依據內政部（2014）人口統計數據顯示，我國0-14歲人口數在2014年

八月底為止，合計達329萬5,251人，占我國總人口14.08%。比較十年前（2004年）0-14歲人口數為438萬7,082人，占總人口19.34%，由此可以觀察到，過去十年來臺灣年輕人口數顯著的減少。而在國發會（2014）的推計資料中更可以發現，到了2061年，依高推計計算出之出生數將減少至13.2萬人，中推計為9.0萬人，低推計為5.5萬人，皆呈現下滑的趨勢。若臺灣在未來仍維持低於替代水準的總生育率，預計在2025年前後人口增加將會停滯，首度出現人口零成長，並朝負成長的方向發展。

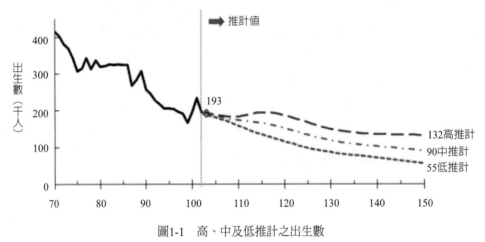

圖1-1　高、中及低推計之出生數

資料來源：國發會（2014）

二、臺灣地區老年人口現況

臺灣在2004年底時，戶籍登記人口之65歲以上老人計有215萬0,475人，占總人口9.48%；而截至2014年8月底為止，65歲以上老人計有276萬3,334人，占總人口比例達11.81%（內政部，2014）。在過去10年間，臺灣65歲以上老年人口占總人口的比例，就增加了2.33%；而這樣的趨勢在未來也將呈現同樣的樣貌，從

表1-1即可看見老化指數在未來將逐年攀升，且成長速度越來越快，到了2061年預估的老化指數將達到472.7%（國發會，2014）。另外，從年齡中位數的推計值來看也能清楚的發現，預計將從2014年的39.4歲增加至2061年的58.7歲，代表整體人口的年齡越來越老，而同時期幼年人口占總體人口的比例越來越少，加大了老年人口與幼年人口的比值。

表1-1　未來老化指數與年齡中位數（中推計）

年別	老化指數（%）	老年人口與幼年人口之比	年齡中位數（歲）
2014	86.2	1：1.2	39.4
2016	101.2	1：1.0	40.6
2021	138.6	1：0.7	43.4
2031	223.9	1：0.4	48.7
2041	315.8	1：0.3	53.0
2051	423.4	1：0.2	56.5
2061	472.7	1：0.2	58.7

註：(1)老化指數＝65歲以上人口÷0-14歲人口×100。(2)老年人口指65歲以上人口；幼年人口指0-14歲人口。
資料來源：修改自國發會（2014）

　　在有關人口老化的定義中，最常被採用的是世界衛生組織（WHO）所做的界定，以65歲以上人口占總人口的比例為基準，超過7%為高齡化社會（ageing society），超過14%者為高齡社會（aged society），若達20%則稱為超高齡社會（super aged society）。依國發會（2014）統計資料顯示，臺灣在1993年底時，65歲以上人口比例突破7%，正式進入高齡化社會；若再以中推計來計算臺灣人口未來變遷，65歲以上人口比例將在2018年突破14%，而在2025年達到20%。臺灣從高齡化社會轉型至高齡社會估計將花費25年的時間，但從高齡化社會邁入超高齡社會預計僅需歷時7年，與世界各國相比，我國人口老化的速度可說是極為快速（詳細資料請參閱：國發會，2014，表11-13）。

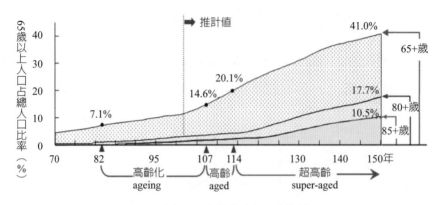

圖1-2　高齡化時程—中推計

資料來源：國發會（2014）

　　另外，觀察我國零歲平均餘命的推估，男性在2014年時，零歲平均餘命為76.9歲，至2061年將增加至81歲；女性於2014年之零歲平均餘命為83.5歲，至2060年將成長為87.7歲（國發會，2014）。平均餘命的增加，意味著老人壽命延長，而且老老人的人口數將越來越多。由此可知，我國老年人口型態，將出現比例增加、增加快速、老年期延長和老老人越來越多的現象。

　　過去20幾年來，由於戰後嬰兒潮世代進入中年階段成為主要扶養人口，此時期因出生率開始下降，而壯年人口又較多，因此整體的扶養比、扶幼比呈下降的走勢，僅有扶老比呈小幅度的增長。1981年臺灣地區扶老比為6.9%，至2003年則成長至13.0%。然後，出生率持續的下降，再加上戰後嬰兒潮世代逐漸邁入老年而導致老年人口增加，可以預見未來扶養比、扶老比將逐年提高。至2014年，扶養比為35%、扶老比為16.2%，到了2061年時扶養比將增加至98.6%；且因幼年人口少，故大部分的扶養對象即為越來越多的老人，扶老比將達81.4%（國發會，2014）。

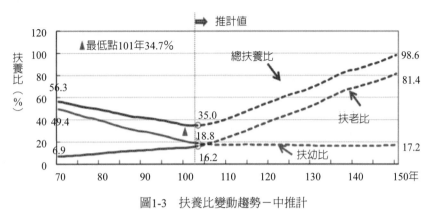

圖1-3 扶養比變動趨勢－中推計

資料來源：國發會（2014）

三、臺灣地區失能及失智老人人口現況

　　老年人口的增加，連帶的也使得相關的老人健康問題－失智與失能，逐漸浮出檯面。以領有身心障礙證明之老人人數來看，至2014年第二季總計65歲以上身心障礙老人有427,686人（衛生福利部【以下簡稱衛福部】，2014），臺北市和新北市則分別有49,087人（11.57%）及50,710人（11.9%），為全臺比例最高的兩個縣市，見表1-2（衛福部，2014）。其中失智症人數方面，至2014年第二季全臺65歲以上的失智症人口為36,757人（衛福部，2014），約占全臺65歲以上老年人口1.3%。

表1-2　2014年第二季為止身心障礙者人數按區域分（單位：人）

2014第二季 期底	身心障礙人數（人）		失智症人數（人）	
	全臺人口總計	65歲以上	全臺人口總計	65歲以上
按區域別				
總計	1,131,097	42,7686	42,131	36,757
新北市	156,969	51,879	5,680	
臺北市	119,186	49,334	63,82	
臺中市	115,651	39,643	37,69	
臺南市	94,079	38,309	37,30	
高雄市	134,965	47,616	50,03	

資料來源：修改自衛福部（2014）

（一）失能老人概況

　　根據內政部98年老人狀況調查報告，從該統計紀錄可知，65歲以上老人日常生活起居活動自理困難情形，有困難者占16.81%，與94年相比，增加了4.14%。見表1-3，我國65歲以上老人經ADLs（Activities of Daily Living＝日常生活活動能力）量表評估有輕度失能狀況者，占整體老人4.82%，約有116,844人，中度失能老人占2.28%，約有55,355人，而重度失能者則占整體老人4.60%，約有111,688人。整體來說，65歲以上老人輕度以上失能比例占11.70%（內政部，2009）。

表1-3　65歲以上老人之日常生活起居失能項數

總計單位：%數	無	輕度（1-2項）	中度（3-4項）	重度（>=5項）	不知道／拒答
100.00	87.88	4.82	2.28	4.60	0.42

註：失能項數僅統計進食、移位、如廁、洗澡、平地走動、穿脫衣褲鞋襪等六項活動有困難者
資料來源：修改自內政部（2009）

　　依據IADL（Instrumental Activities of Daily Living＝工具性日常生活活動能

力）量表評估標準，上街購物、外出活動、食物烹調、家務維持、洗衣服等五項中有三項以上需要協助者即為輕度失能。如表1-4，我國65歲以上老人IADL量表評估中，日常生活五項能力勾選失能項目者占16.95%，其中勾選1項失能者占9.2%，2項失能者占3.82%，3項以上者占3.93%（內政部，2009）。

表1-4　65歲以上老人工具性日常活動能力失能項目計算

總計 單位：%數	0項	1項	2項	輕度失能			
				計	3項	4項	5項
100.00	83.05	9.20	3.82	3.93	1.01	1.06	1.86

資料來源：修改自內政部（2009）

　　這些統計資料提供我們一個了解目前臺灣老人失能狀態樣貌的基礎，至於未來這個議題會呈現怎樣的趨勢，國發會也進行了推算。2009年時，國發會針對我國失能人數進行了全面性的推估，其估算了100年至125年的失能人數將以每5年約20%的成長率增加。另外，從圖1-4可以看到，40-64歲失能人口增加的人數並不多，速度也不快；相反的，65歲以上的失能人口則呈現快速爬升的趨勢，65-74歲失能人口在25年的期間內，預估就會增加超過2倍，而75-84歲失能人口預估更會增加將近3倍，最後85歲以上失能人口增加更可能會大於3倍。這樣的資訊告訴了我們，快速增加的失能人口主要來自於65歲以上的高齡者，不但人數增加，速度也加快，這代表高齡人口處於失能的狀態，將可能成為常態，迫使我們必須重視老人失能的問題。

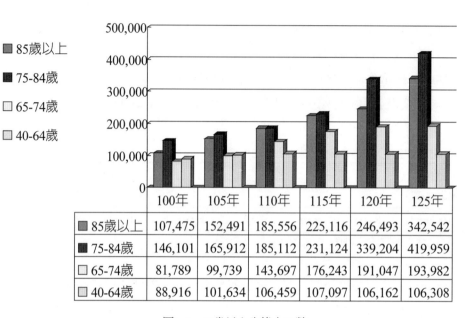

	100年	105年	110年	115年	120年	125年
■85歲以上	107,475	152,491	185,556	225,116	246,493	342,542
■75-84歲	146,101	165,912	185,112	231,124	339,204	419,959
□65-74歲	81,789	99,739	143,697	176,243	191,047	193,982
□40-64歲	88,916	101,634	106,459	107,097	106,162	106,308

圖1-4　40歲以上失能人口數

資料來源：修改自國發會（2009）

（二）失智老人概況

　　國際失智症協會（2012）的報告指出，在2010年底為止，全球大約計有3,600萬人被診斷出患有失智症，且這個人數正在急速的增加中。該報告也預估，到了2030年，全球失智症人口將可能達到6,600萬人，而2050年將達到1億1,500萬人。另外，根據WHO（World Health Organization）2012年公布的失智症報告，可得知在2010年時，全球新診斷出患有失智症的患者總計有770萬人，這樣的人數換算下來相當於每4秒鐘就有一位新的失智症患者出現（World Health Organization, 2012）。

　　如同國際研究報告的結果，臺灣的失智症人口也逐年上升。許多有關臺灣多起社區流行病學調查發現，臺灣失智症盛行率於65歲以上的人口分別為1.7%到4.4%不等（傅中玲，2008）。接著再根據原內政部統計資料來看，若以臺灣地區失智症盛行率5%來做推估，至2051年全臺將可能有45萬失智症患者，而臺北

市將有可能達到12萬人（臺北市政府失智症服務網，2013）。

　　根據相關統計資料顯示，臺灣於2009年時，失智症老人患者已經超過17萬人口。臺大醫院神經科主治醫師陳達夫分析：臺灣社區失智症盛行率，65歲以上為1.2%，90歲以上更高達約31%；但是若隨著臺灣人口的老化趨勢，到了民國145年，臺灣總失智人口將超過62萬人，屆時失智症盛行率將占65歲以上老人人口的8%。是故隨著國人平均壽命增加，老人失智已成為不可忽視的問題（臺灣失智症協會，2009）。雖然各項統計數據不同，有推估1.2%的，有高達5%的，但都是在提醒我們關於失智老人照顧的重要性。

第二節　老人的相關需求

一、老人的普遍性需求

詹火生曾指出，在社會福利研究的領域中，早期很少有學者注意到需求這個概念，但晚期這方面的研究逐漸增加，因此對需求的界定也越顯重要（引自謝美娥，1993）。

有關需求定義，最廣為各方學者使用的是馬斯洛（Maslow）的分類提出了需求層次理論（Need-hierarchy theory）的概念。馬斯洛將各種需求間依高低層次與順序分成五個層次，每個層次的需求與滿足的程度，將決定個體的人格發展（張春興、楊國樞，1980）該五個層次，由低到高分別敘述如下：

(一) 生理上的需求（physiological need）：即人們維持生存的最基本需求，包括食物、水、空氣、健康等方面的需求。如果這些需求無法被滿足，人們在生活中就可能會產生問題。某種程度上來說，生理需求可以成為動力以促使人們行動。馬斯洛認為，只有這些最基本的需求滿足到可以維持生存所必需的程度後，其他的需求才能成為新的刺激因素，而推使人們採取行動。生理需求則是優先應被考慮及滿足的。

(二) 安全上的需求（safety need）：這是人類追求人身安全、生活穩定、免遭痛苦威脅或疾病等方面的需求。馬斯洛認為，整個有機體是一個追求安全的機制，人的感受器官、效應器官、智能和其他能量主要是尋求安全的工具，甚至可以把科學和人生觀都看成是滿足安全需要的一部分。當這種需要一旦相對滿足後，也就不再成為激勵因素了。

(三) 歸屬上和情感上的需求（belonging & love need）：這一層次的需求包括兩個方面的內容：一是友愛的需求，即人人都需要有融洽的伙伴關係，或保持友誼和忠誠；人人都希望得到愛情，希望愛別人，也渴望接受別人的愛。二是歸屬的需求，即人都有一種歸屬於一個群體的

感情，希望成為群體中的一員，並相互關心和照顧。感情上的需求比生理上的需求來的細緻，它和一個人的生理特性、經歷、教育、宗教信仰都有關係。

（四）被尊重的需求（esteem need）：人人都希望自己有穩定的社會地位，要求個人的能力和成就得到社會的承認。尊重的需求又可分為內部尊重和外部尊重。內部尊重是指一個人希望在各種不同情境中有實力、能勝任、充滿信心、能獨立自主。總之，內部尊重就是人的自尊。外部尊重是指一個人希望有地位、有威信，受到別人的尊重、信賴和高度評價。馬斯洛認為，尊重需求得到滿足，能使人對自己充滿信心，對社會滿腔熱情，體驗到自己活著的用處和價值。

（五）自我實現的需求（need for self-actualization）：這是最高層次的需求，它是指實現個人理想、抱負，發揮個人的能力到最大程度，完成與自己的能力相稱的一切事情的需求。也就是說，人必須做稱職的工作，這樣才會使他們感到最大的快樂。馬斯洛提出，為滿足自我實現需要所採取的途徑是因人而異的。自我實現的需求是在努力實現自己的潛力，成為自己所期望的人物。

除了馬斯洛的理論之外，針對需求的分類，另外還有布拉德蕭（Bradshaw, 1972）依據社會服務輸送體系之分析，所進行的需求畫分。其在《A Taxonomy of social need》一書中，將需求區分為下列四種類型（引自謝美娥，1993；蕭文高，2011）：

（一）規範性需求（normative need）：是以專家或專業人員在某一既定情境時所界定的需求，需求定義容易受到專家或主流價值所影響，且隨著知識與社會價值之發展，相關的需求標準也會跟著改變。

（二）感覺性需求（felt need）：感覺性需求等於欲求（want），是個人依其欲望所感覺到的需求。然此項需求難以準確的測量或界定，人們有時會誇大或誤判自己的需求。

（三）表達性需求（expressed need）：表達性需求等於需要（demand），

即針對感覺性需求採取行動，但限制在於有時候感覺性需求並不一定會付諸行動，而形成表達性需求。

（四）比較性需求（comparative need）：以「區域公平」為原則的需求。即在相同的背景條件下，如果部分人相對沒有接受到服務，而他人卻有的時候，就會產生需求的差異。

上述的基本需求理論提供一個很好的基礎，讓我們了解人類需求的樣貌。有了這樣的基本概念後，即可以再針對我們所關心的標的人口群，進行更深入的需求探討。老人的福利需求眾多，從供給面來看，可以大致整理如下。

（一）從法律制度來觀察，臺灣老人福利法的給付服務項目如下（郝鳳鳴，1996）：

1.健康及醫療服務：包括免費醫療健康檢查、醫療費補助、療養機構之復健服務等。

2.居住及安養服務：其內容除老人福利法上之扶養機構服務、老人住宅之興建與補助服務外，亦包含在宅服務、日間托老、中低收入戶老人住宅設施設備之改善、營養餐食及居家護理等。

3.教育及休閒服務：目的是為了協助老人因應生理、心理、精神之困境，提供老人進修及休閒之機會。該法規定，休養及服務機構以舉辦老人休閒、康樂活動及綜合性服務為目的，並積極於全臺設立老人文康中心，提供各類休閒、運動、圖書、聯誼等相關器材及服務。有關教育方面，設立長青學苑或老人大學，提供老人進修的機會。休閒方面，針對交通工具及各類文康設施、文教場所皆給予優惠，各地區亦不定期舉辦長青運動會、老人歌唱大賽等。

4.其他福利服務：包括老人人力仲介、老人社會參與、老人之特別保護等。

（二）另外，從需求面出發，可將老人的生活狀況及需求分類為幾個層面（謝登旺、陳芬苓，2005；陳明珍，2012）：

1.經濟狀況與經濟安全需求：指出許多老人仍然處於非常弱勢的地

位,年輕老人未到退休年齡卻已大多失去固定工作收入而需依賴子女過日。尤其從事農林漁牧業者,未來老年退休之後沒有辦法擁有職場退休金的保障。

2. 居住狀況與居住需求:在居住狀況方面,老人針對與配偶、子女、孫子女同住的期望較高,但另外也需要相關機構式的照顧服務。

3. 保護狀況與安全需求:在安全需求方面,老人表示需要子女關心及注意生命安全之需求、裝設緊急救援系統、緊急庇護所的需求等。

4. 生活適應狀況與生活照顧需求:面對生命週期後期的生心理轉變,老人的健康、活動力、生理作息、心理狀態都與過去有所不同,甚至有較高的機率出現失能與失智的表現,這些轉變皆需要經歷長時間的適應和調整,而當這些轉變無法由老人獨立因應時,就會出現生活照顧的需求,包括家務處理、交通接送、無障礙的環境、關懷陪伴、送餐等等。

5. 健康狀況與醫療需求:在健康服務需求方面,包括了定期性義診活動的需求、免費健康檢查的需求等。

6. 休閒生活狀況與休閒育樂需求:對於調查對象平日的休閒生活狀況,包括在家中看電視、與朋友聚會聊天、做運動跳舞、到處旅遊看看風景,顯示老人有室內休閒活動的需求。另外,研究亦發現老年人希望政府能提供多種文康休閒活動,包括戶外郊遊、歌唱活動、運動比賽、養生活動等等。

7. 社會排除狀況與社會參與需求:老年人是容易受到社會排除的一群人,不論是勞動、教育、人際關係等領域,對老年人多是不友善的,使得老人無法透過與社會建立連結來強化自身價值而進一步提高生活品質。相關的作法可以是推廣銀髮教育、社區大學、營造友善中高齡就業環境、促進老人公共參與的機會等,積極的

　　　　　社會參與將是老人福利中的積極表現。

　　另外，根據內政部98年老人狀況調查報告可知，65歲以上老人認為政府應加強提供的服務項目，第一高為經濟補助，第二為醫療照顧保健服務，第三為休閒娛樂活動，其餘為心理諮詢輔導、財產信託服務、未來生涯規劃、志願服務及其他（內政部，2009）。可知，除了滿足老人較低層次的需求（食、衣、住、行、安全）之外，亦需考慮老人較高層次的需求（社會需求、自尊需求、自我實現需求）。故在針對老人的需求而提出相應措施時，不能只有消極的幫助其達到能夠生存的條件，亦需積極的重視老人自主性和特殊性，提升其生活的動力和滿意度。

二、老人的照顧需求

（一）臺灣老人健康狀態

　　雖然大部分的老人都是健康的，但隨著年紀的增加，生理和心理上的轉變常伴隨著衰弱的身體，只是程度與現象因人而異。老人的健康狀況，連接著照顧、醫療、復建等方面的需求，故欲了解老人的照顧需求之前，需針對老人的健康狀況有所認識。

　　當人們面對疾病或傷害時，通常會經歷一定程度的醫學檢查和判定，如何判斷健康，從醫療服務的使用數據上，可以有一個粗淺的了解。行政院主計處在2010年所進行的調查中發現，75歲以上的高齡者在平均每人就醫次數上達34.0次，為總調查人口中最高者（行政院主計處，2013a）。從圖1-5中不難發現，平均每人的就醫次數分配呈現U型，意味著就醫的高峰人口群出現在幼兒期（14歲以前）以及老年期（65歲以上），出生至幼兒階段，醫療的需求高，隨著年齡的增加逐漸減少，以圖1-5來看，最低的時期出現在15-24歲的區間，為9.8次，之後隨之攀升，55-64歲者回升至22.3次，75歲以上者達34次。可見年齡的增加，

伴隨較多的疾病或傷害，導致人們的就醫需求提高。

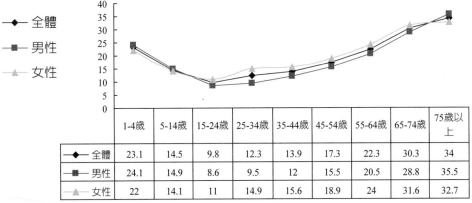

	1-4歲	5-14歲	15-24歲	25-34歲	35-44歲	45-54歲	55-64歲	65-74歲	75歲以上
全體	23.1	14.5	9.8	12.3	13.9	17.3	22.3	30.3	34
男性	24.1	14.9	8.6	9.5	12	15.5	20.5	28.8	35.5
女性	22	14.1	11	14.9	15.6	18.9	24	31.6	32.7

圖1-5　2010年平均每人就醫次數（次）

註：本圖「就醫人口」係指99年底本國籍常住人口中，年內曾到全民健保特約醫院（診所）就醫之人口。
資料來源：修改自行政院主計處（2013a）

　　另外，進一步從住院就診率來看，每十萬人住院就診率以15-24歲者之3,445人最低，以75歲以上者之23,542人最高。如同就醫次數的分配，住院就診率的分配亦大致呈現U字型，出生至幼兒時期有較高的住院就診率，之後便降低，在15-24歲的區間為最低的時期，之後雖略有升降，但整體來說是一路爬升，至75歲以上時達23,542人為最高峰，係最低者之6.8倍。

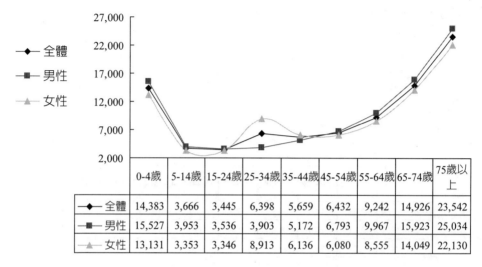

圖1-6　2010年每十萬人就診率

	0-4歲	5-14歲	15-24歲	25-34歲	35-44歲	45-54歲	55-64歲	65-74歲	75歲以上
全體	14,383	3,666	3,445	6,398	5,659	6,432	9,242	14,926	23,542
男性	15,527	3,953	3,536	3,903	5,172	6,793	9,967	15,923	25,034
女性	13,131	3,353	3,346	8,913	6,136	6,080	8,555	14,049	22,130

註：本圖「就醫人口」係指99年底本國籍常住人口中，年內曾到全民健保特約醫院（診所）就醫之人口。

資料來源：修改自行政院主計處（2013a）

　　從上述數據中可以得知，老年人在醫療服務的使用上是有較高的次數和比率，這意味著高齡人口相較於其他年齡別人口群，有較高的疾病或傷害風險，另外，行政院主計處在相關的研究結果中曾發現，我國65歲以上老人自評健康狀態良好的比率僅57.3%（男性62.6%；女性52.4%）（行政院主計處，2013b），代表仍有將近一半的老年人口認為自己的身體狀況並非那麼良好。雖然自評健康狀態易受到個人主觀、文化或民族性的影響，但這是老人在判斷自己的健康條件或生活狀況時，很重要的一個面向，這也會影響其使用相關的服務。

（二）老人失能與失智的照顧

　　健康問題有很多的可能，大致上來說，老人的健康問題大約可分為兩大方面，一是生理上的，包括自然老化、疾病、意外傷害等引起的改變，如：中風、關節炎、消化道疾病等慢性疾病，這可能使老人產生一定程度的失能狀態，進而影響到日常生活的活動。另一方面是心理上的，可再區分為功能性障礙

及器官性障礙，如：憂鬱、妄想、情緒低落、阿茲海默症等（臺灣長期照護專業協會，2013）。在相關的調查中發現了老人失能的主要原因多來自慢性病及相關的併發症，其中有88.7%的老人自述曾經由醫生診斷出至少有一項慢性病（衛生福利部國民健康署，2009）。老化的結果，伴隨著諸多的生理及心理障礙，這都會使老人的活動表現、社會參與、或自我認同產生負向的發展，從而需有他人的協助。

如同上述所說，失能和失智成為影響老人活動最大的阻礙，在建構老人福利和長期照顧的制度時，考量老人的活動力和健康表現成為重要的切入點。失智症的症狀，表現在記憶力、定向力、判斷力、計算力、抽象思考力、注意力、語言等屬於認知功能的障礙，同時失智症患者也可能會出現干擾行為、個性改變、妄想或幻覺等症狀，以致於其人際互動及日常生活出現了很大的困擾（莊秀美，2009）。另外，不同於失智症屬於認知功能的受損，失能者屬於身體活動上出現障礙。失能情況常因人而異，但一般在照顧實務工作上，仍依據日常生活活動量表（ADL）或工具性日常生活活動量表（IADL）的加總得分，將失能狀態劃分為輕、中、重度三類。輕度失能者仍可獨力下床活動，但仍須靠輔助器推行；中度失能者則處處須人協助，較難進行獨立的活動；重度失能者則難以行動，臥床不起，翻身困難（莊秀美，2009）。

（三）老人照顧服務

失智症老人的服務需求上，包括提供居住及餐飲服務、睡眠的處理、適當引導輔助失智症老人生活參與及管理並能因應緊急狀況、提供進食淋浴及如廁等生活援助、制定個別照顧計劃以幫助失智症老人正常的生活等。而失能老人的服務需求則包含以失能者為核心的居家身體照顧、日常生活照顧、簡易護理、復健諮詢、輔具等，並連結社區醫護、照顧資源的交通接送與餐食提供，以滿足失能者在社區中托顧與安置的需求（師豫玲、鄭文惠、蘇英足、葉俊郎、沈詩涵，2011；葉至誠，2012）。

　　老年時期的失能及失智狀態所引發的相關服務需求，須要有完整且全面的福利制度加以滿足。從行政院主計處的資料發現，老人日常生活起居有困難比率在2009年時，為16.8%；但老年人與親屬同住的比率，依資料計算出卻僅為11.9%（行政院主計處，2013a），這提供了一個很好的說明，老人在其生命歷程的後段，面對的是失能及失智的危機，但同時臺灣人口卻逐漸老化、扶養比提高、獨居老人增加、家庭功能逐漸式微，讓傳統以家庭為照顧供給者的方式，漸漸的遇到瓶頸，額外的老人照顧服務是越來越刻不容緩，因此在這樣的現況下，老人長期照顧體系被提出作為面對的方法之一。

第三節、臺灣老人福利政策

一、福利服務社區化之概念與內涵

　　人口老化與少子化的現象，已在世界各國逐漸浮現，面對這類問題的經驗，普遍認為「在地老化」（aging in place）之概念，是面臨高齡化社會的共同指導策略與價值核心。為了使老年人及失能者能在原生社區中接受良好的照顧，滿足其在熟悉環境中生活的訴求並同時確保生活安全無虞，以避免大量機構式的照顧，發展社區式長期照顧體系便成為落實此目標的做法之一，並融合「在地老化」的信念作為服務提供的原則，在此之下，政策的制定便是採取了「社區優先」及「普及服務」的理念，期待每一位有照顧需求的人，能夠優先尋求社區照顧資源已獲得協助，在社區無法照顧的前提下，才進入機構照顧（曾忠明，2006）。

　　在地老化若是一個價值指導的概念，那「福利社區化」就可以視為更具體的做法。福利社區化是指將整體的社會福利體系，建構在具體的社區服務基礎上，針對社區中需求未被滿足的對象或群體，給予充分的福利服務，同時重視並維護個人的基本福利權。福利服務體系或機構需與社區充分的結合，以規劃出符合該社區特質的服務體系，這樣的做法可以整合社區內外的資源，提升福利服務的績效與動能，而接受福利服務的對象亦能維持其家庭和社區生活，增加福利服務品質和效率，也能提高人們接受福利服務的意願。「福利社區化」可說是社會整體福利服務網絡的社區基層組織（黃志忠，2007）。

　　失能老人或是身心障礙者的福利服務，更是講究福利社區化的推展，尤其是社區照顧的重要性。社區照顧指的是一種去機構化（de-institutionalization）與正常化（normalization）的過程，也就是當人們不再需要高密度的醫療照顧時，可以從醫院轉往當地的護理之家，或是到較不需要護理服務的住宿型機構。換言之，如果人們能夠在自家接受照顧時，政府就應盡力的協助他們獲取相關的支持

性服務，例如居家服務、日照或是送餐等，讓人們可盡量在其所熟悉，且與一般主流社會相似的環境中生活（蕭文高，2007）。社區服務機能的重視，已成為各國追隨的目標，期望讓老人與身障者能在社區中得到應有的照顧，並進一步的提升生活滿意度和社會參與度，更是將「以人為本」的原則貫穿於服務活動之中。而在此之下，臺灣的福利政策也接受了這樣的理念，並體現在具體的福利政策訂定上。

二、臺灣老人社會福利之相關政策

　　學者賴兩陽（2009）曾簡要的說明了臺灣社會福利社區化的緣起：從1980年代開始，我國經歷了快速的工業化、都市化，與人口轉型，面對的是都市人口集中與鄉村人口外流所帶來社會福利的需求問題，以及隨人口結構改變即將面臨的考驗，有鑑於這樣的社會變遷，前臺灣省政府社會處開始著力規劃並推動建立「社區福利服務體系」實驗計劃，最終的目標當然是希望能藉由社區發展理事會的力量，在各個社區中建立福利輸送與轉介體系。然該計劃最終並未能有效的推行，原因包括了政府後續支援不足、社區民眾尚無理念、缺乏專業人員投入、社區資源不足等因素，整個實驗計劃僅維持了短短2年即夭折。

　　接著到了1990年代之後，以行政院文建會為主導的「社區總體營造」成為此一時期官方的重點計劃，並如火如荼的推展，而社區此一概念也在這個時候開始扎根，掀起了一股社區熱潮。隨著這一風潮的擴展，內政部也在1998年開始推動「社會福利社區化」實驗方案，試圖在社區中建立起符合當地需求的福利網絡，期望從基層開始健全我國的福利服務。到了2003年1月，行政院核定了「挑戰2008國家發展重點計劃」修訂版作為施政重點，當中社區工作「新故鄉社區營造」中「醫療照顧服務社區化」一章，指明了需建立社區化長期照護網絡，並將照顧服務地方自主化，希望透過社區民眾的主動參與，凝聚社區意識，建立志工需求媒合機制，並結合社區中的不同專業力量，共同營造健康的社區，以達到

全民健康的目標，並建立民眾健康生活支持環境，創造在地生根就業機會，活化地方力量。另外，社區中亦需建立照顧服務產業，不但符合照顧多元化的發展趨勢，提升照顧服務品質，並使失能者得於家庭及社區中獲得近便性的照顧（國發會，2003）。

接著在2005年行政院鑒於健全社區為安定臺灣社會的力量，推出「臺灣健康社區六星計劃推動方案」，此方案以產業發展、社福醫療、社區治安、人文教育、環境景觀、環保生態等六大面向為推動主軸，其目的是為了打造健康社區，營造永續成長、成果共享、責任分擔的社會環境。其中在社福醫療的部分推動了發展社區照護服務，以兩個策略為實施的方向，分別為「發展社區照護服務」與「落實社區健康營造」。在這兩個策略之下，分別發展了不同的實施計劃，而與長期照護較有相關的則是當時內政部所負責的「建立社區照顧關懷據點實施計劃」，以建立社區照顧系統；和內政部及衛生署負責的「長期照顧服務社區化計劃」，以做為推行長期照顧和生活扶助的工作，為主要的實施依據（行政院，2005a；戴章洲、吳正華，2009）。其中「建立社區照顧關懷據點實施計劃」因有其推行之必要性，在經過政黨輪替後仍持續進行，成為我國長期照顧體系重要的一個環節，故以下針對該計劃進一步的說明。

臺灣人口結構高齡化，平均餘命延長，使得老人照顧需求相對增高，同時因經濟社會環境變遷，家庭結構核心化，婦女就業需求不斷增加，致使家庭所能扮演之照顧功能漸受影響。配合臺灣健康社區六星計劃之推動，以社區營造及社區自主參與為基本精神，鼓勵民間團體設置社區照顧關懷據點，提供在地的初級預防照護服務，再依需要連結各級政府所推動社區照顧、機構照顧及居家服務等各項照顧措施，以建置失能老人連續性之長期照顧服務（行政院，2005b）。此計劃大量採取政策指引的方式，動員公私部門的社區工作者以協助社區建立初級社區照顧體系（蕭文高，2007）。因著上述的理念背景，該計劃的目標即為：

（一）落實臺灣健康社區六星計劃，由在地人提供在地服務，建立社區自主運作模式，以貼近居民生活需求，營造永續成長、健康的社區環境。

（二）以長期照顧社區營造之基本精神，分3年設置2000個社區照顧關懷據

點，提供老人社區化之預防照護（每一關懷據點應至少具備下述三項服務項目之功能：1.關懷訪視、2.電話問安、諮詢及轉介服務、3.餐飲服務、4.健康促進活動）。

（三）結合照顧管理中心等相關福利資源，提供關懷訪視、電話問安諮詢及轉介服務、餐飲服務、健康促進等多元服務，建立連續性之照顧體系。

有了目標爲實施方向後，相關單位更進一步的提出具提的實施策略，社區照顧關懷據點之運作模式，便包括以下三種：

（一）鼓勵社區自主提案申請設置據點，結合當地人力、物力及相關資源，進行社區需求調查，提供在地老人預防照護服務。

（二）輔導現行辦理老人社區照顧服務之相關團體，在既有的基礎上，擴充服務項目至3項以上，設置據點提供服務。

（三）由地方政府針對位處偏遠或資源缺乏之社區，透過社區照顧服務人力培訓過程，增進其社區組織能力，進而設置據點提供服務。

有了六星計劃爲基礎之後，我國的老人福利政策進一步的延伸福利社區化的概念，企圖打造全人式的長期照顧系統，期望透過強化社區式、居家式的照顧能量來提升老人的生活品質。相關的政策包括了老人安養計劃、我國長期照顧十年計劃－大溫暖社會福利套案之旗艦計劃、全人健康照護計劃等，各個政策的展望皆是期望透過當地社區的資源與人力，由下而上建立起健全且完整的老人照顧系統，暢通資源的流通管道，滿足老人面臨的健康、安全、社會、經濟等需求。

表1-5　我國近年來相關老人福利政策

計劃名稱	計劃期程	計劃目標	計劃執行策略
挑戰2008：國家發展重點計劃（行政院）	2002-2007	服務醫療社區化。	社區化長照網絡，規劃自我照顧能力缺乏者所需之特殊群體醫療照護網絡，以目標管理進行績效監控，按結果、過程及結構面研擬六年份年績效指標。

計劃名稱	計劃期程	計劃目標	計劃執行策略
長期照護社區化計劃（衛生福利部）	2002-2007	提升有限照護資源發揮最大效益，確立社區長期照護資源體系，建置單一窗口管理機制，發展多元化照護服務系統，營造及建構社區人性化、在地化，永續性之長期照護服務體系。	由數計劃組成： 1. 縣市建置長期照護資源管理機制計劃。 2. 社區長期照護服務網建制補助計劃。 3. 社區照護人才培育計劃。
臺灣健康社區六星計劃（行政院）	2005-2008	1. 推動全面性的社區改造運動，透過產業發展、社福醫療、社區治安、人文教育、環保生態、環境景觀等六大面向的全面提升，打造一個安居樂業的「健康社區」。 2. 建立自主運作且永續經營之社區營造模式，強調貼近社區居民生活、在地人提供在地服務、創造在地就業機會、促進地方經濟發展。 3. 強化民眾主動參與公共事務之意識，建立由下而上提案機制，厚植族群互信基礎，擴大草根參與層面，營造一個「永續成長、成果共享、責任分擔」的社會環境，讓社區健康發展，臺灣安定成長。	預防照護： 建立社區照顧關懷據點計劃，強化長照管理中心功能。
加強老人安養計劃（衛生福利部）	2005-2007	1. 加強老人生活照顧。 2. 維護老人身心健康。 3. 保障老人經濟安全。 4. 促進老人社會參與。	長照與家庭支持、保健與醫療照顧服務、津貼與保險、老人保護網絡體系、無障礙生活環境與住宅、社會參與、專業人力培訓、教育及宣導。

計劃名稱	計劃期程	計劃目標	計劃執行策略
建立社區照顧關懷據點實施計劃（行政院）	2005	1. 由社區提供在地服務，透過社區活動據點辦理，建立社區自主運作模式，促進長者社會參與，營造永續成長、健康的社區環境。 2. 以長期照顧社區發展之基本精神，提供老人社區化之預防照護。 3. 結合相關福利資源，提供關懷訪視、電話問安諮詢及轉介服務、餐飲服務、健康促進等多元服務，建立連續性之照顧體系。	1. 建立關懷服務個案基本檔冊並隨時更新。 2. 積極招募志工並結合社區內各項可資運用「愛心人士」之人力資源，共同推動。 3. 排定志工協助關懷中心值班及進行老人、弱勢者關懷訪視工作。 4. 辦理老人文康休閒活動。 5. 配合衛生單位或醫療機構推動醫療保健講座。 6. 辦理集體用餐或送餐服務。
我國長期照顧十年計劃－大溫暖社會福利套案之旗艦計劃（行政院）	十年計劃 2007-2015	1. 建構完善長照體系。 2. 結合民間資源提供服務。 3. 建立支持家庭照顧者體系。 4. 強化長照服務人力培育與運用。 5. 建立穩健長照財務制度。	1. 建構長照管理中心綜合評估機制。 2. 結合民間資源提供長照服務。 3. 建立支持家庭照顧者體系。 4. 強化長照服務人力培育與運用。 5. 投入適足專門財源，建立穩健之長照財務制度。
全人健康照護計劃（醫療網第四、五期計劃）（衛生福利部）	2001-2004 2005-2008	健全社區化長照及身心障礙醫療復健網絡。	1. 建構長照相關作業平臺，以利長照財務制度之規劃。 2. 建立長照資源整合與管理機制。 3. 發展社區化服務資源。 4. 規劃長照資訊系統。 5. 提升身心障礙者醫療復健服務。 6. 研修長照相關法規與行政組織體系。 7. 規劃研析長照相關制度。

計劃名稱	計劃期程	計劃目標	計劃執行策略
友善關懷老人方案（第一、第二期計劃）（衛生福利部）	2009-2013 2014-2016	以「活力老化」、「友善老人」、「世代融合」三大核心理念，加強對老人全方位的關懷與照顧，提升我國民眾之老年生活福祉。	加強弱勢老人服務、推展老人健康促進、鼓勵老人社會參與、健全友善老人環境。
長期照護服務網計劃（第一期）（衛生福利部）	2013-2016	「提升長照資源發展，提供民眾可近性之服務」、「建構家庭照顧者支持服務體系，滿足家庭照顧者需要」、「提升原住民及偏遠地區長期照護服務的普及性，發展在地且整合性多元長期照護資源」、「提供社會支持弱勢榮民合宜之入住機構式照護資源」、「長期照護人力資源量與質均提升」及「建立社區式、居家式及入住機構式之各類型評鑑督考機制，並規劃研訂居家式及社區式服務評鑑（考核）指標」等。	「優先發展及獎助社區式及居家式長照服務，提升占長照服務總量五成以上」、「逐步增加長照服務對象及內容，弱勢人口及地區優先」、「加速發展失智症多元長照體系及照護措施」、「獎助長照資源不足地區發展資源」、「建立家庭照顧者支持服務網絡」、「長照人力培訓與留任」、「榮民醫院公務預算病床轉型護理之家」、「獎勵發展整合式或創新長照模式」及「規劃設置長照基金」等九項。

資料來源：修改自吳肖琪（2011）

第四節　我國老人長期照顧

一、長期照顧的定義及內涵

　　何謂長期照顧？Brody（1982；引自林伶惠，2008）定義長期照顧為：「對罹患慢性病或心理障礙患者，提供診斷、預防、治療、復健、支持及維護性的服務。這些服務可經由不同的機構性或非機構性設施獲得，他的目的是使照顧的對象達成並促進其體能上、社會行為能力上以及心理適應上發揮最佳層次的功能。」

　　Evashwick（2005）對長期照顧的定義則是：「在正式或非正式的基礎上，提供廣範圍的健康及健康的支持性服務給長期失能者，其目標讓失能者可以發揮最大的獨立性」。我國衛福部（2012a）針對長期照顧的定義指出：「對具有長期功能失調或困難的人，提供一段持續性的協助，對失能者配合其功能或自我照顧能力所提供之不同程度的照顧措施，使其能促進健康和預防疾病與併發症，並保有自尊自主及獨立性或享有品質的生活」。另外，我國長照服務法草案在第三條也針對長期照護給予了定義，其指對身心失能持續已達或預期達六個月以上，且狀況穩定者，依其需要，所提供之生活照顧、醫事照護。

　　長期照顧的意涵是提供給需要協助的個人多元性、持續性、整體性的健康及社會服務，這樣的服務可以是機構式的或社區式的（呂寶靜，2012），且服務的過程中必須符合可用性（available）、可近性（accessible）、可接受性（acceptable）、可負擔性（affordable）等原則。行政院主計處（2013）在99年的人口及住宅普查中，將需須長期照護的人口定義為：「因生病、受傷或衰老，而據下列活動障礙且需他人幫忙長達6個月以上者：（一）吃飯；（二）上下床；（三）更換衣服；（四）上廁所；（五）洗澡；（六）在室內外走動；（七）家事活動能力，含煮飯、打掃、洗衣」。並根據這樣的定義，針對臺灣長期照護需求人口進行調查，其結果發現，臺閩地區本國籍人口中需長期照顧者有47萬

5,204人，其中男性有約有23萬人（49.4%），女性約有24萬人（50.6%），見表
1-6。另外，從資料中也可以看出，隨著年紀的增加，需要長期照護的人口比例
就逐漸增加，尤其是65歲以上的高齡人口，其需求人口比例相較於其他人口群
來的更爲突出，占總體長照需求人口的65.4%，這可以表面的看出老年人口和長
期照護需求呈現正向的關係。

表1-6　我國需長期照護之人口數

需長期照護人口	常住人口數（人）	結構比（%）
總計	475,204	100.0
按性別分		
男	234,822	49.4
女	240,382	50.6
按年齡分		
未滿15歲	9,091	1.91
15-44歲	52,406	11.0
45-64歲	102,990	21.7
65歲以上	310,717	65.4

資料來源：行政院主計處（2013b）

　　人口的高齡化使得越來越多的老人在健康、安全、經濟、醫療等面向，甚至
包括了居家生活、休閒、娛樂、心理暨社會適應等出現困難，帶給老人自身及其
家庭極大的衝擊和壓力，因此建立一套完善且連續性、多元性、可及性的照顧服
務體系，遂成爲國際上各國努力的目標。長期照護的目標可以是下列幾項（陳清
惠，2002；引自李易駿，2013）：

　　（一）在失能者既有的生理與心理失能的狀態下，維持最大可能之獨立功
　　　　　能；
　　（二）復健病患使之足以維持個人最高之功能；
　　（三）失能狀態若足以影響失能者的獨立活動，應使環境之障礙減至最

低；

（四）對臨終之患者提供有尊嚴的死亡。

歐美社會等福利先進國家，在過去已建立了多元化的長期照顧服務設施，主要包括（葉至誠，2012）：

（一）機構服務；

（二）居家服務；

（三）日間照顧；

（四）居家改善；

（五）安全看視；

（六）照顧住宅。

歐美國家在建立長期照顧時所採之理念均以「社區化」、「在地化」為主要的訴求，而這也成為世界各國在推行相關制度時所追隨的概念。

二、我國長期照顧政策

我國自1980年老人福利法正式公布實施後，面臨了快速的社會變遷與人口轉型，老人福利法已無法全面的確保老人生活的保障，且逐漸增加的長期照顧需求更是需要專責的法制加以因應。而過去我國各類型長期照護服務分散於「老人福利法」、「護理人員法」、「身心障礙者權益保障法」、「精神衛生法」、「兒童及少年福利法」、「國軍退除役官兵輔導條例」等不同法令下管理，使得長期照護的資源片段零散且缺乏一致性，建立長期照護服務網計劃已是相關部門的當務之急，各類的長期照護服務期應能整合成單一專屬法律，修正過去相關的社會福利法案或機構設置規定，輔以相關政策計劃的推行，並配合長期照護保險的規劃，均衡各地區長照資源的發展，建構系統完整的服務網絡，才能有效的提升長照服務的品質。從1998年之「老人長期照護三年計劃」，我國開始開辦「長期照護管理示範中心」，截至2003年底止，已逐漸達成各縣市設置一

個中心的標準，據以作為長期照護資源整合與配置成為單一評核機制的目標。而後，於2004年開始將「長期照護管理示範中心」轉型改稱「長期照顧管理中心」。然而我國推展十幾年的長期照護服務仍較屬於殘補式的福利服務，以照顧低收入、中低收入或獨居老人為優先，直到2007年底始開始推行較普及式的「長期照顧十年計劃」（行政院，2013；吳肖琪，2011）。

　　有關我國長期照顧的規劃，於2007年時正式實施「我國長期照顧十年計劃」，其策略上是藉由透過培育質優、量足的人力、鼓勵民間參與投入、並且由政府和民間共同分擔照顧及財務責任。該計劃中將長期照顧管理中心列為推展的重點項目，期望經由該中心的專業評估以及連結失能者所需的相關資源，建構出一個符合多元化、社區化（普及化）、優質化、可負擔及兼顧性別、城鄉、族群、文化、職業、經濟、健康條件差異之長期照護制度（戴章洲、吳正華，2009；行政院，2013）。

　　行政院（2007）所提出之我國長期照顧十年計劃，最主要的基本目標為「建構完整之我國長期照顧體系，保障身心功能障礙者能獲得適切的服務，增進獨立生活能力，提升生活品質，以維持尊嚴與自主」。另外再訂六項子目標，以輔助達成總目標之期待，如下：

　　（一）以全人照顧、在地老化、多元連續服務為長期照顧服務原則，加強照
　　　　　顧服務的發展與普及；
　　（二）保障民眾獲得符合個人需求的長期照顧服務，並增進民眾選擇服務的
　　　　　權利；
　　（三）支持家庭照顧能力，分擔家庭照顧責任；
　　（四）建立照顧管理機制，整合各類服務與資源，確保服務提供的效率與效
　　　　　益；
　　（五）透過政府的經費補助，以提升民眾使用長期照顧服務的可負擔性；
　　（六）確保長期照顧財源的永續維持，政府與民眾共同分擔財務責任。

　　在上述目標之下，為了讓服務使用者能夠取得可近、可及的服務，而有以下的服務提供原則（戴章洲、吳正華，2009）：

（一）給付型態以實物給付（服務提供）為主，現金給付為輔，並以補助失能者使用各項照顧服務措施為原則；

（二）依民眾失能程度及家庭經濟狀況，提供合理的補助；失能程度越高者，政府提供的補助額度越高；

（三）失能者在補助額度內使用各項服務，需要部分負擔經費；收入越高者，部分負擔的費用越高；

（四）依家庭經濟狀況提供不同補助標準：

　　1.家庭總收入未達社會救助法規定最低生活費用1.5倍者，由政府全額補助。

　　2.家庭總收入符合社會救助法規定最低生活費用1.5～2.5倍者，由政府補助90%，民眾自行負擔10%。

　　3.一般戶則由政府補助70%，民眾自行負擔30%。

　　4.超過政府補助時數者，則由民眾全額自行負擔；至於每小時的補助經費，因應照顧服務員薪資約15年未隨物價指數調整，整體薪資待遇偏低，影響其服務意願，自2014年7月起，從每小時180元調高為200元（衛生福利部，2014b）。

三、我國長期照顧服務對象

該計劃之服務對象以老人為主，包含：65歲以上失能之老人、55至64歲失能之山地原住民及身心障礙者、65歲以上僅IADL失能且獨居之老人。其將失能程度及需長期照護之定義分為3級：輕度失能為1至2項ADLs失能者及僅IADLs失能之獨居老人；中度失能為3至4項ADLs失能者；重度失能為5項以上ADLs失能者（參考表1-7）。

表1-7　失能老人接受長期照護服務之失能程度認定基準表

失能程度	認定基準
輕度失能	經日常生活活動功能評估，於進食、移位、如廁、洗澡、平地走動、穿（脫）衣褲鞋襪等六項目中，有一項或兩項需要他人協助者；或經工具性日常生活活動功能評估，於上街構物、外出活動、實務烹調、家務維持、洗衣服等五項目中有三項需要他人協助且獨居者。
中度失能	經日常生活活動功能評估，於進食、移位、如廁、洗澡、平地走動、穿（脫）衣褲襪等六項目中，有三項或四項需要他人協助者。
重度失能	經日常生活活動功能評估，於進食、移位、如廁、洗澡、平地走動、穿（脫）衣褲襪等六項目中，有五項或六項需要他人協助者。

資料來源：引自張淑卿（2011）

　　另外因應長照服務的推動，以及轉銜長照服務網，中央預計逐步擴大長照計劃服務的對象，期望形成普及性的照護網絡，並預定自2014年起將49歲以下身心障礙且失能者納為長照計劃服務對象，配合資源整備及年度預算的成長，依其失能程度與需求提供適切的居家式、社區式、機構式等多元照顧服務（衛福部，2012b）。

四、我國長期照護型態及服務內容

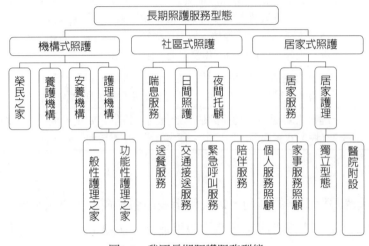

圖1-7 我國長期照護服務型態

資料來源：衛福部（2012a）

　　我國長期照顧的服務型態依據服務地點的不同，可分為機構式照護、社區式照護以及居家式照護，針對不同型式的照護模式又有不一樣的供給型態。惟三者的方式雖然不同，但彼此卻不是分立的供給個體，任何一種方式獨立存在都無法落實在地老化的價值，彼此應是並存而互相協調，期望透過各種的型態的服務提供來滿足不同需求的人口。而各個服務型態的內涵又可以簡述如下（李易駿，2013）：

（一）機構式照顧

　　是指需要長期照顧的失能者居住在照顧機構中接受全天候的綜合性服務，服務內容包括住宿服務、護理醫療照護、個人照顧、物理治療、復健及心理諮商服務。此種類型的照顧提供完整而密度高的專業照顧，適合失能程度較重、依賴度高、沒有家庭照顧資源的失能者，包括護理之家、住宿照顧、長期照顧機構、養

護型機構、失智症照顧型機構等。

（二）社區式照顧

　　指依社區中失能者的需求，整合、運用社區中的資源，規劃提供社區中失能者所需的長期照顧服務，最主要的服務型態即為日間照顧，另包括日間醫療照顧、臨托照顧或家庭托顧等。

（三）居家式照顧

　　指失能者仍居住在家戶中，由各類居家照護單位提供照顧（護）資源到失能者家中以協助醫療、護理、復健、身體照顧、家務清潔、交通接受、陪病就醫等照顧工作，並協助或暫代家庭照顧者提供照顧，使其獲得喘息的機會，包括居家醫療、居家護理、居家復健、居家服務、喘息服務等。本文即針對居家式照顧中的居家服務進行說明。

　　而在長期照護服務內容方面，我國現行長期照護相關服務項目大致包括：照顧服務、居家護理、營養餐飲服務、緊急救援服務、輔具購買、租借及住宅無障礙環境改善服務、老人餐飲服務、喘息服務、交通接送服務、長期照顧機構服務等項，並依民眾的失能程度及收入狀況提供一定的補助，詳細內容請見表1-8。

表1-8　我國長期照顧十年計劃服務項目及補助內容

服務項目	補助內容
照顧服務（包含居家服務、日間照顧、家庭托顧服務）	1. 依個案失能程度補助服務時數： 　(1)輕度：每月補助上限最高25小時；僅IADLs失能且獨居之老人，比照此標準辦理。 　(2)中度：每月補助上限最高50小時。 　(3)重度：每月補助上限最高90小時。 2. 補助經費：每小時以200元計（隨物價指數調整）。 3. 超過政府補助時數者，則由民眾全額自行負擔。

服務項目	補助內容
居家護理	除現行全民健保每月給付2次居家護理外，經評定有需求者，每月最高再增加2次。補助居家護理師訪視費用，每次以新臺幣1,300元計。
社區及居家復健	針對無法透過交通接送使用健保復健資源者，提供本服務。每次訪視費用以新臺幣1,000元計，每人最多每星期1次。
輔具購買、租借及住宅無障礙環境改善服務	每10年內以補助新臺幣10萬元為限，但經評估有特殊需要者，得專案酌增補助額度。
老人餐飲服務	服務對象為低收入戶、中低收入失能老人（含僅IADLs失能且獨居老人）；每人每日最高補助一餐，每餐新臺幣50元計。
喘息服務	1. 輕度及中度失能者：每年最高補助14天。 2. 重度失能者：每年最高補助21天。 3. 補助受照顧者每日照顧費以新臺幣1,000元計。 4. 可混合搭配使用機構及居家喘息服務。 5. 機構喘息服務另補助交通費每趟新臺幣1,000元，一年至多4趟。
交通接送服務	補助重度失能者使用類似復康巴士之交通接送服務，每月最高補助4次（來回8趟），每趟以新臺幣190元計。
長期照顧機構服務	1. 家庭總收入按全家人口平均分配，每人每月未達社會救助法規定最低生活費1.5倍之重度失能老人：由政府全額補助。 2. 家庭總收入按全家人口平均分配，每人每月未達社會救助法規定最低生活費1.5倍之中度失能老人：經評估家庭支持情形如確有進住必要，亦得專案補助。 3. 每人每月最高以新臺幣18,600元計。

資料來源：行政院（2007a）

五、長期照顧個案評量的指標與面向

提供老人長期照顧服務時，必須針對其身心狀況及需求進行整體評估。行政院（2007b）長期照顧制度推動小組第三次委員會審議通過一份個案評量表，另

外，新北市於2008年10月16日也有一份經修正使用中的個案評量表，兩份評量表雖大致相同，但仍有小部分有些微差異。整體而言，該評量表共涵蓋：

（一）個案基本資料：性別、婚姻狀況、社會福利身分別、障礙類別與等級、經濟來源、教育、宗教、主要照顧者、居住狀況等。

（二）健康狀況：意識狀態、皮膚狀況、是否接受其他特殊照護、目前飲食型態、進食方式、營養狀況評估、疾病史、用藥安全評估、溝通（視力、聽力、說話、理解力）、是否使用輔具、肌力與握力評估等。

（三）日常生活與自我照顧能力：近一個月的基本日常生活活動能力（ADL）（包括進食、位移、如廁、洗澡、平地一棟移動、穿脫衣褲鞋襪、個人衛生、上下樓梯、大便控制、小便控制等10項）；工具性日常生活活動能力（IADL）（包括：上街購物、外出活動、食物烹調、家務維持、洗衣服、使用電話能力、服用藥物、處理財務能力等8項）。

（四）認知功能：認知功能評估（總共10題，依照教育程度與錯誤題數判定心智功能完好或缺損程度）、需要協助情況（藉由觀察個案實際執行日常事務，以評估其認知功能狀態）、行為、情緒、憂鬱狀況。

（五）復健需求與意願：職能與物理治療需求評估。

（六）居家護理需求與意願。

（七）個案居家環境狀況：住屋種類、居家環境安全、居家環境衛生、居家無障礙環境需求。

（八）家庭支持狀況：家系圖、主要照顧者就業與照顧時間、所需協助部分、照顧者負荷、家庭關係與互動、個案有無虐待情事。

（九）社會資源使用狀況：明列各項長照資源供其圈選、明列醫療資源供其圈選、明列志願服務（關懷訪視、電話問安、送餐服務、交通接送服務、休閒娛樂活動等）供其圈選。

（十）照顧計劃：最後簡述個案情況及照顧計劃依照：1.個案狀況摘要、2.問題分析、3.案主與案家期待、4.照顧計劃說明。

　　第五和六項在長照小組審查過的表格中並沒有看到，而第九項在長照小組審查過的表格中則是較為符合長照需求的福利資源，在新北市修正的社會資源評量表中則較為一般的社會資源。

六、長期照顧十年計劃現況

　　我國現階段各縣市老人長照服務的提供方式，可以區分為機構式服務、社區／居家式服務、連結式服務與特殊服務。（一）機構式服務包含：護理之家、榮院護理之家、安養／養護機構、長期照顧機構、榮家安／養護機構；（二）社區／居家式服務包含：日間照護、居家護理、居家服務、日間托老；（三）連結式服務包含：居家服務支援中心、長期照顧管理中心、出院準備；（四）特殊服務包含：呼吸照護中心、呼吸照護病房、居家呼吸護理、失智照護。

　　最近的相關統計資料顯示，至2011年，長期照顧各服務使用人數共計有130,476人，其中交通接送使用量最多，第二為居家服務，再其次為居家護理（見表1-9）。我國長期照顧服務人數自2008年開辦以來，總體使用人數及各項目使用人數皆有增加，再根據衛福部（2012b）的資料可知，這段期間接受服務的人數約占全體失能人口比例分別為：2008年2.3%，2009年5.7%，而至2010年達16.3%；另外長照服務年齡層以75歲至84歲為最多（41.44%）；而在身分福利的使用上來看，則以一般戶為大宗（73.3%），次為中低收入戶（13.87%）、低收入戶（12.83%）；而就失能程度來看則是重度失能者使用最多（51.52%）。

表1-9　各年度服務使用人數（單位：人）

服務內容	合計	2008年	2009年	2010年	2011年
合計	338,103	45,547	69,703	92,547	130,476
居家服務	105,146	22,305	22,017	27,800	33,188

服務內容	合計	2008年	2009年	2010年	2011年
日間照顧服務（含失智症日間照顧）	2,955	339	618	785	1,213
家庭托顧	109	1	11	35	62
輔具購買租借及居家無障礙環境改善	19,875	2,734	4,184	6,112	6,845
老人營養餐飲	21,366	5,356	4,695	5,267	6,048
交通接送	85,269	7,232	18,685	21,916	37,436
長期照顧機構	9,405	1,875	2,370	2,405	2,755
居家護理	31,576	1,690	5,523	9,511	15,439
居家（社區）復健服務	30,164	2,250	6,351	9,267	12,296
喘息服務	30,164	2,250	6,351	9,267	12,296

資料來源：行政院（2013）

第五節 結語

　　整體來說，長期照顧（護）是一持續性、跨專業性的照護概念，對生心理出現困難之老人在一段時間內，提供一套包裹式的服務，包括了長期性的醫療、護理、個人與社會支持的照顧等。目的是在促進或維持身體功能，增加個人獨立自主的正常生活能力（葉至誠，2012）。臺灣失能與失智老人的增加，更增加照顧工作的重要，在這些失能和失智長者的照顧服務中，行政院衛生署（1997）規劃其中30%老人接受機構式的照護服務，70%規劃居家式及社區式照護（顧）。然而由於居家照顧服務相關措施未完整建立，整體提供仍是「重機構、輕居家」，與老人的期望不符，「長期照顧十年計劃」企圖扭轉這樣的趨勢，以提供老人在地老化的需求。高齡人口的增加，衍生出許多健康及照顧的議題，迫使我們必須制定相關的制度，以因應這樣的現象。長期照顧確實已成為老人福利服務中不可忽視的重要制度，在地老化與社區照顧呼聲之大響，長期照顧中的居家照顧是在地老化的精神所在，也是最重要的服務項目，政府要力挺扭轉機構化的傾向，勢必要倡導該項服務並加強居家照顧服務的服務量。

參考文獻

一、中文部分

內政部（2009）。中華民國98年老人狀況調查報告。取自http://www.mohw.gov.tw/cht/DOS/Statistic_P.aspx?f_list_no=312&fod_list_no=3538&doc_no=28170

內政部（2014）。內政部統計月報－現住人口按三段、六歲年齡組分。取自http://www.ris.gov.tw/zh_TW/346

行政院（2005a）。臺灣健康社區六星計劃推動方案。社區發展季刊，110，517-527。

行政院（2005b）。建立社區照顧關懷據點實施計劃。取自http://sowf.moi.gov.tw/04/02/940518%E5%BB%BA%E7%AB%8B%E7%A4%BE%E5%8D%80%E7%85%A7%E9%A1%A7%E9%97%9C%E6%87%B7%E6%93%9A%E9%BB%9E%E5%AF%A6%E6%96%BD%E8%A8%88%E7%95%AB%EF%BC%88%E9%99%A2%E6%A0%B8%E5%AE%9A%EF%BC%89.doc

行政院（2007a）。我國長期照顧十年計劃大溫暖社會福利套案之旗艦計劃。取自http://mit2.meiho.edu.tw/onweb.jsp?webno=3333333771&webitem_no=293

行政院（2007b）。長期照顧服務個案評量表。取自http://www.tncsci.org.tw/style/front001/bexload.php?sid=94&post=1

行政院（2013）。長期照護服務網計劃（第一期）－102年至105年。取自http://www.ey.gov.tw/News_Content.aspx?n=7084F4E88F1E9A4F&s=2B1578C89676E7DC

行政院衛生署（1997）。衛生白皮書－跨世紀衛生建設。臺北市：行政院衛生署。

行政院主計處（2013a）。99年人口及住宅普查健康醫療補充報告提要分析。取自http://www.dgbas.gov.tw/public/Attachment/33298512771.pdf

行政院主計處（2013b）。2012年社會指標統計表及歷年專題探討。取自http://www.dgbas.gov.tw/ct.asp?xItem=34949&ctNode=3263&mp=1

吳肖琪（2011年4月）。臺灣的老人福利政策與法令制度。「兩岸社會福利學術論壇－社會福利模式－從傳承到創新」發表之論文，北京香山於首農會議中心。

吳淑瓊、莊坤洋（2001）。在地老化：臺灣二十一世紀長期照護的政策方向。臺灣衛誌，（20）3，192-201。

呂寶靜（2012）。老人福利服務。臺北市：五南圖書出版股份有限公司。

李易駿（2013）。社會政策原理。臺北市：五南圖書出版股份有限公司。

林伶惠（2008）。新竹縣居家照顧服務員背景、居家工作特性與工作滿意度之研究（未出版之碩士論文）。玄奘大學，新竹市。

林歐貴英、林雅婷、黃月美、丁周平、楊佩眞、戴禹心、李榮生、錢啓方（譯）（2007）。老年與家庭－理論與研究（原作者：Blieszner, R. & Bedford, V. H.）。臺北市：五南圖書出版股

份有限公司。

師豫玲、鄭文惠、蘇英足、葉俊郎、沈詩涵（2011）。臺北市長期照顧服務網絡之發展、創新與挑戰。社區發展季刊，134，135-156。

郝鳳鳴（1996）。老人福利法之現況分析與檢討。經社法制論叢，17、18，105-128。

國家發展委員會（2003）。挑戰2008：國家發展重點計劃（2002-2007）。取自http://www.ndc.gov.tw/m1.aspx?sNo=0001570

國家發展委員會（2009）。我國長期照護需求推估及服務供給現況。臺灣經濟論衡，7（10），54-71。取自https://www.google.com.tw/url?sa=t&rct=j&q=&esrc=s&source=web&cd=5&cad=rja&ved=0CE8QFjAE&url=http%3A%2F%2Fwww.cepd.gov.tw%2Fdn.aspx%3Fuid%3D8213&ei=9WSMUp-iFoP-iAfErIDgBw&usg=AFQjCNF1-I-3hkaIl72sjdY6Xk1m4XtOXQ&sig2=7SNZxv-Y7OIDHR3Tc1ylLw

國家發展委員會（2014）。2014年至2061年人口推計報告。取自http://www.cepd.gov.tw/m1.aspx?sNo=0000455http://www.ndc.gov.tw/m1.aspx?sNo=0000455&ex=1&ic=0000015#.VCO4PZSSz8

國際失智症協會（2012）。2012全球失智症報告：戰勝失智症汙名化現象。取自http://www.tada2002.org.tw/2012%E5%85%A8%E7%90%83%E5%A4%B1%E6%99%BA%E7%97%87%E5%A0%B1%E5%91%8A%E4%B8%AD%E6%96%87%E7%89%88.pdf

張春興、楊國樞（1980）。心理學。臺北市：東華。

張淑卿（2011）。居家式服務。載於黃惠璣（主編），老人服務與照護（332-351頁）。新北市：威仕曼文化事業股份有限公司。

莊秀美（2009）。從老人的類型與照顧需求看「居家照顧」、「社區照顧」及「機構照顧」三種方式的功能。社區發展季刊，125，177-194。

陳玉蒼（2013年2月7日）。超高齡社會下之日本長期照護體系。臺灣新社會智庫。取自http://www.taiwansig.tw/index.php

傅中玲（2008）。臺灣失智症現況。臺灣老年醫學暨老年學雜誌，3(3)，169-181。

曾忠明（2006）。臺灣老人服利概況及政策展望。臺灣老人醫學雜誌，1(3)，112-121。

黃百慧、謝義簧（譯）（2006）。長期照護（原作者：Evashwick, C. J.）。臺北市：湯姆生。（原著出版年：2005）

黃志忠（2007）。社區組織推動福利社區化之我見。內政部96年度社區發展工作績效評鑑報告（編號：1009604315），未出版。

葉至誠（2011）。老人福利國際借鑑。臺北市：秀威資訊科技。

葉至誠（2012）。老人長照政策。新北市：揚智文化。

臺北市政府失智症服務網（2013）。推動長期照護政策在地老化政策。取自http://dementia.health.gov.tw/App_Prog/1-1.aspx#

臺北縣政府（2008）。長期照顧服務個案評量表。取自https://www.google.com.tw/url?sa=t&rct=j
&q=&esrc=s&source=web&cd=1&cad=rja&uact=8&ved=0CBwQFjAA&url=http%3A%2F%2F192
.192.246.204%2FTeleCareLearning%2FDocLib5%2F%25E5%2580%258B%25E6%25A1%2588%2
5E8%25A9%2595%25E4%25BC%25B0%25E9%2587%258F%25E8%25A1%25A8%2F%25E8%2
587%25BA%25E5%258C%2597%25E7%25B8%25A3%25E6%2594%25BF%25E5%25BA%259C
%25E9%2595%25B7%25E6%259C%259F%25E7%2585%25A7%25E9%25A1%25A7%25E6%25
9C%258D%25E5%258B%2599%25E5%2580%258B%25E6%25A1%2588%25E8%25A9%2595%
25E4%25BC%25B0%25E9%2587%258F%25E8%25A1%25A8.doc&ei=4HpYVM2bKOSjmwWYu
4HwBw&usg=AFQjCNHYEdqyyk97BRyVb9idJcg1qBGiBg&sig2=kzFk3kmSSCk5giiqf66YZA&b
vm=bv.78677474,d.dGY
臺灣失智症協會（2009）。認識失智，遠離失智：參與學習功效大。取自http://aerc.ccu.edu.
tw/50_special/52_report/h0981120.htm
臺灣長期照護專業協會（2013）。淺談老人照護。取自http://www.ltcpa.org.tw/public/fit.
php?oid=21
劉一龍、王德睦（2004年4月）。臺灣地區總生育率的分析：完成生育率與生育步調之變化。陳
小紅（主持人），生育、婚姻與家庭人口的分析。「人口、家庭與國民健康政策回顧與展望
研討會」發表之論文，臺北：臺灣人口學會。
衛生福利部（2012a）。長照人力規劃與現況。取自http://www.mohw.gov.tw/MOHW_Upload/
doc/01_%E5%B0%88%E9%A1%8C%E5%A0%B1%E5%91%8A-%E9%95%B7%E7%85%A7
%E4%BA%BA%E5%8A%9B%E7%8F%BE%E6%B3%81%E8%88%87%E8%A6%8F%E5%
8A%83_0033022001.pdf
衛生福利部（2012b）。我國長期照顧十年計劃～101至104年中程計劃。取自http://www.mohw.
gov.tw/MOHW_Upload/doc/%E6%88%91%E5%9C%8B%E9%95%B7%E6%9C%9F%E7%85%A7
%E9%A1%A7%E5%8D%81%E5%B9%B4%E8%A8%88%E7%95%AB-101%E5%B9%B4%E8%
87%B3104%E5%B9%B4%E4%B8%AD%E7%A8%8B%E8%A8%88%E7%95%AB_0003411000.
doc
衛生福利部（2014）。身心障礙者人數按縣市和年齡別。取自http://www.mohw.gov.tw/cht/DOS/
Statistic.aspx?f_list_no=312&fod_list_no=4198
衛生福利部（2014b）。拼長照政院拍板調高照顧服務費。取自http://www.mohw.gov.tw/cht/Min-
istry/DM2_P.aspx?f_list_no=7&fod_list_no=4557&doc_no=45085
衛生福利部國民健康署（2009）。老人健康促進計劃。取自http://www.hpa.gov.tw/BHPNet/Web/
HealthTopic/Topic.aspx?id=201109300060
蕭文高（2007）。臺灣社區工作的政策典範與治理-社區照顧關懷據點的省思（未出版之博士論
文）。國立暨南國際大學，南投縣。

蕭文高（2011）。長期照顧服務需求：估計與規劃之檢視。臺灣高齡服務管理學刊，1(1)：47-74。

賴兩陽（2009年9月22日）。我國社區照顧關懷據點的成效、省思與建議。福利社會季刊。取自 http://www.bosa.taipei.gov.tw/index.asp?uc=B1028839430705547511

戴章洲、吳正華（2009）。老人福利。臺北市：心理出版社股份有限公司。

謝旺登、陳芬苓（2005）。老人福利需求調查與政策意涵－以桃園縣爲例。社區發展季刊，110，314-320。

謝美娥（1993）。老人長期照護的相關議題。臺北市：桂冠圖書股份有限公司。

二、英文部分

World Health Organization. (2012). *Dementia:A public health priority.* Retrieved from http://whqlibdoc.who.int/publications/2012/9789241564458eng.pdf

第二章　居家服務的歷史緣起與價值

/謝美娥

第一節　居家服務的價值與理念

　　「在宅老化」是目前國際上老人照顧最重要的原則（張淑卿，2011），即使部分老人面對的是生理機能的退化，而被迫移住機構，但對多數老人來說，能與家人同住在家中，仍是老人心中最大的期盼。因此，如何在家中提供老人適當的協助，就成為老人福利中重要的議題。居家服務政策旨在透過居家服務員關懷訪視失能、獨居老人及身心障礙者，帶給其溫暖與支持，並協助其日常生活身體照顧及家務服務，以獲得妥善照顧（陳明珍，2009），最終目標是達到減緩老人過早進入長照機構。目標有三：界定和矯正日常活動功能的缺失、透過各種服務以補償日常活動功能的缺失、預防日常活動功能的損害（謝美娥，1993；Kane & Kane, 1987）。以下介紹居家服務之定義及其服務價值與理念。

一、居家服務的定義

　　世界衛生組織（2012）曾認為，居家服務的定義常被窄化，而只聚焦在對案主提供健康及社會支持的服務；另外，許多民眾對於居家服務的內涵及定義其實是模糊的（Thome, Dykes & Hallberg, 2003），因此對於何謂居家服務有其必要進行說明。

　　根據社會工作辭典，居家服務乃是社區照顧最主要的部分，主要目的在於運用受過專業訓練的人員，協助居家罹患慢性病或無自我照顧能力者，促使其具備獨立自我照顧能力及社會適應力（蔡漢賢，2000）。大多數的老人偏好於住在家中，但是當疾病、失能或失智發生的時候，老人獨自生活將面臨許多困難，居家服務即是在這種情況下，由個別照顧者為其提供幫助，並使他們維持應有的生活品質（Home Care Assistance, 2013）。這一方面可以舒緩家庭照顧者的壓力，另一方面也可以提升家庭照顧長者的能力，並教導或演練專業服務技巧，提供家

庭照顧者學習，減緩與預防機構化，最終的目的是改善照顧者與受照顧者的生活品質。爲了讓自理能力缺損之老人以及身心障礙者能在家中得到適當照顧，並讓照顧者得到壓力的舒緩與喘息，由受訓合格的居家服務員到家中協助分擔照顧事宜（臺北市家庭照顧者關懷協會，2013）。

　　許多研究者已針對居家服務進行了相關的定義。王玠（1991）認爲居家服務是使長期罹患疾病、社會功能薄弱、需要依賴他人照料、心智障礙、患有精神疾病、與人溝通、互動有障礙之老人能安穩、自由、獨立在家，提供所需之支持性、復健性、預防性、長期性居住照顧的服務（引自陳淑君，2009）。呂寶靜（2012）則說明了居家照顧服務，是提供各種服務方案或項目，目的是爲了讓受照顧者留在社區中以維持其原有的生活和角色，而居家服務提供的服務性質，並非是全部的協助，而是滿足受助者基本的生活需求，而這些服務項目可大致區分爲健康照顧（home health）和家事服務（home making）兩類。張淑卿（2011）認爲居家服務是指將正式或非正式的照顧資源輸送到老人的家中，讓逐漸老化或因疾病、意外而失能的老人可以在熟悉的環境中得到必要且適切的服務。服務的提供是透過專業人員或半專業人員，協助住在家中的獨居老人、患有慢性病或失能老人，獲得生活照顧的支持，維持基本生活穩定，促使其具備獨立居家自我生活能力及社會適應力。戴章洲、吳正華（2009）指出，居家福利服務是以服務居住在家中的失能老人或身心障礙者爲其對象，由政府結合民間福利部門到家庭提供服務輸送，目的是維持其生活品質。Miller（1991）認爲居家照顧服務是針對那些因疾病和殘障的影響而居住在家中的個人及其家庭成員提供服務，並且以增強、支持其健康爲目的（引自劉素芬，2001）。另外，Mosby（2008）針對居家服務中醫療支持的部分，進行了以下的定義：於在地提供服務對象健康服務，目的是爲了提升其維持、修復或降低疾病或失能帶來的影響。服務的內容可能包括醫療及護理照顧，或是相關的復健及家政協助。

　　綜合來說，居家服務就是運用受過專業訓練之人員，提供老人有關其自身生活活動、家務處理、醫療護理、心理社會支持的服務，協助老人或其他無法自理生活者能在熟悉的環境中獨立自主，並且促進家庭照顧的功能，減緩家庭成員的

照顧負荷，以提升個人和家庭的生活品質。

二、居家服務的價值與理念

　　世界主要國家的長期照護發展，早期著重機構式設施的發展，但在1960年代以後，致力於社區照顧，其中居家服務的發展，乃希望能支持身心功能障礙者在家中生活更長的時間。一方面延緩機構照護的使用，一方面建立更人性化符合老人需求的服務模式。換言之，居家或社區照顧是去機構化（deinstitutionalization）與正常化（normalization）的具體表現。顯見在失能老人照顧的發展趨勢，全世界均有相同的取向（謝美娥，1993）。「在地老化」是近代老人福利的重要概念之一，其視老化爲常態，且老化過程應在老人原來的生長環境中發生，這個概念提出後，許多先進國家將原本大量依賴機構照顧的策略，扭轉爲投入居家支持服務設施的發展，希望讓老人留在自己的家裡並降低機構的使用（吳淑瓊、莊坤洋，2001）。

　　老人福利的發展，漸漸的以去機構化、在地老化、正常化、福利社區化爲其主軸，長期照顧過去以機構式安置爲主的服務提供模式，逐漸朝向以社區爲基礎的服務照顧模式，並期望結合社區資源網絡以強化在地的服務機能，藉此提升老人的生活品質，在這樣的趨勢之下，相關的居家服務、日間照顧、喘息服務等相繼問世（戴瑩瑩，2006）。

　　基於尊重老人的自主性和獨立性需求以及扭轉對機構的過度依賴，居家服務是一個發展方向。整理國內居家文獻以及服務手冊，居家服務的價值與理念包括以下幾點（黃源協，2000；中華民國老人福利推動聯盟，2008；紀金山，劉承憲，2009；陳明珍，2009；立心慈善基金會，2010；中華民國紅心字會，2011）：

（一）在地老化，替代或延緩機構式照護

約在1960年代左右，北歐首先提出在地老化的照顧理念，強調去機構化及社區化照顧才是最佳的照顧方式，而在1997年，「在地老化」的概念結合了聯合國「活躍老化」的概念，形成「活躍在地老化」的全新主張（葉至誠，2012）；此後，正常化（normalization）和社區照顧（community）成為實現在地老化目標的主要策略（官有垣、陳正芬，2002；引自紀金山，劉承憲，2009）。居家服務是居服員到老人家中為老人提供服務，達到「就地安置」、「就地老化」之功能（陳明珍，2009），因而居家服務成為輔助一般老人持續生活在熟悉的居家或社區環境中，及協助失能老人延緩接受機構式照顧的重要服務措施（官有垣、陳正芬，2002；引自紀金山，劉承憲，2009）。

（二）支持家庭照顧能力，分擔家庭照顧責任

居家服務屬於協助性服務，是幫忙家庭中的主要照顧者分擔照顧重擔，能在沈重的照顧壓力中稍做喘息，舒緩家庭照顧者精神、心理與體力上的壓力，使其獲得喘息時間，不至於因為壓力過重，影響健康或基本的生活品質，促進家庭功能（陳明珍，2009）。我國居家服務原以殘補式政策方式提供，服務對象僅中低收入戶之失能者，爾後才擴及一般失能老人，由消極的、補充性的服務，發展為積極的、支持性的服務供給，甚至包含喘息服務等多元整合性的服務方案，以其支持家庭照顧功能（紀金山、劉承憲，2009）。然而，若居家服務過度介入，或是案主說服居服員將所有事情一肩扛起，致使案家原有的網絡資源減少或消失，反而失去服務提供的本意（中華民國老人福利推動聯盟，2008；中華民國紅心字會，2011）。

（三）提升案主自我照顧及自立生活的能力

所謂居家照顧服務，乃是藉由各項服務方案，提供適當的照護和支持，以協助人民得到高度的獨立自主性，並藉由獲得或再獲得基本的生活技能，以協助他

們發揮最大的潛能（黃源協，2000）。「長期照顧十年計劃」即提出「發展復健服務及居家環境改善服務，以支持失能者自立」之原則。故居家服務並非凡事爲案主服務、代勞，而是從旁協助他、指引他，或鼓勵支持他，讓他有能力面對自己的生活，了解生活困境（立心慈善基金會，2010）。

（四）確保案主行動自由並提升其生活品質

基於人權及確保個體自由的想法，應盡可能讓個案的活動範圍與空間達到最大，環境限制應在不得不的情形下做最小範圍的實施。意指在不侵犯或威脅到他人的前提下，原則上不應限制個案的行動自由，並且無論醫療或社會性介入都應做最小的拘束 （吳玉琴等人，2008；紅心字會，2011）。亦即提供服務者應尊重案主之自主權利（立心慈善基金會，2010）。行政院（2012）社會福利政策綱領，亦強調老人及身心障礙者照顧應以居家式和社區式服務爲主，政府應結合民間資源提供家庭支持服務，減少家庭照顧及教養壓力，預防並解決家庭問題。

（五）尊重個案、維護案主尊嚴

居家服務以人性化、尊嚴自主爲照顧原則，讓老人留在自己所居住及熟悉的住所中接受服務，不用與親人及其社會支持網絡分離，而能夠維持原來之生活習慣與模式（陳明珍，2009）。因此提供服務者必須給予個案對自己生活方式及所需之服務有較大的決定權（黃源協，2000），無論個案的身心功能退化到什麼地步，應不忘對個案保持尊敬的心。

（六）提供服務的個別性，滿足多樣需求

相較於傳統使案主適應所提供之福利服務內容，居家服務是提供個別化的服務迎合及滿足案主的需求，居服員必須如家人般協助受服務者之各項生活需要，根據每個受服務者之需求狀況，彈性的提供照顧服務（陳明珍，2009）。

故，居服員提供服務時，會細心觀察注意個案的反應，了解他們的喜好及服務中最在意的事情等；資訊掌握度越高，服務越滿意。

（七）兼顧外部目的的居家服務資源

徐思嫄（2006）注意到照顧人力從非專業的慈善志工發展到有專業證照的照顧服務員。從社會福利服務方案轉變爲經濟、人力發展產業方案的推出，正說明居家服務的發展不只達成了社會福利的目的，亦企圖兼顧經濟和就業外部目的的一種服務模式（引自紀金山、劉承憲，2009）。對於弱勢人口或中年失業族，不失爲一個可以轉圜的工作。

第二節　老人居家服務的緣起

　　居家服務起源於歐洲，爲因應母親生病或短暫離家時，能夠使家中成員維持正常生活，而設置用以短暫代理家庭照顧功能之服務，爾後漸漸擴大服務對象至家中的病人、老人、身障者（王玠，1991；引自紀金山、劉承憲，2009）。世界主要福利國家於1960年代末，基於社會福利所造成的財務負擔，開始倡議並發展多元主義觀點的福利服務模式，政策上開始朝「社區爲基礎」的服務方向，透過社區多元資源的投入來滿足居民照顧服務的需求，受到此一改革浪潮的影響，臺灣長期照顧服務政策逐漸受到重視並開始蓬勃發展（紀金山、劉承憲，2009）。

一、我國居家服務的發展

　　臺灣居家服務最早發展是由彰化基督教醫院於1971年左右成立社區健康部，提供民衆居家照護，其主要是針對貧病者提供到宅的醫護服務（陳明珍，2009；張淑卿，2011）。若由公部門推動居家服務歷史算起，也有三十年的歷史，1982年，內政部在嘉義縣首次進行了老人在宅服務的相關研究（張淑卿，2011），之後開啓了一連串居家服務的方案和計劃。針對此部分的發展，吳玉琴（2004）將我國居家服務的發展歷史分成服務草創期（1983年～1996年）、服務法制期（1997年～2000年）、服務擴展期（2001年至今）三階段。陳明珍（2009）則整理各官方、學者資料後提出法制規範期、方案實施期、產業發展期、擴大補助期、長期規劃期、十年長照期六階段。以下以該六階段爲主軸，配合其他學者所整理的歷史過程，將居家服務的發展統整如下：

（一）服務草創期：（1982年～1996年）

　　1983年，高雄市都針對了孤苦無依的老人辦理了居家老人服務，成為了我國最早推動居家服務之地方政府，1986年，衛生署委託陽明醫院辦理「居家護理實驗計劃」，開始向一般民眾收取費用來推展居家護理服務；此階段的發展，意味著居家服務已從醫療式的照護轉向一般的生活照顧（張淑卿，2011）。

　　1994年，內政部頒訂了「社會福利政策綱領」，明訂「居家式服務和社區式服務做為照顧老人及身心障礙者的主要方式，再輔以機構式服務；當老人及身心障礙者居住於家內時，政府應結合民間部門支持其家庭照顧者，以維護其生活品質」，這使得我國過去以機構照顧為主要模式的照顧服務，轉向朝著居家照顧為優先的策略發展（張淑卿，2011）。

　　這時期的居家服務稱為「在宅服務（in-home-service）」或「居家照顧」，整體服務的推展處於摸索期，各縣市大多採志工的方式提供服務，而臺北市社會局則僱用在宅服務員至低收入老人家中從事服務，並由社工員擔任在宅服務督導，是最早以僱用給薪式服務員從事居家服務的縣市。因服務對象以低收入戶老人或中低收入老人為主，服務量的擴大較為緩慢（吳玉琴，2005）。

（二）服務法制期（1997年）

　　1997年老人福利法修法首次將居家服務納入法規中，其第18條「為協助因身心受損致日常生活功能需他人協助之老人得到所需之持續性照顧，地方政府應提供或結合民間資源提供下列居家服務：1.居家護理。2.居家照顧。3.家務服務。4.友善訪視。5.電話問安。6.餐飲服務。7.居家環境改善。8.其他相關之居家服務。」以及同年身心障礙者保護法修法後之第40條「為協助身心障礙者得到所需之持續性照顧，直轄市及縣（市）政府應提供或結合民間資源提供下列居家服務：1.居家護理。2.居家照顧。3.家務助理。4.友善訪視。5.電話問安。6.送餐到家。7.居家環境改善。8.其他相關之居家服務。」都有提及地方政府應提供或結合民間資源提供失能老人及身心障礙者居家服務之規定（吳玉琴，2005）。

（三）方案實施期：（1998年～2000年）

1998年2月內政部函頒之「加強推展居家服務實施方案」開宗明義指出要「落實社會福利家庭化、社區化原則」，並明訂居家服務對象、服務項目、居家服務員、居家服務督導員之資格、訓練課程及居家服務申請流程、收費標準等，有制度的推行居家服務工作（陳明珍，2012）；1998年「加強老人安養服務方案」之措施內容在居家服務及家庭支持方面，全面清查獨居老人以及與配偶同住的老人及其需求，並使各地方政府設立居家服務支援中心提供居家服務（國發會，2010）；同年，行政院衛生署「老人長期照護三年計劃」，試圖提出居家護理與居家服務的整合模式。行政院社會福利推動委員會下設長期照護專案小組，於2000年起推動為期三年的「建構長期照護體系先導計劃」總目標為「在地老化」（aging in place），居家服務也為其中一服務模式，提供在地居民全人照護，以有效滿足身心功能障礙者之照護需求（陳明珍，2009）。

（四）產業發展期：（2001年）

2001年5月經建會會同內政部邀集衛生署、勞委會等有關機關組成「福利產業推動小組」，研訂「照顧服務產業發展方案」，其中規定原住民委員會及各農會、勞政單位、衛生單位皆應積極的辦理居家服務產業。該方案在2003年更名為「照顧服務福利及產業發展方案」，其中與居家服務的相關措施包含：(1)輔導個政府成立照顧管理中心；(2)補助非中低收入、失能老人或身心障礙者使用居家服務；(3)提升居家服務專業形象與管理制度；(4)健全照顧人力培訓，鼓勵離農人口、原住民、中高齡者、婦女投入照護服務產業（陳明珍，2012）。依據行政院經濟建設委員會（2008）之統計，照顧服務產業推動後，我國照顧服務員專職人員由2003年底之1,631人，至2008年6月底止已增至3,898人，增加2,267人；居家督導員則由192人增至517人，增加325人。

（五）擴大補助期：（2002年～2003年）

內政部於2002年6月開辦「非中低收入失能老人及身心障礙者補助使用居家服務試辦計劃」，將補助對象擴及至一般失能國民，並明定服務對象、補助標準、服務項目等；到了2003年，政府函頒了「照顧服務員訓練實施計劃」，將病患服務員與居家服務員進行整合，統稱爲照顧服務員，這意味著將照顧服務的性質推向更具專業需求的職業養成，而不再只是志工與富有愛心的工作動機，這具體落實在技能檢定的要求上，中央公布了照顧服務員丙級技術士技能檢定，明訂期目標、檢定內容等，期待抬升居家服務的門檻，以成爲一具有專業技能的職業類別（陳明珍，2012）。

（六）長期規劃期：（2004～2006年）

在之前已開辦的「非中低收入失能老人及身心障礙者補助使用居家服務試辦計劃」，於2004年7月修正計劃名稱及條文爲「失能老人及身心障礙者使用居家服務補助計劃」，增加極重度失能者相關補助時數與標準，期待能夠減輕家庭照顧的負擔。此時期，服務人數、服務人次及服務時數均逐步成長，累計服務人數自2002年1,795人至2006年6月增至17,234人；服務人次自2002年54,983人次增至2005年底2,061,973人次；服務總時數自2002年合計101,363小時，增至2005年底3,510,807小時（陳明珍，2012）。

行政院社會福利推動委員會在2004年4月組成「長期照顧制度規劃小組」，期望在「普及與適足的照顧」、「多元及連續的服務」、「合理及公平的負擔」三大原則下，達成「整合各項照顧服務資源」、「建立可長可久永續發展的長期照顧制度」、「審慎規劃長期照顧財務處理制度」三大目標。2005年建立四項實質規劃案：1.整合照顧管理組織及流程規劃；2.加強居家健康服務及相關措施規劃；3.連結居家健康服務及相關措施規劃；4.連結居家、社區式、機構式各類長期照顧服務規劃及改善長期照顧居家式各項措施規劃。希望藉由此計劃充實並改善社區及居家服務之內涵並強化服務輸送，以發展合宜的長照制度，並於

同年頒布了「居家服務單位營運管理規範」，以確保服務提供的管理和品質，進一步的保障服務使用者的權益（陳明珍，2012）。

（七）十年長照期：（2007年～）

行政院（2007）頒布「十年長期照顧計劃——大溫暖社會福利套案之旗艦計劃」，目標包括：1.全人照顧、在地老化、多元連續服務，加強照顧服務發展與普及；2.使人民獲得符合個人需求服務並增進選擇權；3.支持家庭照顧能力，分擔家庭照顧責任；4.建立照顧管理機制，確保照顧服務資源效率與效益；5.透過經費補助，提升民眾使用服務的可負擔性；6.確保財源永續維持，政府與民眾共同分擔財務責任。計劃內容包含擴大對於失能者入住福利機構、接受照顧費用之補助，及居家式、社區式之照顧與補助。放寬居家服務的對象以日常生活需他人協助者爲主，補助原則放寬補助對象，並加重民眾付費比例，居家服務補助時數方面亦有明顯的增加。新制的十年長期照顧計劃相較於舊制的居家服務實施要點，前者放寬照顧服務補助標準、提高補助經費之額度，及擴展服務項目。

中央在2011年時，更提出「長期照護服務法」草案，期望盡速的建立普及式照護保險制度，透過全民分擔風險的模式來建構完善的照顧系統，其初步設計涵蓋了全體的失能者，並提供包括居家服務、居家護理、居家復健、送餐服務、輔助服務等多面向的福利項目，其中居家服務的制度將爲此保險的重點項目之一（陳明珍，2012）。《長期照顧服務法》已在2015年5月15日經立法院三訣通過，預計2017年實施。

依據內政部臺灣地區實施居家服務之發展歷史（如表2-1），居家服務呈現六個發展趨勢：1.居家服務項目由單一發展到多元，從早期的「加強推展居家服務實施方案」到「照顧服務福利及產業發展方案」，逐漸的擴大其服務項目的範圍，最後又逐漸整合爲多元化的「長期照顧十年計劃」；2.居家服務輸送由志願服務發展至專業分工與整合，期後將各老人福利機構的照顧服務員及病房看護、居家服務員之訓練辦法與名稱整合在一起，通稱爲「照顧服務員訓練」，並

且增加相關的技術士證檢定，使得照顧服務朝向專業證照制度發展（陳明珍，2012）；3.居家服務之對象，從低、中低收入戶及獨居老人的關懷訪視及家務協助，逐漸發展至非中低收入戶，且於2002年開辦「非中低收入失能老人及身心障礙者補助使用居家服務試辦計劃」，將補助擴及一般失能國民；4.居家服務方案由各地方自行辦理發展至中央訂定相關方案；5.居家服務由單一方案發展至整合性發展計劃；6.居家服務由補充性服務發展至「增權」（empowerment）服務（引自黃瑞杉，2004）。居家服務的項目更加多元及專業，藉由各項服務整合、服務對象擴大，使居家服務的發展更趨完備。

表2-1　臺灣居家服務發展

時間	內容
1971年	彰化基督教醫院成立社區健康部提供民眾居家照護。
1983年	高雄市辦理居家老人服務計劃，地方政府中最早推展居家服務者。
	臺北市辦理老人在宅服務，地方政府中最早以僱用人員給薪式服務辦理居家服務。
1986年	衛生署委託陽明醫院辦理「居家護理實驗計劃」，推展收費的居家護理服務。
1987年	頒布「臺灣省推行居家老人服務實施要點」，以志工及有給職之居家服務員提供居家服務，亦是中央開始重視居家服務的推展。
1994年	於「社會福利政策綱領」中明定「福利服務」乙章之第十六條則提到「結合區域內相關老人機構，提供居家服務等措施」，點出居家服務為未來老人照顧方向之一。
1997年	老人福利法修正後，其法規中第十八條第一項明訂「居家服務」條文，為居家服務的法源及執行訂定明確的指引。
1998年	擬定「加強推展居家服務實施方案暨教育訓練課程內容」，使居家服務方案更為具體可行，亦使居家服務員的培訓走向專業化致度的第一步。
1998年	核定「加強老人安養服務方案」中設立居家服務支援中心，以確實推行居家服務之福利措施。
1998年	推出「老人長期照護三年計劃」，試圖發展居家護理與居家服務之整合。
2001年 2003年	行政院經建會提出「照顧服務產業發展方案」，而後修正為「照顧服務福利及產業發展方案」，其中指出透過適度補助又發居家照護服務的需求策略，並以補助非中低失能老人及身心障礙者使用居家服務。

時間	內容
2002年	內政部依據「照顧服務產業發展方案」，推動「非中低失能老人及身心障礙者補助使用居家服務試辦計劃」，明訂服務對象、服務項目、補助標準等。
2003年	函頒「照顧服務員訓練實施計劃」，將病患服務員與居家服務員整合為照顧服務員，讓照顧服務員從事居家服務不再只是志工的性質更是有專業的培訓與養成。
2003年	公布照顧服務員丙級技術士技能檢定，明訂期目標、檢定內容等，期待成為一專門職業類別。
2004年	修正「非中低失能老人及身心障礙者補助使用居家服務試辦計劃」成為「失能老人及身心障礙者使用居家服務補助計劃」，加入極重度失能者之補助時數及標準，以協助家庭減輕照顧負擔。
2004年 2005年	行政院社會福利推動委員會組成「長期照顧制度規劃小組」，並2005年建立四項實質規劃案，以改善社區及居家服務之內涵並強化服務輸送。
2005年	頒布「居家服務單位營運管理規範」，以保障居家服務使用者權益，並作為各縣市政府積極輔導推動之依據。
2007年	頒布「十年長期照顧計劃－大溫暖社會福利套案之旗艦計劃」，放寬的照顧服務補助標準、提高補助經費之額度，及擴展服務項目。
2011年	提出「長期照護服務法」草案，居家服務的制度將為此保險的重點項目之一。
2015年	長期照顧服務法通過立法。

資料來源：修改自詹秀玲（2005）

二、臺北市居家服務的發展

　　鑑於臺灣最早以僱用人員給薪式辦理居家服務，源起於臺北市社會局之「在宅服務」，陳淑君、莊秀美（2008）將吳玉琴（2004）一文中臺灣居家服務發展的三階段沿用至臺北市之居家服務發展：

（一）服務草創階段（1983年～1996年）

　　臺北市居家服務可以追溯到1983年5月，由臺北市政府社會局開始研擬方案內容及執行方式，由臺北市各福利服務中心執行，社會工作室負責籌畫與督

導（當時稱之爲「在宅服務」，即現今居家照顧的前身）。同年7月召開老人居家服務籌備會，確定招募居家服務員方式，直接僱用並訓練低收入戶婦女，提供低收入戶免費家事服務，遍訪70歲以上低收入老人，並設計各式表格展開各項宣導工作。在北市延平區、大同區進行試辦（師豫玲、鄭文惠、蘇英足、葉俊郎、沈詩涵，2011）。同年8月25日大同、延平社會福利服務中心正式展開服務工作，中山社會福利服務中心於9月13日開始運作。雙園龍山社會福利服務中心於11月開始服務，北投社會福利服務中心則於1984年3月起展開服務（陳文華，1994）。最後，臺北市社會局於民國74年開始規劃「在宅服務（in-home-service）」，表現其對老人長期照護的關心及注意。

1990年行政部門被質疑用人浮濫，市議會決議人事精簡計劃，社會局在宅服務的服務員在行政部門之「臨時約聘人員」待遇缺不補之下，面臨人力不足的生存危機，轉而將此業務以方案委託的方式移交至民間機構經營（廖瑞華，2002；師豫玲等人，2011），將居家照顧服務的「在宅服務」及「居家看護」兩項工作以購買式契約的方式，委託給民間機構辦理。1991年，民間受託機構首先由中華民國紅心字會辦理，服務項目包含家事服務、陪同就醫、文書服務與關懷照顧（師豫玲等人，2011）；隔年因臺北市發行的「臺北市社會福利愛心彩券」創造許多盈餘，另外增加四家（臺北市立心基金會、松年長春服務中心、中華民國紅十字會臺灣省分會及伊甸社會福利基金會）委託機構，負責開辦服務員的職前訓練課程，並提供第一線之家事與身體照顧，由各社福中心負責失能老人的需求評估與個案管理工作（廖瑞華，2002；師豫玲等人，2011）。至此，在宅服務的對象由原本的低收入戶失能老人擴充至中低收入戶失能老人，服務項目也由原先家事服務擴展增加臥床者的看護服務，整併在宅服務、居家看護與居家護理三項，因而更名爲「居家照顧服務」，並且由政府直接聘僱居家服務員、社工員或招募志工轉型爲委託民間機構辦理（廖瑞華，2002；林嘉駿，2004）。

1994年居家護理被護理人員法納爲衛生主管機關與醫護專業人員主責業務，因此社會局便將居家服務中居家護理之項目轉移至衛生局辦理（師豫玲等人，2011）；1995年在健保的給付之下，社會局停止居家護理服務之經費補助

（廖瑞華，2002）。1996年，居家服務由原本每日八小時降爲每日四小時，並成立專案小組檢討居家服務計劃，進一步欲將服務時數縮減爲每日兩小時（廖瑞華，2002）

（二）服務法制建構階段（1997年～2001年）

　　1997年老人福利法修法及身心障礙者保護法修法後之第40條分別將居家服務納入法規中，皆提及地方政府應提供或結合民間資源提供失能老人及身心障礙者居家服務之規定。臺北市政府社會局於同年將居家服務由社工室轉至社會局三、四科，分別負責身心障礙者與失能老人，前者透過成人個管中心進行身心障礙之個案評估，後者透過各區失能老人中心進行失能老人之個案評估，經需求評估之後的個案由受託民間機構訓練服務原來提供居家服務（廖瑞華，2002）。1998年獨居失能老人死亡的新聞事件促使社會關注老人安養照顧之問題，社會局因此恢復服務時數爲每日4小時（每周24小時），並納入一般戶失能老人每月可獲得16小時的免費居家服務（廖瑞華，2002），同時亦開辦居家照護專業人員訪視服務，連結護理師、醫師、物理治療師、職能治療師及營養師提供居家服務（師豫玲等人，2011）。而中央在該年亦頒布了「加強推展居家服務實施方案暨教育訓練課程內容」，明訂服務對象爲65歲以上身心功能受損，導致日常生活功能需要他人協助的居家老人以及領有身心障礙手冊之身障者，並進一步的將服務內容區分爲日常生活照顧服務及身體照顧服務，且訂定了居家服務督導及服務員的任用資格和教育訓練內容（陳明珍，2012），成爲各縣市政府建制居家服務體系的法令依據。在相關法令的頒行以及制度逐漸確立的狀態之下，更多的居家服務由各機構團體輸送出來，在此階段增加了六間（暹宸、獎卿護理之家、中國家庭教育協會、臺北市智障者家長總會、耕莘醫院、臺北市家庭照顧者關懷協會）居家服務機構（廖瑞華，2002）。

　　隨著民眾需求日益的增加，加上供給的人力需求有限，2000年又進一步的委託民間機構團體提供服務，受委託單位包括了：中華民國紅心字會、臺北立心

基金會、松年長春服務中心、中華民國紅十字會臺灣省分會、及衛生所等 （陳明珍，2012）。

（三）服務擴展階段（2002年～至今）

2002年6月行政院經建會照顧服務產業政策將居家服務視爲國家主要發展照顧服務產業項目之一，透過政府經費補助方式鼓勵私人企業加入居家服務經營者的行列，服務對象從低收入戶擴充至一般戶失能老人（廖瑞華，2002）。臺北市社會局在居家服務補助的公平性與政府委託服務角色界定兩方面考量下，於2004年開始調整居家服務補助標準，除了在補助條件上以個案失能程度爲依據，協助包含中低收入戶及一般戶的失能者購買服務，並依據個案之失能評估結果決定補助上限，及提高長時數補助、特殊需求個案專案補助、一般戶個案補助時數與經費，並將「補助額度」與「實際收費」視爲兩個不同概念，政府僅決定補助額度及條件，實際收費則由服務提供者自行訂定（師豫玲等人，2011）。

三、新北市居家服務的發展

新北市居家服務的發展，主要跟隨著中央政府建構老人福利服務的計劃前進。2000年行政院的「建構長期照護體系先導計劃」以實驗社區的方式，選定新北市「三鶯地區」、「嘉義市」爲計劃的實驗社區，先導計劃的服務項目包含兩個層面：（一）擴展新型服務模式：照顧住宅、家庭托顧、失智症日間照顧中心及居家復健；（二）擴大現有服務模式：居家服務、緊急救援系統、居家護理、改善住宅設施設備及喘息服務（李麗圳、李美珍、吳淑芳、顏容欣，2008）。對於新北市地區的長期照顧與居家服務的發展具有根本性影響。

在長期照護十年計劃推動後，長照評估由長照中心照顧管理師統籌評估，並由政府委託的民間社福單位提供服務。目前臺北市和新北市分別由13間長照中

心做服務的評估工作；實務工作方面，臺北市12個行政區共委託18個機構提供居家服務，新北市委託15個機構提供服務，其中有9個機構同時針對臺北市與新北市提供服務，服務機構可見表2-2。總體而言，臺北市的居家服務開始較早，制度上也較完備；新北市在長期照護先導計劃實施後擴大服務模式，因此接下來是以臺北市及新北市為初步範圍。

表2-2　現今臺北市與新北市居家服務單位

臺北市	新北市
財團法人臺北市立心慈善基金會	
中華民國紅十字會臺灣省分會	
財團法人天主教失智老人社會福利基金會	
財團法人臺北市私立恆安老人養護中心（長期照護型）	
社團法人中華民國照顧服務員專業發展協會	
財團法人天下為公社會福利慈善事業基金會	
財團法人老五老基金會	
財團法人私立廣恩老人養護中心	
社團法人新北市身心障礙者福利促進協會	
中華民國紅心字會	財團法人天主教主顧修女會
財團法人獎卿護理展望基金會	財團法人天主教耕莘醫院
財團法人臺北市私立松年長春服務中心	財團法人弘道老人福利基金會
中國家庭教育協進會	財團法人新北市私立雙連社會福利慈善事業事業基金會
財團法人伊甸社會福利服務基金會	財團法人伊甸社會福利基金會附設新北市三峽身心障礙福利服務中心
社團法人臺北市家庭照顧者關懷協會	財團法人新北市私立雙連社會福利慈善事業事業基金會（新加入服務）
財團法人臺北市中國基督教靈糧堂世界布道士林靈糧堂	
臺北市私立仁群老人養護所	

臺北市	新北市
財團法人臺北市林芳瑾社會福利慈善事業基金會	
社團法人身心障礙者福利促進協會（退出服務）	
社團法人傳神居家照顧協會（退出服務）	

資料來源：臺北市政府社會局（2014）、新北市政府社會局（2014）

註解：本書部分章節係根據國科會補助計劃NSC 101-2410-H-004 -098撰寫而成，所選取樣本均依據102年
　　　（2013）年的服務單位。

第三節　老人居家照顧服務現況

　　在長期照顧的架構底下，老人福利的推展，以去機構化、在地老化為主要的訴求，而這些概念的發展需配合完整的社區照顧及居家服務系統，否則將只會是把照顧需求者推出機構。離開機構不代表照顧服務的需求喪失，若缺少整體性、持續性的支持系統，照顧責任將落入非正式部門之中，也就是親屬及主要照顧者需承接起這斷裂的照顧服務，不但無法提供給老人專業及有效的服務，對照顧者來說亦是一生活壓力。行政院主計處（2013）在有關國民幸福指數的報告中指出，2011年時，每四位失能者之主要照顧者中，即有一位對照顧工作感到壓力性負荷，可知除了失能者的照顧需求之外，主要照顧者的負擔問題，亦需受到重視。衛生福利部（2011）調查我國失能率為3%，並隨年齡增加而遞增，且主要集中在75歲以上老人，而主要照顧責任多落在配偶、子女、媳婦身上；另外其調查發現，主要照顧者感到有壓力性負荷的比率為25.5%，呼應了行政院主計處之調查發現。所以，基於去機構化和在地老化而發展出來的居家服務理念，將成為老人福利中極為重要的一部分。

一、國內居家照顧服務現況與服務內容

　　居家服務是長期照護十年計劃中的最大宗的社區服務項目，也是失能老人藉著照顧服務員的登門服務，得以在失能狀況下，仍舊居住在熟悉的社區環境中，家庭照顧者也得以有喘息的機會。在過去的長照服務項目使用上，2008年到2010年需要項目以居家服務最多，每年皆有7成以上的比例（衛福部，2012）。

　　居家服務的措施在2008年起，正式納入我國長期照顧十年計劃有關照顧服務的範疇裡，成為完善老人照顧體系不可或缺的要角。而經建會（2008）也發

展了福利產業方案，希望藉由照顧服務產業之發展，擴大相關勞力需求，有效促進就業，終其目的，係在結合長期照護服務與就業方案。其中，開發居家服務支持系統也列為重要發展方向，將透過適度補助以誘發居家照顧服務需求。

以下針對服務項目、補助對象、補助項目等居家服務輸送的各個面向說明如下：

（一）居家服務之項目

我國老人福利服務措施的內涵，在老人福利法中有仔細的規定，其指出應針對老人需求提供居家式、社區式或機構式服務；其中的居家式服務包括醫護服務、復健服務、身體照顧、家務服務、關懷訪視服務、電話問安服務、餐飲服務、緊急救援服務、住家環境改善服務及其他相關之居家式服務（莊秀美，2009）。另外依據行政院（2007）長期照顧十年計劃，對居家服務亦有所說明，如下：

1. 家務及日常生活照顧服務：包含換洗衣物之洗濯及修補、案主生活起居之空間之居家環境清潔、家務及文書服務、餐飲服務、陪同或代購生活必須用品、陪同就醫或聯絡醫療機關（構）、其他相關之居家服務。

2. 身體照顧服務：包含協助沐浴、穿換衣服、口腔清潔、進食、服藥、翻身、拍背、肢體關節活動、上下床、陪同散步、運動、協助使用日常生活輔助器具、其他服務。

（二）有關居家服務對象及資格限制

依據行政院（2007）長期照顧十年計劃

1. 65歲以上老人；

2. 55至64歲的山地原住民；

3. 50至64歲的身心障礙者；

4. 僅IADLs失能且獨居之老人。

（三）居家服務補助標準

依據行政院（2007）長期照顧十年計劃 使用居家服務不限中、低收入戶，一般戶也可以提出申請。居家服務的補助額度，依個案失能程度補助服務時數：

1. 輕度：每月補助上限最高25小時；
2. 中度：每月補助上限最高50小時；
3. 重度：每月補助上限最高90小時；

超過政府補助時數者，則由民眾全額自行負擔 。

（四）我國居家服務的需求及供給

從居家服務的需求及使用面來看，在內政部（2012）的調查報告中，曾針對居家服務之需求進行推估，在2012年時，推估的服務需求人數為3萬5,511人。而至2016年時，推估之需求人數將增加1萬多人，達到4萬6,548人，合計一個月的服務達101萬7,466小時，換算下來即平均一個人的居服需求為一個月21.9個小時。於是，從表2-3中就不難發現，居家服務的需求推估是逐年增加的，這意味著社會中將會有越來越多的居服需求者，居服人力的供給便成為了滿足需求的重要關鍵。

表2-3　居家服務需求推估（依長照十年計劃實際服務情形推估）

項目／年度	2012年	2013年	2014年	2015年	2016年
居家服務	35,511	37,997（830,573時／月）	40,657（888,695時／月）	43,503（950,884時／月）	46,548（1,017,466時／月）

資料來源：內政部（2012），照顧服務員人力擴充－留任與培訓

在知道了未來居服需求的推估之後，究竟我國在過去的居服使用，實際上是呈現何種樣貌？「內政部台閩地區老人生活狀況調查摘要分析」於2009年抽樣訪談了65歲以上老人，結果有居家服務需求者占了42.25%（內政部，2009）。

接著，在2012年底接受內政部補助服務項目之居家及社區式照顧服務人口中，居家服務個案人數計3萬3,4605人（其低收入者7,456人、中低收入者4,490人、一般戶有2萬2,659人），分別較2011年底增加1,478人。歷年的居家服務量統計中，每年居家服務量皆呈現上升的**趨勢**，儘管2008年以後一般戶的使用者銳減，究其原因，可能是2008年「長期照顧十年計劃」以後，按失能程度補助，即使一般戶可以得到時數上的補助，但是卻要自負額達30%，有可能對新制度尚不熟悉而減少使用，因此一般戶使用人數驟減（簡慧娟，2012），然而就總數量看，均有增加之**趨勢**，仍顯示對居家服務相當的需求（見表2-4）。

表2-4　歷年居家服務個案人數

年度 地區　戶別	2012	2011	2010	2009	2008	2007
一般戶	22,659	21,181	17,658	12842	16,348	17,076
中低收	4,490	4,984	5,249	4567	8,710	7,432
低收	7,456	7,028	5,491	4983		
總計	34,605	33,193	28,398	22,392	25,058	24,508

（地區全為「全國」）

資料來源：內政部（2013），內政部統計年報—老年福利、十年長照成果

　　除了服務需求及使用人數之外，亦可從居家服務的供給層面來看其現況。在居家服務員的人數方面，2007年服務人數有4,137人，之後逐年攀升，到了2012年共計有6,390人。而在實際提供的服務時數上，從2007年合計453萬2,262小時，逐年的增加至2012年的977萬7,186小時。藉著從表2-5、表2-6中可以看出，近年來居家服務員的人數、居家服務時數的增加主要來自專職人員，從2009年開始，專職服務員人數超越了兼職服務員，同時專職服務人員的服務時數也跟著增加，這表示了我國居家服務漸漸朝著專業化的方向發展，逐步的以專職專業照顧取代兼職的型態。

表2-5　歷年居家服務員人數

年度	2012	2011	2010	2009	2008	2007
合計	6,390	6,353	5,591	4,794	4,504	4,137
專職	4,080	4,406	3,651	2,404	1,794	1,628
兼職	2,277	1,930	1,866	2,309	2,299	2,113

資料來源：內政部（2013），內政部統計年報－老年福利、十年長照成果

表2-6　居家照顧服務員服務時數

年度	2012	2011	2010	2009	2008	2007
合計	9,777,186	9,002,335	7,371,917	5,223,666	5,073,776	4,532,262
專職	6,690,672	5,453,984	5,067,511	2,951,699	2,666,484	2,306,558
兼職	2,785,738	2,392,635	2,241,112	2,227,784	2,333,479	2,168,350

資料來源：內政部（2013），內政部統計年報－老年福利、十年長照成果

　　既然專職的居家服務人員逐年攀升，似乎意味著有越來越多人投入居家服務的行列，但實際上，參與照顧服務員訓練與實際投入照顧服務工作之間是存在著落差的。根據圖2-1與林金立（2011）所進行的照顧服務結訓學員就業意向調查計劃報告中，均能發現出我國參與照顧服務訓練的人數呈現逐年增加的走勢，其中2007到2008年間，成長人數11,500人為成長幅度最快的期間，而2008年當年度參加培訓的人數更首度突破萬人，整體來說，自2003年到2011年，居家服務人力的培訓人數從9,798人累積至74,349人。然而，在這些受訓人口中，卻有很大一部分的人在結訓後並未就業，且整體來看，從未就業者的比率有逐年上升的趨勢。2003年經培訓後而實際投入居家服務的人數，僅占總受訓人數的23.5%，而至2011年，實際就業人數卻只剩下8.5%，下滑了15%。以十年來的資料顯示，接受培訓的人口增加了64,551人，而實際就業的人數則增長了4,668人，兩者在十年來的成長幅度並沒有同等的上升，也就是接受居家服務培訓的人數並未能有效提升實際投入居家服務的人數，進一步的推測，如果近年結訓學員中，從未就業者未來沒有投入就業，則表示受訓學員就業率越來越不樂觀，也連帶的影響了照

顧服務產業的供給數量和品質。

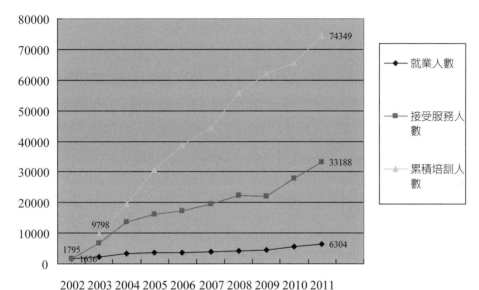

圖2-1　居家服務人力與服務量之趨勢

資料來源：引自吳淑瓊、陳亮汝、張文瓊（2013）

　　從居家服務需求推估、居家服務實際使用情形，到居家服務供給人數和時數，以及接受訓練和實際投入工作的落差，呈現了需求攀升快速但供給卻緩慢成長的狀態。爲了有效的推動長期照顧及居家服務，穩定照顧人力的數量和質量便成爲落實長期照顧理念的重要關鍵，即使再美好的價值理念，缺乏足夠且有品質的照顧人力，任何的照顧政策皆無法有效的滿足高齡化社會帶來的照顧需求。

二、國外居家照顧服務的使用狀況——時數之多寡

　　國外研究，丹麥在照顧老人人口的努力和提供可謂眾所皆知，甚至是歐洲國家的模範。丹麥1980年也面臨老人人口的增加和工作人口的減少，當時其照顧

仍以機構爲主，直到1990年中期才大量轉爲居家與社區照顧。老人人口中有29%使用某種形式的長期照顧，67歲以上（該國的退休年齡）老人大約有25%使用居家協助（home help），居家服務是由275個地方層級之市政負責。1980年早期已開始實驗24小時的居家照顧，負責居家協助和護理照顧；1980年中期開始發展照顧住宅，1990年中期則採整合模式，整合護理之家和居家照顧人力，在同地方由一個機構負責老人和身心障礙者的照顧。丹麥在提供居家服務方面，每週少於4小時服務者大量增加，接受4～9.6小時服務者減少，此改變來自是政府優先提供ADL服務，例如協助上下床、穿衣和洗澡；減少家事服務和購物服務。提供13小時或以上之協助者增加了196%，與家庭照顧減少有關（Stuart & Weinrich, 2001；Rostgaard, 2012）。

美國曾比較1989和1994失能老人的比例和居家服務的使用，失能老人比例分別爲17.2%、16%。居家服務使用方面有如下發現：（一）在1989年，包括付費和非正式照顧者協助時數，有三個ADL功能困難者每週接受約35小時的協助，有五個ADL功能困難者每週平均接受83小時的協助；只有IADL需要協助者，則每週約接受14小時協助；（二）1994年有三個ADL功能困難者每週接受約24小時的協助，有五個ADL功能困難者每週平均接受59小時的協助；只有IADL需要協助者，則每週約接受12小時協助（Liu, Manton, & Aragon, 2000）；（三）時數上略有減少，可能和美國失能老人漸使用輔助性機械產品有關係；（四）完全使用付費居家服務或正式照顧者的比例降低，混合使用者增加；1994年大約有20%的失能老人仍需要自己付居家服務的費用，有一項ADL或IADL困難者，平均每月付110元，有三項ADL困難者，平均每月付576元（Liu et al., 2000）。由這些數字看到只要是失能者，大概都會有居家服務的需要；失能程度越高，越需要，當然費用也越高，而美國老人除了醫療補助個案外，大多需要自己負擔費用。

在日本，其目前65歲以上老年人口需接受介護服務的人口約有352萬人，其中接受居家介護服務的被保險者約201萬人。日本是世界中面臨嚴重人口老化的國家之一，快速的高齡化、子女數的減少、家庭對老人照護功能的減弱等皆

迫使日本政府提出完善的居家服務，其內容包括了：家事服務、文書服務、醫療服務、休閒服務、精神支持、保健預防、復健協助以及介護照顧（葉至誠，2011）。日本的政策以協助高齡者能在其家中自行繼續生活為原則，同時考量獨居老人的比例逐年增加，以及高齡者本身的失能風險就較高，行動力將受限，故對高齡者建立了服務到家的網絡，並連結衛生所、醫院、社工人員等多種專業（葉至誠，2011）。另外，日本厚生勞動省截至2012年7月分為止的統計資料顯示，被判定為需要他人支援以及需要照護的人數約有541.9萬人，為介護保險實施初期之2倍多。而其中接受居家照護及照護預防服務的人口約有332.5萬人（陳玉蒼，2013）

愛爾蘭在2000年到2009年之間，使用居家服務的老人從16,000人增加為63,000人，占老人比例的3.8%到12.7%（Timonen, Doyle and O'Dwyer, 2012）。接受居家服務的個案中，每週服務時數6-10小時所占比例最高，達45%，低於5小時者有34%，11-15小時者有14%，超過15小時者僅有7%，可見所提供之服務以短時數為主（王正、周麗芳，2002）。

瑞典的居家服務預算約85%來自州（municipal tax），另外10%來自國稅（national tax），自付額占4%到5%。1980年代65歲以上老人有16%；80歲以上老人有34%使用居家服務。到了2008年由於預算緊縮，65歲以上老人有9%；80歲以上老人有22%使用居家服務。瑞典老人不論年齡層，每週平均使用約7小時的居家服務時數。由於預算減少，許多低收老人乾脆使用家庭照顧。另外，市場化也是其發展的特色，不再全部由公部門提供，私部門提供大幅增加，私人負擔費用的使用也大幅增加，瑞典在2007年開始立法以所得扣減額來降稅，11,000歐元個人照顧費用的50%得扣減（Szebehely & Trydegard, 2012：304）。

英國的地方政府必須負起居家服務的大部分責任，稅則由國家和地方政府共同負擔，同樣的，由於預算問題，1992年有50萬家庭使用居家服務，到了2005年降到354,500個家庭。使用時數則從每週3.2小時增為每週10.1小時，2005年有24%的使用者每週接受6次以上的服務次數（Glendinning, 2012：294）。

每個國家政策不同，有的鼓勵短時數，多數國家也鼓勵短時數，這是為了將

有限的資源盡量分配給不同的需求者。然而，如果交通花費時間太多，短時數提供有時候反而不經濟，這也是值得思考的議題。

第四節 結語

　　居家服務是社區照顧最主要的部分，主要在運用受過專業訓練的人員，協助罹患慢性病或無自我照顧能力者，繼續住在家中。多數的老年人，在發生疾病、失能或失智情況時，生活面臨到許多困難，卻仍偏好住在熟悉的家中。居家服務即是在這種情況下，由個別照顧服務員為其提供協助，並使他們維持應有的生活品質。

　　基於尊重老人的自主性和獨立性需求以及扭轉對機構的過度依賴，以延緩機構式照護、支持家庭照顧能力、提升案主獨立生活的能力、尊重案主自主權和尊嚴、滿足案主的多樣需求等為主要價值取向。經過約40年的發展，逐漸成熟。從大都會地區發展到全臺灣，甚至是原住民部落，服務已經更能貼近民眾的需求。

　　服務時數的多寡牽涉到資源的有無，在資源豐沛時，提供長時數的服務減少奔波往返時間，但若在資源不夠之時，先以塊狀式集中地區方式的短時數服務則更能善加利用資源。坊間不時聽到一些尚未了解居家服務功能的使用者家屬，將居家照顧服務視為協助打掃幫傭的工作，不用白不用的心態也常排擠到真正需求者。因此，在政策性推廣居家照顧服務的模式時，對於人員的訓練，包括：居家照顧服務員、居家照顧服務督導員和照顧需求評估人員都要謹慎確實為之。惟有精準的評量，才不致浪費資源。

參考文獻

一、中文部分

中華民國老人福利推動聯盟（2008）。居家服務操作手冊再版。臺北市：中華民國老人福利推動聯盟。

中華民國紅心字會（2011）。居家服務介紹。取自http://www.redheart.org.tw/index.php?code=list&ids=13

內政部（2009）。台閩地區老人生活狀況調查摘要分析。取自http://www.moi.gov.tw/stat/survey.aspx

內政部（2013）。內政部統計年報－老年福利、十年長照成果。取自http://sowf.moi.gov.tw/stat/year/list.htm

王正、周麗芳（2001）。臺北市居家服務方案論時計酬適切性之研究。臺灣社會福臺北市政府社會局（2013）。居家服務受託單位一覽表。取自http://www.bosa.taipei.gov.tw/dn2/dn.aspx?uid=25324

臺北市家庭照顧者關懷協會（2013）。居家照顧服務。取自http://www.carer.org.tw/homecare

立心慈善基金會（2010）。臺北市居家服務。取自http://www.lishin.org.tw/web/816593/13

行政院（2007）。大溫暖社會福利套案第一階段三年衝刺計劃。取自http://www.nhi.gov.tw/Resource/webdata/Attach_8284_1_950920%E5%A4%A7%E6%BA%AB%E6%9A%96%E7%A4%BE%E6%9C%83%E7%A6%8F%E5%88%A9%E5%A5%97%E6%A1%88%28%E9%99%A2%E7%89%88%EF%BC%891.doc

行政院（2012）。社會福利政策綱領。取自http://www.sfaa.gov.tw/SFAA/Pages/Detail.aspx?nodeid=264&pid=1991

行政院主計處（2013）。2012年社會指標統計表及歷年專題探討。取自http://www.dgbas.gov.tw/ct.asp?xItem=34949&ctNode=3263&mp=1

行政院經濟建設委員會（2008）。照顧服務福利及產業發展方案-第二期計劃總結報利學刊，6(1)，93-129。

吳玉琴（2005）。臺灣居家服務的現況與檢討。社區發展季刊，106，132-141。

吳淑瓊、莊坤洋（2001）。在地老化：臺灣二十一世紀長期照護的政策方向。臺灣衛誌，20(3)，192-201。

吳淑瓊、陳亮汝、張文瓊（2013）。臺灣居家服務人力：現況與未來發展。社區發展季刊，141，101-112。

呂寶靜（2012年3月）。臺灣日間照顧和居家服務之展望。臺灣因應高齡社會來臨的政策研討會發表之論文，國立臺灣大學社會科學院國際會議廳。

告。取自http://www.ndc.gov.tw/dn.aspx?uid=5371

李麗圳、李美珍、吳淑芳、顏容欣（2008）。我國長期照顧制度之建立─以臺北縣為例。研考雙月刊，32(6)，80-88。

林金立（2011年11月）。照顧服務員就業意向研究報告。居服單位因應長照保險策略研討會發表之論文。台大校友會館4樓會議室。

林嘉駿（2004）。澎湖縣老人居家服務方案執行之評估（未出版之碩士論文）。國立中正大學，嘉義縣。

紀金山，劉承憲（2009年10月）。區域發展。臺灣長期照顧服務政策與治理：以居家服務為例。王春源（主持人），第一屆發展研究年會，國立政治大學綜合院館五樓國際會議廳

師豫玲、鄭文惠、蘇英足、葉俊郎、沈詩涵（2011）。臺北市長期照顧服務網絡之發展、創新與挑戰。社區發展季刊，134，135-156。

國家發展委員會（2010）。加強老人安養服務方案實地查證報告。取自http://www.ndc.gov.tw/dn.aspx?uid=14935

張淑卿（2011）。居家式服務。載於黃惠璣（主編），老人服務與照護（332-351頁）。新北市：威仕曼文化事業股份有限公司。

陳文華（1994）。「臺北市政府社會局居家照顧服務計劃」之評估研究（未出版之碩士論文）。東吳大學社會工作學系碩士班，臺北市。

陳玉蒼（2013年2月7日）。超高齡社會下之日本長期照護體系。臺灣新社會智庫。取自 http://www.taiwansig.tw/index.php

陳明珍（2009）。我國居家服務發展政策發展與省思。社區發展季刊，127，287-303。

陳明珍（2012）。老人社會工作。臺北市：華都文化事業有限公司。

陳淑君（2009）。居家服務督導制度運作現況之研究－以臺北市委託辦理居家服務機構為例（未出版之碩士論文）。東吳大學社會工作學系碩士班，臺北市。

陳淑君、莊秀美（2008）。臺北市居家服務實施現況與相關議題探討。社區發展季刊，122，183-199。

黃源協（2000）。社區照顧：臺灣與英國經驗的檢視。臺北：揚智出版社

黃源協（2000）社區照顧服務輸送模式之探討。社會政策與社會工作學刊，4(2)，179-220。

黃瑞杉（2004）照顧服務產業初步評鑑-以雲嘉南地區辦非中低收入失能老人居家服務方案為例（未出版之碩士論文）。南華大學非營利事業管理研究所，嘉義縣。

新北市政府社會局（2013）。居家服務與居家喘息服務單位一覽表。取自http://www.ntpc.gov.tw/ch/home.jsp?id=1442&parentpath=0,8,1434

葉至誠（2012）。老人長照政策。新北市：揚智文化。

詹秀玲（2005）。居家服務中照顧服務員之勞動特質及互動關係－以桃園縣為例（未出版之碩士論文）。元智大學資訊社會學研究所，桃園縣。

廖瑞華（2002）。臺北市居家服務政策發展的論述分析-知識權力之觀點（未出版之碩士論文）。國立陽明大學衛生福利研究所，臺北市。

劉素芬（2001）。老人居家照顧服務方案評估-以紅心字會為例（未出版之博士論文）。國立暨南國際大學社會政策與社會工作學研究所，南投縣。

蔡漢賢（2000）。社會工作辭典。臺北：內政部社區發展雜誌社。

衛生福利部（2012）。我國長期照顧十年計劃～101至104年中程計劃。取自http://www.mohw.gov.tw/MOHW_Upload/doc/%E6%88%91%E5%9C%8B%E9%95%B7%E6%9C%9F%E7%85%A7%E9%A1%A7%E5%8D%81%E5%B9%B4%E8%A8%88%E7%95%AB-101%E5%B9%B4%E8%87%B3104%E5%B9%B4%E4%B8%AD%E7%A8%8B%E8%A8%88%E7%95%AB_0003411000.doc

衛生福利部社會保險司（2011）。第二階段國民長期照護需要調查。http://www.mohw.gov.tw/MOHW_Upload/doc/%E9%95%B7%E7%85%A7%E4%BF%9D%E9%9A%AA%E5%88%B6%E5%BA%A6%E8%A6%8F%E5%8A%83_0044943001.pdf

戴瑩瑩（2006）。老人居家服務品質管理之研究（未出版之碩士論文）。國立暨南國際大學社會政策與社會工作學研究所，南投縣。

謝美娥（1993）。老人長期照護的相關議題。臺北市。桂冠圖書股份有限公司。

簡慧娟（2012）。照顧服務員人力擴充－留任與培訓。古允文（主持人），長期照護人力「學、考、訓、用」研討會，國立臺灣大學公共衛生學院101講堂。

二、英文部分

Glendinning.(2012). Home care in England: markets in the context of under-funding. *Health and Social Care in the Community, 20(3)*, 292-29.

Home Care Assitance. (2013).What is home care? Retrieved from http://homecareassistance.com/about/home-care/

Kane, R.A.& Kane, R.L.(1987).Long-term care: Principles, programs, policies. New York: Springer Publishing Company.

Liu, K., Manton, K. G. & Aragon, C. (2000). Changes in home care use by disablied

elderly persons: 1982-1994. *Journal of Gerontology: Social Sciences, 58B*(4), S245-S253.

Mosby(2008). *Mosby's Medical Dictionary, 8th edition*. Elsevier Health Sciences.

Rostgaard, (2012).Quality reforms in Danish home care – balancing between standardisation and individualization, *20(3)*, 247–254

Stuart, M. &Weinrich,M. (2001). Lome- and community-based long-term care: Lessons from Denmark, *The Gerontologist, 41(4)*, 474-480.

Szebehely & Trydegard, (2012).Home care for older people in Sweden: a universal model in transition.

Health Soc Care Community, 20(3), 279-329.

Thome, B., Dykes, A. K., Hallberg, I. R.(2003). Home care with regard to definition, care recipients, content and outcome: systematic literature review, *Journal of Clinical Nursing, 12*: 860-872.

Timonen, Doyle and O'Dwyer, (2012).Intergenerational Solidarity and Justice in Ireland: Towards a New National Dialogue, *Journal of Intergenerational Relationships, 10(3)*, 317-321.

World Health Organization. (2012). Dementia: A public health priority. Retrieved from http://whqlib-doc.who.int/publications/2012/9789241564458eng.pdf

第三章 居家服務的工作樣貌與實證

/謝美娥

　　工作特性會影響員工的工作投入、工作滿意與留職意願（潘依琳、張媚，
1998）。在了解居家服務的價值及歷史緣起後，本章將討論居家服務的工作特
性，有助於讀者在進入居家服務員的介紹及工作困境前，對於居家服務內容有更
全面的認識。

第一節　居家服務的工作特性

　　所謂工作特性或特質（Job Characteristic）是指與工作有關的因素或屬性。Seashore & Taber（1975）認爲工作特性涵蓋範圍甚廣，包含工作本身的性質、工作環境、工作薪資與福利、工作安全感、工作回饋、工作自主性、工作挑戰性、工作中學習新知、未來發展機會、工作人際關係、成就感、自我實現等。Hackman & Oldhan（1980）則提出工作特性模式（Theory of Job Characteristic Model, JCM），包含五個面向：技能多樣性（Skill Variety）、工作認同（Task Identity）、工作意義（Task Signficance）、自主性（Autonomy），以及回饋性（Feedback）。

　　居家服務工作特性指與居家服務有關的因素或屬性，包含居家本身的性質、居家所需技能、居家環境、居家安全性、工作所得的薪資福利、案家回饋性、工作自主性、工作挑戰性、工作中學習或自我成長的機會、工作中的人際關係、工作所能獲得的內部報酬。日本學者西下彰俊及淺野仁對居家服務的特性也提出了一些見解，總結出五大特性：（一）普遍性；（二）對象的多樣性與福利需求的複雜性；（三）個別性；（四）地域性；（五）私密性（引自鄭茂松，1994）。雖將工作性質分出許多類項進行討論，但性質之間是彼此相關、環環相扣的，應互相對照、呼應才能對於居家服務有較全面的認識。

一、工作本身性質

　　居家服務工作本身的性質指居家服務產業整體的特質、處境、結構等總括性的了解，由過去的文獻討論中，可整合成勞心勞力的雙重壓力、陰盛陽衰的中高齡工作人口、社會地位低下、被需要的工作重要性等面向，以下分別討論。

（一）面對「人」的工作——勞心勞力的雙重壓力

「照顧」的意涵，指照顧者對被照顧者提供身體上、物質上、以及精神上的照料，同時強調照顧者與被照顧者彼此之間情感上的連結（吳味鄉，1993；Himmelweit, 1999）。Graham（1983）對於照顧的定義則為：照顧是一個人去關心、照料他人福祉的概念，包含了「關心（feeling concern）」及「照料（taking charge）」這兩個心理的與物質上的意涵，隱涉著個人情感和態度的投入，以及特殊技術能力的展現（謝玉玲，2011），這代表了照顧（care）同時具備了愛與勞動的雙元特質，也使得居服工作者在付出勞力的同時，無可避免的也會投入個人的情感。

居家服務的工作項目具備著勞力密集的特性，舉凡環境打掃、洗衣、備食等到身體照顧、移位、戶外活動、醫療復健等，都廣泛的涵蓋在工作內容中，而這些活動皆需大量耗費服務員的體力，而在付出大量的體力勞動時，也要擔心被有傳染疾病的案主傳染或其他的工作傷害，尤其是面對需揹負的案主時，更是考驗居服員的體力與力氣，稍有不慎自己與案主都有危險。另外，居家服務工作屬於情緒工作（emotional work）的表現，在工作過程中人們必須自我管理，控制自己的情緒，以便做出社會認為符合當時情境的情緒展演，在照顧情境裡，面對失能或失智的案主，居服員普遍被認為需呈現積極正向、溫暖、包容的特質，甚至包括刻意表現正向情緒或壓抑負面情緒，以符合「愛與關懷」的照顧工作（Hochschild, 1979）。這種高度的心理負荷與情緒要求，同時消磨了服務員的體力，使得居服員必須面對自身體力與心力的雙重消耗（陳彥蓁，2008）。

進一步的說明，居服員除了勞力的付出之外，在服務過程中還需敏感的注意案主的精神與身體狀況，尤其面對有特殊疾患或體弱的案主時，更需留意諸多的枝微末節以及可能的突發狀況，一旦案主出現任何的症狀，居服員就必須立即的作出回應，可以說是時時刻刻處於緊繃的狀態之下。需接受居家服務的案主包含老人或身心障礙者，可能因其身體功能持續性的退化、突發的急性病症、情緒的起伏、本身鬥志的高低、家人的態度等因素而導致不穩定的功能狀態，並隨時發

生變化或衰退，因而居服員判斷案主健康狀況的能力，不但考驗著居服員的專業素養，進而讓背負著案主健康的居服員承受心理上的壓力（楊培珊，2000）。

除了案主不穩定的功能表現之外，案主抗拒與不信任等心理狀態，也是居服工作者必須處理的情況之一（Albert, 2000）。面對案主對自身隱私的保護、對居服員的敵意和不信任、對外來陌生人進入家中的恐懼、對自我表現的不滿意等心理上的不穩定狀態，居服員必須耗費大量的時間和精力來建立關係與安撫，而在正式服務之外，投入大量個人的情緒支持，形成體力和心力同時消耗的處境。進一步的，當案主生、心理狀態不穩定時，增加了案主流失的可能，將影響居服員的個案量，突然失去個案將導致居服員經濟不穩定。而案主或案家對居服員不公平的對待、對居家服務的濫用、未被滿足的照顧需求、居服員工作中對自身情感的壓抑，皆與居服員士氣低落的結果有顯著的關係（Kim, Noh & Muntaner, 2013）。也就是說，居家服務同時提供身體及心理支持，當居服員在提供服務時，爲與案主建立良善的互動與信任關係，必須投入相當高的情緒勞動以避免緊張關係與衝突，以盡量營造和諧的工作氛圍（陳彥蓁，2008），更甚者，在服務的過程中，居服員對於案主及案家有相當熟識的了解，使居服員對案主產生家屬般的情感，進而將自己定位爲案主的代理親屬（Wang, 2002）。這些特質都突顯出居服工作的高度人性化，與人互動之中情緒的拿捏、溝通的調整，以及隨之而來的情感依附，上述所指的情緒拿捏都必須仰賴居服員的經驗累積。

（二）陰盛陽衰的中高齡工作人口

居家服務工作的入門門檻較低，無學經歷、專業領域的限制，因此吸引到許多中年失業、轉業、重新或新進入職場的人。這樣的結果具體呈現在照顧服務員參與培訓的原因上，參與受訓者中有將近半數的人是爲了培養第二專長和增加收入爲主要原因，而這樣的原因更連結到以就業導向爲目的的意圖。因此，居服員爲了就業的目的投入照顧服務的訓練中，其實是爲了因應中年失業、轉業、進入職場造成的收入危機。然因爲照顧工作的專業性較低、高體力負荷、無升遷

前景、薪資偏低、社會地位低，缺乏年輕勞動力的投入，加上低門檻的工作條件，形成了以中高齡人口為主的居家服務產業，居服員的年齡層多集中在40～60歲之間（衛生福利部，2007；林金立，2011）。

　　普遍來說，不難發現居家服務及其他照顧工作的從業者多為中年女性，對她們來說，居家服務的工作時間較為彈性、離家相對較近，可以兼顧家庭勞務，同時也能賺取一定金額的薪水貼補家用，而對於曾經中斷就業且已有照顧經驗的婦女而言，居家服務更是一項入門性較低的領域，再加上時間可彈性配合自己照顧家庭的需求，大大的吸引了女性投入居家服務產業（詹秀齡，2005；張江清、林秋菊、蔡和蓁、陳武宗，2011），衛生福利部（2007）全國抽樣調查之女性居服員便高達94.26%。除了個人性的偏好選擇之外，我們能怎樣理解女性成為照顧者的經驗？女性成為居服產業主要勞動者的結果，受到了各種社會結構因素以及女性獨有特質的影響，社會文化普遍認為女性較男性更能舒服的與人相處，且利他、包容、接受異質態度高的特質，讓照顧服務這種具有強烈陪伴與照護性質的工作，與女性形成了無法分割的連結（Albert, 2000）。Carol Gilligan針對女性道德發展進行論述，強調人與人之間的互動、溝通與連結，這可以同時包含自我犧牲和自我行銷兩部分（Gump, Baker & Roll, 2000），而這種強迫性利他主義及自我犧牲的精神，若再加上傳統的性別角色分工，就使得家內的照顧工作容易配對到女性身上，並將這種照顧經驗複製到家外的勞動工作上，使得這些照顧工作相對的較容易吸引到女性。

　　當社會上習慣將性別二分為男性與女性，又對於不同性別有著根深柢固的性別角色期待時，居服員的性別與受照顧者的性別可兩兩配對出四種組合。在女多男少的居服場域中，無論男性個案或女性個案，大多數都傾向由女性服務員提供服務；因此，在社會所形塑的性別角色之下，產生了男／女居服員與男／女受照顧者間不同性別對話及相處的差異。社會長期對於照顧者性別的刻板印象，也造成男性進入居服場域的限制，男性的服務員若是想進入這門行業，容易被質疑其居服工作適任性與家庭責任中養家者角色的勝任度。但國內研究顯示，對於某些男個案而言，男性居服員更能勝任傾聽的角色，且有服務使用者認為男性居服

員服務較為專業，不會用私人事情來打發服務時間，亦可給予案家較大的安全感（詹秀玲，2005；陳彥蓁，2008；張正穎，2009）。在性騷擾風險的考量之下，男居服員也被認為較適合服務男性個案（陳彥蓁，2008）。另一種基於性別刻板印象而來的男女差異，則是容易將需要更大體力勞動的工作內容進行分類；同樣的服務項目，分派到女性或男性居服員身上時，便存在著「比重」與「分量」上的差異，男性居服員因此常需身懷「重」任（陳彥蓁，2008）。

（三）社會地位低下

　　一般社會大眾對於居家服務的認知是很有限的，往往將居服員視作「幫傭」，而將各式各樣非其職責內的家務勞動推給居服員，這表現在案家對於居服員的稱呼上，包括經常以語助詞般的「ㄟ」，或者是與其工作項目相關的「打掃的、洗澡的」方式來指稱居服員，讓服務員有被不尊重甚至覺得自己遭到歧視的感受（陳彥蓁，2008；張江清等人，2011；Neysmith & Aronson, 1996）。居家服務工作的進入門檻低，加上工作中的勞動特質及大量的家事、穢物清潔服務項目，都是造成居家服務工作社會價值低下的重要因素；若居服員隸屬於一般民間居家服務提供單位，服務的是自費購買服務的顧客時，服務使用者仗著自己「有錢即大爺」的姿態，更是毫不客氣地對居服員頤氣指使（陳彥蓁，2008）。從相關調查中發現，整體來看，居服員認為提升專業形象最為重要，更是提升居服員工作意願的重要面向（林金立，2011），這樣的結果顯示，實際上居服員確實面臨著自身價值的衝突與社會地位低下的處境，而這也突顯了居家服務在追求專業時遭遇社會價值的阻礙。

　　另外，居家服務的工作內容、薪資計算、勞僱關係是相對不穩定的，加上坊間對社會福利的知識仍較不足，而在使用相關福利服務資源時，易受錯誤、偏差的刻板印象所影響，在這種環境之下，居家服務便容易與「無技術」、「不重要」、「女性的」的低層工作畫上等號（林雅容，2005），其造成的結果，不但使政府大力宣導、釋出利多的居服福利資源，無法花在刀口上，也使得供

給和需求的內容之間無法取得調和，而形成對照顧服務員的歧視和誤解（張江清等人，2011）。而居家服務因低門檻的要求，相對的較容易吸引低教育、低社經人口，使得居家服務成為了性別弱勢者、社會階級弱勢者、種族弱勢者的集中地。居家服務員本身所背負的社會標籤就使得他們在接受社會評價時較為不利，而當他們所投入的職業又是社會刻板印象中的低等工作時，就會產生本身個人屬性與工作特質的相互作用，使其在從事居家服務工作之後，地位始終無法提升（Aronson & Neysmith, 1996）。

（四）「被需要」的工作重要性

居家服務的照顧對象是失能老人或身心障礙者，案主大多需要外人的協助才能完成日常生活的起居，當案主及案家接受服務後懷著滿心喜悅與感謝時，讓居服員從案家的回饋中體會到助人為快樂之本的愉悅；也在受照顧者對服務員的信任中，讓服務員有「被需要的感覺」，而感受到居服工作的價值 （陳彥蓁，2008），以及居服工作的重要性。

居服員多為女性，除了從事照顧工作之外，在自己家裡亦同時扮演著家庭照顧者的角色，因此，從事居家服務便成為延續原有家庭照顧的經驗，自願的接受訓練課程以提升照顧技巧，讓自己能夠同時兼顧家庭照顧的要求並開發新的就業選擇，而同時達到助人利己的目的。在不同的案家中提供服務，也讓居服員可以從案家身上習得不同的照顧技巧，對自己、家人或者另一個個案都相當有幫助；也在與不同經歷的案主身上聆聽到不同的人生經驗，進而豐富自己的視野並對自己的生活感到知足，並從工作中不斷充實疾病、照顧的知識與技巧、反思生命的價值，這些都是居服員願意投入照顧產業的原因（詹秀玲，2005；張江清等人，2011）。

二、工作情境

工作情境是以居服員「隻身進入案主家中進行服務、提供協助」為共同特質,所面臨的工作環境,包括隱密的工作環境及無支援的工作自主、私領域及工作範圍的模糊、親密接觸與性騷擾之風險、工作情境與服務對象需求差異大等。

(一)隱密的工作環境及無支援的工作自主

不同於一般的工作或機構照顧工作,工作人員與其服務相對人皆處於一特定的空間裡,居家照顧則是由居服員離開所屬單位進入案主家中進行服務,無其他的同事、管理者或流動人員,屬於隱密性高的環境,如同進入一個「無中立第三者在場」的情境中工作。獨立進入工作場域有其好處,在沒有立即性監管的壓力之下,居服員可以自由自在的進行其服務,也在面對一些人際間道德倫理議題時,更能有自我判斷和非正式處理的空間,且隱密的特性,也讓其更能專心因應所處案家的各種狀況,避免了與其他人共享資源以及同儕比較監督的壓力。另外,無督導或同事能夠提供即時的協助及建議,就必須仰賴服務員自己的判斷與經驗來解決問題,並自己建立工作規範,因此居服工作中的自主性較高(詹秀玲,2005;Neysmith & Aronson, 1996)。

但相對的,居家服務的內容分布廣且沒有其他第三人同在的性質,也使得發生了任何衝突後,容易形成兩造雙方各說各話的現象,同時,當居家服務員身處具有暴力行為的案主、案家時,這種隱密性的工作環境,會使得居服工作者陷入更大的風險之中,且這種孤立的工作環境也讓居服員在面對各種危險時無法得到保護,也無他人能給予支持和協助,在大多的時候,他們必須獨立處理案主或案家的不當主張、批評或傷害,以及各式各樣的要求(楊培珊,2000;Eustis, Kane & Fischer, 1993;Albert, 2000)。

（二）私領域的模糊地帶與工作範疇不清

　　居服員的工作場所就是案主平常的生活空間，無論是居服員、案主及其家人，均應遵守一些行為守則來尊重彼此的生活習慣。這些守則對於居服員來說是其工作倫理與內容的一部分，但對於案主或案家而言，有陌生人進入家中難免會有私生活被侵入的不安，且造成生活自由的限制，也因此許多生活事務的安排就必須重新進行規劃，包括置物、睡覺空間、家電使用、衛浴與廚房的操作等等，都可能是引發居服員和案家不滿的因素，如何商量物品和空間的使用便成為居服員進入案主私領域後的另一個課題（楊培珊，2000；Albert, 2000；Kesselring et al, 2001）。

　　除了生活習慣的商討之外，居服員進入案家後，便開始與案主／家討論其工作內容。居家服務應提供的服務項目已在先前說明，然而更多的爭議是，居家服務除了照顧工作與清理案主一定的基本生活環境之外，還有哪些生活中的事項應由或不應由居服員來做？除了案主的生活照顧之外，能不能要求居服員對其他家人和整個家庭環境提供服務？照顧與清理的範圍究竟多大或者應該處理到什麼樣的程度才是適當的？照顧和清理本身就是極為模糊的概念，並且標準和認定因人而異，使得這些問題難以有正確的答案亦無法加以正式規範，即使機構和法令存在具體明確的服務準則，居家服務這種非正式且孤立的工作情境，仍然在很多時候只能仰賴居服員獨自與案主／家協商這些問題的解答，且本身居服工作的高度人性化、情緒勞動與高道德標準的特質，亦使得居服員接受額外的非正式工作內容。

　　高雄市衛生局曾針對個案在使用居家服務時應注意的事項羅列了幾點須知，其中說明了「家務整理是指一般例行性的日常生活清潔工作，以您的個人生活起居週遭的居家環境為主，不包括您家屬親友的生活起居及公共空間，或大規模清潔工作。」、「貴府應尊重照顧服務員，不得要求從事服務項目以外之工作。」（高雄市衛生局，2011）。然而，即使相關單位訂定了規範或提出建議，實際上無論案主是否付費，許多個案似乎都抱持著「人盡其才」、「不

用白不用」的心態，毫不客氣地對服務員予取予求（楊培珊，2000；陳彥蓁，2008），有時甚至不顧居服員的意願及相關的規定，案家便自行將案主的生活範圍擴大至全家的生活範圍，變相使居服員照顧其全家家務，或者契約明定以洗衣機清洗衣物，卻要求居服員手洗（詹秀玲，2005）。有時案家甚至動之以情的要求居服員提供更多的服務，當居服員將自己擺在一個如同案主親屬般的位置時，將很難拒絕案主對於服務過多的要求（Wang, 2002），居服員為了維繫與案主間的關係，自願或被迫妥協於不對等的關係之中。另外，在Aronson與Ney-smith（1996）的研究中發現，居服員的實際處境常遭遇工作內容與工作時間的壓榨，這是因為居服員對於應回應他人需求的道德遵守上帶來的極大壓力，也包括了居服員自身的價值感低落，認為自己沒什麼地位可以拒絕案主及其家人的要求，而其本身較為弱勢的社會屬性，也使得居服員在與案主商討工作內容時較為不利。也就是因為存在這些負面的互動現象，良好的溝通協調就更顯得重要，這將有利於雙方彼此了解和互信，而在雙方都認同的基礎下訂定生活守則並加以遵守，也將有助於衝突的避免，互相尊重和包容是居家服務的過程中，居服員必須與案家共同合作的項目，這有利於居服員免於生活習慣、工作內容等衝突所帶來的壓力，也能在足夠的休息和調適之下提供有品質的服務。

（三）親密接觸與性騷擾之風險

　　居家服務包含著相當多的服務項目，其中「照顧」的服務工作，自然免不了工作員和案主的近距離互動，包括更衣、如廁、沐浴、攙扶等等，皆需要頻繁的身體接觸，而在這種身體距離貼近的工作情境中，居服員和案主該如何看待、拿捏彼此的碰觸界線及感受，就成了居家服務使用和提供的過程中必須拿出來討論的議題，以確保雙方生心理的安全和福祉。雖然一般醫療院所的醫護人員在進行工作時也需與病患進行肢體的碰觸，然而居家服務員與案主間的身體接觸往往具有更高的私密性（楊培珊，2000）。在機構開放式且有他人在場的工作環境之中，親密的接觸仍然會使工作者暴露在較高的性騷擾和傷害的風險之中，而工作

情境高度隱密和獨立的居家服務更是如此。這種獨特的工作情境，亦可能使性騷擾進一步的與暴力行為產生高度的關聯，不論是案家或服務員皆在沒有第三方看視的情境下進行互動，這種遠離他人的特質，助長了性騷擾或暴力行為的可能，而使的居服人員面對較高的風險（Barling, Rogers & Kelloway, 2001）。

各種非自願的性交換、敵意性的工作環境、言語或肢體上的不當接觸等意圖挑逗或滿足個人性欲，並違背他方之意思，以肢體或明示、暗示之語言、圖畫、影片或其他方法，施予他方，致其人格、尊嚴、人身自由或工作受侵犯或干擾之行為，就屬於性騷擾。除了毛手毛腳、色瞇瞇的窺視、吃豆腐等直接的身體騷擾之外，同樣令居服員無法忍受的還有言語上的騷擾，包含各種調戲、辱罵、開黃腔等具有性意味的言詞，或是期望透過利益交換以取得性服務；另外亦有案主會透過指定「年輕」、「漂亮」的女性居服員以滿足個人的生理欲望，甚至進一步的在居服員面前做不雅和戲謔的舉動（性騷擾居服員之老人辯稱抓癢）。這些騷擾行為均會造成居服員的心理壓力和負向情緒，然而居服員在遭遇這類不舒服經驗而想要抗議或舉發時，卻經常面對到維持工作的需求和自身安全的兩難，以致於不知道該如何表達所面臨的狀況，即使好不容易鼓起勇氣尋求協助和保護，又會因為隱密的工作環境而陷入舉證不足、他人質疑、案主反駁，甚至被譏為想像力過於豐富的難堪之中。

雖然居服員接觸較多的是案主，然而在整個工作場域裡是同時將案主家人涵蓋在內，所以騷擾者除了案主本身之外，也有可能是案主的家人，因此在無他人監看的情況下，居服員在面對工作中必然的肢體碰觸以及和案家互動時，就更需保持高度的警覺性和敏感度。在討論照顧工作的傷害和壓力時，除了身體健康、工作負荷等上述討論的面向之外，亦必須將性騷擾與暴力行為視為影響居服員生心理福祉的風險因子，並理解工作場所中發生的各種生心理傷害或疾病，將是影響居服員工作壓力的顯著因素，且工作壓力又是在各種職業傷害中成長最快速的項目，這種具有風險的工作情境對於個人的精神和行為皆有負向的影響，進一步降低居服員的工作滿意度（Danna & Griffin , 1999；McCaughey, DelliFraine, McGhan & Bruning, 2013）。

（四）工作環境及服務對象需求差異大

　　每個家庭都是獨一無二的，居服員到府提供服務，往往需配合案家不同社經狀況、居住環境、人際關係及對服務的期待等，經由不斷的相處及互相了解才能磨合出對兩造都舒適的工作情境，若照本宣科，將出現頻率不對與溝通不良的狀況，也因此增加了居服員的工作挑戰（陳彥蓁，2008；謝玉玲，2011）。居家服務的申請有時數的評估及限制，居服員須在一天之中於不同的案家提供服務才能達到足以支付日常生活的薪資，這同時意味著居服員得在各案家之間往返穿梭，經常無畏風雨烈日的「疲於奔命」（陳彥蓁，2008）。而來回在不同的工作場所中工作，對於工作時間、工作安全衛生的認定亦會發生問題（郭慧淳，2006）。

　　使用居家服務的群體為身障者及老人，雖說老年人口包含了失能或失智患者而與身障人口有所重疊，然而除了老人之外，各個年齡層的人們皆有因意外或疾病而成為身心障礙者的風險，所以在針對老年人和其他年齡別的身障者提供服務時，必須注意到他們在生心理狀態、需求、社會互動的表現上是有所差異的。針對老年人口所訂定的照顧計劃，尤其是獨居老人，其內容和服務項目就較著重於該老人本身，而若是服務非老人之身障案主時，往往需考量其家庭照顧者及其他家庭成員的意見，並需要與案家有更多的互動；而實際上，非老人之身障群體對於自身權益的爭取及服務的要求都較老人為高，亦有較高的社會參與，故例如在居家服務的時間調動上，會因身障案主參與社交或外出活動而較無彈性；另外，因意外或疾病而導致失能此重大生命事件，會較容易使部分非老人身障者無法接受失能的事實，相對於此，老人面對的若是因自然的生理退化而導致的失能，則較容易適應與接受，也因群體間自我價值和對事件的態度不一，居服工作者面對不同案主時的溝通技巧也就必須有所調整；最後，在服務不同案主時，其所屬年齡層與對應的需求和生心理處境，也可能使得居服員在和案主或案家互動時，有不同的強度和品質，而須有不同的回應和處理方式，例如學齡期的身障案主，除了基本的身體照顧外，案家也可能會期待居服員協助學童的發展，同樣的

成人身障者也可能期待居服員協助其親職的工作，而老年案主的家人則可能希望居服員能多陪伴老人散步或進行社會接觸，往往因案主或案家五花八門的要求造成服務界線模糊，因此拿捏專業服務和非正式互動間的界線，就須仰賴居服員針對個人價值、案主及案家處境、專業規定作出因人而異的判斷（呂寶靜，2012）。

三、工作條件

在工作條件的部分，關注的是居家服務員所面臨的僱傭關係及工作福利，包含非典型的勞僱關係、薪資、福利與升遷，以及訓練課程。

（一）非典型的勞僱關係

居家服務員在勞動場域中與服務提供單位及案家建立起工作關係，包括了僱用關係、承攬關係、中介關係（待第五章詳述），而服務的工作型態可依服務提供單位的規劃分為全職或納編人員、兼職或臨時人員，前者為所屬單位的固定成本，有一定的薪資和福利，而後者則屬於案件計酬的給付原則，而實際上多數的居服員是屬於此類。基於這種兼職為主的情況，Zeytinoglu, Denton, Davies 與Plenderleith（2009）將居家服務視為一種「臨時的僱傭（casualized employment）」，包含非永久契約、不定時的工作時間（casual hours）、非自願的班表（involuntary hours）、隨時待命（on-call）、分散的班表（split shifts）、以次計酬（paid per visit）、多種時薪制（hourly pay with variable hours）等。這種非制式化的工作契約，代表居家服務是採論量計酬的排班制度（陳正芬、王正，2007），居服員僅需在與個案約定的時間抵達案家中提供服務即可，雖然工作時間是由服務提供單位與案主協商而定，但居服員得依自身或家庭需求自由調配以間接決定自己的上班時間，具有工作彈性的優點（陳彥蓁，2008），但

在我國的實際情況中，居服員的工作條件可能因機構而異，例如居服員在班表的安排上可能有自行商議的空間，也較無隨時待命的情況。

　　雖然兼職、臨時僱傭擁有工作彈性這項優點，但相對的，這種彈性的工作安排卻也意味著不穩定的工作型態和薪資來源。在單位所取得的政府補助有限之下，便容易僱用大量的臨時人員作爲增加勞務提供的手段，在減少開支的同時增加供給量，但這種缺乏穩定性的勞僱關係若成爲常態，自然無法有制度的保障居服人員的工作品質；即使目前各居家服務支援中心，時常面臨居服人員不足、服務供給量減少的處境，但在這種僧多粥少的情況下卻沒有因此提升居服員的地位與價值，相反的是，因爲勞動條件不佳、不穩定的勞僱關係和薪資，無法吸引更多領有證書或證照者投入此行業，甚至造成許多有動機從事照顧工作的人，在考量現實的經濟壓力之下而放棄居服工作（張江清等人，2011），這樣的結果加速了居服員的流動率，居服單位陷入只要有人來做就好的壓力，在無法確保居服員素質和服務品質的情況下，將無法有效提升居服人員的專業性和工作地位（陳淑君、莊秀美，2008）。

（一）薪資、福利與升遷

　　居家服務與其他照顧工作的工作者，面臨最大的困難常是薪資與福利結構的不穩定。當原本屬於非正式場域的照顧工作，成爲市場交易的項目時，不難發現其成爲了低價格、低薪資的供給，除了勞動條件與社會文化環環相扣的影響之外，Cancian（2000）進一步點出了照顧本質和經濟效率兩者間的關聯。資本主義的勞動市場，講求效率和利益極大化，並重視理性、科層、規則的體制運作；相對的，照顧工作需要花費大量時間來提供高品質的服務，而且還需付出情感與受照顧者建立關係，這種非理性、無效率、個別化及獨特性的特質，與資本主義邏輯相違背，因此當照顧發生在家庭以外的場域時便不受重視，而使得照顧工作成爲勞動市場中的低薪產業。另外，居家服務等照顧工作的勞動特質也使其陷入勞動彈性化的現象之中，包括：相對輕易的提高或壓低工資、不由僱傭雙方

而是由其他方式來給付社會安全的支出，以及排除或遊走法律上對於勞動關係的限制等（Finkin, 2002）。

　　居家服務工作的薪資係採時薪計算，每月薪水與工作時數、時薪高低有密切關係，過去各縣市居家服務單位給予居服員的時薪並不一致，從110元至180元皆有，形成居服人員的薪資差距。而後根據衛福部（2014a）照顧服務員每小時時薪不得低於新台幣150元 。若以一日工作時數8小時、一月工作20天計算，居服員薪資一個月可達24,000元。但實務操作上，居服員須往返於不同的案家中，故一日工作時數不可能排滿8小時，所得薪資難以與機構照顧服務員相比，且在相關的調查報告中亦證實了從事居家服務的照顧服務員平均月收入偏低，5,000以下者即占了36.3%（謝玉玲，2011；林金立，2011）。在照顧服務的領域中，整體的趨勢仍是以醫療、護理機構的照顧服務員薪資較高，約23,000元至32,000元；安養機構次之，約25,000元至28,000元；日間照護機構之照顧服務員約21,000元至25,000元（彭婉如文教基金會，2009；引自謝玉玲，2011）。低薪資影響工作意願，照顧服務員的薪資晚近遂成為討論話題。衛生福利部（2014b）為有效提升照顧服務員實質所得，鼓勵國人投入長照工作，自103年度7月1日起照顧服務費（包含居家服務、日間照顧、家庭托顧）調高至每小時200元 ，照顧服務員平均時薪自每小時150元調升為170元，增加其留任誘因及對自身工作的認同感。經計算，加薪之後，照顧服務員平均實領月收入最低可達2萬2400元，加薪幅度超過13 %。

　　根據勞動基準法的相關規定，居家服務提供單位應支付照顧服務員之勞健保費、勞退準備金、職災保險、年終獎金、績效獎金及其他必要支出，亦包括特休假、雙週工時84小時外要給例假日、加班問題、例假日工資加倍等等負擔。另外，居服員必須在外奔波，且需提供大量的體力勞動及搬運個案，或需接觸精神疾病患者、具傳染性疾病的個案，居服員常因此受傷或處在風險較高的環境中，因此相關的「意外保險」及「醫療保險」對居服員而言更是相對重要的保障（陳彥蓁，2008）。然而，實際上居服員享有的福利會隨服務單位而有差異，除了基本的勞、健保外，證照加給、交通費、年終獎金、年節獎金、員工聚

會、員工旅遊及各類假期外都視單位的經營策略而有不同，即使相關規定明確規範了服務機構提供福利的責任，但同時也保留給僱主一定程度的提供自由，形成了看得到卻不一定吃得到的大餅。

　　較低的薪資給付與不完整的福利保障成了居家服務員較易有離職傾向的重要因素之一。在Zeytinoglu, Denton, Davies與Plenderleith（2009）的研究中發現，三成以上的居服員並未與僱主訂有長期的合約，超過一半的居服員從事的是兼職或任務型的居服工作，雖然這種論時計酬與兼職的工資及工作分配方式，讓居家服務供應機構能較為靈活的分配工作者與相關給付，以確保服務的彈性及回應需求的能力，但對於居服員來說，這樣的薪資和工作計算是缺乏收入保障的，而這種缺乏保障的勞動環境，使得許多居服員不斷形成離職或轉換跑道的想法，而提高了居服員的離職率和流動性，不利照顧技能與產業專業性的累積，這種現象中外皆是。普遍來說如同上述，醫院及機構的照顧人力有著比居家服務更為優渥的薪資和保障，且在工作內容和界線劃分上也較居家服務清楚，較少面臨處在他人家中綁手綁腳的難處，在這種照顧產業的類別區隔和不均等之下，使得居服員容易轉換至醫院或機構從事照顧工作，更造成居家服務的人力始終無法穩定成長。

　　另外在升遷的條件中，「居家服務提供單位營運管理規範」規定，服務五年以上之專職照顧服務員，並取得直轄市、縣（市）政府核發之居家服務督導員結業證書者，即可擔任督導職務，但在實務中，服務單位裡的職務配置難以變更、人事成本難以負擔，因而無法再多安插居服督導的職位（陳彥蓁，2008）。有些機構則會以設立小組長的方式提升資深居服員的位置，以小組方式帶領新任居服員，達到經驗傳承和技術指導的效果。

（三）速成式的訓練課程

　　居家服務的對象多為老人與失能者，居服員必須擁有因應老化與失能的相關技術和能力；另一方面，問題可以分為一般性與緊急性，一般的問題較有足夠的

時間來處理，但若發生緊急或突發性的問題，居服員在急迫的時間壓力下，通常必須獨立面對狀況，若沒有足夠的專業知能，不僅對不起案主及家屬，居服員還會承受自責的壓力（黃有志，2013）。

　　居服員對於自身應具備能力之看法，已經不只是注重在照顧的層面上，而是期望了解自身在現行法律上之定位，以及了解居服價值和理念後，再運用照顧服務之相關資源和幫助，協助處理案主在身體與生活各方面的需求（黃有志，2013）。從服務使用者觀點來看，所謂照顧服務的工作技能包括操作技巧和相關知識，居服員的工作範圍相當廣泛，其中涉及大量健康相關領域，且常因不同的疾病與障礙別，需要多樣技術與廣泛知識，例如多重障礙、肌肉萎縮、精神疾病患者等等，因此，居服員就需具備正確、多樣的健康知識來提供適宜的服務（張江清等等人，2011；李逸、邱啓潤，2013）。

　　在我國現行的相關制度中，衛生福利部（2012）的「照顧服務員訓練實施計劃」規定，居服員的訓練課程包含相關法律認識、照顧資源簡介、家務處理、人際關係與溝通技巧、身體結構功能認識、基本生命徵象、基本生理需求、營養與膳食、疾病徵兆之認識與處理、家庭照顧、意外災害緊急處理、急症處理、臨終關懷及安寧照顧、各類環境與身體清潔、照顧中的搬移與運動、急救概念、示範教育及實習，總共90小時。居家服務是一項面對人的工作，有許多與人相處的細節及照顧的安全性須考量，相關的訓練課程卻全部濃縮於50小時的課程及40小時的示範與實習中，居家照顧的面向相當多元，難以在如此短暫的時數中滿足多樣案主的需求（陳彥蓁，2008）。

　　倘若照顧服務員的相關教育訓練不足，再加上照顧訓練機會減少，將使照顧服務員的專業知識無法提升，並使其警覺性、敏感性、照顧技巧相對低落，在無法提供良好品質的照顧服務之下，會進一步影響其正面照顧經驗的累積，久而久之將使其照顧負荷逐漸增加（Holtzen,1993；Wang, 2005）。所以照顧訓練不僅對案主是重要的，對照顧服務員來說，得心應手的狀態是保障其工作效能和工作品質的重要因素。

第二節 實證結果：研究方法

　　實務工作者基於其專業的知識和訓練，以及和案家接觸之經驗，能提供服務案家的第一手資訊，本研究著重實務工作者的主觀意見，因此以2012年國科會補助專題研究計劃「穩定失能老人居家服務人力措施探討」之研究結果補充實務者意見，該計劃係另採用質性研究方法進行一個小型實證研究，分別以居家服務的主管、居服督導員與居服員爲對象進行焦點團體，以及臺北市及新北市居家服務業務承辦員進行深度訪談，進而了解實務工作者於服務時所見之居家服務工作特質、面臨的工作困境，以及可能的因應措施。本書之第四章、第五章、第九章及第十章所述之實證部分，皆使用本處的研究方法，之後便不再贅述。

一、樣本來源及特性

　　研究者選取樣本的原則採取立意抽樣方法。針對臺北市與新北市居家服務提供單位，以居家照顧服務員的人數由多至少排列，分別從臺北市與新北市選取居家照顧服務員人數前五名的機構，臺北市爲財團法人臺北市立心慈善基金會、社團法人中國家庭教育協進會、財團法人獎卿護理展望基金會、中華民國紅十字會臺灣省分會、財團法人臺北市中國基督教零糧世界布道會士林靈糧堂；新北市由於前兩名與臺北市選取的機構重複，因此選取第三名至第七名的機構，分別爲社團法人新北市身心障礙者福利促進協會、財團法人弘道老人福利基金會、財團法人天主教失智老人社會福利基金會、財團法人伊甸社會福利基金會附設新北市三峽身心障礙福利服務、財團法人天主教耕莘醫院。進行三場焦點團體：分別爲居服業務主管、居服督導員、居服員，每場次10名受訪者。

　　其中主管焦點團體進行於2012年10月11日上午，爲時三小時，團體成員爲上述機構擔任居家服務業務之主管共8位（兩位受訪者臨時無法出席）；居服督

導員焦點團體進行於同月18日，為時三小時，團體成員為居家服務督導員共9位
（一位受訪者臨時無法出席），由機構主管自行舉派；居服員焦點團體進行於同
月27日上午，為時三小時，團體成員為居服員共10位，由機構主管自行舉派；
於同年9月期間，對雙北市居服承辦員進行深度訪談，各訪談2小時，地點於臺
北市、新北市政府社會局之會談室。

　　參與主管焦點團體八位督導中僅一名為男性，平均年齡39.9歲，工作年資
2年至30年，其中擔任居家服務主管的年資平均3年多，另外，並於會後以電話
訪問主管，有關政策建議和對居家服務工作特質的看法，以補充不足之訊息；
參與居服督導員焦點團體之成員平均年齡31.1歲，有兩名男性，工作年資2年至
25年，擔任居服督導的年資平均3.6年；參與居服員焦點團體成員平均年齡53.5
歲，有3名男性，擔任居家照顧服務員的年資平均6.5年（表3-1）。

表3-1　受訪者概況

	代號	性別	年齡	學歷	職稱	工作年資	擔任現職的年資
主管焦點團體	S1	女	44	學士	碩士	13年	0.5年
	S2	女	31	學士	主任	7年	3年
	S3	女	45	學士	督導	12年	3年
	S4	女	59	學士	主任	30年	7個月
	S5	女	29	學士	督導	2年4月	2個月
	S6	女	39	學士	助理社工督導	14年	11年
	S7	男	32	學士	副組長	5年	0.8年
	S8	女					
督導焦點團體	W1	男	26	學士	社工師	2年	2年
	W2	女	28	學士	居服督導員	5年	5年
	W3	女	27	學士	居服督導員	3年1月	2年11月
	W4	女	33	學士	居服督導員	5年	2年
	W5	女	25	學士	社工師	2年	2年
	W6	女	28	學士	居服督導員	5年6月	5年6月

	代號	性別	年齡	學歷	職稱	工作年資	擔任現職的年資
居服員焦點團體	W7	女	25	學士	居服督導員	2.4年	2.4年
	W8	男	47	學士	專員	25年	1.5年
	W9	女	41	學士	組長	16年	9.5年
	H1	女	51	專科	居家照顧服務員	7年	7年
	H2	女	40	高職	居家照顧服務員	7年	7年
	H3	女		高中	居家照顧服務員	14年	2年
	H4	女	64	學士	居家照顧服務員		
	H5	女	59	專科	居家照顧服務員	7年	7年
	H6	男	55	高工	居家照顧服務員	5年	5年
	H7	男	57	高工	居家照顧服務員	8年	8年
	H8	男			居家照顧服務員		
	H9	女	52	高中	居家照顧服務員	9年	9年
	H10	女	50	高職	居家照顧服務員	7年	7年
訪談	A1	女	25-30	學士		7年	
	A2	女	25-30	碩士		2年	

二、資料蒐集與分析

　　本研究採取焦點團體法，焦點團體開始先請受訪者描述其進入居家服務工作場域的動機，服務時所看見居家服務的工作樣貌，包含薪資與福利狀況、工作特質、人格特質，以及居家服務的實務與政策困境，最後探討服務單位認為可能的因應措施。研究過程事先徵求受訪者同意於訪談同時進行錄音，並且將錄音過程撰打為逐字稿，透過開放編譯的逐行分析及持續性比較分析，萃取概念、類別，建立類屬間的關聯並佐以相關文獻做內容的對照及比較（吳芝儀、李奉儒，1995；徐宗國，1997）。

三、研究的信、效度考量

質性研究的信效度考量有三（Guba & Lincoln, 1981）：確實性、轉移性和可靠性。本研究過程當中的訪談皆由研究者與兩位研究助理共同參與；譯碼、概念化與範疇化的過程也經由三人核對、討論後修訂完成，並且經由另外兩名研究生助理協助完成所有編碼工作，相互校對增進分析的可信度，符合多個研究人員進行三角測量的確認方法，提高研究結果的確實性；在轉化文字敘述時，於形成關聯時對照觀察記錄將類別化的命名盡量與脈絡一致；可靠性方面，研究過程中亦與助理一起分類、討論與修正，因此資料與分析應有可靠信。

第二節　實證結果：居家服務工作特性

　　在Hackman & Oldhan的工作特性模式中，皆以正向的角度來呈現工作的面貌，在實際的工作場域中，工作者的眼中對於自身工作的解讀則會有正有負、有褒有貶，故討論居家服務的工作特性時，本文除參酌以上學者之觀點外，亦兼含本研究受訪者對於自身工作之命名，而將居家服務之工作特質整合為工作本身性質、工作情境，及工作條件三大面向進行分類和討論。

一、工作本身性質

（一）勞心勞力，吃力不討好

　　研究指出，相較於在機構內服務的照顧服務員，居家服務員面對的挑戰比機構內的照顧服務員更大，且工作價值遭漠視，以致長久以來居家服務員的離職率都偏高（衛生福利部，1998；引自劉宛欣，2010）。多數的居家服務業務主管表示，居家服務是一個勞心又勞力的工作，因為服務對象多元，面對的問題不一樣，可能在身體照顧上需要負重、移位，家務照顧也需要花心思與案家溝通。

　　「服務的提供是一個勞心勞力的工作，那勞力的部分……可能針對肢體比較需要的長輩是要負重、移位、關節運動；針對精障、智能不足的部分又要很多的勞心。」（S6,2919-20）

　　此外，面對案家的不同需求，以及每個案家的個別差異，居服員盡心照顧案主，有時卻沒有受到同等的尊重與回應，令他們感覺吃力不討好。

「我覺得這個工作有點吃力不討好…他們就會覺得說雖然我做這個，我來服務他、我很有愛心、很有耐心，可是不被尊重的感覺會讓他們覺得……真的是吃力不討好。」（S4,3203,3221-22）

「因為是到案家去提供，案家他們就是所需要的東西是很多樣化，所以也會有點吃力不討好……同樣一樣服務，不過會因著每個案家的一個個別性跟習慣，所以會滿吃力不討好的。」（S3,0511-12,19）

案主功能的不穩定性亦是造成居服員身心考驗的來源。居家照顧服務的案主為老人或身心障礙者，其功能狀況可能處於一個不穩定的狀態（楊培珊，2000），經常突然地人就轉入長照機構甚或離開人世，隨之而來的便是服務輸送網絡中案量變動性大的問題，故案主功能的不穩定，亦間接導致了居服員收入的不穩定。

「老人家嘛，總會直接走了，我連續兩個月，走了兩個個案都是六次三小時，他就是用到90分上限。我又空了人力……我說過居服員大部分都有經濟壓力，他就說……因為他要考量他的生活，他就說他要走了。」（W4,1911-13）

（二）工作上的性別限制

一般來說基於生理差異，男性的力氣比女性來得大，在需要時常移位、負重的居家服務工作中，男性較女性合適，且男性的體格比起女性而言普遍較為壯碩，女性居家照顧服務員在服務男性案主而言，在體力上的付出比女性案主為費力（詹秀玲，2005）。

「在某些面來講男生真的很好用，你要搬重、你要背負，你沒有男生你不行，可是除此之外，呃……就一個洗澡的部分，女性可以幫女性案主洗澡、可以

幫男性案主洗澡，可是男性他不見得可以幫女性案主洗澡，男性案主他不見得會
願意讓男性來洗，就會有一個限制在」（W4,3705-07）

　　除了案主本身的性別限制之外，由於居家服務是進入家庭的服務，就算長輩
本身不介意居服員的性別，家庭中的其他女性成員也可能有所顧慮與擔心，而傾
向選擇女性居服員進行服務。

　　「還有個問題是，我問過長輩，男性長輩是願意讓服務員做，但是家庭照顧
者是女生，可能他是未婚的女兒、或者是可能有丈夫會吃醋之類，有些問題，所
以他們會很多擔心。」（W6,3715-16）

　　此類的性別議題，在男性居服員身上往往形成一種限制，儘管居家服務單位
大多認同男性居服員在工作範圍內的表現，且男性居服員通常工作穩定，能承受
壓力，仍然需要考量案家的接受度，因此還是會以女性居服員為優先選擇；這也
進一步影響男性居服員的工作機會。

　　「（男性居服員）是我們的寶貝……比較要負重、移位的男性長輩，這時候
他們真的是服務的非常穩定。」（W3,3811,3813）
　　「還是晉用女生，有力氣的女生比男生來的重要。」（W6,3708）
　　「『我老爸就是喜歡女生服務』，我至少遇到三個這種說法，當著我的面說
我老爸要女生服務，試問這種你服務得下去嗎？當然不可能。」（H7,1814-16）

（三）補充性的照顧資源

　　居家服務員普遍被視為半專業人員，提供的協助屬於補充性服務，旨在幫忙
家庭中的主要照顧者分擔照顧重擔，能在沈重的照顧壓力中稍做喘息，不至於因
為壓力過重，影響健康或基本的生活品質（吳玉琴等，2008；謝玉玲，2011；

紅心字會，2011）。故居家服務應是一種補充性的照顧資源，而非去取代所有的照顧責任。

　　「如果從目前的角色出發，我覺得還是屬於一個，資源性的一個角色啦…譬如說可能家屬某部分的能力，是因爲可能是能力不足，或者是可能是因爲時間的關係，那我們是部分補充，嘿因爲我們補充而不是替代」（S1,0103-05）

（四）自我實現及被需要的感受

　　居家服務被視爲一種低技術、低薪資的勞動工作，較難吸引到期待晉升機會或工作成就感的年輕人投入。但居家服務本身具有的助人價值以及服務過程所接觸各式各樣、不同生命階段的人們，並且協助失能案主可以獲得較有品質的生活，讓經過許多人生歷練的居服員在其中感受到生命的價值，進一步達成自我實現的期待。李光廷、甘崇瑋、邱騏瑋（2005）的調查報告中，針對居服人員留任的因素中，也呈現了同樣的結果，許多不想轉換跑道的居服員認爲從事居家服務「有幫助人的快樂感」、「有收入可貼補家用」、「有參與社會的充實感」。這就不難發現，從事或留任居服產業的照顧者，即使面對許多不友善的工作條件，仍可從精神層面中找到工作動力。

　　「這個工作我很喜歡，做那麼多工作這個是讓我最滿意的，找到我人生的價值就在這裡，我的目標就在這裡，這個工作啓發我心靈的成長，心理層面成長很大，讓你看到生老病死……我會繼續做下去，因爲我覺得在這裡得到了快樂，我的快樂就是我身體健康能夠協助人，然後在這個快樂裡面，自我成長會提升。」（H8,1623-1702,1711-12）

　　透過照顧的提供，居服員與案主容易形成類家人關係（family-like relation-ship）。相較於其他的人群服務工作，居服員需要與受照顧者有較密切的互動、

較頻繁的身體接觸,又需照顧對方的生活起居、關照案主的健康狀況,年紀較長的受照顧者容易因此將小一輩的居服員當作自己的女兒或兒子般看待,居服員也因爲得到了服務對象的情感回饋,而願意提供更多的關心與服務,形成一種類似家人間彼此關心與照顧的互惠關係。

「再怎麼不好的人其實相處久了,那個情感建立,我所謂情感的建立不是越線,而是我對他的關心,他能夠感受說這個人是眞的眞心對我,而且從來也不貪也不什麼,那他就自然覺得你是個好人。所以我一個個案就是到現在七年了⋯⋯所以我會覺得說因爲我把這個個案已經當作是在經營了。」(H1,0305-08)

「甚至有些爺爺奶奶說我比他們的女兒更像他們自己的女兒,我就覺得好高興。」(H4,2011)

「所以我只要聽到他們講說,阿你比我的女兒更像我的女兒(台),就是這一句話,喔~告訴你,我眞的很感動喔。」(H4,4503-04)

雖然居服工作的負荷量大,但與案主、案家、同事和督導的互動都能帶來正向的回饋和價值感。回饋性可能來自完成工作的本身、督導的意見或同事的反應,基於服務員皆是獨自在案家中進行服務,無工作同事在場,居服督導也多是剛入社會的年輕人,難以指導經歷豐富的居服員(見第九章),對居服員而言,最大鼓舞則是來自於服務對象。基於類家人關係下,如同長輩般的受照顧者給予的感謝與稱讚,是居服工作中相當大的報償。

「我覺得來做這一行有個很大的優勢,是我感謝很多的家屬教了我很多事情,因爲有些東西是我們在技術上面看不到的東西,但他們平常都要面臨嘛,他們會告訴你說這怎麼弄、那怎麼弄。」(W6,3207-08)

「其實我記得我來這份工作,我第一份感動是在我大概做了半年⋯⋯我突然收到一個包裏⋯⋯是我一個案家寄的⋯⋯他把我寫得很好⋯⋯他把你形容說你像

什麼天使下凡，你是天使派來救我的，我當然心裡只能用一個爽字來形容，在某部分來講，這就是一個成就感啦，然後帶來這份感動。」（W4,5618-23）

二、工作情境

（一）無中立第三者的工作環境

　　居家服務的照顧場所，是一個「無中立第三者在場」的情境，即除了受照顧者及其家屬外無他人在場，故當發生任何狀況或衝突時，容易形成居服員與案主兩造各說各話的情形（楊培珊，2000），居服員到府服務成為「外在」家庭系統的人，居服員與案家的關係可能是合作、衝突或平行的關係（Eustis & Fischer, 1991）。衝突可能來自案主與其家屬間的矛盾，或者來自照顧工作本身的突發狀況。不同機構中的居服員經常是多人負責一個個案，或多人在同一間房服務多個病患，能夠彼此照應，居服員的工作情境難有中立之第三者為其辯說，而陷入無憑無據的孤立狀態。

　　「姊姊（案主）說你下樓的時候幫我把垃圾帶下樓，結果妹妹（案妹）回來說你怎麼把那丟了，那裡面是錢耶。結果妹妹就告到派出所做筆錄，這不就兩姊妹之間的矛盾，跟我們有什麼關係。」（H5,2202-04）

　　若案主為二位以上之居服員共同負責，也會產生居服員間對於案主狀況認識不一致、工作進度無密切銜接而導致的意外。當案主發生事故，其家屬難以中立的評斷是非，而一味的怪罪居服員。

　　「這個案子是因為這個媽媽非常多毛病，洗腎啊、心臟病、糖尿病……我做事是這樣，我有小筆記本丟在案家，記錄幾點做什麼很清楚……那因為我的時數

是在下午，他白天也需要人，但我空不出來，所以機構派了另一位居服員，等於是我們兩個合作……他媽媽的腳丫中間有一個傷口，那我們另一個白天的居服員他不知道，就給他泡腳，結果送到醫院去就壞死，第二指頭就截肢了，截肢後大概10天就往生了，他女兒被媽媽急救的過程嚇到了，後來就提告。」（H5,2111-17）

（二）工作內容具模糊性

居家服務的工作內容包含案主的身體清潔及其基本的生活環境打掃，即使有契約規定工作內容，但所謂「基本環境」的範圍究竟包含居家的哪些地方、清潔整理要做到什麼程度，卻是相當模糊的概念。有些服務案家則將居家服務視為政府所提供的福利，而忽視了契約的規定，肆意的要求居服員進行全面的清潔服務，以致居服員須進行相當多額外的服務內容。

「他們對居家服務的範圍跟範疇還不是很清楚了解，那他們會以他們的想法，做為主要的依歸，他們會覺得說，我今天就是想做什麼你就是要幫我做什麼這樣……以他們來講的話， 就是他們覺得這份工作這個服務是他的權利，但是他沒有想到說，這樣的服務是不是在合理的範圍之內他應該要接受的部分。」（S8,0213-14,16-17）

在契約的明文訂定下，致使居服員無法拒絕案家要求的原因，在於居家服務工作的環境，是由居服員進入一個無中立第三者在場的私領域中，以及在密切的照顧互動中與案家所產生的情感關懷，而導致居服員難以堅定地拒絕其要求。一方面是為顧及與案家、案主的關係，一方面也是為了自身安全考量，因此居服員經常須滿足案主／家許多額外的要求。

「當然我們去跟案主簽約的時候，也很講清楚說我們的工作範圍是哪一

些，哪些是可以做的，哪些是不能做的。但這個東西有時候講歸講，實際上又是另一回事……服務員畢竟是跟案主第一線接觸，我們會希望他們跟案主之間的關係不要太過於強硬。」（S4,0317-19）

「然後服務員很可憐，他為了維持友好的關係，他有時候也勉為其難的做，沒有紛爭的時候就沒有，但是有紛爭的時候，我們才發現這樣的情形不曉得持續多久，說好聽一點是委屈求全，那如果以法規來講，就是你自己一直做非服務範圍，才會造成今天這樣。」（S1,3518-20）

「居服員是很弱勢的，因為他們經常在案家，案家會不管我們事前跟案家做了什麼說明，或是我們公文上面怎麼寫，就是案家會凹他的時候，居服員在現場很難直接去做拒絕。」（A2,2809-12）

包山包海的全人工作可以說是居家服務的寫照，居家服務雖然是針對被服務的案主提供一對一的照顧服務，但是因為服務提供地點在案家中，因此從初期媒合到服務提供一直都與家庭脫離不了關係（劉宛欣，2010）。它的服務對象往往不僅止於個案本身，還包含了整個案家。以居服員來說，因為是第一線接觸案家，比較了解案家的狀況，除了最基本的傾聽，若發覺案家有其他進一步的資源需求，需要反應給居服督導員，由居服督導員進行全盤性的了解，協助案家連結資源。

「雖然講說我們服務的是個案，可是我們的服務員面對的不只是個案，還包括他們的案家」（S4,3203-04）

「我覺得居服工作的特質就是一個家庭的……對於整個家庭都要去服務到……好像是全人服務的感覺……在居服員的部分主要是傾聽，如果說真的這個個案或這個案家他有一些資源上的需求，居服員就需要反應給督導員知道，督導員就需要去做一切全盤性的了解……整個居服工作的特質裡面我覺得它是一個全人的服務。」（S2,2901-02,04-06,09）

因此基於案家不當的服務要求而使工作範圍不清的情況之下，訂定界線變成居服員進入案家時需談清楚的事項。根據國外的文獻發現，親密的環境以及照顧工作使得居家服務與服務使用者間的界限變得模糊（Eustis & Fischer, 1991; Eustis, Kane & Fischer, 1993）。此外，居服員可能因為個人特質亦或因為對於拒絕及衝突處理困難，導致在服務過程中產生界限問題，有時候居服員會覺得這是他自己願意付出的時間或服務，不覺得有什麼問題，但忽略了長久下來可能的負擔與影響，也忽略這樣的模式會導致個案產生錯誤的期待與要求，容易使得彼此的工作及專業關係變質（劉宛欣，2010）；因此多數的居服督導員在簽訂契約時會先說明清楚工作範圍，也會提醒居服員建立工作界限，通常有經驗的居服員會形成一個明確的工作界限，委婉但堅定的告知案家服務範圍；若案家是第一次接觸對於居家服務瞭解不夠，在許可範圍內，居服員大多願意給予協助，但是會表明僅此一次，下不為例。

「他們都要跟我們提醒這兩個字，協助，我們是協助的，我們不是外勞、我們也不是外傭，為什麼要聽案主他們的指揮……去協助他，不是我們去幫忙他，這兩個字就不一樣囉……如果要長久的服務這個單位，你們要站住自己的腳步，認清自己的項目，把自己的身分提高，他們叫你們去做什麼、去做什麼……我今天幫你做可以，可是這不在我們的限制之內、條約裡面，我今天幫忙你，那下次不要囉」（H3,1204-05,06-08,11-12）

「我的界線很嚴，原則上就是督導寫什麼我做什麼，有逾越的話就跟他說第一次你不了解，我協助你一下，下次就沒有，他們也願意接受，然後也不會一直強迫你去做一些額外的事，就是自己界線要很清楚。你的工作項目是什麼，你的態度是什麼，就是要很清楚。」（H9,1913-15）

（三）身體接觸與人身安全之風險

居家服務項目主要包含兩個層面，其一是家庭及日常生活照顧服務，也就

是清洗換洗衣物、居家環境清潔、代購生活必需品等等；另一個則是身體照顧服務，也就是協助沐浴、穿脫衣服、關節活動等。居家照顧又比一般醫療院所中的護理人員與病患的身體接觸私密性更高（楊培珊，2000）。隨之而來的，便是不適當的身體接觸，致使服務員感受到被冒犯。

「那個嘴巴喜歡吃人家豆腐，那我們的那個工作人員去幫他洗澡……他手就伸過來你胸部就遭殃了嘛……然後他就洗了一半就跟我說，把我椅子轉過來，我說你要幹什麼，你幫我搓一下。」（H4,0303,05,09-10）

此外，居服員的性別組成以女性居多，單獨進入案家時，有其人身安全的顧慮。除了案主可能是男性外，即便案主是女性長輩，也可能有其他男性成員同時在家中，當女性居服員在案家的密閉環境中工作時，確實會擔心自身的安危。

「一個人到家裡去服務有他的危險性，那畢竟我們都是中年女性，或者是像我們這樣年輕的社工，或是年輕的護理師，自己到家裡去訪視，那誰來顧及到我們的人身安全？」（S5,1901-03）

（四）工作環境差異大

居家服務是進到案主家庭中進行服務，個案狀況多元，而不同社經地位、生活習慣的家庭，塑造出不同的家庭環境。每個家庭都是獨特的，到府服務往往需要配合案家不同社經狀況、居住環境、人際關係及對服務的期待等，居家服務工作場域的迥異，也提高了居服員的工作挑戰（謝玉玲，2011）。然而居服員無法選擇其工作環境的，因此，面對受照顧者需求的殊異性，居服員是否能掌握每位被照顧者的服務需求，成為彼此關係能否建立的關鍵（Neysmith & Aronson, 1996）。除了客觀的物理環境外，基於每個家庭經濟文化水準差異，其家庭的價值觀亦有所不同的；這樣複雜多變的工作環境，可能增加居家服務工作的困難

度或風險性。

「他工作環境差異性很大，有那種風險性滿高的，但是也有很安全的。」
（S7,0120）

「有一些案例的狀況是，可能這個案家不擅於打掃，他進去家裡就是有異味，可是那個異味是案家可以接受，但是對於照顧服務員來說，這個異味他無法忍受的。」（A1,5304-07）

「你會看到不同的，應該是說不同經濟、文化水準，落差很大的，因為申請進來服務，不一定是弱勢，也有可能是一般戶，對，經濟水平也會落差很大的，或是價值觀也會差很大的這群人，或者是失能狀況差很大的這些人，或者是你看到是每個家庭有每個家庭落差很大的事情」（S5,0308-11）

三、工作條件

　　居服員享有的薪資、福利與保障隨服務單位而異，各服務單位所提供的保障程度落差很大，有些服務單位除了基本的勞健保外，還提供居服員證照加給、油料補貼、年終獎金、員工聚餐與旅遊、年節假期等，有些卻在考量成本後連勞健保都規避。依據長期照顧十年計劃，居家服務工作已納入勞基法的規定當中，衛生福利部（2014a）則規定居服員的時薪應150元以上，由中央政府與地方政府分別負擔，而機構在勞基法制度下的給薪方式就可分成時薪制與月薪制。

　　大多數的居家服務提供單位都是採取時薪制的給薪方式，主要採取兩種做法，其一是服務時數越長，給予的時薪越高的遞增時薪；另一種則是隨著服務時數遞減時薪。兩種給薪方式各有優勢，因著不同的給薪方式，會吸引到對居家服務工作有不同期待的求職者。遞減時薪可吸引到兼職類型的工作者，因為所期待

的工作時數短；全職型、養家型的工作者則偏好遞增時薪，可藉由提高服務時數
以增加其收入。

「有的機構他時薪上面是你服務越長的時數，時薪的單價是越高的，那他
用這樣子鼓勵服務員說你多服務一點，那可是有的機構做法是剛好相反，也就是
你前面幾個小時的單價是高的，那後面他也許是用那種遞減的法則去算他的薪
資…服務員其實他來做這個工作，有的是期待說來打零工，那本來就沒有要做到
這麼多了，這種服務員在那種就是前面時數單價比較高的機構，也許就比較會留
下來；就是服務員會各取所需，可是有的服務員他會認爲說要養家活口，那我
要接越多時數越好，他可能在那種後面的時數單價比較高的機構，就比較留的
住。」（A2,23119-2407）

採取月薪制的機構相對較少，機構會以服務時數作爲分級標準，例如分成三
個等級，每個等級有其必須符合的時數規定作爲基本底薪，再搭配年終考核的獎
金制度來給薪；以月薪制來給薪，其平均時薪約在160-170元之間。

「那有一些單位，像，他就是用月薪制。你一個月做滿多少個小時，一定
要達到多少個小時以上，就給你多少錢。他會分A、B、C級，C級就是part time
的時薪，A、B級就是一個時數上面，然後配合年終考核……A級的好像就是，
月薪就是21,000……然後考核通過的話，再給你考核獎金，每半年考核一次……
一萬多塊吧……這個單位他很特別，他是用很多獎金制度來堆積他的薪資。」
（A1,1923-2003,2005,13,15-16）

「我們是用月薪制的方式…就是不管你做多少小時，一個小時就是160-
170……是固定給薪，就是不管他這個月做多少小時，我們會先給，就是先給
薪，那如果後面他真的時數不夠的話才會扣回來。」（S8,0422-23,0503-04）

另外在交通補助的部分，因居家服務工作是由居服員進入不同的案家中進行

服務，故居服員須在一日內往返於不同的案家之間，交通時間不但占用了服務員可用的排班時間外，也會增加其交通成本，使原本不優渥的薪資更形削弱。地方政府則各自擬訂居服員交通補助的規定，臺北市專門補助居家服務提供單位的交通費，而新北市則以行政費的方式補助，再由各居家服務單位自行規劃其費用支出細目。承接居家服務業務之社會福利團體可能在不同的縣市有分會、分部，因此部分居家服務機構同時承接臺北市與新北市的居家服務業務方案，由於目前臺北市與新北市所給予的補助方式並不相同，機構通常會讓兩方的服務員維持相同的薪資福利，再從其他經費來源進行規劃。

　　而在勞基法的規定下，機構也會提供居家服務員關於病假、喪假、婚假的補助，因此居服員擁有最基本的福利保障。

　　「我們目前是走勞基法嘛，所以服務員可以請病假、婚假、喪假，這都是要補給他們的。」（S8,0416）

第三節　結語

　　本文從工作特質、工作情境和工作條件等三部分來說明居家服務整體工作樣貌。在工作特質方面，這是一個勞心勞力不得尊重的行業，成為中高齡，特別是中高齡女性再就業的選擇，不高的社會地位，待遇低落，加上工作場域隱密，必須獨自挑起責任，無外人支援，必須單獨面對各種突發狀況，大多時候必須仰賴自己的經驗和判斷解決問題，缺乏他人的支持與協助；私領域的工作地帶，常造成家庭照顧者的不便而引起許多不滿情緒；性騷擾或暴力的風險可能引發的過度敏感；以及面對各式各樣需求的服務使用者，必須更敏銳察覺差異性的需求。最後工作條件來看，非典型的勞僱契約關係，看似彈性，實則為低薪的元兇；不完整的福利保障與升遷管道狹窄；訓練時間短而集中，過於速成而來不及消化的課程等等都造成這個行業的缺點。唯有提供更妥善的照顧訓練，並提升專業知識，對於不同訓練分級並給予不同薪資，或許是留任服務員的一個方式。

　　臺北市政府社會局2014年為改善居家服務員勞動條件，除提供優於中央法令規定的時薪（每小時至少160～180元；中央規定150元）、服務交通費（30元）外，更率先全台推動獎勵居服員留任及取得專業技術證照，對從事居家服務一年以上居服員補助三節獎金、專業證照獎勵金等，鼓勵留任及提升專業技術，期待多管齊下以留任及開發照顧人力資源（臺北市政府社會局，2014）。行政院於2014年 5月29日另宣布照顧服務費補助將自每小時180元調高為200元，平均時薪可由每小時150元提高為170元（衛生福利部，2014b）。政府在薪資上面已經著手修改，若在工作契約尚能更明確，並據以訓練，則無疑是留任居服人力的更好措施。

　　本文除文獻彙整外，並輔以實證研究來說明照顧服務員的實際經驗，以更符合人性化的觀點說明此一行業的特質，每一個工作特點、情境和條件都有實際例子或文本的對應，使本文不只是理論說明而已，更能具有實證的代表性。

參考文獻

一、中文部分

中華民國紅心字會（2011）。居家服務督導員工作手冊。臺北：中華民國紅心字會居家服務組。

臺北市社會局（2014）。北市居家服務員勞動條件優保障時薪、及提供保險與服務交通費。取自http://www.dosw.taipei.gov.tw/b/b0200.asp?uid=5374。

吳玉琴（2008）。臺灣居家照顧服務員勞動困境與對策。社區發展季刊，122，200-214。

吳玉琴、陳伶珠、游如玉、許綺玲、林金立、張美珠、黃也賢、侯靜雅、梁若欣、盛永蕙、黃郁甄、涂心寧（2008）。居家服務操作手冊再版。臺北：老人福利推動聯盟。

吳味鄉（1993）。臺灣地區老人照顧與社會網絡關係之研究（未出版之碩士論文）。國立中正大學，嘉義縣。

呂寶靜（2012年3月）。臺灣日間照顧和居家服務之展望。臺灣因應高齡社會來臨的政策研討會發表之論文，國立臺灣大學社會科學院國際會議廳。

告。取自http://www.ndc.gov.tw/dn.aspx?uid=5371

李光廷、甘崇瑋、邱騏璋（2005）。以多樣化就業型態發展居家照護市場的可行性及人力調查研究。臺灣社會福利學會「社會暨健康政策的變動與創新趨勢：邁向多元、整合的福利體制」國際學術研討會。高雄：高雄醫學大學。

李逸、邱啓潤（2013）。服務使用者觀點之「好居家服務員」特質探討。護理暨健康照護研究。9(2)，148-156。

性騷擾居服員老人辯稱抓癢（2009）。聯合新聞網。取自http://dailynews.sina.com/bg/tw/twlocal/udn/su/20090714/0118471721.html

林金立（2011年11月）。照顧服務員就業意向研究報告。居服單位因應長照保險策略研討會發表之論文。台大校友會館4樓會議室。

林雅容（2005）。性別、牡蠣、經濟變動:東石漁村婦女之工作認同。臺灣社會研究季刊，60，1-33。

徐宗國（譯）（1997）。質性研究概論（原作者Strauss, A. & Corbin, J.）。台北市：巨流。（原著出版年：1990）

高雄市衛生局（2011）居家服務使用須知。取自：https://www.google.com.tw/#q=%E5%B1%85%E5%AE%B6%E6%9C%8D%E5%8B%99%E4%BD%BF%E7%94%A8%E9%A0%88%E7%9F%A5。

張正穎（2009）。照顧服務員的就業勞動條件之探討－以嘉義縣居家服務的照顧服務員為例（未出版之碩士論文）。南華大學非營利事業管理研究所碩士論文，嘉義縣。

張江清、林秋菊、蔡和蓁、陳武宗（2011）。困境向前行～高雄縣市居家照顧服務原服務經驗探究。弘光學報，64，70-89。

郭慧淳（2006）。我國勞動派遣法制化之研究-從非典型勞動談起（未出版之碩士論文）。國立中正大學法律學研究所勞動法與社會法組碩士論文，嘉義縣。

陳正芬、王正（2007）。臺北市居家服務方案論時計酬適切性之研究。臺灣社會福利學刊，6(1)，93-129.

陳彥蓁（2008）。為何「你」會從事「她」的工作？推拉男性進出居服大門之助力與阻力（未出版之碩士論文）。國立中正大學社會福利所碩士論文，嘉義縣。

陳淑君、莊秀美（2008）。臺北市居家服務實施現況與相關議題探討。社區發展季刊。122，183-199。

黃有志（2013）。居家照顧服務員之專業知能（未出版之碩士論文）。淡江大學保險學系保險經營研究所碩士論文，臺北市。

楊培珊（2000）。女性居家照顧服務員工作中遭受性騷擾之經驗探討。台大社會工作學刊，2，97-149。

詹秀玲（2005）。居家服務中照顧服務員之勞動特質及互動關係－以桃園縣為例（未出版之碩士論文）。元智大學社會資訊學研究所碩士論文，桃園縣。

劉宛欣（2010）。居家服務困難個案處遇工作之研究：督導員實務經驗之分析。未出版碩士論文（未出版之碩士論文），東吳大學，臺北市。

潘依琳，張媚（1998）。醫院護理人員之工作特性、成就動機對工作投入、工作滿足與留職意願之影響。中華衛誌，17(1)，48-58。

衛生福利部（2007）。96年居家服務補助使用者調查摘要分析。取自：http://www.mohw.gov.tw/cht/DOS/Statistic.aspx?f_list_no=312&fod_list_no=4708

衛生福利部（2012）。照顧服務員訓練實施計劃。取自：http://mohwlaw.mohw.gov.tw/Chi/FLAW/FLAWDAT01.asp?lsid=FL024179

衛生福利部（2014a）。推動臺灣368照顧服務計劃，協助地方政府設置日照中心。取自http://www.mohw.gov.tw/cht/Ministry/DM2_P.aspx?f_list_no=7&fod_list_no=4557&doc_no=45085

衛生福利部（2014b）。拼長照 政院拍板 調高照顧服務費。取自http://www.mohw.gov.tw/cht/Ministry/DM2_P.aspx?f_list_no=7&fod_list_no=4557&doc_no=45085

鄭茂松（1994）。日本高齡化社會老人在宅福利政策之研究（未出版之碩士論文）。淡江大學日本研究所碩士論文，臺北市。

謝玉玲（2011）。看得到的照護政策、看不見的勞動差異：照顧工作者與勞動場域的檢視。臺灣社會福利學刊，10(1)，53-96。

二、英文部分

Albert, S. M. (2000). Home attendants speak about home care. *American Journal of Sociology, 85*(3), 551-575.

Aronson. J.,& Neysmith, S. M. (1996). You're not just in there to do the work: Depersonalizing policies and the exploitation of home care workers' labor. *Gender and Society, 10*(1), 59-77.

Barling, J., Rogers, A. G., & Kelloway, E. K. (2001). Behind closed doors: in-home workers' experience of sexual harassment and workplace violence. *Journal of Occupational Health Psychology, 6*, 255–269.

Cancian, F. M. (2000). Paid emotional care: organizational forms that encourage nurturance. In M. H. Meyer (Ed.), *Care work: gender, labor, and the welfare state* (pp.136-148). New York: Routledge.

Danna, K., & Griffin, R. W. (1999). Health and well-being in the workplace. *A review Economy and Society, 38*(2), 127-134.

Eustis, N. N., & Fischer, L. R. (1991). Relationships between home care clients and their workers: Implications for quality of care. *The Gerontologist, 31*(4), 447-456.

Eustis, N., Kane, R & Fischer, L. (1993). Home care quality and the home care worker: beyond quality assurance as usual. *Gerontology, 33*(1): 64–73.

Finkin, M. M. (2002). Modern manorial law. *Industrial Relations: A Journal of Economy and Society, 38*(2), 127-134.

Guba, E, G. & Lincoln, Y. S. (1981). Effective evaluation. San Francisco: Jossey-Bass.

Graham, H. (1983). Caring: A labour of love. In J. Finch & D. Groves, (eds.), *A Labour of love: Women work and caring*, London: Routledge.

Gump, L. S., Baker, R. C., & Roll, S. (2000). The moral justification scale: reliability and validity of a new measure of care and justice orientations. *Adolescence, 35*(137), 67-76.

Hackman, J. R., & Oldhan, G. R. (1980). *Work redesign*. Reading, MA: Addison-Wesley.

Himmelweit, S. (1999). Caring labor. *The ANNALS of the American Academy of Political and Social Science, 561*(27), 27-38.

Hochschild, A. R. (1979). Emotional work, feeling rules, and social structure. *The American Journal of Sociology, 85*(3), 551-575.

Holtzen, V. (1993). Baccalaureate curriculum gerontological nurses objectives. *Journal of Gerontological nursing, 19,* 35-14.

Kesselring, A., Krulik, T., Bichsel, M., Minder, C., Beck, J & Stuck, A. (2001). Emotional and physical demands on caregivers in home care to the elderly in Switzerland and their relationship to nursing home admission. *European Journal of Public Health.* 11(3), 267–273.

Kim, I., Noh, S. & Muntaner, C. (2013). Emotional demands and the risks of depression among homecare workers in the USA. *International Archives of Occupational and Environmental Health, 86*(6), 635–644.

McCaughey, D., DelliFraine, J. L., McGhan, G & Bruning, N. S. (2013). The negative effects of workplace injury and illness on workplace safety climate perceptions and health care worker outcomes. *Safety Science, 51,* 138–147.

Neysmith, S. M., & Aronson, J. (1996). Home care workers discuss their work: The skills required to "Use your common sense. *Journal of Aging Studies, 10*(1), 1-14.

Seashore, S. E. & Taber, T. D. (1975). Job satisfaction and their correlates. *American Behavior & Scientists, 18,* 346-358.

Wang, F. T. Y. (2002). Contesting identity of Taiwanese home-care workers: Worker, daughter, and dogooder? *Journal of Aging Studies, 16*(1), 37-55.

Wang, J. J. (2005). Psychological abuse behavior exhibited by caregivers in the care of the elderly and correlated factors in long-term care facilities in Taiwan. *Journal of Nursing Research, 13*(4), 271-280.

Zeytinoglu, I. U., Denton, M., Davies, S & Plenderleith, J. M. (2009). Casualized employment and turnover intention: Home care workers in Ontario, Canada. *Health Policy, 91,* 258-268.

第四章　居家照顧服務的督導工作

/謝美娥

第一節　督導的內涵

一、督導的定義

　　督導的拉丁原文是Super（over的意思）和Videre（to watch, to see的意思），也就是一個監督者（an overseer），他負責監看另一位工作者的工作品質。督導是專業訓練的一種方法，藉由機構內資深的工作者，對機構內的新進工作者或學生，透過一種定期和持續的督導程序，傳授專業服務的知識與技術，以增進其專業技巧，並確保對案主服務的品質（Kadushin & Harkness, 2002）。Brown與Bourne（1996）則認為督導是一個基本的工具，由機構指定的督導，以個別或是集體的方式協助員工具備應有的能力，同時確保服務品質達到該有的標準。進一步的，這兩位學者將「督導」的意義具體化，形成了以下幾個概念

　　（一）督導是指督導員與受督導者之間所形成的「關係」；

　　（二）督導的內涵包括「使能」（enable）和「確保」（ensure）品質的意
　　　　　義，涵蓋督導「控制」與「照顧」的雙元特質；

　　（三）督導進行方式分為個人和集體兩種方式；

　　（四）督導最重要的目的，在於為服務使用者提供最佳的服務；

　　（五）督導是一段互動的過程，受督導者應是一個主動的參與者；

　　（六）督導的進行主要是以正式安排的定期會議進行。

　　督導員的工作乃以工作手冊為基礎、以定期安排的督導會議為實踐，運用專業能力協助受督導者勝任而有效的執行工作職務，其最重要的責任即確保受督導者提供有品質、適當的及符合道德倫理的服務給案主，並在有需要時評估調整案主所接受的服務，以提升案主的利益（National Association of Social Workers, 2013）；而受督導者則須依賴督導來了解組織的期待、應執行的任務，以及他們是否可以滿足這些期待（Bulin, 1995）。其中需注意的是，督導是一個互動的過程，在這過程中，受督導者也應該是一個主動的參與者。

　　由此可知，督導員與受督導者的產生是立基於組織內的編派關係，透過定期和持續的個人與集體之督導方式，增強並確保受督導者的職能，使其能提供最佳服務為目標。在本章節所討論的督導員，指的即是提供居家服務組織當中，實際對居家服務於提供督導職務的工作人員；受督導者即進行居家服務的工作員；而督導即督導員與居服員就牽涉工作領域的事項進行互動的過程。

二、督導員的角色特色

　　督導工作，除了直接給受督導者教導和建議外，也碰觸到衝突的關係，因此督導員也必須對角色認知、功能和所應具備的技巧具備一定知識，以在居服工作中順利展開角色。以下將對督導員的角色進行說明。

（一）督導員在組織中的角色

　　督導員在組織中的角色很多元，需同時扮演指導者、管理者、諮詢者、支持者、教育者和能力促進者的角色（張紉，2002，引自黃明玉、郭俊嚴，2009），而各個角色分別要具備多少，則是依賴督導員的領導風格和習慣而定，但無論角色間具備的比例為何，這些角色任務對督導員、受督導者及組織來說，都是很重要的。

　　在科層組織裡，督導員其中一個重要的角色即是扮演一線工作者和上層管理者之間的連接點，同時也需連結同組織階層中的其他成員。因此，督導員在組織運作中展現其管理功能和角色，並做為不同層級間的溝通樞紐，傳遞、協調上下層級間的意見與想法（Bulin, 1995）。為了展現效率，督導員必須擁有積極的態度以及計劃、組織、領導、和控制的技巧，這些技巧與態度需要透過課堂、書籍、或是實務經驗等學習而得。

　　除了管理、領導與調節的角色被強調之外，督導員對受督導者的專業發展

也扮演著很關鍵的影響。督導員的行為示範和指示將會被受督導者仔細觀察，同時也會影響受督導者的想法與行為，這代表教育與引導在督導的功能角色中是極為重要的，督導員本身即會成為受督導者在工作上的模範與支持（National Association of Social Workers, 2013）。

近年來，組織型態與督導方式已越來越多樣，參與型組織的督導和工作即是與過去傳統相當不同的形態。在這個型態下的督導應是一個忠告者和諮詢者，並以下列幾種方式進行有效的督導（Bulin, 1995）：

1. 與人們分擔計劃、組織、和控制工作；
2. 採團隊方式來解決問題及作決策；
3. 公開共享資訊；
4. 藉從錯誤中學習鼓勵冒險；
5. 解釋規則以及犯錯的後果；
6. 調解衝突；
7. 訓練員工以增進技能；
8. 使人們能夠成長與往前進；
9. 表彰有成就者。

（二）督導員的雙重角色

督導員因本身角色的特性與多元性，使其在組織中的定位和所面對的衝突更為複雜。督導員在階層組織中不但是一位管理者，同時也是一位部屬，此種身分狀態將可能面臨到各式各樣的矛盾與兩難，例如：花太多的時間精力在上層長官身上而忽略受督導者的聲音、由於害怕上層長官的權威而接受不合理的要求、不相信他們可以直接影響上級而寧願犧牲受督導者的權益、試著用些諂媚的溝通方式取悅上級、仔細地觀察以採用那些上級長官所喜歡的行為方式等。督導員的角色如同夾心餅乾，若無法找出屬於自己的工作方式和定位，將會對工作表現與心理狀態造成負面的影響，連帶的也對組織、受督導者與案主造成不當的結果。

（三）從一線工作者到督導員

　　許多督導員是從一線員工開始做起，在成為督導員後，新的工作與責任會讓督導員撤回或推掉原先的實務工作，甚至完全失去一線工作者的角色（Cousins, 2004），轉向行政與管理職。在這樣的情況下，管理的概念對他們而言是嶄新的，且從一線工作者到行政管理者之間的角色轉換，除了職務與工作內涵不同外，看待事情的視野和方式也都將隨之轉變，這都是由一線工作者轉任的新手督導員需花時間適應的。Austin（1981，引自陳秋山譯，2008）對此也提出了一些看法，認為新任的督導員需要學習新的方法來因應各種身分與工作內容的轉變，例如職權行使的方式、採取何種決策風格、成果評估的取向，以及與同儕關係的變化等，都是新任督導員在就任後須考量和決定的議題。

三、居家（照顧）服務督導員任用規定

　　居家服務督導的設置規定始見於1998年內政部訂定的「加強推展居家服務實施方案暨教育訓練課程內容」[1]中，提到「各級政府為提供服務對象適切之居家服務，應召募居家服務員，並置居家服務督導員，俾藉由工作團隊之運作，提升服務品質」，並規定居家服務督導員須依規定完成「職前訓練」、「進階訓練」與「成長訓練」。而為了滿足高齡化社會所產生的照顧需求以及提升就業率，2002年經建會頒定「照顧服務福利及產業發展方案」中建立了照顧服務產業化的基礎，並於「非中低收入失能老人及身心障礙者補助使用居家服務試辦計劃」中，創下明列居家服務員及居家服務督導員人力經費之首例（陳淑君，2009）。

　　在督導制度的相關規定上，2005年的「居家服務提供單位營運管理規範」

---

[1]　「加強推展居家服務實施方案暨教育訓練課程內容」已於2012年廢止。

與「失能老人及身心障礙者補助使用居家服務計劃」，對於居家服務督導員的資格有明確規範，居家服務督導員必須「具有社會工作、醫護等相關科系學歷者，或服務五年以上之專職照顧服務員，並取得直轄市、縣（市）政府核發之居家服務督導員結業證明書者」，同時應為專職人員，其工作職責在於「督導照顧服務員提供適切之居家服務」；而在人力分配上，依據「失能老人及身心障礙者補助使用居家服務計劃」每60名居家服務個案，至少應聘一名居家服務督導員，提供必要之專業服務；未滿60名居家服務個案，以60名計。有關在職訓練的規定部分，2011年內政部發布「居家服務督導員在職訓練注意事項」規定如下（內政部，2011）：

(一) 基礎訓練：居家服務督導員應於從事居家服務督導工作一年內，完成基礎訓練，基礎訓練時數為42小時。

(二) 進階訓練：完成基礎訓練之居家服務督導員，應於從事居家服務督導工作三年內，完成進階訓練，進階訓練數為42小時。

(三) 成長訓練：完成基礎訓練、進階訓練之居家服務督導員，應於從事居家服務督導工作4年內完成成長訓練，成長訓練時數為23小時。

除了基礎訓練、進階訓練與成長訓練的時數須達成之外，居家服務督導員另應定期接受個別督導或團體督導，每年共需接受至少20小時的在職訓練。惟基礎訓練、進階訓練與成長訓練時數，得列該年度接受在職訓練時數之範疇。

第二節　居家照顧服務督導員的功能、目標與原則

一、督導的功能

　　在整個社會工作的發展上，每個時期的督導工作重點及其功能也有所不同。其中最常被用以說明督導功能的，是Kadushin與Harkness（2002）所提到的行政、教育和支持功能，，以及Richard等人於1990年所增列的一項仲裁調解功能（林貞慧，2003；陳淑君，2009；林素蘭，2011），這和Shulman透過工作者與體系的互動觀點，提出的「調解」（mediation）功能相類似（Shulman, 1991）；另有學者認為督導應具有九種的功能，包括：教化（humanizing）、緊張處理（managing tension）、媒合（catalyzing）、教導（teaching）、生涯社會化（career socializing）、評估（evaluating）、行政（administering）、改變（changing），以及倡導（advocating）（Middleman & Rhodes , 1985）等；而Lewis（1991，引自林貞慧，2003）等人將督導視為一個領導者，扮演著經理（manager）、調解者（mediator），以及指導者（mentor）等三種角色與功能。

　　事實上，上述這些功能的區分有些是相互重疊。一般而言仍以督導行政、教育、支持三種督導功能涵蓋所有概念，但也有學者認為應就實務層面將行政、教育和支持三項功能更加具體化，如Holloway（1995）提出更為細緻的督導功能分法，包含：檢核與評量（monitoring/evaluating）、教導與建議（instructing/advising）、示範（modeling）、諮詢（consulting）、支持與分享（supporting/sharing）。然無論如何劃分督導的功能，進行區分都有助於描述一般督導的任務，並釐清督導員的責任與角色。以下將以Kadushin之區分方法，再加上Shulman與Lewis等人所提出的「調解」（mediation）功能，說明督導功能內容。

（一）行政功能

　　督導行政性功能主要在關懷機構政策執行程序上是否正確、有效和適當，讓受督導者明瞭其職責所在與機構對其的期待，並視其能力、特長、興趣而分配適當的工作等，也就是使機構政策在服務過程中表現出來。然所謂行政督導非指行政工作，而是指受督導者提供服務時，面臨行政問題而必須進行的督導工作。

　　督導中的行政可說是與管理（management）同義，據此行政督導員的專業責任便是從高處監督受督導者的工作表現，並且提供形成性（過程）與總結性（結果）的評量，以確保受督導者能依據機構政策或組織的要求，提供適切、符合標準的服務，同時關注受督導者在工作分派上的完成程度（蔡啓源，1998；黃源協，2000；National Association of Social Workers, 2013）。根據這樣的內涵，居家服務行政督導的具體功能便包括了規劃、調度居家服務員的工作內容，使得居家服務員在工作上更爲順暢，並依一定的準則執行工作。

（二）教育功能

　　教育督導關注的是受督導者的發展，亦及協助受督導者從受訓人員進入到獨立負擔一定個案量的階段（National Association of Social Workers, 2013），並運用相關的教育活動持續改善受督導者的工作技巧與能力，並增進其專業成長，以因應變遷所需要的新知能，進而達到服務案主的目的。

　　督導員基於其專業知識與技巧，提供資訊、意見及建議，以協助工作人員增進、了解知識及加強專業態度，更可藉由督導關係中角色扮演的方式，來示範專業行爲及實務工作的典範，以改善受督導者的實務工作技巧（蔡啓源，1998）。在居家服務中，因督導員本身並沒有在實際的場域中運作照顧技巧，所以居家服務的教育工作，大多透過職前、在職訓練及督導員平時的協助，讓照顧服務員充實專業知能，以增進居家服務的效能。

　　督導中的教育功能有其重要性，因其聚焦在專業知能的考量或是特定個案的探討，這都有助於受督導者運用專業知識與技能在實際工作上，能夠提升受督

導者的自信並發展出較正向的自我意識，更清楚的了解工作價值（National Association of Social Workers, 2013）。

（三）支持功能

督導的支持性功能是指透過同理的專注、鼓勵，以及分享，表達對受督導者的心理及人際關係的支持，藉以提升受督導者的士氣，並增進受督導者的自尊、成就感以及潛能的發揮（林靜瑜，2006；林素蘭，2011）。

研究顯示，支持性的督導對受督導者的工作滿足有相當正面關聯，支持性督導能減輕受督導者的工作壓力，並提供一個滋潤的情境，讓人能看見他們的成功並提升其自我效能感，因此支持性督導強調的是安全與信任，使受督導者可以發展他們專業認同（National Association of Social Workers, 2013）。然而，須注意的是在一個過度對工作要求的環境下，再高的支持性督導，也未必能產生正面效應（黃源協，2000）。

在居家服務中，因居服工作勞心勞力的工作特性，居家服務員往往需要督導員給予適時的心理支持，工作才能持續，因此督導員須同理與正向回應居家服務員面臨的處境，營造安全與信任的工作氣氛，以提升工作士氣。然而雖然大部分督導員認為對居家服務員來說，最重要的督導功能為支持功能，卻因為受限於督導與受督導者生活背景、個人特質、人生經驗的差異，督導員本身業務工作繁多，再加上居家服務員工作地點在社區，督導難以掌握即時狀況，使得大部分督導認為較難發揮的督導功能也是支持功能（林靜瑜，2006）。

（四）調節功能

Shulman從一種工作者和體系互動的觀點，認為督導的功能性角色或許可被稱之為「調解」（mediation），督導員應協助受督導者與各部門之間保持良好的溝通模式，以共同達成組織目標（林貞慧，2003）。其包含不同部門之工作協調，以及受督導者與組織間衝突問題的緩和、仲介、調解。此功能涉及到個人

與體系間的互動，督導應能適當扮演行政體系與直接服務間的溝通橋梁，也應協助受督導者與各部門之間保持良好的溝通模式，以共同達成組織的目標（葉育秀，2001）。在居家服務調解督導功能上，居家服務督導員需協調照顧服務員與組織、其他同事及服務對象間的衝突（林靜瑜，2006；陳淑君，2009）。

上述督導功能何者是較為重要和優先的，往往因不同的工作角色與位置而有差異。蘇群芳（2010）從居家服務員的位置出發，了解居家服務員對居家服務督導員四大功能的主觀感受，其研究結果顯示，將四大功能依照重要性排序分別為:調節功能、支持功能、教育功能，最後才是行政功能。然依據Poertner與Rapp（1983，引自陳秋山譯，2008）從督導員角度分析的工作報告中便可以發現，督導員最主要的功能乃是行政管理，占全部工作的63%，教育與支持活動只占了其工作職責的20%。由此可知，雖然督導員的功能係依內涵進行劃分，各功能間卻並非是等比的，且功能的區分也並非能適用於所有不同的情境。督導員須依不同的情況和工作目標增加、修改自己的角色功能，特別是涉及到個人與體系間的互動，作為一位身處於行政體系和直接服務間的督導，如何能適當扮演兩者間的溝通橋樑之「協調者」，並協助受督導者與各部門之間保持良好的溝通模式，對組織目標的達成有其深遠的影響。

雖然居家服務督導在功能設定上，相近於一般社會工作督導，但居家服務督導與社工督導發展歷程仍有些不同。多數居家服務督導並非從服務員晉升，因而不會有與原角色衝擊或轉換的現象，而是由機構所賦予的督導角色。在與被督導員初期的信任關係衝突的協商上，督導員因為都是新進而且比服務員年輕，所以督導員與服務員是共同一起發展與成長的（林素蘭，2011）。

總而言之，居家服務督導員應發揮行政、教育、支持、調解的功能，使照顧服務員在工作表現上更有效率，進而提升居家服務的品質。目前已有許多文獻居家服務的相關文獻提出照顧服務員督導制度仍有其重要性（羅詠娜，1993；江貞紅，1996；陳明珍，2000；陳佳惠，2003；林靜瑜，2006）。因此，若督導功能能有效發揮於居家服務中，將有助於照顧服務員服務的品質提升。

二、工作目標

督導工作具有短期與長期的目標。以下依各種督導功能進行具體的短期目標設定（Kadushin & Harkness, 2002）。

（一）行政督導的短期目標

提供、營造一個清楚的工作情境，讓第一線的社會工作者能有效的處理行政事項，營造工作者能夠有效率從事工作的環境，即提供工作者必要的資訊使其工作有效率。

（二）教育督導的短期目標

藉由協助、鼓勵社會工作者發展和強化其專業，增進實務工作上的知能和技巧，以增加工作者的信心和服務提供的品質，促進工作者有能力更有效率的完成工作，協助工作者在專業上的成長與發展，極大化工作者的臨床知識與技巧，使其能在不接受督導的情況下獨立工作。

（三）支持督導的短期目標

站在社工員的立場，陪伴其面對各種壓力和挑戰，讓受督導者在工作過程中感到愉快和溫暖，維持士氣，是協助工作者在從事工作時感覺良好。

這些短期目標並不會自行結束，而是為了達到督導長期目標的手段，亦即各項督導功能的最終目標皆是為了提供案主有效率及有效能的服務（Kadushin & Harkness, 2002）。

三、督導員的工作原則

有效的督導須具備督導原則的知識，以在指出受督導者優勢和劣勢、聚焦與討論倫理議題，以及提供支持和營造有利學習的情境等工作上能更加切實（National Association of Social Workers, 2013）。

在討論具體的工作原則之前，有一些基礎但卻重要的概念是督導員須加以注意的，包括在專業認知上的廣度與深度，督導員需確保自己是有資格成為督導員，並有對專業技巧和知識的清楚認知，這樣才有利於在督導關係中幫助受督導者發展專業；督導員也應具有文化警覺與跨文化的認識，不論是對受督導者或個案的文化與人口特性都應有所認識，並在督導過程中保持文化敏感度，以做出適當的督導；而保密的要求也是督導員需特別注意的事項，必須確保所有案主的資訊能是處於受保護的狀態，除非法律要求揭露資訊才能考慮釋放個人資料，而督導員也有義務確保督導過程的隱密性，提供受督導者受保障的溝通環境，僅有在獎懲等需要的時候才提供督導過程中取得的訊息（National Association of Social Workers, 2013）。

另外Tusi（陳秋山譯，2008）整理了外國學者的文獻，發現影響督導工作的七個原則或基礎：

（一）督導是在兩個人或更多人之間進行人際的溝通協議，前提是要有一個具經驗、夠稱職的督導員協助被督導員，以確保對案主的服務品質；

（二）督導員要確保被督導員的工作符合機構的目標；

（三）在此人際協議中，涉及行使職權（組織的行政功能）、交換資訊與想法（專業／教育功能）以及表達情緒（情緒／支持功能）；

（四）督導屬於實務工作中間接服務的一部分，反應專業價值；

（五）督導員對被督導這的職責包括:監督工作表現、傳遞專業價值知識與技巧、提供情緒支持；

（六）為了反映督導的短期與長期目標，必須對督導的成效進行評估，其判準包括：社會工作員對督導、對工作成就及對案主成效得滿意度；

（七）就整體而言，督導工作涉及四方當事者：機構、督導員、被督導員，以及案主。

進一步的具體化督導的工作原則，便可依據標準化手冊的內容分為工作原則、觀念態度、服務單位、服務員、案主、同儕六個面向，說明須要遵循之原則，整理如表4-1。

表4-1　督導的工作原則

原則	內容
工作原則	1. 以個案及家屬的利益做優先考量； 2. 尊重個案及家屬的個別性； 3. 案主自決； 4. 接納； 5. 保密。
觀念態度	1. 摒除個人價值觀； 2. 維持雙贏關係； 3. 找出工作樂趣。
對服務單位	1. 遵循所屬單位的規章； 2. 謹言慎行，維持組織聲譽； 3. 保持專業形象； 4. 做好時間管理，發揮最大工作效益； 5. 持有改革社會工作業務的責任與義務； 6. 適時反應工作困難。
對案主	1. 清楚告知權利義務； 2. 擬定個案照顧計劃； 3. 確實遵守服務契約提供服務； 4. 定期評估，適時修改服務內容與契約； 5. 維持專業服務關係。

原則	內容
對照顧服務員	1. 清楚告知服務單位規定； 2. 不厭其煩，耳提面命； 3. 訓練與督導是必要的； 4. 賞罰分明； 5. 關心和同情個人在生活或工作上遭遇的困難； 6. 允許，甚至鼓勵個人對決策事項參與意見； 7. 協助個人完成工作。
對同儕	1. 討論個案問題時，應以增進案主最佳利益為前提； 2. 彼此尊重、支持以建設性的建議取代指責、批評，建立良性互動管道； 3. 互相激勵成長，提升服務品質。

資料來源：林素蘭（2011）；廖榮利（1991）

第三節　居家服務督導員的工作內涵

　　我國「居家服務提供單位營運管理規範」（內政部，2005a）和「失能老人及身心障礙者補助使用居家服務計劃」（內政部，2005b）將居家服務督導之工作項目依服務流程切割，筆者將其區分為「服務提供前期」、「服務提供期」、「服務提供後期」，具體內涵如表4-2所述。

表4-2　居家服務督導之服務流程與工作項目

階段	具體內涵
服務提供前期	1. 訂定明確之督導流程，並設計所需記錄之表單。 2. 對每一服務對象，應由督導員接案並擬訂服務計劃。
服務提供期	1. 督導員每月至少電話訪問個案一次，每三個月至少家庭訪視個案一次，以了解服務對象需求變動情形及照顧服務員之工作狀況，並視案主需要不定期實地督導照顧服務員服務情況。 2. 每三個月至少召開督導會議一次，以增進照顧服務員之服務能力。
服務提供後期	1. 針對服務對象申請資格異動情形，應主動通報直轄市、縣（市）政府。 2. 服務對象申請居家服務補助之原因消失時，應主動通報直轄市、縣（市）政府，直轄市、縣（市）政府應停止補助。

資料來源：筆者自行整理

　　由此可知，居家服務督導員雖然不直接提供服務，但仍在不同服務階段有其督導任務，其所服務對象包含居家服務員、案主、縣市政府，目的在於規劃適切服務、確保服務品質，以及服務使用者資格的控管。若將之與上一章節的督導功能相對應，是為督導的「行政功能」。

　　雖然在法律規範上僅側重於「行政功能」的討論，居家服務督導仍另有「教育功能」、「支持功能」、「調節功能」所衍伸的工作內涵，而居家服務督導員的實際工作內涵也將直接影響督導功能之發揮。陳明珍（2000）指出，老人居家服務督導員負責規劃及分配居家服務員工作內容，並監督管控居家服務員

之工作進度與服務品質，使其能發揮才能，適當扮演居家服務員的角色，以提升
服務品質。

　　居家服務督導員的角色，在機構中扮演管理者、協調者、資源開發與整合
者、方案規劃與執行者、自費個案的評估者、行政工作者；對居家服務員來說則
扮演著督導員／教育者、服務監督者／問題解決者；對案主則是扮演福利爭取者
／資源聯結者與生活協助者（蔡文玲，2005）。但不論居家服務督導員的工作
項目及其角色如何分類，具體工作事項的設計與執行成效，都將對督導功能的
發揮有決定性影響，以下將整理不同學者對督導功能所衍生的工作內涵進行進
一步的整理與說明（陳明珍，2000；林貞慧，2003；徐悌殷，2004；林靜瑜，
2006；陳淑君，2009；林素蘭，2011；Kadushin & Harkness, 2002）。

一、行政功能之工作項目

　　在行政功能中，為了實施行政的責任與功能，督導員要安排工作場所、組
織設備，以及為了達到組織行政目標的人力資源，使其質與量都能符合組織政策
及程序，從中扮演行政者、執行者、監督者、規劃者、評估者與研究發展者的角
色。

　　整體而言，行政督導的任務包含了工作計劃、工作派遣、監督、評價、溝
通、倡議、緩衝、改變機構等。除此之外，組織為了要滿足人力資源的需求，便
需有效地的處理一些相關的議題，而這些工作項目亦成為督導員管理與行政的任
務，分別如下（Kadushin & Harkness, 2002）：

　　（一）要能設計使方案目的可達成的工作，且工作者要運用所有的訓練、知
　　　　　識、技巧及創造力；

　　（二）要針對機構工作者發展有效率、有效能的僱用、評鑑、獎賞方法；

　　（三）要提出訓練及發展來增強工作者的效率；

　　（四）要有更好的晉升制度，使工作效力能更具包含性、更加多元；

（五）要能維持平等僱用機會的承諾；

（六）藉由鼓勵志願者的參與來擴大人力資源；

（七）要採取步驟來保護珍貴的人力資源，以避免其崩熬（burnout），並改善工作生活的品質。

　　Kadushin與Harkness（2002）說明了督導員所應負擔的各項行政功能，包括員工招募及甄選、工作指導、工作規劃、工作指派、工作授權、工作協調、檢討與評價的工作等較偏向人力資源的部分，其他的行政角色則包含作為倡導者為一線員工爭取相應的權益、作為平衡組織高層與第一線員工之間需求的緩衝器，以及促進或改善機構政策和整體環境的行動者，最後，進行有品質的溝通亦是督導員在展現其行政功能時必須餞行的項目。據此，督導員在行政功能上的具體工作內涵則為：

（一）擬定居家服務工作年度計劃與年度預算；

（二）規畫暨評估居家服務人力，招募居家服務員；

（三）分配調度居家服務員工作內容、工作時間；

（四）規畫居家服務員工作內容及制訂工作守則、流程、作業標準；

（五）督導居家服務員工作進度與執行及成果評估，增加居家服務員服務效能；

（六）掌握居家照顧員的回報，了解個案對於服務的意見；

（七）了解服務提供的狀況，至少每三個月一次到服務對象家中進行了解；

（八）推動上級或機構交付的任務及工作；

（九）規畫推展創新的居家服務計劃及方案。

二、教育功能之工作項目

　　教育功能關注在協助工作者學習能幫助他們更有效率完成工作所需要知道的

知識和技巧，教育功能與行政功能有相同的目標，教育功能經由深化內部的行政控制、發展專業定位與同儕之間的忠誠感，來補充行政督導的功能。督導教育的過程，是將焦點放置於直接服務的相關知識、技巧和態度上，督導員須扮演起有用的資源人士，給予受督導者實用的建議和協助。

　　督導員有責任教導受督導者有關人、問題、過程與地區的相關知識，並發展個人對工作相關功能的覺察。定期安排的個別會談是教育督導的主要工作現場，其所教導的內容為績效管理，而其教導方式是立基於督導的教育診斷（Kadushin & Harkness, 2002）。居家服務督導員透過職前與在職訓練，再加上平時之協助，得以讓居家服務員充實居家服務專業知識、工作技巧，重要的是可以改善居家服務員工作品質，以增進居家服務的效能；從中扮演教育者、引導者和諮詢者的角色。其具體工作內涵為：

（一）協助居家服務員充實居家服務專業知識、磨練工作技巧；

（二）協助居家服務員居家服務工作倫理守則和精神的學習：包含工作態度與知能要求、對服務對象應注意之規範與倫理、對機構的信約等；

（三）居家服務員職前及在職訓練的規畫與執行：教育訓練內容包括家務處理、個案處遇、記錄撰寫技巧、法律知識、社政法規認識、工作倫理守則等；

（四）促進居家服務員自我了解、養成專業自我；

（五）協助居家服務員對機構之政策、組織、行政規定的了解並認同；

（六）協助居家服務員了解服務對象的特性與問題，教導溝通技巧；

（七）督導居家服務員的工作進度，評估其成果；

（八）掌握居家服務員的工作品質，增加居家服務員的服務效能；

（九）協助居家服務員了解機構與社區中可運用的資源。

　　而須注意的是，督導中的教育功能是一個教與學的互動過程，這樣的過程中須有兩位互相合作的夥伴，彼此都願意給予和接受，從而透過積極的交流找到雙方共享的意義，亦即不論是督導員或受督導者都願意分享和學習（陳秋山譯，2008），才能達到有效的教育督導。

三、支持功能之工作項目

　　支持性督導應關注在協助受督導者處理與工作相關的壓力，發展有利於達到最好工作績效的態度與感受。鑒於行政功能和教育功能都關注工具性需求，支持性督導關注於表達性的需求。對於受督導者來說，工作壓力主要來自於行政督導所要求的績效與順從、教育督導要求的學習、個案、社會工作任務的本質與組織脈絡，以及與督導之間的關係。因此為了要達到支持性督導的目標，督導探索以預防潛在壓力情境的發展，將工作者從壓力中移開，減少工作者所面臨的壓力，並協助工作者適應壓力。而除了督導員的協助之外，個案、同儕團體，和工作者個人的適應能力，都是受督導者其他的支持來源。在督導的互動過程中，適切使用幽默感有助於減緩壓力，建立更加正向的督導關係。

　　督導員應該是隨時能與之聯繫、平易近人的，能夠傳遞信心、提供看法，在適當的時候容許失敗，對於不同的決定能夠支持並分擔責任，提供獨立運作和達成任務的機會（Kadushin & Harkness, 2002）。支持的功能不僅能增強居家服務員自信，協助其調適工作情緒，而且適時地關懷會讓他們有安全感，如此一來，可以提高其工作滿意度與增加工作價值感，而願意繼續投入工作；居家服務督導員從中扮演激勵者與支持者的角色。簡言之，支持督導的任務便包含使受督導者放心、進行鼓勵、確認成就、有建設性的批判、實際的評價、公開討論、普同性以及專注的聆聽等。而其更具體工作內涵則為（蘇群芳，2010）：

（一）適時增強居家照顧員自我功能與自信心，以協助其調適、抒發工作情緒；

（二）給予關懷和支持，使居家服務員在執行工作上有安全感，而願意嘗試新的工作；

（三）給予居家服務員從事專業工作的滿足感和價值感，以認同專業進而願意繼續投身專業工作的行列；

（四）協助居家服務員察覺和欣賞工作成效，以激發受督導者的工作情緒和士氣；

（五）協助受居家服務員發揮潛能、擴展能力，並肯定其服務表現；

（六）作爲對外關係的聯絡人，協助居家服務員發展社會網絡；

（七）發掘並運用各居家服務員的所長與經驗。

　　然而，在強調情感支持的必要性之外，亦有學者對於督導的支持性功能提出了不同的看法。Himle（1989；引自陳秋山譯，2008）等人認爲，不論是正向考核或是情緒支持，作爲緩和受督導者工作壓力的緩衝器都並未發揮太大的功效，因爲考核不論是否爲正向的鼓勵或獎賞，其目的都是爲了工作績效的考量，反而會造成更多的壓力；而情緒支持有時則會涉及過多個人內在的揭露，這種高度個人化的經驗在傳達與接收上會受到個人判斷與感受的影響，進而產生督導功能的偏離，而忽略即使是支持性的督導，其目的仍是爲了追求有品質的服務。因此他們認爲，服務性組織中的督導，其支持性的工作應是知識與工具性的支持，更直接的以提高服務品質和效能爲目標，對於新進和經驗不足的受督導者尤應如此。

四、調節功能之工作項目

　　居家服務督導員之調節功能是協調居家服務員與不同對象之間的衝突，其所扮演的角色爲調節者、溝通協調者，具體工作內涵如下：

（一）調解居家照顧員與組織間的衝突；

（二）調解居家照顧員之間的爭執；

（三）仲裁居家照顧員與服務對象間的衝突；

（四）不同部門之工作協調；

（五）有關居家服務業務衝突問題的緩和、仲介、溝通、調解。

　　居家服務督導員除了應具備一般所認知的督導功能及其衍生的工作項目外，居家服務督導員對於服務對象的工作也同樣受到重視。作者整理陳明珍（2000）提出的居家服務督導員之工作項目，並依服務階段增列如表4-3。

表4-3 居家服務督導員各階段之工作項目

階段	工作項目
服務提供前期	1. 訪視新個案及決定是否開案提供服務。 2. 與服務對象及其家屬共同討論居家服務內容及服務時數等。
服務提供期	1. 進行個案管理工作，協助案主取得多種服務或協助。 2. 了解服務對象及其家屬的心得與建議。 3. 調解居家服務員與服務對象及其家屬的糾紛。
服務提供後期	1. 評估案主滿意度。 2. 進行結案工作。

資料來源：修改自陳明珍（2000）

　　督導工作的重要目的之一，在於服務品質的掌握與管理，如何將督導功能實際發揮於工作項目的規畫之中，透過督導工作與直接服務的同步工作以達到工作目的，是居家服務督導員重要的工作樣態。

第四節　督導中的發展階段、風格與形式

一、發展性督導

　　督導是一個不斷的，發展的過程，不同學者從不同面向思考出不同的階段或過程，而督導階段是決定督導關係、督導策略與督導技巧的重要因素之一。實務上督導過程可以被分成不同的階段，每個階段都有其強調的重點，以幫助督導員有清楚的方向，了解什麼時候要提供什麼給受督導者。以下就幾個常被討論的督導階段劃分進行說明。

（一）Hess的三個發展階段

　　Hess（1986，引自Cousins, 2004）從督導員的自身發展著手，討論一位督導員從新手成為專家的過程，而區分成三個發展階段。第一個階段，亦可稱開始階段，包涵了督導自身從監督接受者成為提供者。這時候督導會把焦點放在具體的督導任務，也會面臨角色的衝擊、焦慮，還有經常出現的能力危機。第二個階段為摸索階段，督導開始意識和探索他在督導關係中的影響力，並在這樣的基礎上形塑出自己風格的督導。這時候他們也會開始發現自己的擔任督導優勢和適任性。第三階段為角色認同階段，他們開始將自己坦承在督導的關係中，並因自己的督導角色和經驗感到興奮，這是很重要的專業認同。

　　在這三個發展階段裡，督導員可能會經歷三個變動期。督導員在進入督導角色後，會經歷從自我轉移至工作，再從工作轉移至他人的過程，但並非所有的督導員都能抵達角色認同的階段，若能成功抵達，督導員會是行事沉穩且考慮周詳的工作者，同時與受督導者有著良好的關係（陳秋山譯，2008）。

（二）Littrell、Lee-Borden與Lorenz的四個階段

Littrell、Lee-Borden以及Lorenz則是依據督導員的工作內涵與角色，進行督導工作階段的劃分（1979，引自Bernard & Goodyear, 1997）。在他們的模式中把督導過程分為四個階段，並將督導員的行為與受督導者的發展性需求進行契合。

1. 第一階段：關係的建立、目標設定、和契約建立。
2. 第二階段：隨著受訓者面臨到情感的議題和技巧的障礙，此階段督導員的角色是在諮商者和教師者間擺盪。
3. 第三階段：隨著受訓者獲得更多信心與技巧經驗後，督導員須採用較學院性的諮詢者角色。
4. 第四階段：此階段的目標在希望受督導者能自我督導，且為自我學習負起計劃責任。而在此時的督導員便成為直接諮詢的角色。

（三）Stoltenberg與Delworth的四個層次

Stoltenberg及Delworth（1987，引自陳秋山譯，2008）提出的督導四個層次，是結合受督導者的學習或工作狀態，比對督導員應進行的任務和工作方向，每一個層次的督導內涵皆需能夠滿足受訓者的需求，因此具有雙方互動和共同發展的意味。

1. 第一層次：受督導者缺乏自我與其他的覺察，且受限於類聚性的思考和不足的經驗，此層次的督導者應提供教學、闡明、支持、和架構。第一層次中應鼓勵受督導者自動自發為原則。
2. 第二層次：受督導者呈現「依賴－自主的衝突」。當自覺增加，受督導者會努力保有自己的獨立性。會有變動的行動方式、較多的堅持與較少的模仿。此一層次應該提供較不具結構性與教導的環境，督導員應該成為一個高度自主、支持的榜樣。
3. 第三層次：重視情境的獨立。受督導者在此層次中呈現更具差異性、動

機、洞察力、和移情表現。此時督導員應以同僚關係對待受督導者，並允許他們自主。這一層次應有較多的相互分享、範例、和比較。

4. 第四層次：受督導者已經成為一個兼具技術性和專業性的工作者。此一層次乃是學院式的督導。達到此層次的督導員可被稱為「師父級的督導」（master supervisor）、「督導員的督導員」（supervisors of supervisors）。

（四）領導過程的五個步驟

領導的內涵為在一特定的情境中設定組織的願景，並透過溝通、指揮、協調、制度化或建立規範等管理手段，影響組織團隊成員達成目標的能力（南金昀，2010）。這與督導的功能任務有其雷同之處，領導的相關概念也能用來充實督導的內涵，故此處將領導過程的概念延用至督導過程之中。有關領導過程的說明，在此引用廖榮利（1991）的劃分，結合督導工作過程的區分，將其分為五個步驟，說明如下。

1. 步驟一

獲取受督導者的合作。一個成功的督導員要能取得其所帶領員工之合作，尤其必須要讓員工了解他們的工作方向與目標；同時，督導員也必須使員工了解彼此之間的關係，以及圖對工作的實質及其目標達成方法。一個督導員必須促使工作執行的準則能順利推動，使員工均能體認且篤行，成為個人努力的方向與共同追求的目標。在工作過程中難免有摩擦或不合的現象，其中一些員工會毫無理由的埋怨或發牢騷，督導員對上述情況要能進行適度調整，從事必要的溝通與領導，使工作能順利進行並達成預期的目標。

在某些情況下，工作的計劃和目標可能有改變的時候，針對這種改變的情況，督導員須及時把握的重點工作是，向員工充分溝通，向他們說明改變了什麼、為何如此改變。唯有如此，員工會更願意與管理人員進行合作。

上述結果，員工會感受的在督導的有效帶領下，能夠有效學習並獲得成就

感。另外，在加上組織內一些升遷制度的鼓勵，也能增加員工對於督導員的認同，並藉此模仿和學習。

2. 步驟二

使用督導員的權威。督導員有合法的權力行使其地位與指揮權，而這種指揮權除非他自己願意使用，否則不可能從天而降。只是在使用這種指揮權時，督導應慎重考慮其需要性、可行性與職責性。使用權威的另一個意義是，督導要經常訓練員工如何操作和達成任務。有時候，雖然員工對所訂的標準或有異議，但是主管必須對他們加以開導，並督促員工照決定去做。

3. 步驟三

引導與溝通。督導對於受督導者要會「傾聽」，當受督導者向督導傾訴有關事項或看法時，督導要有誠意和耐心的聽其訴說，同時，督導員也要對受督導者加以支持、引導、影響，以及推動發展性的討論。此外，在一些必要和被允許的況下，督導要主動找受督導者來談，以有效鼓勵士氣和督導工作的進行，並進行即時的修正。

4. 步驟四

維持紀律與督導訓練。對受督導者的紀律和訓練，首要工作是把工作準則和規定向受督導者說明清楚，採取前後一致和合理的方法，督導員工遵照規定去執行。另一個重要的觀念是，紀律是被用以改進行動，而不是報復或懲罰之用。當受督導者違規時，督導的態度要莊重、有一致性，並要理性而清晰的做出適當的處置。

5. 步驟五

發揮團隊精神。事實上，團隊精神表現乃建立在受督導者均能清楚的了解工作的目標即其評量標準，要使每一位受督導者均能體認到組織目標的達成有賴團體成員的團隊工作表現。督導的首要任務，就是把每一位員工當作有成就動機的人，並促使這些成就動機整合於機構團體的目標之中。

雖然不同學者對於督導或領導的階段劃分有各自的看法，但整體來說皆描繪

了督導員的工作項目、心理狀態以及與受督導者互動的歷程。Heid（1997，引自陳秋山譯，2008）針對督導的整體發展整理出一套有系統的架構，提供人們對督導發展一個總括性的理解。這個架構包含10個部分：

1. 作為督導員的認同感；
2. 擔當督導員的信心感；
3. 自主或依賴他人的程度；
4. 與被督導員之間的權力以及職權的行使（包括評價被督導員的方法與過程）；
5. 組織能力、彈性及處遇變通的程度；
6. 關注被督導員或自我的需求；
7. 個人投入在被督導員與案主成效的程度；
8. 對督導關係及督導過程的強調與運用；
9. 對自我在督導關係尚和督導過程中之影響的覺察和評估程度；
10. 對於勝任能力與限制的實際評估程度，連同對各人的議題、偏見與反移情反映的覺察與限制。

二、督導的風格與模式

為了掌握居家服務的品質，居家服務督導員必須根據居家服務員的需求進行督導工作，然而督導工作並非單一發展，而具有多元、彈性的特質。督導雖是組織管理與行政上不可或缺的工具，但其整個歷程卻是以關係為基礎，這種工作模式使得督導員角色的選擇、帶領風格、督導技術的運用，與整個督導品質息息相關（張紉，2002，引自黃明玉、郭俊巖，2009），不同的角色、風格和技術的運用，適用於不同的情境和受督導者，連帶的也會產生不同的督導效果和關係品質。因此除了督導的功能與目標之外，督導員的帶領風格與各種督導模式也是在理解督導內涵時不可忽視的重要概念。

（一）認識督導風格

Munson（2002）在其《Handbook of Clinical Social Work Supervision》一書中對督導風格進行了詳細的說明。他認為「風格」簡單來說是「我們試圖與他人溝通時所採用的模式」，精確些的定義包含對監督的強調、所持的理論定位、所持的實務和督導哲理、以及這些理論和實務哲理如何傳達給受督導者。

Munson（2002）進一步的說明，督導員會採用所謂的「主動性（active）」和「反應性（reactive）」中其一的風格。主動性的風格包括直接地與受督導者一起，並詢問關鍵問題、直接回答問題，及詮釋闡明。主動性的督導是以問題為焦點，發覺可替代的干預策略、焦點放在個案的動態、及對結果的思辨。而反應性的督導風格較順從且間接，包括提出有限的一般性問題，且不給予答案。反應性的督導焦點放在治療的過程、發覺互動的議題、且試圖將焦點放在實務者的動態上，及當實務者艱難於問題解決時提供一個討論的論壇。

採用主動性或反應性沒有所謂好或壞，其只是一種行為的方式，如果一個人經驗到的是負面的經驗，那麼這個風格的使用就變成是負面性的。例如研究中有些回應者表示哪些使用「我的門永遠為妳而開」風格的督導員並不一定是最好的督導員。Munson（2002）的研究指出有64%的人採取反應式風格，36%採取主動性督導風格。若碰到不同風格的督導，受督導者可能感到挫敗與忿怒，例如當他急需要尋求技術性技巧的支持時，如果督導的風格與受督導者的需求和期待不一致時，有時候可能考慮換一位督導效果較好。

而該怎麼知道督導員採取何種風格？Munson（2002）認為觀察督導員督導風格的最好方式即是透過觀看視聽設備所紀錄的督導會議。督導員可透過這樣的觀察對自己的風格有所了解和促進。在觀察過程中，較不被知道的風格面向也能藉此顯露出來。督導員必須發展出融合自己風格的督導參考架構或指引（Munson,2002）。此與督導互動的焦點有關，督導員應該自認其對案主負有基本責任，如果督導員保持這個焦點，此將可以避免督導過程失焦，也可以避免督導員和受督導者間的挫敗。使用此指引架構有助於防止督導過於著重在實務者而非是

服務上。

　　此外，Munson（2002）亦強調任何與受督導者的互動必須建構在與案主工作的背景上。這是很重要的，因為許多與案主工作困難的實務者皆希望能夠藉由與督導討論自己或個人行為以處理這些問題。但督導應該極小化這些討論，並將焦點放在與案主工作或是考慮到案主。督導有責任將討論焦點放至案主身上。因為當服務和結果變的困難時，受督導者會有意識、無意識地轉移這些焦點，所以將焦點維持在「工作者－案主的互動」上是督導員的責任。另外，在督導中若過於拘泥於風格可能會導致目標的挫敗，互動應可以是廣泛的方式而不是把焦點放置在類別上。受督導者對督導風格的回饋將有助督導員洞察自己的表現，而督導員也可觀察受督導者是否以同樣的方式了解他們。

（二）不同風格的督導模式

　　如同前述，不同的督導風格、理念、技術運用、目標，以及不同的工作情境和受督導者的特質，便會有不同的督導方式，從較傳統權威到較合作開放的模型都有，不同的督導模型會強調不同的面向，有的強調督導員、有的是受督導者，有的則是督導關係的脈絡。理想上，督導關係中採用協同合作的過程是較佳的，然而，最終來說，採用何種模式的督導方式仍要取決的督導員的個人選擇，選擇對其督導專業最為有利者（National Association of Social Workers, 2013）。在有了對督導風格的認識後，並可進一步的就不同風格的督導模式進行了解。本段落將援引社會工作、組織管理與諮商輔導等領域中有關督導模式的知識，從中介紹幾種較常見的督導或領導模式。

1. 溝通模式

　　Bandler與Grinder（1979，引自江盈誼等譯，2000）指出三個溝通或表達系統中的頻道：視覺的、聽覺的和動作的。他們發現，除非這些能力受到損傷，否則每個人都能使用這三種溝通頻道，但傾向其中一個最自然、最強烈的頻道。通常這種溝通頻道的偏好從童年時期就已建立，而當督導員和受督導者的頻道偏好

不同時，就會產生一些問題。

2. 任務或過程取向

　　同樣根植於過去經驗的另一個風格因素，是督導員和受督導者對於督導關係的任務和過程的取向（Bandler & Grinder, 1979，引自江盈誼等譯，2000）。重視任務取向和重視過程取向的重點不同，也常造成督導過程中任務取向的督導員，較專注於任務的結果，一個過程取向的受督導者則關心任務完成的過程與方法，兩者互動的結果自然是衝突不斷。重要的是，督導員和受督導者都能認知到彼此對任務風格的長處和偏好，而督導員更應該確認受督導者的獨特風格，而非固著於自己的取向。

　　其實，督導的任務和過程都非常重要，偏好任一取向，不僅可能曲解督導並降低其功效，也可能提供受督導者一個無益的角色模範。因此，最重要的督導活動是在強化兩種取向中較弱的取向，並有能力將過程與任務兩者結合在一起。

3. 學習和教導風格

　　教育訓練是督導的主要功能之一，督導員和受督導者皆應該找出自己的學習風格和教導風格，以及了解這些風格對督導的影響。我們的學習風格大致介於主動和消極這兩個極端之間的連續體內，兩人的差異如果過大就會造成督導的障礙。改善督導員和受督導之間的落差可以參考成人學習的理論或哲學概念。

　　Burgess（1992，引自江盈誼等譯，2000）總結出五種最有效率的學習狀況，如下：

(1) 當有問題時要解決；

(2) 當會使用過去的經驗時；

(3) 當會與他人工作尋求支持或交換觀點而時；

(4) 當運用內省和探索來負責或控制自己的學習時；

(5) 當所學習的理論實務整合時。

對督導而言，重要的幾項應用原則包括：

(1) 認知到學習風格存在個別差異：女性與男性之間存在學習方面的普遍性

的差異，但仍應尊重每個人的學習風格，而非根據一般刻板化的假設；

　　(2) 受督導者具有主動學習的能力：督導員應該促進或引發受督導者主動學習的習慣；

　　(3) 因材施教：應考量受督導者的專業發展階段來決定督導的內容；

　　(4) 做中學習：督導員要求受督導者由做中學習，同時解釋、引導受督導者在特定情況能採取特定行為。

4. 二項領導行為向度

　　在組織管理的領域裡，Halpin及Winer（1957，引自南金昀，2010）以實證方式得出二項與領導行為有關的向度，即關懷（consideration）和規範（initiating structure）。這兩個向度的領導內涵為：

　　(1) 規範向度：領導者將焦點放在與工作有關的行為，如：強調組織目標的達成、指導工作方式、確認工作者的角色、進行工作協調與分派，並會給予一定的工作壓力等。

　　(2) 關懷向度：領導者重視與部屬之間的關係的行為，如：期望與工作者建立友誼、強調互信與尊重、營造溫暖且安全的氣氛等。

　　以這兩個向度為基礎，其不同組合便可形成四個象限的領導風格：低關懷低規範、高關懷低規範、低關懷高規範、高關懷高規範。不同象限就代表著不同的領導風格，督導員便能在此四個象限間選擇適當的督導方式。而雖然不同的領導風格針對不同的情境和受督導者，有其各自的使用時機，但在相關的研究中卻發現，高關懷高規範的領導方式比其他三種類型，是較受到受督導者接受的（南金昀，2010）。

5. 情境領導理論

　　組織管理中尚有Hersey和Blanchard（1984，引自南金昀，2010）所提出的情境領導理論，他們區分了兩個領導向度：任務行為和關係行為，以此形成如同Halpin及Winer概念中的四個維度，而各維度又受到被領導者的成熟度影響，亦即成熟度是一決定領導模式的關鍵因素。據此，將每一維度進行高低的區別，便

可劃分為：

(1) 被領導者成熟度低：告知式（telling）──高工作、低關係

(2) 被領導者成熟度中低：推銷式（selling）──高工作、高關係

(3) 被領導者成熟度中高：參與式（participating）──低工作、高關係

(4) 被領導者成熟度高：授權式（delegation）──低工作、低關係

6. 感性管理模式

督導員的督導工作是以重「情」的方式進行，認為此模式較容易讓服務員接受，特色是督導員與服務員之間建立信賴、緊密、夥伴關係；在遭遇問題的時候，不仰賴表面的溝通模式，而是追求內在心靈的對話；雙方傾向以非正式的關係處理，而在問題改善的效果也較佳（林素蘭，2011）。

在「感性管理模式」的運作下，其優點有：

(1) 督導過程較少衝突：因為督導與服務員的關係非常緊密，所以督導過程相對容易，較少遇到衝突的產生，即使遭遇衝突，透過非正式關係的處理也使得衝突處理過程較為容易且平和；

(2) 服務員流動率降低：服務員受到足夠的支持，可能因此降低離職情形；

(3) 避免服務員與案主關係的變質：由於督導員與服務員關係較為緊密，服務員比較不會受到案家的影響，而與案家進行私下協議；

(4) 派案較為容易：有些較難處理的個案，服務員會因為關係或人情而相挺，願意提供服務。

由上述可知，在「感性管理模式」的情況下，因為「非正式」關係的建立，使得督導工作較為順利，有助於維持服務的品質。但是由於關係的「非正式」，也可能產生下述缺點：

(1) 不切實際的期待：服務員與督導員可能對彼此產生過高期待，有時超過倫理界線；

(2) 關係拿捏不易：如果「正式關係」與「非正式關係」在督導過程中產生衝突時，如何拿捏分際，對於督導員來說需要有相當智慧。當服務員的問題嚴重

時，因為可能導致關係的決裂，情感性的督導有時反而不想面對，或不知道該如何處理。

7. 理性管理模式

督導員強調「正式」的服務關係，而不涉及私人，在督導工作上希望以有效率的方式進行。視服務員為工作者，僅需做好份內工作，督導並不會想與服務員建立其他的關係。在督導的過程中是以「問題解決為導向」，強調規則、流程等制度化的管理方式（林素蘭，2011）。

在「理性管理模式」的運作下，可能有下列優點：

(1) 效率較高：因為其與服務員維持在「正式」關係，花費的時間及心力自然較少；

(2) 界線清楚：不牽扯私人關係，關係及責任劃分非常清楚，針對問題就事論事，不牽扯個人情感；

但同樣的，也可能產生下列缺點：

(1) 與服務員關係疏離，管理相對困難；

(2) 派案排班困難度較高。

8. 適應性督導（Adaptive Supervision in Counselor Training, ASiCT）

在諮商領域裡，Rando（2001）建構了適應性督導（Adaptive Supervision in Counselor Training, ASiCT）模式，以指導程度與支持程度為兩大軸線，並依據受督導者的準備程度劃分出四種督導風格，分別為：

(1)「技術指導者」（Technical Director）：督導關係為高指導、低支持。當受督導者為新手、尚未具備充足的專業知能、缺乏自信與經驗時，便適用此種督導方法。

(2)「教育指導者」（Teaching Mentor）：督導關係為高引導、高支持。若受督導者已開始進行工作並有直接提供服務的初步經驗，督導員便可採用此督導方式，持續增加受督導者的專業知識和技巧，以協助其朝向更為專業的方向發

展，並同時給予高度的關懷和支持，以提升其專業自信，若督導成功，受督導者
便能繼續朝向下一個階段發展。

(3)「支持指導者」（Supportive Mentor）：督導關係爲低引導、高支持。當
受督導者已能獨立提供服務和規劃處遇內容和方案時，督導員便可採取此種督導
方使，以共鳴版（sounding board）的角色從旁提供資源，此時不再提供直接或
清楚的指導，多是檢視或批准受督導者的計劃和服務內容，以及提供支持，使其
擁有更多的專業自信和能力。

(4)「授權同儕者」（Delegating Colleague）：督導關係爲低引導、低支持。
此時受督導者已成為有高度專業知識與技能的工作者，爲充滿專業信心與能力的
完整助人者，督導者只需針對受督導者的工作進度、服務結果、專業成長加以了
解關心即可，兩人間的關係類似同儕，不須太多的指引或特定的支持。

督導員採用何種的風格，以及受督導者處於哪個發展階段，都影響督導員採
行何種督導模式。不論是在社會工作、組織管理或是心理諮商的領域裡，對於督
導或領導的模式都建立起許多模式，有利於我們更清楚的了解督導的樣態。然而
不論何種督導風格或模式，重要的是任何一個督導模式都是爲了提高受督導者的
工作效能以及解決其工作上面臨的問題，故任何督導模式都須重視受督導者的聲
音和立場，有效的溝通彼此的看法與需求。因此，互相尊重和並建立員工間的禮
儀是朝向避免衝突的一大步，督導可以由以下四各面向來培養（Bulin, 1995）：

(1) 可接受的溝通（Communicate Acceptance）：所有人，包括督導，都會
有些個人的偏誤。自我覺察與對差異的激賞是朝向工作場域和諧創造的主要步
驟。以下有一些鼓勵接受差異的方式：表達激賞與對他人信仰與價值的尊重、公
平一致地對待每一個人、開放學習的心胸等。

(2) 消除偏執（Eliminate Bigotry）：督導員應留意任何關於「敵意環境」的
訊息，其可能會讓工作者或是消費者感到不舒服。一但警覺到問題存在，應立即
消除它。

(3) 實行反歧視的法律（Enforce Antidiscrimination Laws）：身爲督導員的責
任有：①了解法律；②溝通，向他人溝通與解釋法案意指爲何；③成爲一個領導

者，公平地對待其他人；④透過合適的管道揭發違反規定者。

(4) 以例子來引導（Lead by Example）：展現可接受及可被包含的行爲是督導鼓勵和諧的有效方式。

三、督導員的工作形式

（一）以「誰」爲主體來區分

除了督導風格與執行的模式之外，督導的進行是以誰爲主來決定督導範圍，也是決定督導內涵和取向的重要面向。林素蘭（2011）在其研究中便就此面向進行了說明，將督導的主體區分爲以服務員爲主體及以個案爲主體兩種，以下便就此二種形式加以介紹。

1.服務員主體形式

服務員爲主體的督導模式，督導分配係以分配服務員爲主，那所屬的服務員所服務的所有個案，即是此位督導所擁有的個案量。此模式的最上面是督導，督導下來是服務員，一個督導員的工作量是以個案數爲主要依據，最高爲60案，另因個案的時數從4小時至90小時不等，所以督導的服務人數無法統一。通常此模式一個督導會帶領一個小團體或是一組服務人員，又稱爲「分組督導模式」。目前在實務上常被使用的另外一種分法爲「區域性分配模式」，這種模式也是督導負責定量的服務員及其所屬個案，只是另以區域來劃分（林素蘭，2011），工作模式如圖4-1所示。

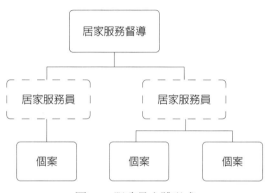

圖4-1　服務員主體形式

資料來源：林素蘭（2011）

　　在這樣的工作形式下，由於每位督導員所負責的服務員較爲固定，關係建立上容易深入，督導員對於每位服務員的特質與優勢較能掌握。在彼此熟悉且關係深入的情況下，媒合工作也就相對順利，較少有不適應的問題。而服務員在服務過程中的督導工作是由固定的督導員進行，因爲督導內涵有具有較高的一致性，在督導風格的適應上也較爲單純。另外，如果服務員在服務提供的過程中發生狀況，督導員可透過關係與非正式的管道來處理，此種處理問題的效果也較佳。但是此模式也可能產生一些挑戰，首先，當機構接到新案時，不僅需考量服務員的時數，還需同時考量督導員的督導人數，可能增加派案的困難度；其次，當服務員流失或無法再提供服務的時候，個案必須重新適應新的服務員和新的督導員，可能因此產生個案的困擾。

2. 個案主體形式

　　督導分配是以個案來做分配，所分配到的個案與服務員之間的服務，才是督導的範圍，督導員並沒有固定督導的服務員。這樣的督導模式，督導的服務員人數是沒有固定人數或是哪一位服務員，有可能10至20位都有可能（林素蘭，2011），工作模式如圖4-2所示。

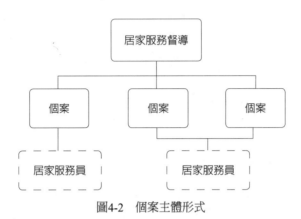

圖4-2　個案主體形式

資料來源：林素蘭（2011）

　　這樣工作形式下的優點是，機構在進行派案時，僅需考量居家服務員的時數，不用另外考量督導員的督導人數，派案相對簡單。另外，即使居家服務員流失或無法再提供服務時，個案僅需重新適應新的居家服務員，而與督導員關係可維繫；但是在這樣的工作形式下，督導員所負責的服務員人數較多，對個別服務員的了解可能較少，關係建立也較為淺薄，因而也連帶影響媒合的成效。在發生問題時，督導員傾向以較為正式、制式化的方式進行督導，對於服務員的個別需求難以滿足，進而影響督導的成效。對服務員來說，可能同時面臨不同的督導員，其督導方式、風格可能有所不同，當督導員的督導過程彼此矛盾或不一致，會造成服務員的混淆。

（二）以督導型態區分

　　所謂的督導型態意指在督導過程中，督導員如何與受督導者互動，意即督導員與受督導者互動的方式。傳統督導型態是以個別督導為主，後來漸漸逐漸發展為團體督導、同儕督導等。而督導員對於督導型態的選擇會依據督導目標及受督導者的需求決定。在居家服務中，照顧服務員是服務的第一線，也是影響服務素質重要的關鍵者，所以好的督導型態能強化受督導者的專業知識，並確保個案服

務品質，分述如下（莫藜藜，1995；黃源協，2000；陳淑君，2009）。

1. 個別督導

由一位督導員面對一位受督導者，以面對面的方式定期或不定期的方式進行督導會議。個別督導的焦點是受督導者在工作過程中所需的情緒支持以及專業指導，彼此間有較多非正式的個人關係（陳秋山譯，2008）。目前居家服務的個別督導是在服務出現問題，或是因機構規定定期督導而進行。

2. 團體督導

由一位督導員和數位受督導者，以小組討論的方式定期舉行會議。討論的內容包括受督導者在服務過程中遇到的難題及工作會報。參與人員必須事先或當時詳閱或聽取討論內容，然後由督導主持討論，以深入了解有關情況和尋找解決問題的方法。服務員團體督導進行目的，包含服務問題的討論、重要事項的布達、個案研討、服務上的支持、或是將團督與在職訓練結合。

3. 同儕督導

具有相同需求、觀點或技術層次的個人或一群工作者，以個別互惠的方式或團體討論的方式進行，參與互動的成員不必然是同一團隊或同一機構。目前在居家服務的相關研究中，並未見到此種督導方式的進行。

4. 科際間督導

即是所謂的「團隊督導」，在一個強調服務整合的時代，提供同一案主服務的團隊成員，可能來自於不同的專業領域或不同的團隊為同一案主提供服務。這種督導往往是要由一個不同領域的人所組成的。此種督導型態與「同儕督導」相似，較少為居家服務機構所運用。

5. 電話督導

電話督導的進行方式，是由督導員運用電話對受督導者進行服務上的督導。由於照顧服務員工作的場合都在社區中，因此運用電話督導方式較具有便利性。督導員除了直接與服務員進行電話督導外，也會透過電訪個案的時候了解服務員服務的狀況。

6. 訪視督導

　　督導員每三個月至少需要訪案家一次，因此會利用家訪機會了解服務員服務狀況，並檢視及加強服務不足的部分。

　　對於上述所介紹的督導型態中，其督導效果可能各有利弊，但因為個別督導的督導員與受督導者有比較多的溝通機會，有研究指出其督導效果最好（陳淑君，2009）。

四、受督導者的學習型態

　　一般所指的受督導者（supervisee）是指機構或單位內的專業服務從業人員他們在指定的督導員的持續指導狀態下，提供確保專業服務品質的服務，同時也是延續學習專業技能的專業人員。在居家服務的工作中，受督導者指的即是直接提供服務的居家服務員。因成人學習型態常有不同，督導員對不同學習型態的人要能充分了解，才能採行適切的方法加以督導。根據受督導者的學習型態，再予以督導，督導較能產生果效。Charlotte Towel教授將受督導者的學習型態分為：被動和承受型、被動和抵制型、自動和承受型、自動和抵制型、以及表面和承受型（引自廖榮利，1991）。一個學習者或受督導者的學習型態可以採用下列指標予以分類：

　　（一）對督導員的態度和反應；
　　（二）督導會議中的反應及其素質；
　　（三）自我學習傾向和自我負責程度；
　　（四）督導會議的準備和獨立思考的程度；
　　（五）表達自我感覺和評判的能力；
　　（六）對感情、思想、態度和行為的改變程度；
　　（七）督導會議決定事項的運用情形；
　　（八）以不同的方法使用新知識的能力；

（九）處理自己和案主之間關係的表現；

（十）對機構功能和行政職責的盡責程度；

（十一）從部分的學習經驗運用於整體性的能力。

在對受督導者的學習型態有了認識之後，對不同型態的受督導者宜採取適於個人的方式。廖榮利（1991）進行了下列說明：

（一）被動承受型（passive-receptive pattern）的學習者

表現比較依賴，傾向於期待被告知應該做什麼、如何去做，和要做到什麼程度。當督導員告知受督導者時，受督導者會虛心接受並付諸行動。督導員宜多給他鼓勵，以親切、溫和的口氣直接或間接的告知督者期待受督導者要做到的。同時對於受督導者所做的提出明確評語和積極建議，使其有所遵循。

（二）被動抵制型（passive-resistive pattern）的學習者

不但顯示依賴和被動，等待被通知應做什麼、如何去做。而當你告訴他時，受督導者不一定願意接受，反而表現出一種抵制的心理。這類學習型態的人往往是由於其早年的學習經驗裡，對長輩或權威形象（authority figure）的人存有敵意的心理所導致。督導員可以先與受督導者討論其早年的學習經驗，並協助受督導者發現這種經驗對目前其學習態度的影響，協助受督導者自我認識（self-awareness）。督導員應設法與這類的受督導者建立良好的教與學之間的關係，再以間接和婉轉的方式，提出評語和建議。盡量消除其抵制和焦慮的心理，以促使他改變學習型態，並產生積極學習的新型態。

（三）自動承受型（assertive-resistive pattern）的學習者

常會表現出一種自動、活潑、積極、自我引導和自我負責的學習型態。這類的受督導者能知道自己所需求的知識、方法和技術，且樂於接受督導的建議和指引。這類受督導者的個人成熟度較高，性格較富彈性，以期現有的知識基礎和學

習動機為基礎給予必要的鼓勵、建議和指引，則督導成效必放大。督導員並可近一步期待和培養這種學習者成為未來的社會工作督導員、領導者和教育者。

（四）自動抵制型（assertive-resistive pattern）的學習者

常呈現出性情明朗、自動自發的求取新知識和新技術，可是當你給予他評語、建議和指引時，他卻不一定樂於接受。這種學習者的精神是比較固執而缺乏彈性，對這類的受督導者的學習效果和專業自我（professional self）的成長有不良影響。因此，督導員必須多花費心力與之建立良好的專業關係，盡量以接納、鼓勵和支持的態度，使其減除內心的焦慮和抵制心理，促使其往自動和承受型的方向努力改變自己。這樣才能提高督導效果加速專業自我的發展；

（五）表面猶豫型（The perphreal pattern）的學習者

一般表現是悠遊自在，樂觀多奮鬥少，對督導員唯命是從的姿態，但他很少主動發問。當督導員試圖給這類受督導者一些批評、建議和指引時，這類的受督導者會假裝接受，卻不知進退，不易採取行動積極去做。他這種行為表現，不一定是防衛性的（defensive），只是一種迷糊的人生觀所致。因此，督導員對這種學習者必須有高度的耐心，不厭其煩的向他說明和提醒應努力的方向和應採取的行動，如此才能產生有效的督導效果。必要時幫助他認識自己並不適合人群服務工作之積極性需求，使其重新評估自己的選擇和決定。

學習是一個經驗式的傳承，學習是一個過程（process）而非觀看其結果（outcomes），它扎根於經驗的持續過程以及解決來自兩方面的衝突，具體經驗和抽象經驗的衝突與觀察和行動上的衝突（Kolb, 1984）。也因此，要有果效的學習，必須具備四項能力：具體經驗的能力（Concrete Experience, CE）、反映式觀察的能力（Reflective Observation, RO）、抽象概念化的能力（Abstract Conceptualization, AC），以及主動實驗的能力（Active Experiementation, AE）（Kolb, 1984）。

　　居服督導員在督導時能依據學習者的學習型態，再加上培養其四項能力，從觀察到概念化到具體實驗，反覆練習，特別是居家照顧的技巧，則可以幫助居服照顧員學習該有的技巧，也能肯定或再評估自己的選擇與決定。

第五節　居家照顧服務督導的工作特質

一、工作性質

　　居家服務的督導員除了社會工作價值外，還有來自不同的層級的壓力，包括服務使用者、委託單位及組織、居家服務員。在服務使用者方面，自91年度全面性補助非中低收入失能者接受居家服務，居家服務由照顧弱勢的社會救助意義，轉為較一般化的發展趨勢，並增加部分自費後，來自服務使用者的要求與期待相對提高，讓提供服務的準則慢慢由社會服務轉到市場化角度，使得督導員產生究竟應偏向「顧客至上」還是資源「最佳利益」的目標衝突壓力；在委託單位及組織方面，因為居家服務以政府委託方案為主，組織為達到責信與組織聲望，對於督導員的要求，還有縣市政府作為委託單位，負責監督之責，每年皆會針對居家服務單位進行評鑑；在居家服務員方面，居家服務員為第一線人員，期待督導員給予適當協助，也可能挑戰督導的權力（林貞慧，2003；林素蘭，2011）。

　　在游麗裡（2008）對居家服務督導員工作分析的研究中發現，由於方案屬委託性質，因此：（一）社會行政工作分配偏重，有核銷與填寫紀錄等，高達21.1%的比重；（二）督導員之督導負荷重，易致督導員流動性大；（三）年輕化的趨勢，品質難以控制。可以看出經由委託方式的服務方案，督導員的行政壓力偏高，但是同時又必須支持來自中高齡婦女轉業的服務員情緒與技術的需求等，因此督導員要在這當中協調這些不同因素，也是不容易的。

　　照顧服務員及督導員的工作情境及內容有非常大的差異，照顧服務員的工作偏向技巧及技術性操作面，工作情境是在個案家中，面對服務使用者時間較長，而督導員的工作偏向協調性、行政性質的特性，工作情境一半在辦公室，一半在個案家中，面對服務使用者的時間較短。

二、從業原因

　　因爲督導員依規定都是全職工作型式，背景也有限定，社會工作的基本價值是以「助人」爲出發點，所以由社會工作相關背景擔任督導員，是想從事一個助人的工作爲基本動機（林素蘭，2011）。作者於2013年的研究中發現，大部分的居家服務督導員是在一畢業後便從事本工作，有人是從實習生變正職人員，有人則是藉由青輔會之22k方案進入到居服領域中。

　　我當初是退伍第一份工作，我就是因爲那時候找工作就上專協去看，離家裡很近所以就……就過去上班這樣。（W1,0416-17）

　　對，也是第一份。（W7,1105-06）

　　這是我第一份工作……從志工變成實習生再變成督導員。（W6,1512,14）

　　中間有離職去換別的工作……因爲其實第一份工作做這個其實也習慣。（W2,1707-08）

　　當初會進入這個工作是因爲青輔會22k的方案，這當然也是我第一份工作。（W3,2718,2722-2802）

　　但是其中也包含了二度就業的情形。

　　我是二度就業……之前工作是在部隊裡面。（W8,0903,05）

三、工作情境

（一）三角遠距督導情境

　　因為居服督導的工作空間是在案家及辦公室兩者之間進行，服務員的工作情境都是在案家，所以服務員執行計劃時，實際上只有案家可以清楚的看到，督導員並沒有在現場。這樣的督導及工作情境，卻讓整個居家服務督導系統及運作，產生了一種很奇特的模式服務員與案家的關係、案家與督導的關係、服務員與督導的關係，所形成的這特殊的三角關係，這三種關係可以說是居服督導執行督導工作及業務內容非常重要的工作領域，也是提供居家服務的品質很重要的三角洲。維持這三角關係的平衡成了督導員重要的職責，當這三種關係失衡時，服務的問題就會因應而生（林素蘭，2011）。

　　這樣的督導情境可以說是「隔空督導」，除了督導員難以確定在服務過程中可能呈現的問題外，服務員所感受到督導的支持度相對也會受到影響，因此當服務過程中有爭議事件時，則考驗督導員的調解與仲裁能力，因為一方面督導員扮演著資源的守門人及服務使用者權益的維護者，另一方面督導必須支持服務員在服務過程中所遭受的困難與委屈（林素蘭，2011）。Neysmith和Aronson的研究也發現，雖然居家服務督導是資訊的決策來源以及組織與照顧服務員之間的橋樑，但他們能做的其實有限，再加上家庭照顧工作地理位置分散，在監督上不易，所以照顧服務員得到的支援也較少（引自林素蘭，2011）。Rossman（1997，引自林素蘭，2011）也曾指出造成居家照顧員工作績效不佳的結構性因素之一，即為居家服務督導不易掌握照顧服務員於案主家中提供服務現況。因為專業知識與背景的不同、「隔空督導」的特殊情境，形成督導的功能可能有更多元性。

（二）不穩定的關係

　　臺灣的居家服務大都是屬於政策下的方案，但是因為新管理主義的影響與盛

行，政府近年來傾向將許多的福利服務委外及發包來提供服務，而民間單位也因為以承接方案的方式來減低募款的壓力，因而臺灣的居家服務方案都是由政府辦理定期發包的方式，委託民間單位提供服務，所以居家服務督導員在這樣的情境下，因為受到政府契約及政府提供服務的相關規定所規範。但是因為政府1-2年發包一次，所以當機構當年度有標到方案時，才提供相關服務，導致服務的關係及督導關係可能因為發包的因素而中斷。

另一個督導關係不穩定的因素，係源自各機構的督導方式及模式規劃的不同。有些督導方式規劃是督導只督導個案，不固定督導哪一位服務員，所以當個案的轉案或其他因素，服務員面對的是多位督導，而非同一位督導員。因為此種督導模式是以個案需求為主要重點，這種情形更加影響督導關係的不穩定。

（三）當「小孩」變成督導

「督導」這個名詞往往代表的是一種階級及權力的象徵，尤其在中國傳統社會，德高權重的人，總是刻板印象為男性、年齡較老等。但在居家服務領域中，受督導者大都為中高齡婦女，而督導員則為大學剛畢業的學生居多，且以女性為主；又其他領域的督導都是從事工作有相當的年資後才會晉升為督導，例如醫院社工督導或社福中心督導等，都是具有相當深厚的經驗者來擔任第一線的指導與督導工作，較容易獲得第一線工作人員的認同，但是居家服務督導員因為政策規範之下，是以專業背景和受過的訓練等資格來擔任督導的職務，所以在實務上就會產生了較年輕的督導員與較年長的受督導者之現象。

督導員資歷淺、年紀輕的現象對督導員本身來說亦會造成許多工作上的困難，包括照顧知識不足、缺乏人生歷練，相關經驗亦貧乏，使得督導員難以發揮其功能和專業價值，服務員也無法透過督導獲得所需的支持和教育（陳淑君，2009）。

（四）背景的相異處與多樣化

除了年齡是居服督導與服務員之間常見的障礙之外，服務員的資格在文獻中提到過只要受完90小時服務員的課程就可以擔任服務員，所以服務員的背景相當的多樣性，可以說是各式各樣的社會人士都有。而督導員經過調查以社工系背景占最大宗，在社會歷練上，也是大有不同。

因為每個服務員的家庭及工作動機也不相同，產生了多樣化的督導空間與想像，而督導會遇到什麼樣的服務員卻完全不一定，所以在督導運作上也就會沒有辦法有固定的督導模式，這也是居家服務督導工作比較特殊的地方（林素蘭，2011）。

四、個人特質

在專業人員的背景方面，林貞慧（2003）、林素蘭（2011）、呂寶靜、陳正芬（2009）針對督導員的調查研究指出，目前擔任居家服務督導員以未婚年輕女性居多，背景以社會工作學系畢業者居多，且工作職稱以社工員居多，工作性質專職居多；目前機構服務年資、社會工作服務年資、目前機構之老人居家服務督導年資，及從事老人居家服務督導的（累加）年資均以1-3年為多；參加並領有居家服務員及居家服務督導員職前訓練結業證書逾五成、參加並領有居家服務督導員進階訓練結業證書達二成七。雖然居家服務教育訓練每一階段的訓練時數少則21小時、多達54小時，但因可申請內政部補助，所以在舉辦訓練方面的相關費用，以及延請師資授課上，是較不虞欠缺的（林茹嵐，2001）。

五、權力關係

　　督導是一種以「關係」為基礎的工作模式（莫藜藜，2002），關係在居服督導中同樣是重要議題，因為「督導」一詞本身就隱含著權威於另一人的意思，不管督導員本身是否願意，權力的部分是無法避免的。督導的威信（authority）與權力（power）是有機構所授予，威信被定義為權力使用的合法性，權力則被定義為使用威信的權利。督導需要威信與權力的委派，但威信與權力應該只有在為了達到組織目標的情況下以彈性、公正的原則下運用，並能謹慎的關注工作者的回應。為了要執行行政督導的功能，督導須要能夠欣賞這些規則的效用，並且理解不順從的相關原因（Kadushin & Harkness, 2002）。

　　權力簡單來說便是影響與改變他人認知及行為的能力。依據French與Raven（1960，引自陳秋山譯，2008）對權力的說明，可進一步的將其區分為五類：

- （一）獎賞的權力（reward power）：即督導員有條件與資格決定是否給予受督導者獎勵，包括有形與無形的加薪、升遷、訓練與發展、額外休假等；
- （二）強制的權力（coercive power）：即督導員有條件與資格在適當的範圍內，對受督導者不當或影響其工作表現的行為進行懲處，包括降職、調職、規制特定行為、開除等其他處分；
- （三）合法的權力（legitimate power）：即督導員的權力是因其職位特性所具有的且是由上層管理人員賦予，並認可其能對他人進行監督和管理；
- （四）參照的權力（reference power）：即督導員取得受督導者認同的程度；
- （五）專家的權力（expert power）：來自督導員的專業能力，包括行政管理知識及相關的一線工作技能。

　　這五種權力的前三種為組織賦予，督導員作為行政管理者並使用這三種權力，後兩種權力則是出自於督導員個人特質與其專業能力。在督導過程中上述各

種權力關係會不斷的發生，不論是賞罰、指導、監督，甚至是決定要進行督導與否都隱含著權力的運作，而督導員在這個過程中如何覺察和使用權力，以及受督導者如何看待督導權力的行使，都是影響督導品質的因素之一。Holloway及Brager（1989；引自陳秋山譯，2008）指出了受督導者如何看待督導員行使其職權，可由三個因素來決定：

（一）受督導者如何看待權力的來源，以及是否接受督導員的合法性；

（二）受督導者如何取得其所需的資源，以及如何避免受到懲處；

（三）受督導者對與有權威者合作時能取得資源或避免受罰的信任程度。

因此，權力的展演並不只是取決於督導員實際上有無行使，很重要的是受督導者對其間差異的感受與認知。在蔡曉雯、郭麗安和楊明磊（2010）的研究結果中，發現了權力的發生是出自於督導員與受督導者之間角色任務與位階的差距，包括督導員職位本身須進行的角色任務，會讓受督導者直接的感受到權力的存在，還有透過空間分配、學歷、薪資與在組織中的位置等所形成的階級感。而因這些差距所形成的權力，經常會透過受督導者對上位者的投射而進一步的鞏固，但不同的受督導者面對權威的方式會有不同，大致上可分為兩類（蔡曉雯、郭麗安和楊明磊，2010）：

（一）順服者與權威者的關係模式：受督導者容易將督導員視為高高在上的權威者，選擇以順從的方式應對督導員的行為。當極為順服的受督導者與極為威權的督導員一同工作時，將會更加強化這種關係模式，使得順從與威權的特質持續鞏固；

（二）矯正性情緒經驗：這種模式能突破順服者與權威者的關係，並在持續的互動過程中逐漸鬆動不對等的權力結構。而若是在正向的權力關係中，受督導者能體驗到正向的情緒經驗，也較容易對權力有正向的感受，並有機會覺察與處理自己面對權威者的議題。

在居家服務中，督導員的權力來源主要是由機構賦予，比較傾向強制、合法、參照這三種的權力，但是許多文獻指出，督導員仍被期望具有文化敏感度與專家權力等個人特質，若只擁有組織賦予的權力時，要建立權威就會相當困難

（林素蘭，2011）。居家服務督導在初期時，較只具有組織賦予的權力而已，其他部分則較難以獲得。因為臺灣是長幼有序的尊卑傳統觀念，年紀長的就會希望獲得較高的尊敬；而參照權力與專家權力的部分，因為督導員雖擁有一定的專業技能，但在照顧技巧上沒有服務員來得熟練，所以也不算擁有是專家與參照的權力，所以在居家服務督導的模式中，當督導所擁有的權力型式不被服務員真心的接納時，雙方的督導關係與模式建立應該又是另外一種協商與互動的過程。但是這樣的權利的狀況，在居家服務情境中並非是一成不變的，當年輕督導慢慢也會成為成熟的督導，甚至在照顧技巧上面的增進，也可能成為被尊敬的督導，因為權力的呈現方式其實是多元的，並且是浮動、會改變的，服務員也有可能因而產生相互抵抗的權力現象（林素蘭，2011）。

總而言之，督導關係包含了一定程度的階級與權力差異，這是可能造成督導員和受督導者之間內部衝突的原因之一（Durrant, 2001，引自Cousins, 2004），不可不察。Stanley和Goddard（2002，引自Cousins, 2004）建議應避免讓督導成為機構用來控制員工的工具，能同時使用同儕間的督導以增加督導關係的多元性，並允許更開放和信任的關係。而在督導關係中，若能鼓勵受督導者給予回饋引發進一步的溝通，或指出受督導者的成長與改變，都能有助於解放督導關係（Durrant, 2001，引自Cousins, 2004）。然而，強調權力的差異並非要否定權力的存在，較好的理解是將權力關係以光譜的形式來思考，其中一個極端是權力落差極大，這種情況下受督導者可能會極為服從或極為消極而不願全力以赴；另一個極端是權力差異太小，這樣的狀況反而會造成督導功能失效，使得督導名存實無（Tusi, 2005，陳秋山譯，2008）。一般而言權力關係是落在這兩個極端之間，任何一個極端都可能對督導員與受督導者造成不當的壓力與緊張。了解權力議題是為了幫助督導員在行使職權時能更加注意受督導者對關係的感受，當受督導者意識到督導員所擁有的權力越大時，勞動中的情緒耗竭和不當督導關係就會越強（吳宗祐，2008），進而影響工作表現，因此最終的目的皆是希望能透過品質佳的督導來提升服務效能。

第六節　督導工作的專業技能

一、督導員的技能需求

　　督導員在組織中位於上層管理者與一線工作者之間，其位置的特殊性使其需同時具備行政管理的能力以及一線工作的相關知識。據此，陳明珍（2000）認為居家服務督導員應具有以下能力：

　　（一）規劃能力：在人力規劃方面，應能知人善任，視個人所長賦予職責，並指導、協助居家服務員完成工作。在方案規劃方面，應能清楚方案的緣由、目標（what）、如何執行（how）、何時執行（when）、進度及其係如何、誰來做（who）、在哪裡做（where）、對象為何（whom），並能充分運用社會資源。一個好的計劃是周延、詳盡、具體可行並有效益的。

　　（二）教育能力：居家服務督導員的教育能力在於協助居家服務員學習其工作所需的知能，以便能有效完成工作。教育訓練的內容包括：家務處理、個案處遇、紀錄撰寫技巧、法律知識、社會政策法規認識、工作倫理守則、自我探索或管理、壓力調適等，而專業新知的學習則應在提供服務過程中持續進行。

　　（三）支持能力：一個熟練的督導必須具備專業洞察與辨別能力，可以覺察居家服務員之優缺點。當居家服務員遭遇工作困難時，可以即使解困、救急，並給予積極支持。因此，同理心並成為督導員須具備的重要能力，須站在被督導員的立場感同身受，盡可能的排除偏見和刻板印象，才能明確、真實的觸及並回應被督導員的感受（Shulman, 2010）。居家服務員在處理個人人生議題時，必須由淺入深的協助；在工作任務的協助上，則應由簡而繁。

　　（四）人力管理能力：居家服務督導員對於人力的發展管理，應能全盤掌

控。雖因各單位分工不同或人事任用權並不在督導，但對於居家服務員權責分工及全職教育、考核的管理工作仍是相當重要。包含居家服務員晉用階段之招募面談，以及後續的在職訓練、教育、諮詢、督導、管理，更重要的是督導的帶領技巧，能促使居家服務員對於機構及部門有向心力，願意積極投入工作之中。另外，對於不同資質、性格、經歷、能力的居服員，應視其個別性與差異性彈性調整督導方式，針對不足之處予以補強，善用其專長與優勢安排工作。

（五）財務管理能力：各項服務與方案的推動皆需要經費支持，因此居家服務督導員也應具備有財務管理的能力，其內容包括：

1.募款：規劃募款方式、對象、目標金額，以及如何運用、執行。

2.歲出歲末預算規劃：對於每年預定收支應有準確及周詳的計劃，對於經費運用情形則應持續檢討。

3.其他財務籌措：應熟習不同單位部門的相關經費申請方式，適度利用以解決經費不足的困難。

（六）績效管理能力：績效（performance）亦即成果、效益。在講求責信及全面品質管理的時代，擔任居家服務督導員應有績效管理能力，以提供有品質的服務。績效管理又分為人員考核及方案評量兩部分，並在方案執行不同階段執行運用之。在全面提升服務品質的前提下，服務對象的滿意度評量及作業標準評量都是非常重要的績效管理指標（趙善如，1999，引自陳明珍，2000）。在人員考核方面，績效考核的主要目的是使主管或員工本人了解員工的行為、工作狀況，做為升遷、調任、獎懲及薪資調整的依據，促進員工成長與發展，並改進工作中的缺點，以增進組織整體的績效。

（七）衝突及危機管理能力：一個優秀的居家服務督導員，能將危機化險為夷，甚至化危機為轉機。衝突與危機處理能力是身為管理者的必要能力，應在平時就能即時檢討反省個人的危機意識，不斷改進，惟有以冷靜而理智的處理態度、圓融周慮的處理方法、前瞻性的遠見，才能

化危機為轉機。

督導若是以會談的方式進行，督導員就也須熟悉會談過程中應使用的技巧，以有效的推展督導進程並針對所欲討論的項目進行有目的的討論。 Shulman（2010）將單一一次的督導會談區分為四個階段，並將每個階段中督導員應具備的技巧做了整理，如表4-4。

表4-4　一次督導會談的階段與技巧

階段	技巧
預備階段	1. 晤談前的調頻（tuning-in）技巧：督導員應事先預測工作人員在會談時可能會出現的擔憂和感受，以及他們經歷中的獨特且可能會影響工作的感受。調頻不僅是針對工作者表現出來的情緒，也包括隱含、未被提起的感受。
開始階段	1. 會談間訂約（contracting）的技巧：這不同於實務工作中與案主的訂約，而是指組織內部的會議、個人督導或團體督導中，督導員與受督導者對督導內容形成共識。督導員會說明他將討論的事項與順序，並徵求受督導者的同意才開始討論。
中間階段	1. 詳細說明的技巧：(1)從一般性議題到特定的主題；(2)克制（containment）自己的意見，應傾聽並了解被督導員所提出的議題；(3)有焦點的聆聽，必須抓住被督導員主要關心的事情是什麼、情緒是什麼，並盡可能分擔被督導者的情緒，同時充分的了解議題的來龍去脈；(4)發問，這是為了獲得真實的資訊以提供支持和指示；(5)適時保持沉默，可以促使被督導員繼續話題，同時也是作為不滿足對話的暗示，但也是給予被督導員思考和緩和的空間。 2. 同理的技巧：督導員應設身處地的思考受督導者的處境，並在督導過程中去除可能影響同理回應的阻礙，盡可能的承接、確認與清楚有力的回應受督導者的感受。 3. 分享感受的技巧：督導者應是一個有感情的人，適當的表達自己的期待、擔憂和難過，尤其主動分享自身的感受，將有助於受督導者打開心扉真誠相待。 4. 提出工作要求的技巧：督導員若是詢問受督導者工作內容時應清楚、直接，讓受督導者能了解組織對其工作的期待和要求，除向上要求提升工作效能之外，亦可運用設底線的方式確保受督導者的工作維持一定的水準。 5. 探索禁忌領域：有些敏感的議題會影響督導的進行，須進一步的說明和澄清，但避免人格或私生活的過度探究。 6. 處理權威的議題：和受督導者澄清其對組織規範、要求的感受，並與受督導者分享權力，讓受督導者感受到自己與督導者是對等的，這將有助於受督導者信任督導者。

階段	技巧
	7. 分享資訊：提供有用的資訊是督導員的職責之一，其中很重要的是保有雙方討論的空間，鼓勵受督導者發問。
結束階段	1. 關係結束的技巧：結束關係的重要性和開啓關係一樣的重要，幫助受督導者表達他們對於對結束關係的疑慮，有助於創造良好的結束經驗。同時督導員應對受督導者整體的工作表現給予評價，包括優點及有待改進之處，這能有助於受督導者更加了解自己以利其因應未來的挑戰。

資料來源：Shulman（2010）

　　要成爲一位人群服務工作中的好督導，必須擁有良好的溝通技巧以及與人工作（互動）的能力，而這些原本就是助人工作者的工作技巧，運用在督導關係上時是很有幫助的（Cousins, 2004）。Durrant（2001，引自Cousins, 2004）在他詢問工作者想要在督導關係中得到什麼的調查中，發現聆聽的技巧、彈性與同理的能力是受督導者所關心的；此外，對受督導者表現尊重以及讓督導成爲「人性化的經驗」的能力，也是極爲重要的。

　　督導員在督導中往往需要決定和選擇督導的技術和介入方式，但這些選擇應立基在受督導者的學習需要、學習方式和個人特質，也就是因人而異。而一個好的督導員會尋求自我成長的機會，讓自己的督導角色更好，包括繼續教育、自我評價、從自己或他人的督導關係中進行反思與回饋（Durrant, 2001，引自Cousins, 2004）。

二、有效的激勵

　　了解激勵理論可以洞悉員工的需求，以及在工作上適當運用理論滿足其需求，如此使員工對組織更具向心力和歸屬感，故熟悉激勵的相關概念將有利於督導員提升工作者的士氣、自信和工作滿意度，亦有助於督導員覺察和辨識受督導這在工作過程中的需要和期望，並作出相當的回應和對策。因此在此將激勵的相關概念納入討論。

　　激勵（motivation）是一種促進與維繫的方式，是引導個人行動的驅動力，對於員工期望或有待滿足的需求，利用有形或無形的獎賞與其他措施激勵員工的內在動機，將員工導向有積極性和建設性的行為，能自動自發的實施其工作內容或特定行為，而順利達成組織的目標（張英陣，1997；陳亞玲、洪志秀，2007）。在員工管理的許多試驗中發現，透過激勵的手段除了能使組織中的成員產生預期行為並維持相當程度的一致性之外，尚能進一步形成一種維繫組織內部的團結力量。因此，激勵的主要目的，可說是為激發員工達成某中組織期待的預期行為。

　　激勵員工必須先了解員工的需求，一般來說，員工的基本需求有其共同性，並且往往有優先次序。廖榮利（1991）認為其次序與Maslow的需求理論一致，另附加了完成大我的需求，呈現如圖4-3。依據Maslow的需求理論而發展出來的激勵理論，主要是在探究能夠誘發或引起員工行為的相關因素，以此運用管理策略依層級滿足員工的需求，以達激勵的目的（陳亞玲、洪志秀，2007）。

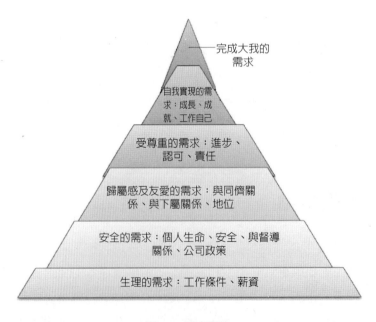

圖4-3　需求層次

資料來源：廖榮利（1991）

　　在日常生活與工作中員工的願望會有不同的層次，雖這些層次會因人、事，以及當時情境的不同而有差異，但大致上其對於工作的願望如下（廖榮利，1991）：

（一）工作安定與保障（advancement）；

（二）良好的工作環境；

（三）開明的主管；

（四）情投意合的工作夥伴；

（五）晉升的機會；

（六）優厚的報酬；

（七）發揮才幹的機會；

（八）學習工作新技能的機會；

（九）合理的工作時間；

（十）輕鬆愉快的工作能量。

　　除了需求層次理論之外，Herzberg、Mausner 以及Snyderman（1959）則以工作行為的角度切入，提出了雙因子理論，將工作變項區分為兩類：

（一）激勵因子（motivators factors）：其中多以與工作有關的因素如成就感、認同感、升遷、工作性質、成長的可能性、責任等等，當工作過程具備這要素時，將能提升員工的工作滿足感，但缺乏時也不會造成員工的負向感受，而激勵的結果是來自於個人內在，故又稱為內在因子（intrinsic factors）。

（二）保健／維持因子（hygiene factors）：以和工作環境有關因素為主，包括組織政策、人際關係、上下屬間的權力分配、薪資、工作保障、工作環境等，這些因素為員工工作時的基本配備，也就是組織擁有這些因素並不一定能增加員工的士氣，只能維持最基本的表現，因此若未提供這些條件將會影響員工的工作滿意度，而這些影響因素來自於環境，故亦稱為外在因子（extrinsic factors）。這個理論與Maslow需求理論有著類似的觀點，保健因子屬於Maslow需求層次中的低層次

　　需求，爲基本的配備，並不是激勵的要素和關鍵，但卻是在追求激勵時的前提，擁有保健因子之後才能發揮高層次激勵因子的效用。

　　透過激勵的措施，可以使員工個人的需求和組織目標連接在一起，但激勵員工有其一定的準則，始能見效。廖榮利（1991）認爲一般有效的激勵原則有以下各項：

（一）激勵應了解員工的需要；

（二）激勵應考慮員工的個別差異；

（三）激勵必須衡量效益；

（四）激勵要有目標；

（五）激勵必須形成一種風氣；

（六）激勵必須建立在有效的溝通基礎之上；

（七）激勵應注意時效；

（八）激勵應調和個人與組織的需求成一整體；

（九）激勵要強調適時的開導與有效的工作指導。

　　激勵在實務上的運用並不局限於一種，面對員工多元的需求就需要以多元的激勵措施回應，才能有效的達到激勵效果，因此激勵可以是精神層面的或是具體的報酬，可區分爲正式的激勵和非正式的激勵（張英陣，1997）。正式的激勵包括了表揚、組織規章內明訂的獎賞或各種目的的餐會等；而非正式的激勵包括了解員工的背景、眞誠的感謝、願意給予支援、信任與尊重等。而有相關的研究指出，非正式的激勵措施能比正式的激勵措施達到更好的效果，然而不論使用的是哪種激勵方式，都不能忽略激勵的「過程」，只強調激勵的結果並無法使激勵發揮完全的效用，此外也應注意避免延宕激勵，掌握時間與主動的激勵是督導員在行使激勵措施時須加以注意的（張英陣，1997）。

　　督導員需清楚哪種方式是對員工最有效的激勵，並靈活運用各種激勵方法以及建立合理的激勵制度，以營造出良好的工作環境與氣氛，若工作管理中缺乏激勵行爲，將容易造成員工及組織工作士氣低落、人際關係衝突增加、違反規範或管理、組織政策難以執行、服務品質下降、人員流動率高等現象，因此激勵對於

員工而言是具有其重要性的（陳亞玲、洪志秀，2007）。

三、受歡迎和不受歡迎的督導員

　　做為一個督導人員，必須監督與指導受督導者的工作狀況，屬於管理的關係，也是教學關係。廖榮利（1991）整理紐約人口局亞洲區代表肯尼博士對家庭計劃工作的輔導人員之評價，歸納出受歡迎與不受歡迎的督導人員特質，而蔡曉雯、郭麗安和楊明磊（2010）的研究中也列舉出正向與負向的督導經驗。督導員是否受到督導者的喜愛，很直接的影響受督導者的督導經驗，因此這些發現都值得我們在理解督導關係時加以思考，說明如下。

（一）不被喜歡的督導員

　　督導員若在督導過程表現出以下的行為，或擁有以下的特質時，容易受到受督導者的抗拒（廖榮利，1991）：

1. 他們以為他們知道所有的答案；
2. 他們向來不看我的報告；
3. 他們不想了解當地實情；
4. 他們「盛氣凌人」；
5. 他們走馬看花，不好好研究我們的問題；
6. 他們總是責罵人，卻很少誇獎人；
7. 有些人凡事都給你戴高帽，這些人實際上最無用；
8. 他們不提個別問題，只論「政策」和「原則」；
9. 我提出特殊的問題要他們回覆時，他們「惱羞成怒」；
10. 他們因為自己是督導員所以馬虎，可是卻不許我隨便；
11. 他們要的招待是我負擔不起的；

12.他們不寫輔導報告。

不被喜歡的原因經常是因受督導者經歷了負向的督導經驗。蔡曉雯、郭麗安和楊明磊（2010）的研究指出了幾點：

1.督導員表露對受督導者的負向評價或負向情緒；

2.限制表達機會與過度引導表達的內容；

3.觀點不同時，陷入爭辯；

4.督導員常企圖分析受督導者或將問題歸因於受督導者的個人議題；

5.過於針對受督導者的工作效能，而忽略受督導者個人需求與感受；

6.對性別議題不敏感；

7.經常不遵守督導結構，或在督導時間抱怨私事；

8.與督導員具有雙重關係，有在專業與行政工作雙方面被評價的焦慮。

不被喜歡的督導員有時代表著其存在不當督導（abusive supervision）的行為，意指督導員在工作場合中對受督導者表現出敵意的態度或行為，而其所造成的後果中尤以情緒耗竭為最重要的影響（Maslach, 1982，引自吳宗祐，2008；Tepper, 2000，引自吳宗祐，2008）。督導員在督導的過程出現的各種不當情緒或行為表現，都會決定受督導者在接受督導時的感受，進而決定是否遵從或信服督導員的指示，若督導員對受督導者惡言相向、冷嘲熱諷、常以睥睨的眼光看人、表現出具汙辱意味的肢體動作等（吳宗祐，2008），都是不適當且難受被督導員喜愛的行為。

（二）受到喜歡的督導員

督導員若能在督導關係中展現出溫暖與包容的特質，往往能使受督導者擁有較佳的感受。受到喜愛的督導員其行為和特質是（廖榮利，1991）：

1.他們不單會講，也會聽；

2.完全了解問題以前，他們不輕易表示意見；

3.他們讓我覺得自己的工作是有價值的；

4. 在我檢討自己的失敗時，他們會誇獎我的誠實；

5. 他們會告訴我其他人是怎麼做的；

6. 他們會建議我採用已經被證實有效的方法；

7. 他們會讓我覺得自己是整個團體的一員；

8. 他們會幫助我誠實的自我檢討。

受督導者若能真心接受督導者的意見並喜歡督導者話，通常其經驗到的是正向的督導經驗，包括（蔡曉雯、郭麗安、楊明磊，2010）：

1. 督導員不斷邀請受督導者表達，而受督導者能經歷觀望、嘗試到習慣的歷程；

2. 邀請受督導者一起決定督導結構或方向；

3. 觀點不同時，能提供另一種觀點，而非正確觀點；

4. 不過問所有細節、鼓勵嘗試、允許犯錯、不催促；

5. 關心且理解受督導者的處境與感受；

6. 能檢核督導關係或談論權力議題；

7. 督導員示範與流露真實情感；

8. 傾聽且與受督導者確認自己的理解。

總而言之，一個良好的督導員，是一個能夠（Munson, 2002）：

1. 對實務者的督導僅限於督導員所擔任的任務與功能；

2. 提供專業訓練的文件；

3. 在擔任督導的工作前，需有督導的正式訓練。在職訓練不能被視為有效的督導訓練；

4. 須完全了解督導員和受督導的倫理或相關規範，並確保受督導者已經了解並閱讀這些規範；

5. 確保受督導者了解倡導的角色，並在案主有倡導需求時可有能力發現（identify）之；

6. 要了解關於受督導者的反應並監視之；

7. 確認機構／組織的政策和專業性的組織倫理衝突；

8. 要有對受督導者危機管理的書面式政策；

9. 在採取的方法程序、診斷表格、評量和評價準則上皆有書面的要求，並告知案主同意的政策；

10. 需了解服務人群的篩選方法、基本標準測驗與相關測量；

11. 書面治療計劃上需有清楚準則，並促進受督導者了解這些與診斷和評量相關的治療方案；

12. 需清楚認識有關干預期間所使用的技術與政策，督導者必須有能力解釋、證明、並整理現存研究中所使用技術；

13. 在干預的評估上需有清楚準則，並可相同地應用在所有的受督導者上；

14. 在不同的情境下對於案主的服務過程與結束有清楚的方法與程序；

15. 要求受督導者能覺察其他與實務相關之原則的實務標準；

16. 需覺察與案主和實務者相關之文化、種族、民族、生活形態、偏好、和弱點的角色，並監督干預以確保所有的實務者和案主受到平等與公平的對待。

由以上可以總結出「好的督導員應該是可得、可接近、易親近、且具有能力的」專業人員。好的督導可以和受督導者討論出彼此同意的目標、責任和時間架構，並以此訂出工作流程，同時亦能在受督導者朝著工作目標努力時，提供定期的回饋，除此之外，他還能建立起解決督導關係中溝通或其他問題的方式，最後還能確認受督導者在提供案主服務的過程中所面臨到的感受或限制National Association of Social Workers, 2013）。

第七節　結語

任何一項實務操作，為了使工作人員在工作執行上更為順暢以達到工作要求，並使使用服務的人能更加滿意，有必要設置督導人員，其無論是以個別或集體方式進行，均以達到較佳服務目標為前提。

作為一個督導員，他在組織裡面，常常是一個中階的管理者，負有領導與管理的責任，但在另一方面，他也是一個部屬，因此具有雙元的角色，在組織中更需要仰賴良好互動參與組織的運作。

在居家服務領域的督導員，有明確的任用規定和訓練要求。所以不同資歷的督導員被要求不同的訓練，當然就擁有不同程度的專業能力。督導員在行政、教育、支持和調節功能上彈性運用，以協助直接進行服務的人員。居服督導員也必須在不同服務流程上提供不同的服務內容，例如在服務前期能擬訂服務計劃、服務提供期間能定期電話訪問或實地訪視，適時提供建議、服務結束期能適時結案，完成服務報表。

督導是一個不斷的，發展的過程，不同學者從不同面向思考出不同的發展或過程。Hess的三個督導發展階段、Littrell與Lee-Borden and Lorenz 督導的四個階段、Stoltenberg 和Delworth提出的三個發展性層次和廖榮利的督導步驟等等均提出在不同督導階段中因著被督導員的發展而有不同的督導內涵。本章最後提出激勵員工的措施和成為受歡迎督導員宜具備的技巧，讓督導員是既親近又有能力的人。

參考文獻

一、中文部分

內政部（2005a）。居家服務提供單位營運管理規範。取自http://mohwlaw.mohw.gov.tw/Chi/FLAW/FLAWDAT01.asp?lsid=FL034999

內政部（2005b）。失能老人及身心障礙者補助使用居家服務計劃。取自http://mohwlaw.mohw.gov.tw/Chi/FLAW/FLAWDAT01.asp?lsid=FL023784

內政部（2011）。居家服務督導員在職訓練注意事項。取自http://glrs.moi.gov.tw/NewsContent.aspx?id=872

江貞紅（1996）。居家照顧服務員之工作壓力及其因應方式研究（未出版之碩士論文）。國立陽明大學，臺北市。

江盈誼等（2000）。社工督導。臺北市：學富文化。

吳宗祐（2008）。由不當督導到情緒耗竭：部屬正義知覺與情緒勞動的中介效果。中華心理學刊，50(2)，201-221。

呂寶靜、陳正芬（2009）。我國居家照顧服務職業證照與培訓之探究：從英國和日本的做法反思臺灣。社會政策與社會工作學刊，13(1)，185-233。

林茹嵐（2001）。嘉義市老人居家服務供需觀點之探討（未出版之碩士論文）。國立中正大學，嘉義縣。

林貞慧（2003）。老人居家服務督導功能有效性品質之探討（未出版之碩士論文）。東海大學，臺中市。

林靜豫（2006）。老人居家服務督導功能發揮與居家服務員工作滿意度之相關性研究（未出版之碩士論文）。國立暨南國際大學，南投縣。

林素蘭（2011）。居家服務督導之工作經驗（未出版之碩士論文）。亞洲大學，臺中市。

徐悌殷（2004）。彰化縣「居家照顧服務員」工作表現相關因素之研究（未出版之碩士論文）。東海大學，臺中市。

南金昀（2010）。主管領導風格、激勵制度對機械、金屬加工業員工留任意願影響研究（未出版之碩士論文）。淡江大學，新北市。

張英陣（1997）。激勵措施與志願服務的持續。社區發展季刊，78，54-64。

莫藜藜（1995）。社會工作督導與諮詢。載於李增祿（主編），社會工作概論增訂第二版（第八章）。臺北市：巨流圖書公司。

莫藜藜（2002）。有效督導的督導策略。載於簡春安（主編），社會工作督導實施方式之理論與實務。臺中市：家扶基金會。

陳明珍（2000）。居家服務組織運作暨督導功能。彰化縣八十九年老人居家服務督導員教育訓練研習會，彰化縣內政部彰化老人養護中心。

陳佳惠（2003）。臺中市老人居家服務方案案主權益維護之探討（未出版之碩士論文）。國立暨南國際大學，南投縣。

陳亞玲、洪志秀（2007）。護理激勵領導。護理雜誌，54(1)，83-89。

陳秋山（譯）（2008）。社會工作督導－脈絡與概念（原作者：Tsui, M. S.）。臺北市：心理。

陳淑君（2009）。居家服務督導制度運作現況之研究—以臺北市委託辦理居家服務機構為例（未出版之碩士論文）。東吳大學，臺北市。

游麗裡（2008）。政府委託居家服務方案－居家服務督導員之工作有效性分析。「如何建立福利服務輸送之有效管理機制」社會福利學術研討會，台中市朝陽科技大學。

黃源協（2000）。社會工作管理。臺北市：揚智文化。

黃明玉、郭俊巖（2009）。兒童保護社會工作實務之督導制度研究。大葉大學通識教育學報，3，63-84。

葉育秀（2001）。陽光社會福利基金會督導功能之現況分析。社區發展季刊，95，284-295。

廖榮利（1991）。社會工作管理。臺北市：三民書局。

蔡啓源（1998）。社會工作行政：動態管理與人群關係。臺北市：雙葉。

蔡文玲（2005）。居家服務中社會工作角色之研究（未出版之碩士論文）。南華大學，嘉義縣。

蔡曉雯、郭麗安、楊明磊（2010）。督導關係中的權力意涵研究－受督導者觀點。中華輔導與諮商學報，27，39-77。

羅詠娜（1993）。居家照顧服務員工作動機與工作滿意度之研究－以臺北市為例（未出版之碩士論文）。東吳大學，臺北市。

蘇群芳（2010）。由居家服務督導與照顧服務員角度探討居家服務督導的督導功能及滿意度－以大臺南市為例（未出版之碩士論文）。國立成功大學，臺南市。

二、英文部分

Bulin, J. G. (1995). *Supervision: Skills for managing work and leading people.* MA: Houghton Mifflin company.

Brown, A. & Bourne, I. (1996). *The social work supervisor: Supervision in community, day care and residential settings.* Buckingham: Open University Press.

Bernard, J. M., Goodyear, R. K. (1997). *Fundamentals of clinical supervision (2nd Edition).* MA: Allyn & Bacon Inc.

Cousins, C. (2004). Becoming a social work supervisor: A significant role transition. *Australian Social Work, 57*(2), 175-185.

Herzberg, F. B., Mausner, B. & Snyderman, B. B. (1959). *The motivation to work.* NY: John Willey & Sons, Inc.

Holloway, W. L. (1995). *Clinical supervision: A systems approach.* WI: Sage Publications.

Kolb, D. A. (1984). *Experiential learning: Experience as the source of learning and development.* NJ: Prentice Hall.

Kadushin, A. & Harkness, D. (2002). *Supervision in social work.* NY: Columbia University Press.

Middleman, R., & Rhodes, G. (1985). *Competent supervision: Making imaginative judgments.* NJ: Prentice-Hall.

Munson, C. E. (2002). *In handbook of clinical social work supervision (3rd ed.).* Philly: Haworth Press.

National Association of Social Workers. (2013). *Best practice standards in social work supervision.* MA: National Association of Social Workers.

Rando, R. A. (2003). Adaptive supervision in counselor training. *The Clinical Supervisor, 20*(1), 173-182.

Shulman, L. (1991). *Interactional social work practice: Toward an empirical theory.* Itasca: F. E. Peacock Publishers.

Shulman, L. (2010). *Interactional supervision (3rd).* Washington, D.C.: NASW Press.

第五章　居家照顧服務員的工作內涵

/謝美娥

第一節　居家照顧服務員的角色與工作內容

一、居家照顧服務員的名稱

居家照顧服務員原被稱做家務服務員（homemaker）、家事服務員（house-keeper）、雜事服務員（chore services）、在宅服務員（home attendant）、個人照顧員（personal care）、居家支持服務員（in-home supportive services）等不同名稱（Crystal, Flemming, Beck, & Smolka, 1987）。

而國內對於居家照顧的定義和使用的名詞各有不同，臺北市早年稱爲「在宅服務」，其後統一爲「居家照顧」，臺灣採用「居家老人服務」，而高雄市則稱「老人在宅看護服務」（劉素芬，2001）。直至2003年推動的「照顧服務服力及產業發展方案」才統稱爲「照顧服務員」（邱泯科、徐伊玲，2005）。

二、居家照顧服務員的工作內容

居家照顧服務的內容分類，不同學者提出不同的看法，謝美娥（1993）分爲居家醫療照護、居家護理照護、個人照護、家事服務四類；蔡宏昭（1994）分爲家事服務、介護服務、精神服務、外出服務、生活器具的提供五類。國外又將居家照顧服務分爲社會照顧及健康照顧兩種（Burau, Theobald, & Blank, 2007）。在我國的實務中，則將居家照顧服務分爲兩類，分別是對服務接受者的直接照顧，以及受照顧者的居家環境清潔及日常生活的照顧服務，臺北市政府社會局（2012）將居家服務照顧員的服務項目臚列如表5-1。

表5-1 居家照顧服務員服務項目

服務項目	內容
身體照顧服務	協助沐浴、穿換衣服、進食、服藥、口腔清潔、如廁、翻身、拍背、簡易被動式肢體關節活動（非按摩服務）、協助上下床、陪同散步、運動、協助使用日常生活輔助器具及其他服務。
家務及日常生活照顧服務	換洗衣物之洗濯與修補、案主生活起居空間之居家環境整理、家務及文書服務、餐食服務、陪同或代購生活必需用品、陪同就醫或聯絡醫療機關（構）及其他相關之居家服務。

資料來源：臺北市政府社會局（2012）

　　很多時候，居服員提供的服務多為必要性的「臥床與身體的工作」，這廣義的涵蓋沐浴、穿衣、外出、如廁、更換尿布、協助下床與翻身、就醫、協助服用藥物、備餐、打掃等等（Albert, 2000）。在這種粗略的工作內容之外，一些國外的居家服務提供單位對於居家服務提供的內容則有更細緻的分類，包含不同的居家環境所應該使用的清潔方式（例如：掃、拖、吸、刷等），共可分為（Homemaker Service, 2010；South Dakota Department of Social Services, 2011a；Visiting Homemaker Service, 2013；NHS Choices, 2014）：

　　（一）案主需求：包含泡澡、淋浴、洗頭、口腔清潔、上下床／椅子、穿脫衣服、協助案主動作／移動、協助進食、協助案主的其他日常需求、協助定期的醫療行為；

　　（二）廚房與烹飪：另包含打掃、清洗、用吸塵器打掃、拖地、掃地、洗碗、擦拭櫥櫃、清結冰箱及除霜、清潔洗手臺／水槽／暖爐／爐灶／微波爐、準備膳食（包含有限制且具備文化敏感度的飲食）、倒垃圾；

　　（三）浴室：包含打掃、清洗、用吸塵器打掃、拖地、掃地、早晨盥洗、泡澡、淋浴、清洗浴缸、擦亮鏡子、灑掃浴室地面及設備；

　　（四）臥室：包含打掃、清洗、用吸塵器打掃、拖地、掃地、擦拭地面、整理床鋪；

（五）洗衣：包含清洗案主的衣物、清洗床單；

（六）客廳：吸地、掃地、整理及清潔傢俱、擦亮木質家具；

（七）其他：例如代購生活用品、拿藥、郵局事務代辦、陪伴外出、陪同參
　　　與休閒育樂、陪同社區活動參與；

（八）家事管理。

　　如第三章的工作特質所介紹的，居家照顧服務經常有著工作範圍模糊的特性，在案主與居服員認知出現差異時，將造成服務提供的斷裂，更影響案主／家的服務滿意度及居服員的工作感受。故，國外一些居家照顧服務網站中，直接將居家服務員「應做」與「不應做」的工作內容詳列出，定位居家服務員爲專業工作者（Homemaker Service of Hudson County, 2010；South Dakota Department of Social Services, 2011b）。居服員是專業且被訓練照顧生病和失能者，他們並非是例行的保母，因此，居家服務員不能做粗重的大掃除、移動家具或庭園工作（Homemaker Service of Hudson County, 2010）。South Dakota Department of Social Services（2011b）更將居服員不包括的服務項目詳列，包括：清洗外窗、移動大型家具、剷雪、照顧花園或庭園、聚會前或後的打掃、清洗牆壁、照顧寵物或室內植物、繪畫、清洗地毯、需技巧的護理服務、提供交通運輸（除非於緊急狀況下）、其他非維持個人在家的必要任務。國內立心慈善基金會（2010）的照顧服務員工作手冊中，亦將居服員不協助處理之事項詳記在內，包括：不搬動大型家具，因爲此行爲可能危害服務員的安全、不整理放置貴重物品的櫃子、不做園藝整理、不做寵物清潔、不協助討債／借錢／賒帳／繳會費、不刷油漆、不以服務員的交通工具搭載案主、不做課業輔導及代查孩子的功課、不代爲保管錢財及存摺、不清洗大型衣物，僅可協助送洗。

第二節　居家照顧服務員的工作門檻

　　基於居家照顧服務員離職率偏高的問題，服務提供單位於面試居服員時皆有一些隱性規則，用以挑選較能夠適應居服工作並留任者，包含居服員參加面試的工作動機，以及主管面試時對於工作者的招募條件，最後討論哪些類型的人格特質對於居服員在居服工作中面對「人」的工作特性上是特別重要的。

一、工作動機

　　秉持著什麼樣的信念踏入一個職場，將影響一個人對於這個行業的評價，對於遇到工作上的挫折時，也會有不同的心態及因應方式。國內研究顯示，居服員的工作動機，包含居服工作的彈性，讓他們可以配合家庭的需要安排工作時間，並認為從事居家服務有幫助人的成就感、可以貼補家用以及有參與社會的充實感（詹秀玲，2005；李光廷，2005；Wang, 2002），以及貼補家用、失業想回職場、照顧親友經驗、回饋社會、服務老人是自己的興趣、更了解與老人相處之道、貼補家用、獲得社會資源等（鐘文君，1999；辛進祥，2007；藺婉茹，2010）；於此，林金立（2011）的調查報告便顯示了女性、年齡越大、有偶同居或是有婚姻變故、一般人口、專科教育程度、受訓單位有就業輔導、有在居家服務單位實習者較會從事居家服務工作。國外對於照顧服務員求職動機之研究，亦發現大部分選擇擔任照顧員的人，並非僅是缺乏其他工作的選擇，而是基於利他主義的助人意願、對於此職業的興趣、喜歡與案主間的關係、致力於有意義的工作等內在報酬的追求，以及彈性時間的工作性質、工作的多樣化、獨立作業、被需要的感覺（Mickus, Luz, & Hogan, 2004）。

　　本文作者於2013年的研究之受訪居服員中，投入居家服務工作之動機包含了經濟需要與二度就業，特別是因為居家服務受訓完即可上工的特質，在遭受

經濟急迫性的追討下而選擇擔任居家照顧服務員，「我九月分開始受訓一個月之後，十月就開始投入這個職場，馬上就有錢進來，這是最實際的」（H2,1821-23,1902）；照顧家人而產生對於照顧技巧的需要，「我會進入這個職場，起先是因為公公跟爸爸年長了，那我就想說我不懂得怎麼照顧老人家，我就去上空大的生活科學班的系」（H10,1405-08,11-17）；以及秉持奉獻自我、救助他人的精神而踏入此份工作，「所以我就離開了公職……所以我想說利用我的時間、我的體力」（H5,0107）、「我進到這個行業以前作很多工作……就一直在找人生的價值，終於有一天人家拿一個居家照顧服務員的DM給我……我就去受訓，可是受訓完人家就叫我去上班。（H8,1610,18）」研究發現居服員之工作動機包含分攤家計、失業想回職場、照顧親友經驗、利他服務精神相互呼應，而個人在過去的經驗中若是扮演家庭照顧提供者的角色，更是推使其投入居家服務產業的因素（Albert, 2000）。

二、篩選條件

人力招募、留任與離職間有著交互關係，而吸引工作者進入工作領域的因素有時也是促使其留任的因素（Atchley, 1996）。招募的內涵在於激發、吸引適合的求職者前往公司應徵，預先設立招募對象的條件要求，可避免求職者眾多且素質參差不齊的情形發生（黃宇晨，2010；林恩丞，2011）。非營利組織的招募中，工作者在理念上認同組織，而願意接受較低的薪資，是相當具有影響力的意涵（powerful implication）（孫碧霞、廖秋芬、董國光譯，2001）

同前2013年的研究，在與居家服務機構主管訪談時，歸納出居家服務機構的主管進行面試時，對於有意願進入居家服務場域的工作者，所考量的篩選條件，包含預期薪資、工作者的身體狀況、個人背景、人格特質、之前工作狀況以及對機構的認同，說明如下。

（一）預期薪資

由於安排居家服務工作時，會依照居服員的需求來派班，受訪者提到「我們會依這個服務員的需求，去安排他們的工作，所以我們有一條一定會問，就是你的期待薪資是多少？假設他期待四萬，我就會問那你期待一個月工作幾個小時？假設你的期待跟時間是不符的，那我第一關就會打退堂鼓，就是說你要不要調整」（S1,1803-06）。居家照顧服務員的薪資多是以時薪計算，而預期薪資與居服員個人的生活經濟議題息息相關，因此需要了解居服員的預期薪資是多少，以及他每個月期待的工作時數，來考量居家照顧服務員的工作時數與薪資是否相符，是否能滿足個人生存議題。

（二）工作者的身體狀況

居服員的身體狀況為工作者篩選條件之一，「還會考量他身體狀況……我還蠻看重他是不是能搬啊、抱啊，這些負重的工作」（S7,2623,2702）。因為居家服務的案主以失能者為主，在服務過程中，居家照顧服務員需要付出相當的勞力，例如負重、移位，若同時有不同的應徵者時，主管通常會優先考慮錄用身體狀況較佳者。

（三）個人背景

居服員的個人背景狀況也是主管考量的因素之一，透過了解居服員的個人背景、家庭狀況，居服督導員可以依據不同的背景狀況調整派班，例如居服員是單親家庭，必須承擔家庭經濟壓力，則主管會澄清剛開始排班時可能的限制，包含考慮居服員能力、交通往返時間，讓居服員思考是否適合這份工作；當居服員熟悉工作場域後，再逐漸增加其排班。「有的可能是單親、經濟狀況比較不好的，所以他們背負一些經濟壓力，所以有些會期待到三萬多，因為可能自己要去handle家庭的狀況。所以我們會告訴他可能有一些的限制，譬如說剛提到的交通問題啊，還有剛開始你來我們要去評估你的能力」（S6,0609-11）。此外，有些

居家照顧服務員可能是單親家庭或曾是受暴婦女，居服督導在派班時，會將這些個人議題納入考量，例如需要維持家庭經濟的單親居服員，則增加派班；而原生家庭的狀況會影響居服員的價值觀，「如果說以單親來講，我們會去了解他的原生家庭，然後他的子女，我們都還是會做一些了解，就像服務個案一樣……因爲其實在後面眞的跟他的價值觀有關，像他到家庭裡面，家庭的狀況也可能跟他的價值觀有些衝突……有一些情緒如果沒有在事先處理，會導致他之後接個案如果發生狀況的時候，那些情緒就會一直不停的爆發，就是到後面要不斷的跟他個督，就是很多在情緒處理這一塊」（S5,2117-18,2201-02,2205-06）。進入案家服務後可能產生價值衝突的議題，都是需要事先了解處理，以減少後續居服員情緒爆發的可能性。

（四）人格特質

　　服務過程中，居服員需要不斷的與案主互動，主管在評估是否適合進入居服場域時，對於居家服務的人格特質會有多方考量，「我們去評估這個人他的狀況……還有他自己的動機、興趣，還有自己的能力，或比較不好的狀態是怎樣。那有些人可能會說他就是口直心快，那口直心快可能就會激怒老人家；那有人是說他態度溫和，那另方面可能就是比較溫吞、動作比較慢。所以說他的一些特質，都會有另一個向度的指標，那我們就會把它加進來」（S6,0706-10）。每一種人格特質可能都包含正負面的意涵，需要仔細思考，也是篩選工作者的指標之一。

（五）之前工作狀況

　　居家服務者以二度就業者居多，過去已有相當的工作經驗，因此主管在面試居家照顧服務員時，通常會將其之前的工作狀況納入考量，包含工作性質、工作的年資、轉換工作的原因等，「會問他以前大概做什麼樣的工作，那做多長多短，有時候會發現他不斷在換工作，有些人他一兩年就換一個，那這樣的人我就

會考慮他來居家服務單位，是不是只想試試看，就又轉到其他地方了。我會比較傾向用那種他在原本工作做很長時間了，但是因爲工作關閉啊，或者是老闆裁員他才不做的那種人，他的工作穩定性相對會比較高」（S7,2703-06）。爲了避免面試者可能只是想嘗試看看居服工作的情形發生，主管傾向錄取工作穩定性較高的工作者。

（六）對機構的認同

工作者對於機構的認同也是其中一項很重要的面向，受訪者表示「我們一開始就會講得很清楚這些東西，你願意留不願意留，我們公司的制度是怎麼樣的情況，你可以接受可以配合再進來。所以他們通常進來以後都很清楚，譬如說他的接班、他的服務範圍、他的薪水方式，他們心裡都很清楚，就比較不會有這方面的問題」（S4,4018-20）。包含是否了解機構的核心使命與價值，機構的制度規畫是否能配合等等，並事先說清楚工作的範圍、薪資給付方式、派班方式，讓工作者考慮是否能認同與接受，避免事後發生爭議。

三、人格特質

居服員是否善於體察人心或容易溝通，都會影響其與案主的關係，並且，在服務的滿意度調查中，案家認爲居服員的個人特質比他們所受的專業訓練更爲重要（Piercy, 2000），例如，居服員被認爲必須具有陪同老人就醫及散步的耐心、包容案主不穩定情緒的愛心（詹秀玲，2005）。

筆者於2013年的研究發現中，將居服員的人格特質分爲彈性開放、自我調適能力、溫暖親切有耐心、傾聽與溝通、服務熱忱五類。由居服督導、居服員自身以及政府部門中居服業務承辦員的角度，勾勒居服員需具備的人格特質樣貌。

（一）彈性開放

由於居家服務工作本身的多變性與服務個案的多樣性，居服員的個性若彈性圓融，接納度較高，較容易適應如此變動性大的工作，「我會想盡辦法，盡量以和諧的方式，到最後有的會很有效，變得互動都蠻不錯的」（H7,1813-14）；而居家服務業務主管在面試新進的居服員時，往往會考慮其是否較具彈性，而非完全一板一眼、不可有模糊地帶人格特質，「個人特質的話我會比較想用那種具有彈性的人，因為講話的時候會發現他是不是每件事情都要說得斬釘截鐵，毫不能有退讓的部分」（S7,2706-07）。

（二）自我調適能力

從事居家服務的過程中，會遭遇不同的挫折與壓力，可能是來自於放下身段照顧他人的衝擊，或者面對態度不佳案主的挑剔，「沒有想到服務過程會一直遇到挫折、壓力，那當然是一直從中摸索學習。有時候甚至就是以一首歌來解悶啦，就是有一首歌叫做『含著眼淚帶著微笑』。因為有時候會碰到……但是又不能跟他吵，所以就是以這個方式一直維持下去啦」（H7,1723-1802）；此外，有居服員從認同這份工作的意義，來調整自己的心態，因為每個人都有可能在往後成為家庭照顧者，透過居家服務工作，預先為自己的人生做準備，而能更積極的面對工作上的困難與挑戰，「我說我們能做這個工作，是我們的福報。也許有一天，我們會變得跟服務對象一樣，也許有一天我們會變成家庭照顧者，那我們是先預修人生課程，所以進來的時候，你心態要先調整好」（H6,3708-10）。

（三）溫暖親切有耐心

許多長輩不論獨居或與子女同住，平常能出門或與他人聊天的時間並不多，居服員進入家庭服務，對他們來說也多了一個陪伴與談話的人，給予他們親切溫暖的關心與照顧，在身體照顧與家務服務之外，還能多一份心理層面的關懷，「人格特質會讓人覺得是親切、溫暖的……你來的時候可以親切的打聲招

呼，那種家裡溫暖的感覺，我覺得會寧願選擇把溫暖帶到我家，不會說板著一張臉……如果我是一個老人，我想要的人是可以帶給我溫暖這樣的特質，我會這樣選擇」（S6,3102-03,3106-08）。

（四）傾聽與溝通

居服員與案主工作時，除了提供身體與家務的照顧服務之外，還具備案主家人之間潤滑劑的功能，協調案主與家人之間的爭執，增進家人之間良性的互動，「我覺得這很有趣的工作，因為喔，有一些爺爺吼，跟他兒子吵架的時候，我是當潤滑劑，我就在中間當和事佬」（H4,0522-23）。

（五）服務熱忱

具有服務熱忱的人，比較能在這份工作中長久的待下去，成為自己工作的動力；對於案家突發的狀況，就算不是自己的工作範圍內，才能積極的提供協助，「需要有服務熱忱的工作，你才能投入然後才能持久……我覺得要來從事這個工作的人，他真的要有一些雞婆的個性，不能太冷漠，太冷漠的人可能沒辦法作……我們機構發生過我們去服務的時候，案家自殺，如果真的太冷漠的人可能就走了、不理他，其實這也不行，你就是還是要雞婆一點」（S1,2808,2809-10,2811-12）。

第三節　居家照顧服務員與案家的關係

一、勞僱關係

　　一般勞動關係分為僱用關係、承攬關係或是仲介關係等不同面向。僱用關係是一種較穩定的勞僱關係，服務單位對照顧服務員負有監督管理及對其勞動條件提供保障的責任，為照顧服務員的直接僱主，照顧服務員亦對服務單位負責；承攬關係則是一種資方對資方的關係，照顧服務員只要完成交付的工作即可，監督權在案家，服務單位不需提供照顧服務員工作上的保障，也無監管照顧服務員的服務品質之權，單位和照顧服務員較屬於對等關係；仲介關係中，服務單位則是工作媒合者，僱主是案家，照顧服務員是勞方並對案主負責，服務單位不須為照顧服務員負擔勞健保及勞基法相關規定，可由案家負責勞健保投保（中華民國老人福利推動聯盟，2004，引自吳玉琴，2008）。

表5-2　僱用、承攬、仲介三種勞僱關係比較表

勞僱關係	僱用關係	承攬關係	仲介關係
資方、勞方角色	資方（服務單位）對勞方（照顧服務員）	資方（服務單位、外包）對資方（照顧服務員、承包）	服務單位是媒合角色、資方（案家）、勞方（照顧服務員）
監督角色	服務單位可要求照顧服務員之服務品質，並可監督、管理	服務單位只能要求照顧服務員服務成果，但監督指揮權在案家	服務單位只是媒合角色，監督指揮權在案家，案家是照顧服務員之僱主
勞動條件	1. 服務單位應負擔勞方的勞、健保 2. 當服務單位適用勞基法時應提供勞基法相關規定（含提撥退休金）	服務單位不需負擔勞、健保與勞基法相關規定	服務單位不需負擔照顧服務員的勞、健保與勞基法之規定。案家可為照顧服務員投保勞、健保

資料來源：中華民國老人福利推動聯盟（2004），引自吳玉琴（2008）

在居家服務中，簽定契約的雙方與承擔監督責任的雙方並不相同，案家與居服提供單位簽訂服務契約，而居服員與服務提供單位簽訂勞動工作契約，居服員與案家存有勞務服務關係，而勞動薪資來源是對被照顧者的服務時數，工作監督則是居家服務的督導，與傳統僱用模式不同（謝玉玲，2011），類似於近年盛行的派遣勞工（見圖5-1），但又不同於派遣勞工受企業之督導，居服員仍受服務提供單位之督導員所監督，是一種相當特殊的勞僱關係。

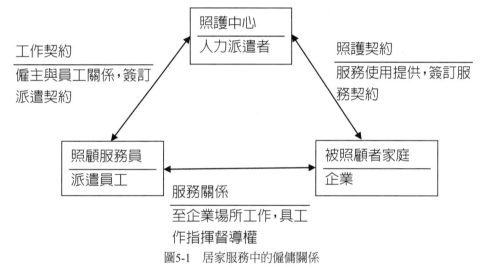

圖5-1　居家服務中的僱傭關係

資料來源：謝玉玲（2011）、吳若萱（2001）

二、照顧關係

　　無論對於居服員、案主或案家而言，案主／家與居服員的關係是評斷服務品質一項重要的因素（Eustis & Fischer, 1994），此外，基於居家服務是一項面對「人」的工作特質，當居服員進入案家中提供服務，必然在長期的接觸之中，與家庭系統中的成員產生互動關係，而居服員和案主、案家如何協調照顧工作和其他互動情形更決定了居家服務的品質和效用（Schmid & Hasenfeld, 1993），以下

便介紹居服員分別與案主、案家所產生照顧關係之樣貌。

（一）居服員與案主

在討論案主與居服員的關係時，包含三個議題：缺乏令人滿意的關係、非正式且模糊的工作與私人界限、案主與工作者在權力和控制上的衝突（Eustis & Fischer, 1994）。這三個議題又是彼此交纏的。首先，若缺乏關係，居服員可能無心於提供高品質的服務，且較容易忽視案主真正的需求與需要，然而，一旦案主與居服員雙方產生了互信互賴的非正式關係，不清楚的界限會使居服員的工作範圍變得模糊，甚至被剝削，進一步地使居服員感到耗竭（burnout），最後，在服務使用者（案主）及服務提供者（居服員）間的權力關係中，案主表達的需求，有時對居服員是一種工作上的命令與限制，居服員則必須努力的讓自己不被當成是「幫傭」（Eustis & Fischer, 1994）。

居服員與受照顧者互動產生的關係的脈絡，包含長期且持續的照顧型態、受照顧者社會孤立的狀態及照顧者與被照顧者間性別或種族的同質性，都有助於居服員與案主發展出如同家人或朋友的關係（Piercy, 2000）。有時案主的疾病狀態也會影響其與居服員間關係的建立，例如語言障礙的案主便較難與居服員建立較親密的友誼（Piercy, 2000）。

Kamsas（1998）認為居服員和案主的照顧關係有三個階段：介紹階段、分享自我階段、如家人階段（引自詹秀玲，2005）。因此，案主與居服員間建立關係後，則會進一步地區分出各種不同的關係層次，作為人際間相處的界限，由友好關係（friendly）、友誼（friendship）到類家人關係（like one of the family）（Piercy, 2000）。僅以友好關係形容與案主間關係的受訪居服員認為，因為服務提供的時間較短，僅數月或數週，故尚不足以朋友相稱；隨著照顧時間增多，居服員會因案主分享自己生命故事或家庭生活而越了解、越親近案主，所謂的友誼便是超乎醫病中的專業關係，且能夠在服務關係結束後繼續維持朋友關係；在提供服務達數年後，居服員對於案主的生活福祉有了高度的承諾，一方面

開始無微不至的關心案主是否平安健康。而研究也顯示當老人自認與居服員的關係越親密時，相對的也會使其更信任居服員，這種信任出自於主觀的感受，並影響被信任者的行為在某種程度上就容易被接受和肯定，而服務提供者與使用者之間的情誼便使的雙方的關係涵蓋了更多的責任與義務，且遠比透過法令等制度的規範與懲罰具有更高的效能，讓雙方能在服務的過程中感到安心與信賴（Whitley, 1991；Karner, 1998）。

另一方面，因案主會以（孫）女兒或（孫）兒子稱呼居服員，讓居服員更警醒自己必須注意維持與案主之間那條無形的界限，避免破壞了案家的家庭關係。猶以見得，居服員與案主的關係可能會在正規與非正規之照顧關係中游移，且要成為一個可靠的服務員，須負擔的責任就包含了額外的責任、伴侶關係、牽連，以及積極的行動力、能力、服務提供滿能夠滿足案主的需求等表現，也因此，無論社會性的交往是否該被含納進服務員的責任與義務之中，其本身就已是照顧工作的一部分而難以切割（Eustis & Fischer, 1991，引自詹秀玲，2005；Webberb & Klinmoski, 2004）。

（二）居服員與家屬

家屬之於居服員的關係，類似僱主之於員工，卻不擔任支付薪水的角色、不擁有挑選服務員的權力，也不是接受服務的對象；因此，在居服員提供服務的場域中，案家屬的角色在服務關係中類似於「第三者」般的存在，他們對於居家照顧服務可能產生另一種詮釋。居家服務員的進入，對於傳統中被期待擔任照顧角色的女性案家屬，可能感到困窘、矛盾，覺得要求他人進行家務整理是一種卸責的表現（Zadoroznyj, 2009）。Simonen（1991）認為當居服員進入服務家庭時，兩個女人之間的聯盟及競爭便展開（引自詹秀玲，2005）。剛開始，家屬感到如同一位「陌生人」進入家中，因此產生一些抗拒的情緒，基於不同受訪者的詮釋或者服務時間、頻率的增加，陌生人轉變人為一個「令人歡迎的陌生人」，甚至像「朋友」、「類家人」、「家庭的一員」般的角色（Zadoroznyj, 2009）。

如同上述，Fischer & Eustis（1994）指出居服員與家庭照顧者之的關係可以分為聯盟、衝突與分立三種，端看彼此之間的互動、溝通、工作分配、對照顧角色的認定等面向上如何進行調整和適應。因此，為了避免不必要的爭議和不愉快，居服員和案家的主要照顧者在彼此的角色和責任上必須進行釐清，包括了：

1. 家庭中的主要照顧者是誰、有幾位，了解未來合作或協商的對象有誰，以期照顧過程涉入的人有哪些；
2. 是否須透過其他協調者如服務提供單位來介入進行討論、是否有簽訂個別化合同之必要；
3. 哪些照顧工作是案家主要照顧者要自己從事的，或是所有的照顧工作皆由居服員從事；
4. 除了居服員之外，是否還有其他的照顧提供者給予主要照顧者協助，而對於他們照顧的習慣、價值、觀念有必必要了解並和案家屬討論。

而對家庭照顧者來說，怎樣是一個好的居服員？從Graessel、Luttenberger、Bleich、Adabbo 與Donath（2011）的研究中發現，對家屬來說好的居服員需具備的條件由必備強度的高低依序排列包括：可信任的特質、嚴謹小心與自動自發、能夠協助家務的打理、能提供實際的協助、做事有效率、技術熟練、代人友善親切、有嚴謹的訓練、容易溝通、時間充裕。由此可見，對家庭照顧者來說，居服員能有積極可靠且值得信賴的特質是他們最重視的部分，當居服員的特質、照顧能力、對案主的投入是能夠讓家屬感到安心時，相對的其他要求也就多了很多商量的空間，原本潛在的衝突也較不會引爆；接著對於案家而言，居服員最重要的角色與功能便是協助家中長者的在家中獨立生活、維持其尊嚴並緩解案家人的照顧負荷，進而促進案主及案家的生活品質。

而由於居服員與案家的關係並非短期接觸，所以建立良好的關係就顯得格外重要。除了居服員需要家屬的體諒和支持外，家庭照顧者也同樣的希望能從居服員身上得到緩解和同理，若在照顧過程中發展出這種雙向的情感支持，便容易培養出友誼而非買賣的關係，進一步的強化彼此在照顧工作上的夥伴關係，而減低

照顧工作帶來的疲勞和無力感（Sims-Gould & Martin-Matthews, 2010）。另外有趣的是，有些長者並不希望由子女張羅自己的個人事務，讓他們覺得自己變成了孩子的依賴者，因此居服員的協助，可以讓接受服務的案主保留在子女面前的尊嚴（Piercy & Dunkley, 2004）。

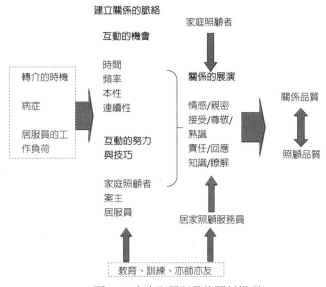

圖5-2　案家與居服員的關係模型

資料來源：Funk & Stajduhar（2011）

　　受過訓練的居服員除了能夠直接提供案主照顧服務，也將照顧知識及技巧與案主的家庭照顧者分享，以及連結外部的社福資源（Piercy & Dunkley, 2004），讓他們能夠被充權，並且與居服員成為一種共同承擔照顧責任的「夥伴關係」（Lévesque et al., 2010）。形成夥伴關係的過程，是一種居服員與家屬相互的參與的並各司其職的互動。居服員必須以具備敏感度的傾聽及啟發性的問題（enabling questions）來了解案家屬的照顧需求及問題，並且讓家屬感到自我的照顧價值（Lévesque et al., 2010），不致認為自己是將長輩丟給外人照顧的不孝子女。

　　在內政部2011年居家服務使用者滿意度調查結果顯示，有85.49%的居家服務使用者對居家服務所提供的各項服務表示滿意，其中以低收入戶者、中度失能者之滿意度相對較高，且有75.46%表示會介紹他人使用。接受居家服務以後，認爲對生活與照顧上有明顯改善者合計有72.10%；認爲對家人在照顧負擔上有明顯減輕者計有68.26%（內政部，2012a）。居家服務除了有效改善使用者的生活質量外，對家中的主要照顧者也提供了實質上的協助，約有75%主要照顧者認爲失能長輩在使用日間照顧服務以後，對其生活品質有顯著改善者，對於自己照顧負荷的程度上有顯著減輕者合計約有81%（簡慧娟，2012）。

　　因此，居服員對於案家的意義，最重要的是照顧案主，次要的則是居家服務的提供對自己所產生的便利。有些案家屬會認爲，當居服員與受照顧者的關係良好時，可以讓家中原本的照顧者有喘息的空間，甚至因此也將居服員當做朋友般的陪伴關係（Piercy & Dunkley, 2004）。

三、倫理議題

　　專業倫理（professional ethics）是專門職業團體針對其專業特性發展出來的道德價值觀與行爲規範，是在該專業領域裡的行爲及價值指引，協助人們在遇到各種倫理道德問題與複雜的工作情境時，能夠做出正確的抉擇。倫理除了具有幫助人們做決策的功能之外，也包括了一定程度的約束力，專業團體在行動時必須遵守該專業倫理守則的規範，以確保行動對於社會大眾及相關他人不會造成不當的影響。同時專業倫理也是一群體用來標示其爲專門職業的重要項目。

　　而在探討專門職業人員違反其職業所應盡的義務時，可以大致的分成兩類，分別爲「瀆職（malfeasance）」和「失職（nonfeasance）」，前者是用不合法的方法來達到目的或是施行違法的行爲，而造成「不適當的處置」或「錯誤的處置」，其所造成的結果對服務對象可能是不當或有害的；後者則是指專業人員沒有依據專業守則的規範或相關法規命令的要求，亦即沒有盡到義務的應作

為而不作為（胡中宜，2006）。是故，專業人員在執行職務時，並不能只是採取消極避免牴觸規範的方式，更需進一步積極的盡到該專業應達成的價值和目標。

照顧服務工作，往往在服務的過程中涉及服務對象的各種權益，包括生命權、健康權、自主權，乃至於更廣泛的人權等，也因同時有著多種的權益、個人主觀價值和專業規範的競合，就使得在實際工作時，工作者必須面對許多的價值判斷和倫理難題。因此，理解專業倫理的相關內涵便是工作者在進入工作場域前需裝備的能力，也必須在服務過程中做為提醒與檢視自我的工具，尤其在權力與資源不對等的情況下，工作者更必須有高度的敏感度來察覺與回應各種倫理議題。且當居家服務或相關的照顧工作被定位為一專業來發展和規範時，便須標示出其原則和倫理，若失去了專業價值的澄清和探討，不但無法在遇到模稜兩可的情境下給予指引，亦無法給予該專業之人員一標竿性的理想藍圖，久而久之便會淪為無專業認同與精神，而空有專業技巧的工作人員，不利該專業長久性的發展（徐震、李明政，2001）。故有共同的價值指引和倫理規範，是照顧服務定位為一專業時必須有所討論的。

（一）居家服務之倫理與原則

居家服務倫理是指在提供居家服務時，應有的行為表現、服務的原則與指標。其內涵包括了（游如玉、許綺玲，2008）：

1. 居家服務屬於協助性服務，不可破壞個案原有的資源網絡；
2. 激發個案的殘存（潛在）能力，促進其自理能力，創造生命價值；
3. 注重生活品質，最低限度的拘束－在不侵犯或威脅到他人的前提下，原則上不應限制各案的行動自由；
4. 尊重個案及服務個別性；
5. 資源的開發、連結與協調；
6. 訂定適切的服務目標。

　　有了上述的原則作爲服務提供時的標準，進一步的便是需要確立相關的倫理價值。張美珠、黃也賢（2008）針對居家服務倫理守則與規範羅列出以下幾點：

1. 應以熱忱、誠懇、果決之態度，並盡最大可能運用所訓練的能力與技巧爲案主服務；
2. 不可因種族、語言、性別、年齡、宗教、國籍、婚姻、政治、社經地位；或身體障礙、個人特質等因素對案主有差別待遇和偏見；
3. 避免與案主產生金錢或個人利益關係；
4. 不可與案主及其家人發生感情糾紛；
5. 只要對案家有利，居服員應把握時效，隨時徵詢督導員之意見；
6. 不得有任何損及案主權益之行爲；
7. 尊重案家隱私，對服務過程中所獲案家資料應予保密；
8. 居服員應本著博愛之精神，用愛心、耐心來照顧案主；
9. 居服員視助人之職責高於個人利益；
10. 居服員應與案主保持良好的專業關係，不將自己的私事帶進案主家中，亦不將案主的困擾帶進自己的生活；
11. 居服員應尊重人與人之差異性，以寬容的心胸待人處事，而不批評案主或其他居服員；
12. 不因個人行爲，做出危害案主安全或違反單位規定之行爲；
13. 使用服務單位資源，應本著組織目標，並經確使用，不得公器私用；
14. 不可答應案主私下的要求，案主提出時應按照單位工作程序告知督導；
15. 居服員能對自己所執行服務、言行負責；
16. 應對服務品質與服務範圍負起全責；
17. 在服務上應防止任何不人道的行爲；
18. 不可利用與案家之關係圖利自己及他人，如做直銷、拉保險；
19. 對於個人能力，居服員資格即可能之服務成果，不作誇大不實之宣傳；
20. 居服員之服務狀況，應讓服務單位督導員有參與了解之機會。

（二）照顧服務與居家服務的倫理議題

在實際的生活情境裡，往往存在著許多模糊、難以判斷的情況，導致人們難以正確的做出適當的決定，尤其在居家服務的領域裡，高度人性化的工作內容更容易存在倫理或價值兩難的情況。發生倫理兩難的原因，包含（Eustis & Fischer, 1994；Kadushin & Egan, 2001；Leppänen, 2008）：

1. 居於員各人本身及缺乏專業認知與技巧；
2. 居家服務工作內容與範圍難以界定；
3. 案主、家屬、機構、政府法規、居服員本身等多方利益存在矛盾與衝突；
4. 各相關人員間互動關係不良或品質不佳；
5. 非正式關係與正式關係之間的模糊界限；
6. 為了主導服務進行和內容，使得相關成員彼此互相競爭與抗衡。

而胡中宜（2005）則將倫理兩難共分為四大類：

1. 價值的兩難（value dilemmas）：專業人員本身的個人價值、專業價值與不同社會價值彼此間的衝突，引發倫理抉擇的困境，例如尊重個人自主與相互依賴的價值。
2. 義務的兩難（duty dilemmas）：工作者在服務過程中協助案主與家屬面對困難和適應，而在專業體系中受到許多法定職責與任務的規範，然而義務或職責間會發生彼此目標衝突的現象，如保密與警告的義務。
3. 德行的兩難（virtue dilemmas）：為案主的的最大利益考量出發從事實是行動，但對於什麼是好的、有利益的，隨著不同觀點與文化背景而有難以達成共識的意見。
4. 結構的兩難（structure dilemmas）：工作者處於多元的環境脈絡中，必須同時對案主、家屬、機構與社會大眾負責，但是對不同對象負責的背後，所形構出來的利益、目標、價值該如何取捨，便會造成行動上的兩難，如機構目標與專業目標的衝突。

如前文所述，居服員容易與案主／家形成一種友誼或類家人的友好關係，

能使服務提供較順暢，但這樣的關係若超出了專業界限，容易使雙方承擔過多的人情壓力，一方面案主可能將以「情感勒索」的方式，對居服員予取予求；另一方面，居服員則容易對案主投入過多的關注而改變案主家庭的動力。Leppänen（2008）對此現象也有所指出，認為居家服務中服務員與案主／家的關係雖然緊密，但這樣的緊密其實是一把雙面刃，雖有其正向的效果但同時也因此擔心關係破裂，而不願意爭取自身的權益，導致居服員必須困擾於價值的兩難之中。而且即使這種溫暖且富人情味的互動有利於工作滿意度和服務使用滿意度的提升，然而對服務提供機構來說，居服員與案主／家發展出工作以外的關係，容易對服務績效的考核和契約的執行有著不利的影響，過於人性化、非正式的情感互動會增加管理和評量的難度。

居服員容易面臨的倫理議題包含案主的過度要求、私下連繫、變更服務內容、處在案主與家屬的矛盾之間、財務糾紛、收受餽贈（陳立孟，2010）。其中，財務糾紛常發生的情況為失智症的案主經常將家中遺失或自己忘記收藏位置的財務誣指為居服員偷竊，或是居服員代購物品時的找零，案主欲轉贈居服員卻在事後反悔等。此外，居服員能夠從事的醫療行為被明文規定不可進行侵入式醫療行為，但在規定出現前，有些行之有年的服務項目嘎然而止，居服員卡在規定與案主的迫切需求之間，左右為難（陳立孟，2010），而許多時候，居服員不願表達真實意見，是害怕關係將因此毀於一旦（Leppänen, 2008）。

另一個倫理難題是出在機構正式規定與案主／家的非正式情境之間的不一致。照顧服務機構因為服務品質的維持、專業性的追求、避免紛爭等考量，通常會訂定相關的規則來規範居服員和案主之間的界線，避免居服員過度涉入案主／家的生活，這些規定包括了不能與服務的家庭成員交換禮物、接受食物或用餐，並只能在工作的時間與案主接觸（Aronson & Neysmith, 1996）。然在實際的狀況下，居服員並不可能全然的尊照機構的規定進行，在實際投入工作時，居服員往往依照非正式的情感和道德來決定與案主／案家的接觸密度，並透過各種的個人性支持工作（而非正式的機構資源）來回應案主的需求（Aronson & Neysmith, 1996）。

　　再具體來說，蔡秋敏（2012）整理了許多學者的論述（見表5-3），以社會工作專業人員為例舉出了相關的不當行為的倫理問題事例，雖然其討論的主體並非居家服務員，但在老人照顧與服務不當行為的相關倫理討論上，仍適用於老人照顧領域中相關的工作者，故在此處作為居家服務員倫理問題的討論上有其參考的價值（見表5-3）。最後，Kane（1994，引自陳立孟，2010）指出了在考量居家服務的倫理問題時，應著重在職責和權力兩方面，也就是居服員的行為與決策，以及政策方面的制訂與居服員的工作條件；另外也需注意居家服務的倫理議題存在著幾種特性：

1. 難以避免，且通常會有一段潛伏期；
2. 具有重複的違反者和議題的重複性兩項特質；
3. 議題之間彼此會互相關聯，並非單一因素所造成，某一因素或議題可能會引發另一個議題的出現。

表5-3　老人照顧與服務不當行為的倫理問題分類與事例

倫理問題	說明與事例描述
放棄服務對象或追求業績短視	遇到情況較差或不容易照顧的老人，在考量服務成效之下放棄努力或不盡力，或是為了績效而刻意避開較難處理之個案，選擇情況較佳之老人照顧。
鼓勵依賴	工作人員若受限於資源不足或將案主視為病人，而沒有重視其身為主體和獨立的潛能並容忍依賴，將失去其支持性、扶助性之工作內涵。
未盡告知義務	當社會資源未能滿足需求，而工作人員沒有充分告知，就要案主在不知道或得不到資訊的情況下做出決定或接受服務。
工作者利己導向及自我意識掌控	工作者視個人的價值或需求凌駕於案主的福祉，而在過程以方便自己、有利於自己的方式進行服務。
偏見與個人價值涉入	偏見價值涉入照顧關係中，無法有效與敏感的察覺案主之需求與狀況，而導致無法提供適當與即時的服務。
謊稱服務績效與責信問題	過度謊稱服務績效，以虛假的成果掩藏真正的實際現象，造成督導與機構無法確保服務的品質，使得案主與家屬的利益缺乏保障。
追求服務捷徑	為了減少照顧上的繁瑣或者與家屬協調上的困難，而否定案主需求和福祉並要求案主調整需求。

倫理問題	說明與事例描述
能力不足	違反相關規範中對能力的要求，即沒有竭盡所能的運用專業知識與技能來協助案主解決問題。
跨界為謀己利	工作者跨越工作上的界線，建立不當關係，或者透過工作關係獲取私人利益。
借貸與財務關係	工作者與案主或其家庭成員發生財務上的借貸行為，影響服務關係的性質。
服務界線模糊與情感移轉	為了與案主和案家建立關係，而容易模糊了工作上應有的界線和分際，使案主與家屬過度投射情感，導致行為和期待超出界限。
違背保密與隱私原則	服務對象資料管理和保存不周，不分場和討論或宣傳案主與家屬的家庭資料和個人隱私。
信仰凌駕專業	在服務過程中，未考量案主的意願而利用照顧關係傳教或傳遞個人特殊信仰和價值，或因案主與自身信仰相同與否而有差別對待。
忽視案主自我決定的權利	過度強調工作者的能力和專業，而不重視與聆聽案主的考量和需要，並將案主視為無能力者而忽略其自我決定的權利。

資料來源：修改自蔡秋敏（2012）

第四節　居家照顧服務員的訓練方案

衛生署於1994年，為了使照顧服務員具有必要之照護能力以保障照護品質，依據「護理機構設置標準」第11條公告事項，頒布「護理機構並病患服務員之訓練及相關事項」，明文規定病患服務人員必須接受必要之訓練方能執業；內政部社會司亦於2005年正式修正老人福利法規定服務人員應持有照顧服務員訓練結業證明書。爾後，內政部完成照顧服務員訓練核心課程教材編纂；勞委會刻正配合「老人福利服務專業人員資格及訓練辦法」，研商修正照顧服務員職類之報檢資格（經建會，2008）。此外，教育部配合「十年計劃」，規劃照顧服務員之培育以新增設立專技及高職科系為重點，分三年（2007-2008年）進行培育，並統計私立大專院校開設照顧（護）服務等課程，94學年度第一學期計有57門，至96學年第二學期已達127門，開設課程持續成長中（經建會，2008）。

一、國內的訓練方案

根據內政部（2012b）所公布之「照顧服務員訓練實施計劃」所示，可申請受訓之對象為年滿16歲以上、身體健康狀況良好、具擔任照顧服務工作熱忱者；提供訓練的單位則為接受直轄市、縣（市）政府委託辦理本計劃者，或由直轄市、縣（市）政府審查核定通過之：（一）依法設立之公益慈善、醫療、護理社團法人、財團法人及公益慈善、醫療、護理人民團體，或設有醫學、護理學或社會工作相關科系之大專院校；（二）醫療機構；（三）護理機構；（四）經內政部或直轄市、縣（市）政府評鑑甲等以上之公立或財團法人老人福利、身心障礙福利機構。訓練時數則分為核心課程50小時、實習課程40小時、以及其他依業務需要所增列之照顧服務員分科訓練，如表5-4所示。

表5-4　我國照顧服務員訓練課程

核心課程－50小時			
課程單元	時數（時）	課程內容	參考學習目標
緒論	2	1. 照顧服務員的角色及功能。 2. 照顧服務員的工作對象及服務內容。 3. 工作倫理守則。	1. 認識照顧服務員的工作場所及工作對象。 2. 說出照顧服務員的業務範圍、角色功能與應具備的條件。 3. 認識照顧服務員的工作倫理及工作守則。
照顧服務相關法律基本認識	2	1. 與案主相關之照顧服務法規。 2. 涉及照顧服務員工作職責知相關法規。	1. 認識老人福利法、身心障礙者保護法、護理人員法等。 2. 了解照顧服務相關民法、刑法等概要。
照顧服務資源簡介	2	1. 照顧服務領域相關資源的內容。 2. 服務對象及資格限制。	1. 認識社政、衛政、勞政、農政、原住民族行政體系現有照顧服務資源。 2. 了解如何轉介與供給相關照顧服務資源。
家務處理	2	1. 家務處理的功能及目標。 2. 佳務處理的基本原則。 3. 家務處理工作內容及準則。	1. 認識協助案主處理家務的工作內容及範圍。 2. 了解協助案主處理家務的基本原則。
人際關係與溝通技巧	2	1. 溝通的重要性。 2. 如何增進溝通能力。 3. 慢性病人及其家庭照顧者的心理社會反應。 4. 與慢性病人及其家庭照顧者的溝通技巧。	1. 了解溝通的重要性、目的及要素。 2. 了解阻礙與促進溝通的因素。 3. 描述增進溝通能力的方法。 4. 說出特殊溝通情境的處理（含接待訪客、回覆病人按鈴及電話溝通）。 5. 了解受助者的心裡。 6. 認識慢性病人的身心特質。 7. 分析慢性病人對慢性病的因應方式。 8. 了解慢性病對家庭的影響。 9. 說明協助慢性病人及其家庭照顧者因應慢性病的方法。 10. 學習與慢性病人及其家庭照顧者的溝通技巧。

認識身體結構與功能	2	1. 認識身體各器官名稱與功能。	1. 列舉人體細胞、組織和器官的相關性。 2. 認識人體各系統的構造。 3. 說明人體各系統的功能。
基本生命徵象	2	1. 生命徵象測量的意義及其重要性。 2. 體溫、脈搏、呼吸、血壓的認識、測量與記錄。	1. 了解體溫、脈搏、呼吸與血壓的意義。 2. 了解影響體溫之各種因素。 3. 認識測量體溫的工具。 4. 了解影響脈搏的各種因素。 5. 說明可測得脈搏的部位及正確測量脈搏。 6. 了解影響血壓的因素及辨別異常的血壓數值。 7. 認識測量血壓的工具。 8. 學習正確測量體溫、脈搏、呼吸與血壓。 9. 說明預防姿位性低血壓的方法。
基本生理需求	4	1. 知覺之需要。 2. 活動之需要。 3. 休息與睡眠之需要。 4. 身體清潔與舒適之需要。 5. 基本營養之需要與協助餵食。 6. 泌尿道排泄之需要。 7. 腸道排泄之需要。 8. 呼吸之需要。	1. 了解知覺的重要性及意識評估的方法。 2. 認識知覺相關的問題及照顧措施。 3. 說明休息與睡眠的重要性。 4. 了解睡眠的週期。 5. 了解影響睡眠的因素。 6. 描述促進睡眠的照顧措施。 7. 認識身體清潔的目的對個人健康的重要性。 8. 了解身體清潔照顧的種類與方法。 9. 認識均衡飲食的意義及基本食物。 10. 了解協助病人用膳的基本原則，並正確協助病人進食。 11. 清楚灌食的定義、種類及注意事項。 12. 認識排便的生理機轉及影響排便的因素。

			13.認識排尿的生理機轉及影響排尿的因素。
			14.了解排尿常見的問題。
			15.認識呼吸的生理機轉及影響呼吸的因素。
			16.了解呼吸功能障礙的因素、症狀及徵象。
			17.說明維持呼吸道暢通的照顧方法。
營養與膳食	2	1. 營養素的功能與食物來源。 2. 老年期的營養。 3. 各種特殊飲食的認識。 4. 疾病飲食禁忌。	1. 了解影響食物攝取和營養狀態的因素。 2. 辨別營養不良的臨床表徵。 3. 說明滿足基本營養需要的照顧措施。 4. 認識國民飲食之指標。 5. 熟知營養素的功能及其主要的食物來源。 6. 了解老年期的生理變化及其營養需求。 7. 認識特殊飲食的種類、目的、適用對象及一般原則。 8. 了解常見疾病飲食的種類、目的及適用對象。 9. 說明常見疾病飲食的使用一般原則。
疾病徵兆之認識與處理	4	身體正常與異常徵象的觀察與記錄： 1. 一般外表、顏臉。 2. 排泄。 3. 輸出入量的紀錄。 4. 發燒。 5. 冷熱校應之應用。	1. 辨別一般外表、顏臉、鼻喉、口腔、聲音、皮膚、食欲、睡眠等所呈現的疾病徵兆。 2. 透過觀察病人的主觀陳述可辨別疾病的徵兆。 3. 了解排泄常見的問題及簡易照顧措施。 4. 描述噁心與嘔吐之相關簡易照顧措施。 5. 認識蒐集尿液標本須遵循的原則。

		6. 出血。 7. 疼痛。 8. 感染之預防。 9. 老人生病的徵兆。 10.老人用藥之注意事項。	6. 分辨泌尿道感染的臨床表徵。 7. 描述泌尿道感染的簡易照顧措施。 8. 描述輸入輸出的途徑及輸出入量紀錄的內容。 9. 認識記錄輸出入量所需的用具。 10.了解輸出入量記錄的注意事項。 11.說出發燒的可能原因。 12.列出發燒的處理方法。 13.說出一般外傷的處理種類及處理原則。 14.說出疼痛及其簡易護理措施。 15.指出腹痛的簡易處理方式。 16.列舉疼痛的觀察與記錄方式。 17.描述胸痛的簡易處理方法。 18.了解牙痛的處置原則。 19.說出肌肉痠痛的處理原則。 20.認識冷熱應用的基本原則，並正確運用於病人。 21.指出感染源。 22.了解造成感染的相關因素。 23.描述易造成感染的危險情況。 24.列舉感染的傳播途徑。 25.執行正確的洗手步驟。 26.認識無菌原則與常見的無菌技術。 27.說出協助服藥時的注意事項及正確協助病人服藥。
家庭照顧需求與協助	2	1. 家庭主要照顧者的壓力。 2. 案主之家庭主要照顧者常見的調適機轉。	1. 了解家庭主要照顧者的壓力來源。 2. 說明案主及其家庭主要照顧者常見的調適機轉。 3. 說明協助家庭主要照顧者減輕壓力的方法。 4. 學會如何協助案主及其家庭主要照顧者尋求社區資源。

意外災害的緊急處理	2	1. 災難(火災、水災、地震)緊急處理及人員疏散。	1. 說明意外災害的定義。 2. 列舉火災的危害與預防方法。 3. 認識燃燒必備的三個要素、滅火原理與滅火器的使用。 4. 說明火場緊急逃生要領。 5. 說明意外災害時個案的情緒反應。 6. 學習如何預防與處理日常生活中常見的意外事件。
急症處理	2	1. 肌肉骨骼系統意外之處理。 2. 出血意外之處理。	1. 說明肌肉、關節、骨骼損傷的種類。 2. 舉例說明肌肉、關節損傷的處理。 3. 說明骨折的急救處理。 4. 認識出血的徵兆。 5. 學習各種止血方法。
臨終關懷及認識安寧照顧	2	1. 臨終關懷的精神與內容。 2. 照顧臨死病患的壓力與調適。 3. 安寧照護的發展。 4. 案主及其家屬面對往生心理調適的過程。 5. 案主往生警政及衛政知通報。	1. 明白安寧照護的起源。 2. 列舉安寧照顧的照顧重點。 3. 說明臨終關懷的特殊議題。 4. 了解面對死亡時病人及家屬的反應。 5. 說明協助病人及家屬面對死亡的技巧。 6. 說明屍體護理的注意事項。 7. 列舉說明相關的喪葬事宜。 8. 說明照顧瀕死病患的壓力。 9. 描述照顧瀕死病患的調適方式。 10. 案主往生警政及衛政的通報流程。
清潔與舒適	8	個人衛生與照顧： 1. 床上洗頭。 2. 床上沐浴。 3. 口腔清潔。 4. 更衣。 5. 鋪床與更換床單。 6. 剪指甲。 7. 會陰沖洗。	1. 認識床鋪整潔維護的目的及鋪床原則。 2. 學習適當維護病床的整齊清潔。 3. 認識毛髮護理的目的、原則及注意事項。 4. 學習適當維護病人毛髮的整齊清潔。 5. 學習正確協助病人床上洗髮。

		8. 床上使用便盆。 9. 背部清潔與按摩。 10.梳頭修面。	6. 了解口腔清潔的重要性及目的。 7. 正確提供病人口腔清潔衛教及協助病人執行口腔清潔措施。 8. 認識背部護理的重要性，並正確提供背部護理促進病人的舒適。 9. 學會正確協助病人床上沐浴。 10.學會正確協助病人更換衣服。 11.了解指（趾）甲護理原則及注意事項，並正確協助病人修剪指（趾）甲。 12.學習正確執行會陰護理及協助病人床上使用便盆。
活動與運動	4	1. 身體姿勢。 2. 病人的姿勢與支托身體的移位。 3. 運動障礙與被動運動。 4. 輔具之使用。 5. 按摩法。 6. 制動合併症的簡易處理原則。	1. 說明活動及運動的重要性。 2. 描述活動及運動的種類。 3. 了解滯動的原因及滯動對人體的影響。 4. 說明維持良好身體姿勢的原則。 5. 陳述病人各種姿勢擺位的重點。 6. 描述各種支托病人身體移位程序的重點。 7. 了解引發運動障礙的因素。 8. 說明被動運動的項目。 9. 了解各種輔具的使用方法。 10.學會執行各種按摩方法。 11.學會執行褥瘡傷口簡易的照顧方法。
急救概念	4	1. 異物哽塞的處理。 2. 心肺復甦術。	1. 說明急救的定義、目的和原則。 2. 說明急救的優先次序與注意事項。 3. 了解異物哽塞的原因及危險性。 4. 了解異物哽塞的處理方法與注意事項。 5. 學習正確執行異物哽塞的急救措施。 6. 了解心肺復甦術的方法與注意事項。 7. 學習正確執行心肺復甦術的操作步驟。

綜合討論與課程評量	2	1. 針對上述課程內容作一整體評值。	1. 分享照顧服務員訓練課程的心得。 2. 提出照顧服務員訓練課程的相關疑慮。 3. 通過針對課程內容整體評估的測試。

回覆示教－10小時

項目	1. 鋪床及更換床單。 2. 協助用便盆、尿壺及包尿布。 3. 翻身及拍背。 4. 協助輪椅患者上下床。 5. 基本關節活動。 6. 生命徵象－測量體溫、脈搏、吸呼、血壓。 7. 個案運送法－單人搬運法。 8. 人工呼吸。 9. 胸外心臟按摩。

臨床實習－30小時

項目	1. 鋪床及更換床單。 2. 協助沐浴床上洗頭洗澡。 3. 協助洗澡椅洗頭洗澡。 4. 協助更衣穿衣。 5. 口腔清潔（包刮刷牙、假牙護理）。 6. 清潔大小便。 7. 協助用便盆、尿壺。 8. 會陰沖洗。 9. 尿管照顧。 10.尿套使用。 11.鼻胃管灌食。 12.鼻胃管照顧。 13.正確的餵食方法。 14.翻身及拍背。 15.背部按摩法。 16.協助輪椅患者上下床。 17.基本關節活動。 18.約束照顧。 19.修指甲、趾甲。

	20.刮鬍子、洗臉、整理儀容。
	21.測量體溫、呼吸、心跳、血壓。
	22.熱敷及冰寶使用。
	23.垃圾分類廢物處理。
	24.感染控制及隔離措施。
	25.異物哽塞的處理。
	26.協助抽痰及氧氣使用。

資料來源：衛生福利部（2012）

二、國外的訓練方案

　　在經濟合作暨發展組織（Organization for Economic Co-operation and De-velopment, OECD）的政策討論中，Colombo、Llena-Nozal、Mercier及Tjadens（2011）曾針對各國長期照顧的政策與相關進化進行討論與檢討，其中也包含了各國對長期照顧基礎工作人員的訓練計劃。從表5-5中可以看出OECD各個國家大部分都提供了國家統一的照顧服務人員訓練方案，雖名稱各有不同，但內涵都是針對在他人家中及機構中提供照顧或協助生活打理的人們所進行的技能培養；而在一國之中也會針對照顧服務員的屬性、工作場所、服務內而規劃出不同的訓練方案，也會依照地方和中央層級劃分出不同的訓練計劃。各國的訓練內容大多包含了兩大部分，即課堂講授的基礎或理論訓練，以及實務訓練或實習，而受訓的期間則長短不一，依照所屬的類別有不同的規定。

表5-5　OECD各國照顧服務人員訓練要求或方案

國家	國家是否有提供統一的訓練方案	工作名稱或種類	訓練計劃	訓練內容和期間	國家在統一的課程中是否有最低要求	備註
澳洲	是	輔助工作者	社區服務訓練CHC20108	430小時，5週實務及理論訓練。	是	
	是	機構型高齡照顧工作者	高齡照顧的個人照顧工作證照三級	555小時／8-16週實務及理論訓練。	是	
	否	特殊照顧工作者	家庭及社區照顧CHC40208	730-740小時／18週以上，包含額外的自願性工作配置訓練。	是	
加拿大	否	安大略：個人支持工作者（PSW）	PSW訓練方案	兩學年（8個月）384小時的理論課程；386小時的實務經驗；並與僱主進行在職訓練。	地方性	國家職業學院協會監督。
	否	個人看護		類似PSW方案但期限較短。	地方性	
	是	基礎社會照顧工作者		基礎教育加150小時專業課程；每年參加24小時額外的教育訓練。	是	
丹麥	是	社會及健康照顧協助人員		一年七個月：20週基礎課程，24週學校教育，31週實務訓練。	是	丹麥政府規定：六個月相關工作經驗。
	是	社會及健康照顧助理		一年八個月，32週學校教育，48週實務訓練。	是	北歐／歐盟公民。

國家	國家是否有提供統一的訓練方案	工作名稱或種類	訓練計劃	訓練內容和期間	國家在統一的課程中是否有最低要求	備註
法國	否	家庭助手 家務助理 家庭及生活助理	社會照顧者證照	504小時技術與方法訓練；560小時實務訓練。	是	要求： 在過去10年至少工作3000小時。
芬蘭		長期照顧工作者		職業訓練，3年120學分，至少29學分為在職訓練。	是	
德國	否	老人照顧員		3年訓練方案，200小時理論訓練及2500小時專業實務教育。	地方性	
	否	額外的機構照顧工作者		5天新手實習，三個單元至少160小時的訓練，加上2週實習。		
日本	否	居家服務員		特殊的教育機構。	否	
	是	介護福祉士		須取得介護福祉士國家考試資格：1年的機構訓練，或2-4年的訓練，或在個人照顧相關職業擁有3年的經驗。	是	
荷蘭	是	照顧工作助手		一級：1年訓練，沒有期間要求，主要以實務為基礎。		雙元訓練：實務為基礎的教育（BBL），或是以較多的理論為基礎（BOL）。

國家	國家是否有提供統一的訓練方案	工作名稱或種類	訓練計劃	訓練內容和期間	國家在統一的課程中是否有最低要求	備註
荷蘭	是	照顧工作／社會照顧工作協助者	職業訓練二級	二級：至少16歲；2年全時的服務員職業教育；以理論為基礎。	是	
	是	個人照顧員	職業訓練三級	三級：要求中級職業訓練（VMBO）或具有同等學歷；3年。	是	
英國	是	照顧及支持工作者	國家職業證照二級或健康與社會照顧證照三級	二級：1年，6個單元，4個必修與2個選修；教學單元因教育機構而異。三級:2年，8個單元，4個必修與4個選修；教學單元因教育機構而異。	是	政府目標：到2008年應有50%的個人照顧是由具國家證照之工作者提供。
美國	是	居家健康助手		2週的訓練。	是	高中學歷。
	是	個人照顧助理		無聯邦訓練的要求。	是	
	是	有專業證照的護理助手		75小時的課程及實務訓練（有些州要求120小時）；工作4個月內須進行能力評鑑。	是	在合格的聯邦護理之家工作。

資料來源：Colombo, F., Llena-Nozal, A., Mercier, J., & Tjadens, F.（2011）

　　在理解了各國的照顧服務員訓練計劃之後，透過Barbarta（2010）的文章能

夠讓我們更進一步的理解美國現行的照顧服務員訓練計劃，介紹如下：

（一）Wellspring

　　由威斯康辛州的11個非營利護理之家聯合計劃，屬品質改善模型，用於進行護理之家的文化改變，包含8-12個護理之家的聯盟、加強臨床教育、教育工作者營造一個類家的居住環境並充權住民、提供額外長照經驗分享的護理顧問，以及多專業、跨部門的照顧工作團隊，並充權護理之家的工作人員使其能夠做出有利住民照顧品質及自身工作環境的決定。研究證實，參與此計劃之護理之家工作人員的留任率由70%提升至76%。

（二）WIN A STEP UP (Workforce Improvement for Nursing Assistants: Supporting Training, Education, and Payment for Upgrading Performance)

　　在北卡羅來納州所進行的照顧員36小時訓練課程，包含傳染疾病的控制、團隊工作、失智老人照顧等，並在其完成訓練後給予留任獎勵或薪資的加給，以促進其工作承諾。訓練課程也包含了提升督導員主動傾聽、問題解決技巧與創造互會尊重環境的能力。實證研究顯示，參與此方案的照顧員離職率較無參與者低15%（Dill, Morgan & Konrak, 2009）。

（三）Competence with Compassion

　　此訓練是賓夕法尼亞州計劃於協助未領取證照的新進照顧員學習以人為中心、關係建立的直接照顧技巧，亦是為了回應照顧員希望提升服務品質的需求。提供照顧員60小時的訓練，共6個單元，每個課程單元皆以受照顧者分享自己的故事，並解釋為何需要照顧協助開始，以成人學習原則（adult-learning），藉由角色扮演的方式在小組內學習照顧技巧。

（四）Providing Personal Care Services to Elders and People with Disabilities

爲紐約市PHI（Paraprofessional Healthcare Institute）所提供的訓練方案，是一個以成人學習者爲中心（adult leaner-centered）、能力爲基礎（competency-based）的課程，主要目標在於：協助學員發展照顧技巧的核心能力、引介潛在工作者至不同的長照場域、爲將來的進階訓練打好基礎。此方案提供77小時、21個單元的訓練課程，第1、2堂課是引言，介紹直接照顧工作的重要觀念以及各種不同的服務場域，3至8堂課則教授照顧的核心知識、態度與技巧，包括傳染病控制、生理機能、身體系統、一般疾病認識、與老人工作的技巧、尊重差異以及溝通技巧，第9至19堂課則學習如何應用這些知識、技巧於照顧老人或失能成人，第20至21堂課則講授關乎工作者與受照顧者權益的議題，例如心理疾病、發展性失能、虐待與疏忽、工作者與受照顧者的權利、工作與生活平衡的重要、時間管理與壓力管理。

（五）CareWell

這是佛蒙特州BJBC（Best Jobs, Best Care）根據美國實務研究所發展出來的一個40小時訓練方案，可提供爲新進人員或資深照顧員的課程。方案共有8堂課4個單元，內容包含：提供照顧服務、提升照顧者能力、提供安全性、建立關係，課程內容除了教授生理機制、傳染病控制外，也包含溝通技巧與建立界限。使用成人學習理論，每一堂課皆由眞實個案改編成授課內容，以互動的方式在學習教室及居家環境中實作。

（六）Beyond Basics in Dementia Care

這是一個佛蒙特州的示範計劃，包含12小時、3個單元給資深的、有證照的照顧者持續性教育。訓練內容包含演講、互動式討論、學習活動、Q&A時間、做中學習以及同儕回饋。參與此計劃可獲得結業證書，學習如何減少失智症所引

發之焦慮沮喪情緒，培養其提供適合失智症患者與家屬之照顧服務的能力。

（七）Beyond Basics in Palliative Care

　　這是佛蒙特州BJBC（Best Jobs, Best Care）發展的一個12小時、3個課程、提供給資深照顧者的持續性教育，給予直接照顧者更專業的訓練，以助其了解安寧照顧的特殊性，以及改善安寧病人照顧品質的策略。課程內容包括對慢性病人的照顧、疼痛／症狀管理、與案主／案家溝通技巧、提供舒適的臨終照顧。授課方式包含演講、互動式討論、學習活動、Q&A時間、工作中應用、自我評量、同儕回饋。

（八）Geriatric Resource Specialist Program

　　由堪薩斯州Central Plains Geriatric Education Center所發展的方案，提供80小時的課程、以跨專業團隊的方式授課。學員必須參與必修的核心課程與限定時數的選修，核心課程要上6天，包含領導力、顧問指導、人際技巧、臨床知識與技巧；20小時的選修課程包含口腔與眼部疾病、預防跌倒、失智與健康認識。

第五節　結語

　　居家服務的內容以身體照顧和家務及日常生活照顧為主。由於工作項目涉及範疇界定問題，因此越來越多的單位對於服務內容之規定越來越詳盡和細緻。居服員是專業且被訓練來照顧生病和失能者，他們並非是例行的保母，因此，居家服務員不能做粗重的大掃除、移動傢俱或庭園工作。對於這種照顧服務工作，看似對於人員的篩選不作要求，以致有許多有轉業或再就業需求的中高齡就業人口常選擇此一行業作為其中途性工作。不過，由於此行業涉及體力運用和與案主密切接觸的機會，仍有其工作的門檻。關於動機方面，必須對此職業有興趣、喜歡與案主互動、對於內在報酬的追求、以及接受彈性工作時間、能獨立作業等；主管在面試工作員時，除了考慮上述因素外，也會觀察其人格特質和對機構的認同。

　　招募完工作員之後，就必須對其進行良好完整的訓練課程。訓練時數則分為核心課程50小時、實習課程40小時、以及其他依業務需要所增列之照顧服務員分科訓練。核心課程有緒論、照顧服務相關法律基本認識、照顧服務資源簡介、家務處理、人際關係與溝通技巧、認識身體結構與功能、基本生命徵象、基本生理需求、營養與膳食、疾病徵兆之認識與處理、家庭照顧需求與協助、意外災害的緊急處理、急症處理、臨終關懷及認識安寧照顧、清潔與舒適、活動與運動、急救概念、綜合討論與課程評量。本章中也介紹一些倫理課題，惟在課程中尚未有完整的規劃。除了衛生福利部規定的課程外，本章也介紹一些國外的課程要求可供參考。期待不同的訓練思維可以提供國內更齊全的參考方向。

參考文獻

一、中文部分

內政部（2012a）。100年居家服務使用者滿意度調查結果。一○一年第四週內政統計通報。取自http://www.moi.gov.tw/stat/news_content.aspx?sn=5915

內政部（2012b）。「照顧服務員訓練實施計劃」取自http://sowf.moi.gov.tw/04/02/20120725085502259.pdf

立心慈善基金會（2010）。照顧服務員工作手冊。臺北市：立心慈善基金會。

行政院經濟建設委員會（2008）。照顧服務福利及產業發展方案第二期計劃總結報告。取自http://www.ndc.gov.tw/m1.aspx?sNo=0000465#.VJORy14CME

吳若萱（2001）。派遣勞動如何重塑僱傭關係與企業用人政策。經濟前瞻，76，101-106。

吳玉琴（2008）。臺灣居家照顧服務員勞動困境與對策。社區發展季刊，122，200-214。

李光廷、甘崇瑋、邱麒璋（民94年5月）。以多樣化就業型態發展居家照護市場的可行性及人力調查研究。2005年臺灣社會福利學會年會－「社會暨健康政策的變動與創新趨勢：邁向多元、整合的福利體制」國際學術研討會，高雄市高雄醫學大學。

辛進祥（2007）。居家照顧服務員工作滿足與離職傾向關係之研究－以臺東縣爲例（未出版碩士論文）。國立臺東大學，臺東縣。

林金立（2001）。照顧服務員就業意向研究報告。居服單位因應長照保險策略研討會，臺北市臺灣大學。

林恩丞（2011）。社群網站在招募活動之應用－以Facebook爲例（未出版碩士論文）。國立中山大學，高雄市。

邱泯科、徐伊玲（2005）。老人居家照顧服務員考訓現狀與工作困境之探討。社區發展季刊，110，284-300。

胡中宜（2005）。作爲與不作爲：社會工作實務中的倫理問題與倫理兩難。玄奘社會科學學報，3，85-114。

胡中宜（2006）。長期照護實務的倫理議題與倫理決策。長期照護雜誌，9(4)，308-324。

徐震、李明政（2001）。社會倫理與社會工作倫理。載於徐震、李明政（主編），社會工作倫理。臺北市：五南。

孫碧霞、廖秋芬、董國光（譯）（2001）。非營利組織策略管理（原作者：Oster, S. M.,）。臺北市：洪葉。（原著出版年：1995）

張美珠、黃也賢（2008）。人力資源管理。載於中華民國老人福利推動聯盟（編印），居家服務操作手冊再版（頁71-95）。臺北市：中華民國老人福利推動聯盟。

游如玉、許綺玲（2008）。居家服務的倫理。載於中華民國老人福利推動聯盟（編印），居家服務操作手冊再版（頁29-44）。臺北市：中華民國老人福利推動聯盟。

陳立孟（2010）。居家照顧服務員倫理議題之探討－以臺北市居家服務提供單位爲例（未出版碩士論文）。國防大學，桃園縣。

黃宇晨（2010）。使用分析網路程序法（ANP）評估招募目標的關件準則－以Y公司爲例（未出版碩士論文）。國立高雄應用科技大學，高雄市。

詹秀玲（2005）。居家服務中照顧服務員之勞動特質及互動關係－以桃園縣爲例（未出版碩士論文）。元智大學，桃園縣。

臺北市政府社會局（2014）。臺北市政府社會局103年度辦理居家服務補助實施計劃。取自 http://www.dosw.taipei.gov.tw/public/Attachment/410815262796.pdf

劉素芬（2001）。老人居家照顧服務方案評估－以紅心字會爲例（未出版碩士論文）。國立暨南國際大學，南投縣。

蔡宏昭（1994）。老人福利政策。臺北市：桂冠。

蔡秋敏（2012）。論專業人員介入老人家庭照顧與服務之專業倫理。家庭教育雙月刊，36（2012/03），29-45。

謝美娥（1998）。老人長期照護的相關論題。臺北市：桂冠。

謝玉玲（2011）。看得到的照護政策、看不見的勞動差異：照顧工作者與勞動場域的檢視。臺灣社會福利學刊，10(1)，53-96。

簡慧娟（民101年8月）。照顧服務員人力擴充－留任與培訓。長期照護人力「學、考、訓、用」研討會，臺北市國立臺灣大學。

蘭婉茹（2010）。我國居家照顧服務工作人員勞動條件與就業機會之探討－以臺南某基金會爲例（未出版碩士論文）。國立中正大學，嘉義縣。

鐘文君（1999）。老人居家照顧者與被照顧者互動關係之研究（未出版之碩士論文）。東海大學，臺中市。

二、英文部分

Atchley, R. (1996). *Frontline workers in long-term care: recruitment, retention, and turnover issues in an era of rapid growth*. OH: Scripps Gerontology Center.

Albert, S. M. (2000). *Home attendants speak about home care*. NY: Mailman School of Public Health, Columbia University.

Aronson, J., & Neysmith, S. M. (1996). "You're not just in there to do the work": depersonalizing policies and the exploitation of home care workers' labor. *Gender and Society, 10*(1), 59-77.

Barbarta, L. (2010). *Direct care worker retention: strategies for success*. Washington, DC: Institute for the Future of Aging Services and the American Association of Homes and Services for the Aging.

Burau, V., Theobald, H., & Blank, R. H. (2007). *Governing home care: a cross-national comparison*. UK: Edward Elgar.

Crystal, S., Flemming, C., Beck, P., & Smolka, G. (1987). *The management of home care services*. NY: Springer.

Colombo, F., Llena-Nozal, A., Mercier, J., & Tjadens, F. (2011). *Help Wanted? Providing and Paying for Long-Term Care*. Retrieved from OECD website: http://www.oecd-ilibrary.org/social-issues-migration-health/help-wanted_9789264097759-en

Dill, J. S., Morgan, J. C., & Konrak, T. R. (2009). Strengthening the long-term care workforce: the influence of the WIN A STEP UP workplace intervention on the turnover of direct care workers. *Journal of Applied Gerontology, 29*(2),196-214.

Eustis, N. N., & Fischer, L. R. (1994). The homecare worker: on the frontline of quality. *Generations, 18*(3), 43-47.

Funk, L., & Stajduhar, K. (2011). Analysis and proposed model of family caregivers' relationships with home health providers and perceptions of the quality of formal services. *Journal of Applied Gerontology, 32*(2), 188-206.

Graessel, E., Luttenberger, K., Bleich, S., Adabbo, R., & Donath, C. (2011). Home nursing and home help for dementia patients: predictors for utilization and expected quality from a family caregiver's point of view. *Archives of Geronotology and Geriatrics, 52*(2), 233 238.

Homemaker Service. (2010). *Attendant care*. Retrieved from http://www.homemaker-service.org/our-services/attendant-care.html

Homemaker Service of Hudson County. (2010). *Who do homemakers help?* Retrieved from http://www.vhshc.org/

Karner, T. X. (1998). Professional caring: homecare workers as fictive kin. *Journal of Aging Studies, 12*(1), 69-82.

Kadushin, G., & Egan, M. (2001). Ethical dilemmas in home health care: A social work perspective. *Health & Social Work, 26*(3), 136-150.

Leppänen, V. (2008). Coping With Troublesome Clients in Home Care. *Qual Health Res, 18*(9), 1195-205.

Lévesque, L., Ducharme, F., Caron, C., Hanson, E., Magnusson, L., Nolan, J., & Nolan, M. (2010). A partnership approach to service needs assessment with family caregivers of an aging relative living at home: A qualitative analysis of the experiences of caregivers and practitioners. *International Journal of Nursing Studies, 47*, 876-887.

Mickus, M., Luz, C. C., & Hogan, A. (2004). *Voices from the Front Recruitment and Retention of Direct Care Workers in Long Term Care across Michigan*. East Lansing: Michigan State University.

NHS Choices. (2014). *Home care*. Retrieved from http://www.nhs.uk/CarersDirect/guide/practicalsupport/Pages/Homecare.aspx

Piercy, K. W. (2000). When it is more than a job: Close relationships between home health aides and older clients. *Journal of Aging and Health, 12*(3), 362-387

Piercy, K. W., & Dunkley, G. J. (2004). What quality paid home care means to family caregivers. *Journal of Applied Gerontology, 23*(3), 175-192.

South Dakota Department of Social Services. (2011a). Homaker services visit report. Retrieved from http://dss.sd.gov/formspubs/docs/ELDERLY/668HomemakerServicesReport.doc

South Dakota Department of Social Services. (2011b). Homemaker services . Retrieved from http://dss.sd.gov/contactus/index.asp

Schmid, H., & Hasenfeld, Y. (1993). Organizational dilemmas in the provision of home-care services. *Social Service Review, 67*(1), 40-54.

Sims-Gould, J., & Martin-Matthews, A. (2010). We share thecare: Family caregivers' experiences of their older relative receiving home support services. *Health & Social Care in the Community, 18*(4), 415 423.

Visiting Homemaker Service. (2013). *Homemaker and companion service.* Retrieved from http://www.vhshc.org/content.asp?pl=498&sl=507&contentid=507

Whitley, R. D. (1991). The social construction of business systems in East Asia. *Organization Studies, 12*(1), 1-28.

Wang, F. T. Y. (2002). Contesting identity of Taiwanese home-care workers: worker, daughter, and do-gooder? *Journal of Aging Studies, 16*, 37-55.

Webberb, S. S., & Klinmoski, R. J. (2004). Client-project manager engagements, trust, and loyalty. *Journal of Organizational Behavior, 25*, 997-1013.

Zadoroznyj, M. (2009). Professional, carers or 'strangers'? Liminality and the typification of postnatal home care workers. *Sociology, 43*(2), 268-285.

第六章　居家服務的個案管理與實證

／謝美娥

　　許多先進國家，政府給個人的實物或服務轉移（in kind transfer）常常是列爲優先的給付方式。由政府提供私人產品給個人，不管任何理由在政策上都有分配上的效果。政府決定要補貼私人物品，必須先決定給每戶家戶多少補助或支持，因爲政府面臨預算的限制。所以分配公共服務，從供給面而言，是一個定量配給（rationing）的議題。公部門決定實物給付的多寡給多少人。換言之，政策或預算規劃與擬定時，決定多少經費給老人、殘障、兒童或婦女等，除了需求外，有些牽涉到政治的考量，往往不是專業人員能夠予以置喙的。

　　配給服務時常要考慮到公平性的問題，也就是指公平的對待（equal treatment），然而人是有差異的，公平的考量有可能是需要對弱勢者給予較優惠的處遇，實際上是很不公平的對待（unequal treatment）。然而一般公共部門提供的服務仍然都會偏向於弱勢團體。

　　政府把經費分配到不同部門或不同領域，通常是一個政治的過程。經費一旦分配到某一領域的某一類服務時，如何把服務分配到個別的個案，則牽涉到專業的判斷。而這種以個案爲焦點的配置，卻甚少受到注意（Langorgen, 2004）。

　　另外，提供不同服務要根據不同的診斷或評估。不同的診斷意味不同的觀察。觀察有時候也是很主觀的，評估時，常會加入一些非案主特質的指標，也會影響判斷。根據需求來分配服務是重要的政策目標，政府必須針對不同案主群的需求發展評估的標準（Langogen, 2004）。在居家照顧領域，日常生活功能與需求有很大關聯，因此失能程度越大，需求越大，其接受的居家照顧也越多。

　　既然需求會影響服務的分配，那麼，評量模式可能會顯示出地方決策過程的服務標準。這個在多數國家所謂的地方決策過程（local decision process）（Langorgen, 2004），一般而言，是地方社會服務部門的責任（Challis et al., 2004），早期在臺北市失能者服務領域需求評估方面，係由老人中心的社會工作員經過訓練來擔任。需求評估員，同時也是個案（照顧）管理員，必須評估案主的需求，然後將案主的需求轉換成服務項目，進而爲案主訂購適當的服務。然而，個案管理員如何將需求評估轉爲服務，中間經過什麼樣的決策過程？甚少人做研究。曾有研究指出，當案主表現出被動且感激居家服務提供（passive and appreciative）時，其配置到的服務比那些拒絕居家服務的人配置到的居家服務更多（Corazzini-Gomez, 2002）。顯然，個案管理員除了依據失能者的需求外，尚會受到一些因素或判斷，例如案主的所得水準、案家的照顧人力、居住環境、交通遠近和雙方的意識形態而影響其決定服務之多寡。

　　個案管理員身負資源分配的重責，一方面，資源如何公平的分配到真正需要的人身上，這是正義（justice）的議題，另一方面，正確的分配適當的服務種類和數量，這是效率的議題。

第一節　居家服務中個案管理的功能

一、個案管理的定義

　　老人照顧的正式體系有越來越多元的服務提供方案，這些服務在許多國家中經常是以不同的法規為依據，經費來源與主責部門也各不相同，使得老人照顧服務面臨多頭馬車與缺乏整合的情形，造成服務的片斷化和資源的浪費，因此整合協調老人照顧相關的服務內容與單位成為廣泛討論的對象，個案管理遂逐漸被採用（Lesemann & Martin, 1993，引自呂寶靜，2000）。

　　接受政府的補助需事先經過個案管理的評估，以確認其需要接受適當的服務。個案管理是社會服務輸送體系中的一個工作方法，其出現是為了因應複雜性與多重性的問題特質，案主可能同時面臨數個問題且需不只一位助人者的協助，或是案主在有效的使用資源時遇到特別的困難（王玠、李開敏、陳雪眞譯，1998）。老人長期照護所帶來的資源與服務需求性，相當複雜。惟，如果對老人的需求分別提供直接的服務，則一方面老人可能在許多資源提供體系中奔波勞苦；另一方面，個別存在而又互不連繫的資源，將會形成服務的零亂化與片斷化，如此一來，老人往往不能適時得到其適當的服務。因此，整合服務實在有其必要性，藉此，才能確保老人在複雜的服務輸送體系中受到妥善的照顧。

　　個案管理強調的是「全貌」的工作方法，這隱含了兩種意義：一是找出擁有多重問題的案主所需的服務網絡，另一則是注重此服務網絡中各服務提供者的互動關係（王玠、李開敏、陳雪眞譯，1998）。個案管理的產生，就是希望透過服務的整合與有效的管理，以確實反應接受服務者的需求。案主在複雜的服務體系中確實無能力去改變，有專業知識的個案管理師可以為他們計劃、協調服務（謝美娥，1993）。服務的觀察重點將會放在整體服務系統是否有效的回應案主的需求，而不是單一項服務的成功與否。由於老人長期照顧需求多樣化，名稱上逐漸改為照顧管理，因此，本章將個案管理與照顧管理流通使用。在日

本，照顧管理師主要進行接案、評估、分析需求、形成照顧計劃（包括服務使用量）、執行服務以及評估（Naruse, Nagata, Taguchi, & Murashima, 2011）。

二、居家照顧服務中個案管理的特點與目的

長期照護的老人其需求基本上有廣泛性（comprehensiveness）的特點。一方面是需求很複雜（complexity），無法僅憑直接的供應就得以滿足；另一方面是廣大性（extensiveness），即投入時間長，服務範圍廣。為了適切反映其需求，正確找出需協助的個案，小心謹慎的評估，組織和協調所需要的照顧（家庭、朋友、親密的社會網絡、志願機構或政府機構等）等非常重要；因此老人長期照護的整合系統是被刻意創造出來的，而不是自然存在的（Challis & Davies, 1986）。這種主動創造與維持有意義的支持網路即需要有效的個案管理，以使照顧老人的工作能夠協調與運作需求轉換成服務－決策與資源分配。個案管理的幾個特點（Ballew & Mink, 1986）：

（一）其所處理的個案之問題是複雜的，所需要的社會資源與服務是多方面的；

（二）個案周遭的資源與服務之間常缺乏協調，以致效率低落，使用率不高而形成浪費；

（三）它是一系列順序性而且彼此之間有關聯的工作程序；

（四）它是一種工作態度、取向和理念；

（五）它需要一個主要工作人員（key workers）或系統管理人（system agents）主其事，以避免形成多頭馬車；

（六）它提供的是持續性的服務；

（七）它最特別之處是完形觀（gestalt），強調服務網絡與聯絡成員間的互動。

個案管理常是社會服務和社會工作實務界陳述的目的，乃是為了達成隱含於

此專業背後的價值（Steinberg & Carter, 1983）。所以個案管理鼓勵社會工作人員要能正確而適時的反應案主不同的需求，發展適當的並具有創新想像力的服務組合。工作人員要能欣賞且建立案主的能力（strengths），使其盡其可能的達到「獨立」的程度。案主有保有隱私的權利，其秘密應被尊重，並有權利表達其喜惡（Renshaw et al., 1988）。

　　從另一個角度來看，個案管理是計劃和分配照顧服務的方法。因此，它的另一個目的是公平與效率（equity and cost control）（Kane & Caplan, 1993）。至於公平（equity）的概念在社會福利的討論中，指的是「合理的分享」（fair shares）（Jones, Brown, & Bradshaw, 1983；詹火生譯，1987）。意味有需要的人得到其所需要的部分。晚近，公平的觀念，逐漸被弱勢團體用來爭取「積極差別待遇」（positive discrimination）的途徑（Jones, Brown, & Bradshaw, 1983，詹火生譯，1987；Spicker, 1988）。由此可以知道，個案管理的目的是爲了使有服務需求的案主合理的得到其應得到的服務，而不使其權益受損。前述個案管理的目的，主要是從理念層次面來看；從具體實務層面看，個案管理更是爲了實現下列的目的（Intagliata, 1982；Rubin, 1987）：

　　（一）在某特定時間或不同時間階段，提供案主所需要的各項服務，以確保
　　　　　照顧的連續性（例如一個案主因病情康復或舊病復發而在機構和社區
　　　　　中進進出出）；

　　（二）確保服務能反應案主在不同時間階段的需求，必要的時候，爲案主一
　　　　　輩子提供所需要的服務；

　　（三）幫助案主獲得所需要的服務，克服妨礙申請的障礙，如申請的資
　　　　　格、規定、政策和程序；

　　（四）確保所提供的服務是適切而適時的，沒有不當的重疊。

　　由上述目的可以看出「個案管理」同時在案主層次（client level）與系統層次（system level）進行處遇。更多見的是藉著個案的管理，可以改變地方的社會服務輸送體系。即經由填補照顧服務間的鴻溝，增加稀有資源的數量和控制進入高價位的服務，服務輸送體系可以預期會有適當的改變。換言之，其另一個目

的是在改變服務供應者的行為和組織。具體言之，以老人長期照護而言，個案管理可以扭轉長久以來照顧呈現機構化的現象，而使提供給長期照護老人的服務，能多採用社區照顧為基礎的服務（Austin, 1983）。

在健康和老人長期照顧服務領域，個案管理常與照顧管理混合使用（黃源協、陳伶珠、童伊迪，2004）。本研究在這兩個名詞上，也會採取混用的方式。

三、居家服務的個案管理

居家服務的個案管理分成三類（Challis, Darton, Hughes, Stewart, & Weiner, 2001）：

（一）「行政類型」：工作員提供資訊和建議。

（二）「協調類型」：工作員處理大量單次服務或直接的服務而需要適當計劃和行政管理。

（三）「密集型」：有指定的照顧管理員，以治療、支持的角色結合計劃和協調以協助需求隨時會改變且複雜的案主。

早期臺北市居家服務個案管理的類型比較接近「協調類型」，蓋臺北市個案管理員決定提供居家服務後，其本身不再參與任何治療與支持性的服務。後來（2008年以後）改由長期照護管理中心統籌評估配置長照資源後，其提供的類型則有提升。

如前述，個案管理相當重要的一個過程是協調服務，然而在協調與安排服務之前，必須評估案主的需求，也就是要進行服務需求的評量。來自不同領域或專業訓練的人對於評量的範圍常存有不同的看法。以致於在評量實務（assessment practice）時常會重複和變動。在當前的改革趨勢，已同意將評量整合和標準化成為一個完整的工具以進行失能老人評估（Challis et al., 2004）。

第二節　居家照顧服務需求的評估

一、居家服務需求評估（assessment）的定義

　　評估（assessment）是一套有目標、有系統的社會工作方法，用以了解問題之本質、成因、進展、個人特質、特殊情境，以及可能的改變或解決之道（內政部，2000），爲一種過程或程式，經由不同的方法策略蒐集和分析資料，確定計劃行動的適切性（relevance）、發展進行（progress）、效率（effectiveness）、影響（impact）等（Veneyet，1984，引自賴淑霞，1988）。評估乃是以案主系統爲主，多方面了解案主需求與資源，以提供適切有效的服務計劃。它是一種具有主觀判定和診斷的過程，有品質的服務意味著社工人員在評估、診斷和介入的過程中乃是依據理論和實證的支持所採取的行動，而不是僅憑社工員的直覺和經驗（萬育維、王文娟，2001），評估的結果與專業人員升級與分析案主資料所運用的方法、以及具備的專業知識能力有密切關係（楊玲芳，2000）

二、居家服務需求評估的指標與層級

　　首先，一般在決定誰才是眞正需要居家服務之老人，採納Katz、Ford、Moskowitz、Jackson與Jaffe（1963）等人設計之基本日常生活活動功能量表（Activities of Daily Living, ADLs）：包括進食、沐浴、如廁、穿衣、移動、大小便控制等六項；工具性日常生活量表（Instrumental Activities of Daily Life, IADLs）：包括炊事備製、家事處理、洗衣、使用交通工具、逛街購物、使用電話、自行用藥、處理財務等八項能力，及需要依賴他人之程度一併判斷。

　　基本上，需求評量希望能衡量出失能老人的需求和能力，以協助老人訂購服務項目。較簡單的OARS（Older Americans Resources and Services Multidimensional Functional Assessment Questionnaire）（Duke University Center for Study of Aging and Human Development, 1978）工具將7項ADL（位移、行走、如廁、洗澡、盥洗、穿衣、進食）與6項IADL（備餐、購物、財務管理、外出家事、處理和吃藥）分三種程度：無需協助（0）、需部分協助（1）和完全需要協助（2）加權得分。此法僅將協助予以分類，未考慮各項協助的複雜性。不過已經考慮到日常生活功能的多面向性。

國內採用最多的是巴氏量表以測量失能者身體功能，進食、輪椅與床位間的移動、個人衛生、上廁所、洗澡、行走於地上、上下樓梯、穿脫衣服、大便控制、小便控制（Guralnik & Simonsick, 1993），共計10項。其中輪椅與床位間的移位、行走於平地區分為0、5、10、15四種程度；洗澡與個人衛生區分為0、5兩種程度外，其餘諸項區分為0、5、10 三種程度。逐漸考慮各項功能的差異。

另以挪威的服務提供和評量方式。挪威由地方政府負責提供老年人與失能者的照顧，絕大多數案主在家裡接受居家照顧，挪威私人照顧市場幾乎完全缺乏，除了由公部門提供照顧外，非正式照顧部門也擔任了許多照顧工作。雖然居家照顧的案主要收費，但這些費用是有資產檢定的（means tested），服務由地方政府補貼了一大部分。由於收費低廉幾乎與服務生產價格相同，所以受到供給面的限制。挪威評估功能共有17個指標，這些指標區分為五個面向：

（一）如廁、餵食、穿衣和脫衣；
（二）室內和室外移動、個人清潔、烹飪；
（三）房屋清潔、購物；
（四）認知能力：時間、地方、記憶、集中、對自己狀況的知識、責任、自我照顧能力、溝通的動力與能力；
（五）社會能力：社會網絡與安全意識（sense of security）。

三面向是關於案主的身體能力的：第一面向指每天須數次的活動，第二面向是每天一次的活動，第三面向是數天才一次的活動，第四和第五面向則是認知和社會能力（Langorgen, 2004）。挪威使用的評估指標與過去單純的ADL和IADL等不同，其特色是評估服務的密集性。

　　美國緬因州係由州政府補助居家照顧（Home based care, HBC），成功的分配資源給有照顧需求的消費者。不過早期Weissert、Cready與Pavelak（1988）卻指出居家和社區照顧資源並未確實配置到眞正有需求的人，以至於有浪費資源和不公平的情事發生。緬因州因此致力於分配資源給眞正需要照顧的人身上。Gianopoulos、Bolda、Baldwin與Olsen（2001）分析該州受照顧者的功能層次與所接受服務間的關係，發現層次越高，所需的服務時數確實越多。前述研究區分居家服務有四個功能層次（four levels），如表6-1。

表6-1　居家服務四個功能層次

層次	內容
層次四	為最高層次，係指符合住進醫療補助護理設施的層次，包括： 1.一週需要7天技術護理的服務（skilled nursing services）； 2.一週需要5次或更多的治療（therapies）； 3.需要高層次ADL三項或更多項密集性協助，如：移動（locomotion）、上下床（bed mobility）、位移（transfer）、進食（eating）和如廁（toilet use）及； 4.ADL混合認知受損、行為問題或需要技術服務。
層次三	係指： 1.需要兩項或更多ADL身體方面的協助或； 2.3項或更多IADL。
層次二	係指： 1.一個月有一次護理需求或； 2.至少2項ADL有限的協助（limited assistance）。
層次一	係指： 1.每天在穿衣、飲食、如廁和沐浴方面需要提示性支持（cueing support）或； 2.一項ADL或2項IADL或混合ADL與IADL需要協助。

資料來源：Gianopoulos, Bolda, Baldwin, & Olsen (2001)

　　Gianopoulos（2001）等人的研究指出服務時數確實與功能層次有密切關係，如果服務眞正能導向高度需求者，資源才能做更公平和合理的分配；另外，其研究將需求依層次分類，在需求評量時概念上更清晰，也能更正確定位與

提供服務。緬因州的服務指標確實值得參考。同樣的，若臺北市居家服務能建立依據需求層次分類而予以不同資源配置的機制，則在整體資源上會更公平也會更有效率。

　　早期，臺北市政府社會局在提供失能老人照顧服務時，首先必須經過評估人員初評，根據「臺北市長期照護個案需求服務評估表」，擬定服務配置計劃，此評估表包含五大項目（臺北市社會局老人福利科，2005a）：

　　（一）基本資料；

　　（二）健康狀況（包括生理／心理／認知）；

　　（三）日常生活活動功能及居住環境評估（包括IADL／巴氏量表／柯氏量表／行為評估／個案居住環境評估）；

　　（四）照顧者評估（包括照顧者負荷量表／照顧品質）；

　　（五）個案及家屬之需求及建議。

三、老年案主服務評估的特點

　　在為老年案主設計照顧管理（care management）計劃時，應以案主為中心，分別從家庭環境、社會、生心理狀況、健康狀況等四項要素來做照顧規劃（吳淑如、邱啓潤，1997）。對老人提供居家服務之前，評估人員需進行事前綜合服務需求評估（pre-service comprehensive needs assessment），先了解老人之年齡、身體功能、行動能力狀況、罹病狀況、婚姻狀況、家庭關係、可用之照護資源、經濟收入、教育程度、個人接受居家服務之意願、被照顧方式之偏好、照顧時間之安排、思考清晰之程度、身心障礙程度、居住狀況、付費意願、家庭照顧使用狀況等背景因素；再配合醫療診斷資料，包括：醫療照護使用量、疾病數、營養狀態、家庭環境、社會支持狀況、藥物服用狀況、生理檢查狀況、社會心理狀況、受虐狀況等，以決定老人需要何類之居家服務（林珍珍譯，1996；章殷超、李宇芬，1997；徐慧娟、吳淑瓊，1998）。但居家服務評

　　估在過去一直被批評爲：全以機構願意提供之照顧服務項目爲主要考量，全然忽略應以老人之利益爲取向；就此方面，評估者要注意的是：要確定何者才是老人眞正所需之居家服務？（蔡啓源，2000），許多近期的研究都強調案主必須參與照顧計劃擬定的過程，評估人員需要考慮評估過程中案主所表達的意願（Corazzini-Gomez, 2002）。

第三節　需求轉換成服務－資源配置的決策

　　談到失能老人健康照護資源的配置（resource allocation），以美國將病例組合應用於護理機構發展出資源耗用群概念（Resource Utilization Groups, RUG）version III。RUGs 使用統計技巧，依病人臨床特質、資源使用、護理人員時間操作多寡將病人分類，形成的分類不僅在統計上有意義，在臨床上也有意義。整個系統包括七個主要臨床群組，照顧成本由上而下區分為：復健、密集性服務、特殊服務、臨床照顧上複雜、認知受損、行為問題以及身體功能受損（Carpenter, Ikegami, Ljunggren, Carrillo, & Fries, 1997）。目前由於居家服務照顧素質未能標準化，不易執行非常精密的研究，再加上計算資源耗用群需要大量個案，以臺北目前要使用資源耗用群概念於居家服務，仍有困難（王正、周麗芳，2002）。

一、如何決定老人所需的服務

　　前述有研究指出當案主表現出被動且感激居家服務提供（passive and appreciative）時，其配置到的服務比那些拒絕居家服務的人配置到的居家服務更多（Corazzini-Gomez, 2002）。可見決定服務內容與數量並不單純受案主收入和失能程度的影響。換言之，個案管理員所做的服務之決定，並不全然可由案主特徵預測，一些非案主因素也會有影響。

　　Hennessy（1987）曾質化研究在On Lok 老人健康中心如何依據風險和資源將服務配置給失能老人的服務配置決定，三個個案的狀況對服務配置很重要：

　　（一）案主狀況的穩定性，特別是指醫療狀況的危險性（precariousness）；

　　（二）案主的可管理性（manageability）；

　　（三）案主和照顧者的照顧能力（caring capacity）：也就是案主非正式支持和自我照顧能力的程度。

　　其他如冠狀動脈心臟問題、糖尿病、易跌倒、失去主要照顧者或才從醫院出院等均會增加風險。在決定時，提供服務之機構資源也會影響決定：

（一）物理限制（physical limits）：有無證照、個案負荷量、現有服務量；

（二）人力限制（personnel limits）：機構的服務人力、每位服務人員的個案量；

（三）賣方限制（vendor limits）：機構使用購買服務的能力（在此與預算規模相似）。

　　Hennessy（1993）採用短文描述式研究（vignette-based），發現機構的環境（例如某一特殊資源之有無）和個案管理員的特質（種族、專業訓練和年資）會影響居家照顧計劃的擬定；而在個案相關特質方面（案主現在使用的何種非正式協助、與照顧者關係的可管理性、案主的功能限制和能力、醫療問題的可控制性、是否有非正式照顧無法處理的問題）也會影響其決定。惟，這些研究都是以整體聚集式居家照顧服務爲基礎，並未檢視服務類型的差異。Diwan、Berger與Manns（1997）檢視不同服務類型的決定因素，年齡大、獨居或僅與配偶同住增加使用居家照顧的機率，而認知受損減少使用居家照顧的機率；收入高、有接受IADL的非正式照顧減少使用護理照顧（RN），疾病數多則增加PADL（primary activities of ADL）的照顧；PADL限制多、接受非正式IADL、接受RN增加使用居家護理和個人照顧協助的機率。在服務數量（volumes）影響因素方面，居家照顧訪問次數越多，越增加護理服務的數量；PADL限制越多、疾病數越多，越增加居家護理或個人照顧服務的數量；居家照顧（home care）則不顯著。Diwan（1997）等人可以說首先檢視不同服務類型和數量的影響因素。

　　基本上在做個案管理時，很少詢問案主的價值與喜好。居家服務是很親近、和個人化的關係，協助老人個人照顧和日常生活，不可避免的形塑老人的生活。再者，居家原是許多失能老人嚮往的生活，但是居家卻需要被不認識的人照顧身體或私密的生活決定（做什麼事、吃什麼食物、理財）等，並非所有老人所喜歡的。尊重老人喜好是現在長聽到的口號，但讓老人參與照顧的決定，卻常被忽略。Degenholtz、Kane與Kivnick（1997）曾研究案主居家服務的喜好。希

望個案管理員要了解案主喜好後再做服務提供的決定。需要被考慮的案主喜好有：

　　（一）日常工作；

　　（二）有無特別活動想參與（activities）；

　　（三）計劃未來事件（旅行、過節慶）；

　　（四）避免疼痛；

　　（五）自由或安全；

　　（六）隱私性的重視面；

　　（七）居家的標準；

　　（八）考慮照顧者的人格等。

　　一般人在做決定的時候，多會考慮還有什麼其他可行途徑？又，在眾多可行途徑中，根據什麼原則選擇其中的一個？Young（1981）更指出決定是要考慮三個問題的：

　　（一）做決定時有什麼其他可替代途徑（alternatives）？

　　（二）有什麼標準可以用來挑選這些可替代的途徑？

　　（三）決定過程是什麼？所使用資訊的原則或操縱決定的原則有哪些？

二、服務的充足性

　　居家服務產業不斷成長，居家服務提供的品質也逐漸受到關心。Donabedian（1992）使用六項指標評估健康醫療的品質：效果（effectiveness）、效率（efficiency）、成本效益（cost-effectiveness）、接受度（acceptability）、合法性（legitimacy）和公平（equity）。Ory和Duncker（1992）則認為品質應包括照顧的充足性（adequacy of care）。Morrow-Howell、Proctor以及Dore（1998）認為充分性是服務滿足協助需求（need for assistance）的程度。服務需求和服務被滿足之間的差異在方案計劃配置資源中非常重要。資源的提供就是要將服務傳遞給

需要的人，讓他們需求得以滿足。換言之，照顧的需求能被充分滿足就是品質的表徵之一。在居家照顧領域中，老人的日常生活功能（ADL）和補充性日常生活功能（IADL）得到適當的協助，即表示照顧有適度的充分性。以下檢視幾個關於照顧充分性的研究。

　　Manton（1989）分析1984年老人長期照顧調查資料，發現ADL未滿足的盛行率從1.4%（進食）到27.9%（如廁），總共有高達1/3的65歲以上老人表示其ADL未獲滿足。Tennsdetd、Mckinlay和Kasten（1994）也報告有1/10的受訪老人至少有一項ADL身體照顧未獲滿足，而未獲滿足則和障礙的程度有相關。Mayur、Harold與Julie（2001）研究指出其研究的個案中有1/5（20.7%）至少有一項ADL照顧需求未獲得滿足，而ADL需求未獲得滿足與低收入、獨居、及ADL障礙程度有顯著相關。未獲得滿足的項目中，以「沐浴」爲最高，「進食」最低。經其加權後，則以「位移」（20.1%）占最高，而「進食」（10.2%）仍然最低。在ADL照顧未獲滿足者中，有近半數有負面的影響，例如增加醫療及社會福利服務的不當使用以及出現憂鬱現象等。另外，由於有些老人因疾病、語言障礙等無法表達，由代理人回答。值得注意的是，代理人較少提出個案在ADL需求上未獲得滿足，可能是擔心外界質疑他們照顧的充足性和品質。由此也可以得知，老人親自回答和照顧者或其他專業人員回答，都可能有不一樣的評定。

　　Morrow-Howell、Proctor及Rozario（2001）比較居家照顧接受者和專業人員在服務充足性上的看法。老人採電話訪問，專業人員則到老人家裡親訪並實際觀察。整體而言，專業人員評量的照顧充足性顯著低於由老人親自回答的評量（排除由代理人回答者）。照顧的充足性，不論是案主或是專業人員，都和老人與照顧者是否同住以及照顧者的健康狀況有顯著關係。換言之，有照顧者同住者或照顧者健康狀況較好，其照顧的充足性較高。老人評定有較高的照顧充足性，研究者認爲與老人希望維持當前的生活情境和保持獨立性有關，另一方面也可能因爲老人不願意批評照顧提供者和家庭照顧者。在分項評定照顧的充足性時，13項ADL和IADL照顧項目，有四項人數太少無法做統計外，三項未達顯著，其中專業人員評量「交通」的照顧充足性較高，而老人則在沐浴、購物、

財務管理和家事服務方面評量照顧充足性較高。另外在評量ADL和IADL功能時，兩方面也有不同看法，除了備餐和家事服務兩者無顯著差異外，專業人員在「沐浴」功能評量上高於老人的評量，可能是老人怕在洗澡時跌倒而採取較保守的評量；其餘項目老人則均高於專業人員評量。

　　由此可見，不論在日常生活功能或照顧充分性方面，老人自我的評量與專業人員的評量均有不同，一般而言，政策之利益相關者（stakeholders）都可能持有不同的觀點，專業人員的判斷和老人的判斷因有不同利益和考量自然會有不同的評量。本研究也希望從照顧充足性看，進而檢視其可能的影響因素。

三、居家服務時數核定參考標準

　　需求評估蒐集完整資料之後，根據評估決定服務配置時，如何將評估轉換成服務項目？有何參考依據？臺北市政府社會局提供評估人員幾個核定原則：
　　（一）居家服務以提供補充性、基礎水準服務為原則；
　　（二）以個案需求為前提核定，在依身分別確定其補助標準，核定的時數應　　　　　該不因其身分別而有差異；
　　（三）特定服務項目及時數的核定應對照巴氏量表中特定項目程度核定；
　　（四）原則上評估以案主需求為導向，非以案家需求為主要考量。
　　居家服務核定時數及頻率參考如表6-2所示。

表6-2　居家服務核定時數頻率參考表

服務項目	服務時數（次）	服務頻率（週）
家務處理		
沐浴＋衣物換洗	1-2hr	1-3次
環境清潔＋其他服務（如洗澡、關節運動等）	1-2hr	1次

服務項目	服務時數（次）	服務頻率（週）
友善訪視或陪伴	請結合其他資源處理，較不鼓勵提供本項服務	
煮飯	1hr	最多3次（超出此需求者，是當地資源，可考慮結合送餐服務）。
買菜+代爲購買	0.5hr（偏遠地區例外） 1hr	2次 1次
身體照顧		
翻身拍背+關節活動	0.5hr	視個案需求（參考巴氏量表）及個案疾病。
陪同就醫	4hr	視個案需求
陪同散步	0.5-1hr	1-2次

資料來源：臺北市社會局老人福利科（2005b）

　　惟，服務以時數計費，難以反映個案的失能程度和服務的難易程度（陳正芬、王正，2007）。

　　居家服務項目與時數的分配，符合社會正義之原則，以個案需求爲前提，依照需求的強度，再依身分別給於補助，並不因爲身分別而有所差別。

四、影響居家服務評估因素

　　進行居家服務評估時，除了評估量表選項的勾選外，與案主、案家之間的互動、機構資源有無等因素，都會影響需求評估。

　　有研究發現家戶型態也會影響到居家服務的需求評估，獨居會比非獨居者需要更多的居家服務；案主本身的生理功能、認知功能、社會能力都顯著的影響居家服務的配置（Langogen, 2004）。曾有研究指出，當案主表現出被動且感激居家服務提供（passive and appreciative）時，其配置到的服務比那些拒絕居家服務

的人配置到的居家服務更多（Corazzini-Gomez, 2002）。另外機構資源的有無、案主是否有非正式幫助、照顧者與案主之間的關係；案主的身體功能與能力、醫療問題的可控制性都會影響照顧計劃的擬定（Hennessy, 1993）。在提供適切公平的照顧資源分配時，有幾個影響因素，專家的意見、個案管理者的價值觀、案主社會網絡和家庭網絡、案主健康狀況、案主自身表述，都會影響資源配置（Fraser & Strang, 2004）。

另外國內梁秀青（2002）研究訪談六位醫務社會工作人員，發現處遇問題的判斷訊息來源包括個案的陳述、照會者的訊息、社工員的觀察與評估、社工員自身的生活經驗與處遇經驗，社工員的直覺。陳佳惠（2003）也用深度訪談的方式訪問居家服務中心的社工人員，了解其進行老人居家服務需求評估時的重要考慮因素。有五個重要發現：

（一）發現社工人員在實際進行老人居家服務需求評估時，首先評估的是老人的家庭照顧功能，反映出社工人員認為老人的照顧工作乃是家人應盡的責任及義務，居家服務乃是一種補充性的服務而非替代性服務。其次評估的老人生活環境中，鄰里的協助狀況，最後才是進行老人自主能力的評估；

（二）社工人員在評估老人所需的居家服務內容，習慣經由會談、家訪、轉借單位的告知等多方面資料蒐集以決定老人的居家服務內容。除非是早年社會經濟地位較佳的獨居老人或自主能力較高的老人，才會主動表達本身所需的居家服務內容；

（三）社工人員在決定老人居家服務時數方面，主要是依照居家服務員實際提供服務項目所需的時間，除非老人主動反應，再調整服務時間；

（四）老人身體狀況及家庭狀況都會不斷改變，此時定期的評估及居家服務員在服務過程中的回報便顯的格外重要；

（五）居家服務內容及時數的決定，居家服務中心的社工人員為主要決定者，老人本身對於居家服務的使用與選擇實際上是較被動的。

因此老人所接受服務的內容及時數均是依據社工人員至案家訪視時所觀察到

　　的情況而決定，由此可見社工人員在決定老人的居家服務內容及時數享有相當大的自主裁量權。

　　在評估蒐集資料的過程中，除了一開始基本的評估面向以及量表的勾選之外，實際上在與案主、家屬、相關專業人員的互動中，也會影響評估的結果。從上述相關研究結果可以發現，影響評估的因素可分為五方面：

　　（一）案主因素：包括身心健康狀態、接受服務的意願、案主特質、案主自
　　　　　身的陳述）；

　　（二）相關專業人員提供之訊息：包括照會單、轉介單、居服員回報；

　　（三）社工員本身：包括生活經驗、處遇經驗、直覺、價值觀；

　　（四）與案主實際接觸的互動過程；

　　（五）機構資源。

　　評估是一個動態的過程與互動，有哪因素會影響評估結果？如何將評估的結果，轉換成居家服務配置計劃，這是一個如何決定的過程？又有什麼因素會影響居家服務配置的決策？

第四節　居家服務配置的決策

　　在社會工作中，不同於一般的決策模式，從社會工作實務層面來看，實務決策的考量有兩種方式，一是直覺，另一是分析。以社工員的工作資歷來探討這兩種方法的運用。直覺是專業判斷上相當重要的部分，但是缺乏相關經驗時運用直覺是危險的（O'Sullivan, 1999）。

　　在胡中宜（2003）的研究中，將決策模式分為四大取向：

（一）「制度價值」取向模式：專業人員從事決策過程中必須有其規範性制度性的參考架構，如法律常是反映社會價值的重要性意涵一般。

（二）「動力過程」取向模式：決策是由「察覺到一個待解決問題的存在」而開始的一連串思考和行為的過程，察覺、描述、界定確認、規劃、選擇、結果的一種過程。

（三）「正義指導」取向模式：決策是建立在「正義」的論述上，做任何的決策應與正義的原則與程序相連結與指導。正義被看成統合性的規範性指導原則，在決策中包括社會公平、倫理、價值與處遇作用。

（四）「認知模式」取向：決策是認知的一連串過程，過程中考量所有情境，計算累積效益及結果，做出合宜的決策行動，從「認知因素」出發，思考決策過程如何變化。可分為「補償模式」與「非補償模式」；「規範式」與「描述式」兩大模型。

　　在照顧管理的需求評定中，在確定資格之後該如何配置資源，政策上考量的因素通常包含了使用者危險或風險的程度、案主自我照顧的能力、照顧者的需求內容，以及為了維持基本生活品質所應具備的要件（呂寶靜，2000）。依據這些考量，社會工作者將需求評估轉換成服務配置的決策，經過理性的思考與判斷，遵循政策規範，在這決策的過程中，應特別重視「正義指導」之取向模式，決策應與正義的原則與程序相連結與指導。資源分配必須要符合公平正義原則，以實踐社會正義。

一、社會正義與社會資源分配原則

　　社會工作者在服務配置安排的的過程當中，必須要符合社會正義之原則，下面對於社會正義以及社會資源分配原則做些說明：

（一）社會正義

　　「社會正義」一詞，在不同時代有不同之意旨。一般而言，正義必須以人類生活的社會秩序為根基，泛指公正、公平之統稱，包含了形式、程序和實質的正義。有學者將之分為社會正義與個人正義，社會正義係指資源分配可以有差異，但人們「應得其所應得」；個人正義則強調「在平等中獲得生存與尊嚴」（內政部，2000）。

　　社會正義（social justice）是社會工作者的靈魂，社會工作專業追求平等（equality）、公平（equity）、自由（freedom）、分配正義（distributive justice）、利他（altruism）為目標，追求社會正義仍是社會工作者無可讓渡的倫理（林萬億，2002）；社會正義的實踐乃是透過公正的分配社會資源，社會政策的基本目標乃在於透過公正的分配社會資源，縮減社會的不平等現象，以實現社會正義（趙碧華，1993）；社會工作者除了積極為弱勢者爭取權益外，就是扮演著將有限資源做最有效運用的分配者角色，以實踐社會正義（林萬億，2002）。而社會資源分配的標準會因時代、場合等外在客觀因素及個人內在主觀意識之不同而產生差異，不過，公平、平等及需要三項皆為資源配置者所必須考量到的原則，只不過會因著實際的需求加以權衡與取捨（蔡貴美，1994）。

　　社會正義原則上是對有相同需求的個人，做均等的資源配置，但是由於每個人的需求在項目或種類上原本就有所不同，即使給予相同資源，並不一定能使每個人獲得滿足。因此，應依個人需求的程度給予相對應的資源，需求高者比需求低者獲得較多資源。這種資源不平等之分配，才能確保社會正義的原則。

（二）社會資源分配原則

　　如何公正的分配資源實踐社會正義？根據正義原則與個人需要，有三個較具體的分配原則（Beverly & McSweeney, 1987），如表6-3所示。

表6-3　資源分配的原則：基於正義與個人需要

原則	內容
第一原則	政府在分派資源時，於其職權範圍內，第一優先順序的工作是滿足人類基本需要的食物、衣服、住所，以確保所有人的基本生存權。
第二原則	所有對資源的需求（demands）和要求（claims），只有在滿足了下列條件中的任何一項，才是有效的與正義的： 1.在提升人道關懷的前提下，提供民眾食物、衣服及住所等基本需要； 2.有效資源的數量，是所增加的資源能夠有效地滿足隱藏在維持人性背後假設的需求。
第三原則	政府有責任確使「公平」（fairness）原則普及於資源的分派，且是依照第一、第二原則來分派的。

資料來源：Beverly & McSweeney（1987）

　　社會工作者在進行資源分配時，欲做有限資源做最有效運用的分配，要堅守正義的原則（林萬億，2002），如表6-4所示。

表6-4　資源分配的原則：資源有效運用的考量

原則	內容
平等分配	平等是指等同的分享（equal shares），不同於公平（equity）的「公正的分享」（fair shares），是人人得到一樣多。平等的分配有以下三種可能： 1.將現有資源平均分配給所有需求者，即使不能完全或適當滿足需求，至少是最公正的方式。 2.當資源少於需求時，資源又不能切割（如床位、托兒所名額）時，應先到先服務的方式。 3.當先到先服務的方式不公正時，應採抽籤方式，讓每個人都享有機會均等。

原則	內容
需求強度	首先，先解決生存的需求。接著，不同的對象有不同的需求，社會工作者要依需求類型與需求程度來分配資源。診斷、衡鑑、評估、鑑定就成爲不同的實施領域的專業，用來決定分配資源的工具或技術。對社會工作者來說，迫切需求者優先服務，需求高者多服務，無需求者不提供服務是不變的原則。這是公平的分配。
弱勢優先	弱勢優先本質上是一種補償（compensation）。Rawls（1972）在其所著《正義論》中，將積極的差別待遇列爲正義的第三個原則，列在自由、機會均等之後。當人類擁有同等的自由之後，接著要考慮同等的發展機會。但是，總是有些人無法與他人平起平坐，爲了達到公正起見，弱勢優先是不可獲缺的。弱勢者通常是先天條件不利者，如身心障礙者、老人、兒童、或後天受壓迫者，如原住民、婦女。對這些人的補償是給他們一種優先分配的特權（privilege）。
貢獻多寡	貢獻者獲得較多的資源分配式在制度式福利裡才會被接受的原則。除了在社會保險外，社會工作並不主張依貢獻多寡來決定資源分配。

資料來源：林萬億（2002）

　　根據上述的分配原則，評估人員在進行居家服務評估，與形成服務配置時，首先應該基於每個案主都有接受服務的權利；其次，根據案主需求強度的不同，給予相對應的資源，迫切需求者優先服務，需求高者多服務；最後根據弱勢優先的補償原則，依失能程度、身份別（低收入戶／中低收入戶／一般戶）有不同補助標準。這樣資源之分配，才能確保社會正義的原則。

二、影響社工決策的因素

　　許多研究中都指出，社工員在執行處遇的過程中，難免會涉入自己的價值觀，並非如想像中的那樣客觀中立（黃鈺倫，2000）；但是若以社會工作角度思考此一說法，社會工作及一種以價值爲基礎的工作，由於社會工作有其獨特的價值觀與信念，注重個別的差異和案主的自決，所以可能發生針對不同的個案，同一社工員可能有不同的作法，或者不同的社工員在面對同一個個案時，會

做出不同的判斷（黃鈺倫，2000）。

當某種專業在做決定時，可能涉及了鼓吹某種自己認可的生活型態的可能性（Miller, 1993）。社工員的自身經驗常常成為其接案過程中相當重要的因素。

影響個人價值觀的因素及其形成包含三點：（一）嗜好、偏愛、想像；（二）社會化的結果；（三）經驗累積。社會化及經驗累積，其實都是能在社會工作教育及訓練中影響社工員的（陳秉璋、陳信木，1990）。由此可知，社會工作者本身的經驗與價值觀，在決策過程中，占了相當重要的因素。

檢視國內相關文獻可以發現，缺少討論到影響評估人員服務計劃決定的因素，與決定過程較為相關的有下列幾個研究。這幾個研究，主要都是以兒童青少年為主要對象，面對倫理決策的議題、以兒童最佳利益的安置返家決策、兒童保護風險研判決策。雖然和本研究之人口群不相同，但決策同樣都是一連串的選擇的動態過程，也是需先經過完整的需求評估再做處遇的決定，而這些面向也是都會研究出影響決定的因素。因此，也可成為本研究之參考。

（一）有關兒童保護社工員決策的影響因素，可以從：

1. 個別案例的特質：包括兒童的年齡、性、兒童的心理社會功能、父母與兒童之間的關係、父母心理健康、父母對兒童的養育態度、父母個人行為等；

2. 工作員的向度：個人價值觀，由於缺乏做決定的標準，所以社工員常是基於個人的價值來做判斷。另外社工員以前的經驗與機構文化也會影響社工員的決策；

3. 系統的向度：系統的特質（characteristics of system）在決策過程中比個案的特質更有影響力，系統的特質包括了整個「決策」的標準，以及可取得的服務數量及品質。系統向度又可分為四種不同的因素（引自黃鈺倫，2000）：

   (1)機構的性質：機構次文化、機構環境因素、組織特性、財源類型；

   (2)資源的可近性：資源的有無；

(3)涉及決策中的人：同僚、家庭成員、社區中其他機構的人員；

(4)決策的標準：相關法規；

(5)實際的指標：根據理論和實務所發展出的判斷指標。

（二）有研究從決策脈絡方面，深度訪深度訪談27位兒童青少年機構相關
社會工作專業人員，將其影響因素分為（胡中宜，2003）：

1.情境因素：包括法律政策、社會位置、價值變遷、社會結構變
遷、經濟結構變遷、社會資源、文化脈絡等；

2.機構內因素：包括機構屬性、督導風格、主管權威、組織文化、
科層大小、法規要求等；

3.機構外因素：包括其他專業、民意代表、社會輿論、新聞媒體
等；

4.同僚因素：包括同僚的立場、同僚同質性、同僚的經驗等；

5.決策者因素：包括年資年齡、經驗法則、過去經驗、生命經驗、
臨場判斷、繼續教育、家庭經驗、生活壓力、職位轉換、價值差
異、結果承擔、福利意識、個人偏見、態度開放、閱讀內化、文
化意識等；

6.案主因素：案主差異需求、需求的立即性、家庭後續能力、監護
人的告知、告知接受程度、案主經驗接近等。

（三）另外有研究以案主為主，以及和案主相關之關鍵人物與體系，深度訪
談14位兒童保護實務工作者整理五個影響面向（黃鈺倫，2000）：

1.兒童方面：包括兒童的意願、兒童的自我保護能力、兒童的年
齡、兒童在家中承擔的角色、兒童的長期身心發展、父母跟子女
間的依戀等；

2.父母方面：包括父母改變的意願、施虐因素的改善、基本的生活
照顧、工作的意願與穩定、對子女的管教態度、承認自己有虐待
或疏忽兒童的情形、對父母親職角色的認知及態度、另一個父母
的保護能力、父母親有無責任感／父母親的意願、能夠尋求資源

的協助、施虐者不在家中等；

  3. 家庭方面：是否有其他支持系統的資源；

  4. 其他影響：督導及同事的意見、後送機構的管理、外在資源介入、輔導老師的評估、施虐者訴諸法律的能力、施虐者父母催促的壓力、協助社工員的資源不足、法官的介入與施壓、法律程序：對於是否順利剝奪監護權有所疑慮、民代關說等；

  5. 社工員本身：社工員先判斷施虐者是否可以工作、社工員自己的價值觀。

（四）也有研究從風險研判方面，深度訪談七位兒童保護實務工作者整理出四個主要決策依據（許如悅，2000）：

  1. 受虐待狀況因素：包括虐待類型、受虐史、受傷部位、受虐頻率、使用的器具、方法、手段、受生活照顧狀況、受施虐者威脅程度；

  2. 兒童因素：包括年齡、身心狀況、自我保護能力、問題行為、兒童對受虐待的看法；

  3. 施虐者因素：包括生理、智力或情緒能力、對兒童受虐的態度、合作意願、酗酒與藥物濫用狀況、暴力前科、親職能力；

  4. 家庭因素：包括壓力與危機、支持系統、生活環境；

  5. 其他因素：其他專業資源的介入。而其中最重要的四個研判指標為此次受虐事件中的受傷程度、兒童的自我保護能力、家庭的支持系統、以及施虐者的態度。這四類指標重複的被提出。

根據決策結構以及相關研究整理，整理歸納可以將影響因素分為三個大方向：

（一）案主體系（包括案主特質、生理心理狀態、支持體系等）；

（二）評估人員本身（包括價值觀、相關經驗等）；

（三）環境因素（機構、政策法規、專業相關人員等）。

在這整個影響決定的脈絡之下，評估人員對於評估到服務配置的過程，是怎

樣的一個思考流程？思考的順序和判斷依據又是什麼？本身所秉持的價值觀念以及決定的首要原則為何？這是一個複雜又動態的過程，需要透過深度的探討以及對話，希望找出影響評估的因素以及服務配置決定的思考模式，以達社會資源公平正義之分配並實現社工職責。

第五節　居家服務決策的實證研究[1]

　　臺北市政府社會局在提供失能老人照顧服務時，根據「臺北市長期照護個案需求服務評估表」的評估結果，擬定服務計劃，當中包含個案基本資料、健康狀況（生理狀況評估／心理評估／認知功能評估）、日常生活活動功能及居住環境評估（IADL）除了既定的項目之外，還有哪些面向，可能是評估表上無法呈現，或是評估人員會去特別注意的。

　　十年長照計劃實施之前的居家服務評估係由地方社政單位負責評估，實施以後則由長照中心負責，評估的考慮因素並不會因為主責單位改變而有不一樣。評估也並非僅以居家服務為唯一的服務提供，均可能考量各類因素而提供其他類型的服務。惟以下仍以居服評估為主，提出評估時的考量。臺北市老人服務中心共14處，以選取各中心資歷最深之評估人員為原則，共訪問14位。而社會局四科，主要由三位科員負責審核服務計劃，擔任資源分配把關之角色，如何審核服務配置計劃之決定為重要之關鍵，因此也為本研究之受訪者。經由訪問評估人員及社會局審核人員，兩者交叉比對，增加研究準確性，本研究對象共17位。雖然評估制度已有改變，但是考量面向和訪談時考慮點大致相同，因此仍以當時實證研究為參考面向。

　　以受訪者最高學歷為依據，其中大部分為社會工作系畢業，共11位；護理科系畢者2位；社會工作相關科系、教育科系、社會工作所、社會工作相關研究所各一位。在社會工作系畢業的一位受訪者，兼有護理背景。每位受訪者都有3年以上的社會福利機構相關經驗之年資，其中3到5年的有6位；5至10年的有4位；10至15年的有5位；15年以上的有2位。有些評估人員，除了社會工作領域的服

---

[1]　本節部分實證資料係摘錄由本人指導之碩士論文徐佩宜（2006）《從評估到決定：居家服務配置與核定過程之研究－以臺北市失能老人居家服務為例》。該論文係以本人申請之國科會未通過之專題計劃－《失能老人居家服務資源配置的決定與服務充足性之研究》為其論文執行之主題。

務經歷外，有兩位評估人員曾經在居家服務單位工作，兩位評估人員有臨床護理的經歷。

以居服評估年資而言，1998年起政府規定各地方政府設立居家服務支援中心以提供居家照顧服務。臺北市立即提供居家服務並擴及於一般戶的使用，2004年起進入老人照顧服務系統之個案皆須接受由各區老人中心之評估人員專業之失能評估，讓照顧資源得以有公平且合理的分配，且居家服務配置計劃需經過社會局四科之審核，才能提供居家服務。因此根據這不同的時間點，將居家服務評估年資區分為1至3年為較資淺之評估員（即2004年審核制度推行後之評估經驗）計有五位；其次為3至5年評估經驗較豐富之評估人員計六位；再來為5年至7年的資深評估人員有三位；而8年以上者計有三位。

一、全面整體性的評估

（一）生理方面的評估

在生理方面的評估，特殊病症以及是否有醫生鑑定和移動能力，是評估人員在進行評估時會去特別注意的。

1. 特殊病症的狀況

特殊病症，像失智症、帕金森氏症，可能因為病症的關係，會產生一些特殊的行為表現，而這些細微的改變，在評估量表上無法得知，因此在安排居家服務項目以及時數需要特別的考量。

如果他是失智症患者，完了，兩小時可能不夠，因為你兩小時只能把他衣服卸下來，失智症患者很不愛洗澡，失智症患者你可能考慮到程度，比如說他有部分自主能力，指示他他會脫衣服，或是他半癱，癱可能又分不同情形，屬於僵直性還是比較癱瘓型的？僵直性的幾乎很難擺動，還有體型、男女生、他的習

慣，考量因素很多，都有些依據……（13,p5,L36-39;p6,L1-3）

　　的確是有很多個案，因為失智的狀況，有比較特殊的服務項目衍生，比如說要提醒他刷牙洗臉，提醒他吃飯，可能一般失能個案不用這樣，他的服務可能要切割的比較零散，或是說像這樣的個案，他到最後家屬會是希望一個安全維護或是陪同性的需求，我們就比較沒有辦法提供，會建議他去日間照顧中心。（A,p9,L31-35）

　　像帕金森氏症他很容易造成後續的像是失智的問題，這個在評估當中是比較需要考慮進去的……這些細微的改變，是認知量表上無法看出來的，甚至這些些微的改變家屬也沒發現，會帶入會談中，評估中來詢問，這些的改變有可能在後面的綜合建議，也會影響到是否要給他……在訪談之中其實就可以感受的到，他好像有點輕微的記憶力的缺損，還不到失智喔，缺損而已，他可能常常忘記這些事情，家屬也沒發現，家屬可能覺得這老人家很煩常常誤會他，那我可能就有這樣的警覺性。（3,p2,L29-39;p3,L1-2）

2. 醫院鑑定之證明

　　因為只有一次的評估，有些病症如失智症，可能無法再一次的評估當中了解失智的程度與狀況，希望可以有醫院專業的診斷證明，確保案主得到補助的資格，這也是維持案主權益的一種方式。

　　失智老人評估比較困難，因為他不是隨時，可能有階段性，很多時候去評估時候，家屬可能說他是失智老人，當我們去評估的時間他是好的，問他什麼事情他都ok，那如果說以這個來判斷就不符合，一般來說如果家屬說有失智現象，會請他去醫院來鑑定，拿證明，這也會做一個參考……會希望家屬先去醫院鑑定，也是為了案主的權益。（11,p1,L34-39）

　　因爲失智初期必須要先診斷，確定達到社會局的資格，有部分要用問他的，知道他有哪些東西會忘，忘了就無法達成，再評估裡面做説明。有遇過他是你問他之後下一次在問他一樣的問題他有不同答案，這部分通常就是要靠請醫生鑑定，他到什麼程度，這部分有時候就比較依賴社工員的經驗，目前有哪些需求需要先給他的。（10,p7,L15-19）

　　因爲如果説，那部分也是<u>以身心障礙手冊爲依據</u>，比較希望是有手冊作依據，或是有這樣的現象出現，<u>因爲有些行爲可能會有更多的需要出現</u>，像失智症可能會晚上不睡或是常常自己跑出去，把糞便到處塗在牆壁上，這些一定是需要更多外力協助，所以依據是這樣子。（6,p2,L17-20）

　　<u>有特殊狀況的話，會希望有醫生證明，比較能夠去説服四科説他確實沒有辦法做</u>，比較特殊的個案啦。因爲我們會比較站在説有一個服務的提供延緩他的退化，不是説他眞的嚴重到不行，才去做一些補救式的在再進去，希望説在還沒到那麼嚴重時候進去幫他做一些比較吃力的工作，讓他至少保持在這程度，不要再嚴重下去，更嚴重你勢必要再提供更多的。（8,p5,L2-7）

3. 移動能力

　　移動能力，是一個重要的生理評估依據，移動能力會影響到生活照顧的每個動作。

　　<u>第一個就是説他的活動，活動能力</u>，因爲有些是臥床的有些事實上是可以自己走，可是如果你是口述而已家屬當然是希望政府可以補貼時數越多，會把他嚴重化，有一種方式就是是説，先進去看一下長輩的狀況大概跟他虛寒幾句問他一下，他目前覺得哪裡不舒服？走路可以嗎？現在都是怎麼走的？是不是需要助行器？有的是説我只要拿柺杖或是雨傘就可以走路，就是先去問主要使用居家服務的那位長輩。（1,p1,L23-28）

一進門我會去看說他舉手投足包含走路的時候，有些長輩是下床幫你開門的，行動能力會影響到生活照顧的每個動作。（10,p2.L25-27）

（二）心理方面的評估

心理方面的評估在評估量表上是比較無法看出來的，有時案主甚至不願意說出，所以用些病痛來表示其需求，其實隱藏著是希望家屬陪伴的需求，這就需要靠評估人員的評估經驗，來了解案主的心理狀況。

心靈層面的部分，家屬會覺得他為什麼不能做，以前可以現在不行，可是這整個的關聯只是在情緒的障礙上面，比如說他已經覺得說我非常的依賴家裡面，我已經癌末，我現在唯一需要的就是家人，你現在給我居服員我不要，他在話語中會透露出來，他會想依賴跟家屬有多一點的時間，甚至不想有外人介入，他不會這麼直接說，但是如果是一個沒有經驗的社工員，可能不會覺察到這樣的訊息。（3,p3,L2-7）

評估表上的部分大致上說起來已經很詳細了，但是他的部分都還是比較偏重生理的部分，心理的部分很難去評估，他有一個心理功能量表比較傾向憂鬱的部分，但是我覺得這部分很難評估，那完全是按照案主的主觀，實際上我就覺得他的狀況應該是屬於比較嚴重的，但是案主不會願意承認，這部分就比較困難，那通常我就會藉由跟他多談一點他跟其他家屬親族之間互動的情況，來作一個我自己的評估。（12,p1,L38;p2,L1-5）

（三）家庭支持系統

家庭支持系統方面，主要判斷的依據是獨居與否以及家庭關係良好與否，這兩個方面，將會影響到服務提供的項目和時數。

1. 獨居與否

獨居主要是看有沒有家屬同住，或是家屬可以幫忙，通常如果沒有結婚、沒有小孩可以獲得比較多的協助。

所謂的獨居是看他有沒有家屬，如果他今天有家屬只是沒有同住那也會考慮到，如果說獨居今天是一個完全沒有任何家屬，沒有結婚的老人家，那部分資源的介入會比較多。（11,p6,L28-30）

獨居的話，有分很多種情形，雖然一個人住，小孩對他支持還是很夠，那這個不擔心，另一個是他有小孩，但是小孩跟他關係疏離，或是根本沒有小孩，這兩種就要去協助他。（6,p6,L2-4）

就是說如果同樣身體狀況差不多類似的，可是他獨居或非獨居他的需求會不太一樣。在家務部分，如果長輩真的有這樣的需要，在家務部分，會有協助，如果今天和家屬同住有主要照顧者在家務部分就不會獲得協助。（7,p5,L9-11）

通常是失能又獨居的長者會考慮的更多面向，另一方面還有些居住安全的問題。可是我們提供他的頻率會多一點，時數也許不會太多，頻率畢竟他獨居，會希望常有人去短時間去探望一下他的狀況。（9,p5,L32-34）

2. 家庭關係良好與否

家庭關係也是一個重要的因素，家庭關係是否良好，家人是否可以提供協助，如果家庭關係狀況不佳，也會獲得比較多的協助。

會先去了解為何他的家人不能提供相關協助，因為家庭關係也是我們會去注意和協助的部分，如果同住，除非他家庭關係真的非常糟糕，也許才會視同他為獨居長者，不然也會從家庭關係著手。（9,p5,L36-38）

　　家庭關係的部分，也會是影響服務計劃的部分，因為有些可能有家屬同住，但是互動關係很糟糕，像我最近在處理一個，案主和子女之間的溝通方式是互相叫罵的彼此攻擊的，那樣的互動，雖然他們是同住在一起的，可是那樣子就會說，他的家庭支持系統就會，他的功能相較之下會比那種其他家庭關係ok的他的功能較低，在服務頻率上面，可能就比較高。（7,p6,L26-30）

　　是因為家庭關係的惡化，長輩會用消極的抵抗，不吃不喝，不吃女兒準備的東西，整天都在床上，整個心情，心理狀況、生理狀況都down很多……整個關係就更衝突，考慮到這個部分，服務的頻率又增加，把一些之前是主要照顧者做的部分讓服務員去做，比如像是備餐。（7,p7,L14-20）

（四）居家物理環境之狀況

　　觀察案主居家物理環境之狀況，可以了解案主自理能力；是否有可使用之設備如洗衣機，可以減輕案主洗衣之負擔：或是需要環境之改善及相關之輔具的安排，協助案主日常生活，透過居家物理環境的改善，也許就可以降低居家服務使用之需求。

　　看居家環境在分辨的是說，長輩的行為功能可能可以做到，或是真的應該沒辦法做到基本的環境維護，包含他服裝衣著，大概就可以知道說，身體不舒服，除了可能行動可能ok。（10,p2,L31-33）

　　還有他的家庭環境，比如說他覺得需要人家幫他洗衣服，但是看到他有洗衣機，會詢問他使用洗衣機的可能性，他覺得他衣服也不多，或是洗衣機也洗不乾淨，那會覺得說這是他主觀的認定，會再告訴他建議他可能量不多啦，建議他累積衣服的量，其實也建議他說用洗衣機洗還是可以達到清潔的功能。（9,p2,L13-17）

　　有些是，他覺得他起床、椅子躺臥有困難的話，會去評估他的居家環境是不是需要輔具的協助或是一些相關的物理治療師、職能治療師的一些評估跟建議，如果說這些功能這些服務能夠稍微協助他做一些觀察的話，他使用居家服務的需求性可能會降低。（9,p2,L17-21）

（五）其他社會資源的有無

　　了解案主其他社會資源介入的程度，如樓長鄰里互助、醫院、志工，各相關單位的互相合作，這些資源可以提供案主到什麼樣子的程度。

　　有哪些非正式資源介入，我怎樣跟這些單位一起合作，舉例來說，也許有些東西他還沒有合併……或是說他真的沒有家人的部分，安排機構部分是他們來安排或是醫院來安排。（13,p3,L29-34）

　　主要照顧者希望把案主送機構，但是案主強烈的非常不希望住機構，這也會影響到服務計劃，我這邊會考慮到案主的意願，因為他真的不想住機構，這邊會尊重長輩的意思，還是看在社區裡面的資源可以提供到什麼程度，現在的部分還是以居家服務的部分如果長輩有意願住機構才會考慮到機構這部分。（7,p7,L37-38;p8,L1-3）

　　樓長鄰里互助這是去年才慢慢長出來的，之前其實是很隱形的，可能有幾個人跟這個人比較好，有一部分人會幫他，其他長輩也會有沒有資源進駐的狀況，就動用比較多志工資源的部分。（10,p6,L12-15）

（六）評估面向之順序

　　在評估表既定的面向當中，評估員主要的評估面向依序是如何呢？可以發現，大部分的評估員，最主要是依照生理的狀況，看案主的失能程度、巴氏量表

來考量他的需求；再來會看案主的家庭支持系統；另外再配合觀察案主居家環境狀況、可用之其他資源、案主之意願、經濟能力來進行評估。

　　失能面向大概基本上從他的失能程度，巴氏量表來考量他的需求，另外就是家庭支持系統，周遭可以運用的資源，可能的狀況下也是會配合長者的意願，提供相關的服務。（9.p10,L38;p11,L1-2）

　　生理功能看完就會了解他的疾病狀況，因為在綜合建議上面都會敘述發病狀況、就醫情況，這些居家照顧服務員也想要了解，才比較好照顧，還有就是家庭支持系統，目前是誰在照顧，照顧狀況是怎樣，有些是夫妻同住，除了奶奶照顧之外，其他家屬是否會協助，一般如果說你有在外面請人來照顧一天超過四小時的話，是不符合條件。除了這些還會了解經濟狀況的部分，因為有些部分在評估時候是無法蒐集的話，會透過其他管道追蹤了解。（11,p2,L3-8）

　　我們的失能評估裡面有包括他的基本資料家系跟生態圖，之後是他的一些生理上面的評估，疾病皮膚狀況等，再來是心理上面的評估接下來最主要是ADL、IADL的評估，還有就是居家環境的評估、主要照顧者的評估，從這些面向去擬定服務的計劃。所以我們從進入案家，從案家的樓下可能是公寓式或電梯，我們從樓下其實就開始進行居家環境的評估。（7,p1,L11-15）

　　本節討論評估人員如何開始進行居家服務評估，從進入案家之前的準備工作，到進入案家之後的實際觀察，以及觀察哪些重要的面向。

　　進入案家評估之前，評估人員一般都會先透過電話聯繫的方式，蒐集案主相關的基本資料，並且在電話中先說明居家服務能提供的項目，並且告知是需要部分自費的。對評估人員來說，可以先進行初步的篩選，了解案主是否符合補助資格；對案主來說，可以澄清居家服務之需求，並且考慮是否願意使用居家服務。

　　到案家進行實際訪視時，案家周遭環境的觀察以及與案主實際互動的過程，這些都可以讓評估蒐集的資料更加完整；另外評估時要求有家屬或是相關人士的陪同，一方面可以幫助案主說明需求，另一方面也可以確保評估人員的安全。

　　評估資料蒐集的來源，希望以案主本身所表達的意見為主，在案主無法清楚表達時候，以家屬的意見為輔，如果說案主失能狀況非常嚴重，家屬需要喘息時，此時就以家屬的需求為主。

　　評估人員主要根據「臺北市長期照護個案需求服務評估表」裡面所包括的項目進行評估的資料蒐集。而有些在評估表上沒有辦法呈現的部分，而又會影響到居家服務項目安排的部分，評估人員就會特別去注意。第一、生理方面，如特殊病症：失智症、帕金森氏症，會因為這樣的病症而產生特殊的需求，並且也希望有醫生鑑定之證明，可能無法再一次的評估當中了解失智的程度與狀況，透過醫院專業診斷之證明，確保案主得到補助的資格，這也是維持案主權益的一種方式；另外案主的移動能力，也是一個重要的判斷依據，因為會影響到案主生活照顧的每個動作。第二、心理方面，要透過評估人員之經驗，察覺到案主內心真正的需求，有些案主雖然失能，需要居家服務的協助，但是實際上真正想要的是家人的陪伴與關心，案主的心理需求，在評估表上是很難觀察出來的。第三、家庭支持系統，獨居與否，家庭關係是否良好，案主是否有家人提供良好的照顧和協助，這會影響到居家服務的頻率。第四、居家物理環境，透過居家環境硬體的改善，輔具的提供，或是有無可用的家電用品，這些會減低案主的居家服務需求。第五、其他社會資源的有無，案主是否有其他的資源可使用，社區可有哪些資源？是否有社區志工提供協助。這也呼應Langogen（2004）有研究發現家戶型態也會影響到居家服務的需求評估，獨居會比非獨居者需要更多的居家服務；案主本身的生理功能、認知功能、社會能力都顯著的影響居家服務的配置。

　　這些既定的評估的面向中，可以發現，大部分的評估人員，最主要是依照生理的狀況，看案主的失能程度、巴氏量表來考量他的需求；再來會看案主的家

庭支持系統；另外再配合觀察案主居家環境狀況、可用之其他資源、案主之意願、經濟能力來進行評估。

二、不同部門（party）的考量

（一）案主方面

在案主方面，主要是案主接受服務之意願、案主本身之個性、還有案主本身擁有之能力都是會影響到評估之後服務配置的安排。

1. 案主意願

案主意願，是一個很重要的因素，有些時候是案主堅決不願意住機構，希望留在社區，因此只好用居家服務來維持案主在社區的生活；另外還有一種情況是案主本身有沒有使用居家服務的意願？有些比較私密性的服務，如洗澡，案主有時並不願意接受。因此一切都是以尊重案主意願爲主，如果案主沒有意願，也不能勉強他接受。

案主本身意識非常強，絕對不願意住機構，但是家裡完全沒有人照顧，這時候兩邊的衝突，這時候通常是案主沒有家屬，這時候很爲難。（13,p6,L34-36）

長者既然不願意去，目前的方式就是維持他在社區的安全跟生活的維持，因爲說實在老人中心的工作人員是不能給他一些勉強的，沒有那個強迫性。（9,p4,L22-24）

案主強烈的非常不希望住機構，這也會影響到服務計劃，我這邊會考慮到案主的意願，因爲他真的不想住機構，這邊會尊重長輩的意思，還是看在社區裡面的資源可以提供到什麼程度，現在的部分還是以居家服務的部分如果長輩有意願

住機構才會考慮到機構這部分。（7,p7,L38;p8,L1-3）

　　當然一個很重要的是案主配合的意願啦，所以有些比如說老人家本來要改變就不太容易，有些外省伯伯就跟你講，比如說他狀況不適合在社區，應該到機構，可是他寧可爬著下床，也不要去機構，不然他死給你看，這個就沒有辦法。（B,p5,L15-18）

　　比較多是因為那個項目，他有其他的方法替代，或是家屬不願意配合或是個案不願意配合，很多像是洗澡這種比較私密的，他不要外人幫他洗。（A,p10,L8-10）

　　也有評估人員表示，其實最大的問題不在社會局補助給不給，而是案主願意接受到什麼樣的程度？

　　最大的問題不是社會局補助給不給，而是長輩願不願意接受……可是往往我們還會在這邊無法呈現出來的一點是說被照顧者願意接受到什麼程度？（1,p6,L10-11;L27-28）

2. 案主個性（消極／積極／獨立／抗拒）

　　案主本身的個性，對於失能的看法是消極或是積極，或是個性獨立習慣自己來，不願意接受外人的幫忙，這也會影響到服務配置的安排。

　　有些爺爺奶奶就會覺得說我跌倒了怎麼這麼慢才好，可能就很消極，或是說他是一個很積極樂觀正面的人，他希望有人進去他就會很努力，他很願意復健，很願意讓自己更好，有個力量進來的話，他可能會好的更快，這方面也會影響到，消極和積極差很多。你會知道說他是怎樣的態度，在服務提供上可能就會比較順他的個性，做一些引導啊。（6,p2,L3-7）

　　因為家庭關係的惡化，長輩會用消極的抵抗，不吃不喝，不吃女兒準備的東西，整天都在床上，整個心情，心理狀況生理狀況都down很多，像我們去看長輩的時候，都會掉眼淚，他會覺得不希望自己變成這樣的關係，但是又沒有力量去改變這樣的關係。（7,p7,L14-17）

　　有些長輩，其實每個人的個性關係，有的人比較小心，會避免再做怕再受傷，有些人就覺得其實我可以做不要麻煩別人。（8,p5,L25-26）

　　有些長輩比較獨立，其實用居家服務也是不得已，像我評的一個長輩他是低收入戶因為眼睛開刀，其實他失能程度都還好，白內障一眼開刀醫生說不能炒菜不能提重，要多休息，他平常就是勞動慣了，很不適應別人幫他清理家務，或是幫他買東西他都覺得非常不習慣，身體一好他就不要用了，也是有這種。（5,p5,L9-12）

　　先生一開始很排斥有外人介入，因為他認為他家很多秘密不能跟人家講，每次去都講得很神秘……所以他一直很拒絕外人介入，是因為這次他太太住院他沒有辦法照顧，所以才願意讓我們進去。（4,p6,L12-17）

3. 案主未被發現的能力

　　有時候，不是案主沒有能力完成，而是案主不知道自己擁有這樣的能力，有些是心裡的擔憂，有些是平常沒有做家事的習慣，其實不是不能做，至是尚未發現這樣的能力。

　　我會看案主他能做到哪些家務事，比如說簡單的像是洗碗、鋪床、疊被子、簡單的抹桌椅他是說他沒辦法，但是其實看他實際觀察行動能力，也許他行，但是不習慣去做，不表示他沒有能力做，有時案主也會誤解他不會做，這個

我不會做，我都沒有做過，是因為他從來沒有做過或是很少做，實際上他是有能力做到的。（9,p9,L17-21）

有些老人家也會加重自己的狀況，比如說他可能會覺得有些是因為心理上的因素其實他有能力去從事但是不願意去做。（7,p1,L32-34）

癌症的病患他可能需要一些照顧，這些是他自己本身做不到的還是他擔心他做不到的，他實際做不到跟擔心做不到是有一些差距的。（3,p2,L23-24）

比如說是不為或是不能，有些長輩是他不是不能，他是不為，不能不為的部分，這部分可能就是要透過同仁的一個訓練去知道他是不為或是不能，不為可能會造成不能，可是不能說因為他不為所以你不給，初期一定是要進去給，然後教導他，願意去作。（C,p7,L20-23）

4. 案主不願承認失能

有些案主比較愛面子，不願意承認失能的狀態，對評估人員有所隱瞞，這樣無法了解案主之真實狀況，要詳細的確認，案主之真實狀況。

覺得自己年紀也夠大了也蠻消極有自殺意念，自尊心強，不願意讓鄰居知道他有中風的情形，除了就醫很少外出以免人家看到他失能的情形。訪視時候，有些他也不願意透露有些隱瞞……同時他講述身體狀況時也不是像他所說的那樣，有些隱瞞不實。（9,p6,L18-22）

我們這邊在工作經驗上有發現老人家會比較愛面子，很不願意去承認失能的部分……有些老人家是因為對他們來說我們是比較年經的一輩，會覺得說在年輕的一輩坦承自己的不足的部分或是不能的部分，會比較沒面子。（7,p1,L28-32）

（二）家屬方面

　　在家屬的方面，評估人員考慮的狀況是家屬負荷過大，需要喘息；另外有時候是家屬過度的擔心，案主的情形並沒有家屬想像中那樣糟糕；家屬的照顧技巧以及付費的態度，也都會影響到服務配置的安排。

1. 家屬負荷過大

　　有些狀況是家屬照顧壓力過大，已經無法負荷，需要喘息服務，使用居家服務，減輕一些照顧的負擔。

　　可能看到家屬照顧情形可以衡量說家屬是不是有些情緒，會burnout情形發生，這時候的話你可能看的情形就不是這案主，可能必須說案家裡面有沒有需要引進一些家庭照顧者的資源。（13,p4,L11-13）

　　女兒在照顧他可是那女兒照顧他已經到歇斯底里，也是怪怪的，但這女兒又很堅持一定要care這媽媽，但是他女兒又非常需要協同照顧……他說他自己也有在看精神科。（1,p4,L33-36）

　　案家又分很多種，有些是有家屬照顧，有些是獨居，獨居當然問他本人，有家屬照顧的話有時候會先問家屬，通常有家屬照顧的來申請，個案狀況都比較差一點，失能程度比較嚴重，家屬在照顧上比較困難，可能需要喘息才來申請服務。（8,p1,L16-19）

2. 家屬的擔心

　　有些時候，是家屬過度的擔心，其實案主本身還有自我照顧的能力，其實不需要那麼多的居家服務時數。

　　通常需要到八小時的可能真的是完全臥床，我們會評估他的狀況，看他的嚴

重程度去給時數，有時候真的覺得不需要那麼多的時間，是家屬自己的擔心比較多。（8,p2,L29-33）

　　長者本身覺得有些服務項目他可以做到，像是自己去外面買餐，簡單的購物，但是家屬就希望由居家服務代勞。明確的跟家屬說明，長者的能力可以到什麼樣的程度，服務的資源有限性，大概需求哪些部分無法提供，可以提供長者比較迫切需要的一些內容。（9,p3,L13-17）

3. 家屬對於付費的態度

　　居家服務是一種有限的服務，並不是完全補助，部分需要自費，而家屬對於付費的態度，也會影響到居家服務項目和時數的安排，有些家屬聽到超出的部分要自費，就會覺得好像也沒有那麼必要申請，願意先使用補助時數內；但有些經濟狀況許可的，也是願意付費申請服務。

　　我會告訴家屬對不起我只能給你我認定的時數，您要多一點就要自費，請他們自費。如果經濟許可他們也願意，有的一談到這自費的部分他們就縮回去了。（2,p3,L22-24）

　　有時候付費也是會是一個原因，很多家屬聽到說要付費會覺得說那我自己顧好了（8,p4,L8-9）

　　而且有的老人家知道你今天提供居家服務的話要部分負擔，一聽到錢可能就不要了，明明就是需要人家幫忙，但是聽到部分負擔他就不要，所以要事先跟家屬講清楚，有的家屬也有這種想法，認為要錢就不要，寧可自己，即使一小時50元也不要，所以要事先跟他講清楚，我們不是免費的一定要部分負擔的。（4,p1,L18-21）

聽到付費會大大影響，當然還是會有堅持的，因為這邊當初開放使用居服彈性是很大的，他們的概念還保留在我是榮民、我是獨居老人，我可以使用這個社會福利，這是我的權利，會覺得說你來評估看看，這是我的權利我要知道可不可行。（10,p2,L3-7）

基本上會申請補助的人是希望他的時間社會局可以提供協助，還是有人願意自費，那時間就不會用得太多，大部分人可能聽到自費的話就算了，就先用補助的時間看看。（6,p4,L6-8）

4. 家庭照顧者照顧觀念與照顧技巧

家庭照顧者的照顧技巧，以及照顧觀念，也是會影響到評估計劃的安排，不適當的照顧方式，會影響到案主的身體健康，因此需要居家服務的介入，提供案主良好的照顧。

主要照顧者他是有很多的照顧知識，但是會把所有的照顧知識混雜使用，這樣對長輩不一定是好的……他（孫女）可能會聽到一些可能阿媽要吃什麼比較好，可是對於說一些疾病的部分，因為他是慢性腎功能萎縮，所以口味比較分辨不出來，他可能吃到很多東西都是鹹的或是苦的，孫女就會覺得說，那你覺得這個很鹹很苦，可能就會幫他加糖，可是這糖會造成他腎臟的負擔阿。（7,p9,L2-11）

可能是以前的觀念，我們這邊很多老人家是受日本教育的，受日本教育的男生其實不太知道要去照顧這件事情，剛好他的主要照顧者是受日本教育的，他會覺得照顧這件事情是很難去做的。（7,p8,L30-32）

（三）評估人員方面

　　目前居家服務的評估人員，大部分為社工背景，少數為護理背景，不同專業背景對於居家服務評估有些差異，評估的目的也各有不同；而評估人員本身的價值觀以及評估經驗也會影響其評估的判斷。

1. 專業背景的差異

　　護理背景的評估員比較從醫療的角度看評估，對於疾病比較了解，但較缺少資源連結的資訊與較少關注家庭支持系統的部分，其目的是作為預測照護需求與計劃照護行動的依據（Gromak & Waskel, 1989，引自戴玉慈、羅美芳，1996），並監測治療與護理的效果（戴玉慈、羅美芳，1996）；而社工背景的評估人員比較注重家庭支持系統，對於疾病方面的判斷就無法像醫護背景的評估員那麼清楚。

　　一個是社工評估一個是護理評估，可能有些爭執出現……因為有些東西在社工角色可能看沒那麼清楚，比如說我看這伯伯走路都ok我就給他滿分，但是護理背景可能會說伯伯有心臟病，屬於比較危險的，隨時會發作，他們會考量到這塊，分數就會扣分。（11,p7,L35-38）

　　非正式的資源這部分在護理人員來講連結也是很弱，因為他們眼裡只有病，還有這個在醫院裡面照顧好你的疾病，維持一個穩定就出院，其他社區的資源就很微弱，不知道出了這醫院之後有哪些東西是可以使用的，完全不知道……我們比較專業的部分就是疾病的照顧、疾病的了解、護理的部分，社工方面我覺得在資源是非常的強的。（3,p3,L14-19）

　　社工背景不是那麼熟悉這些病症，但是也慢慢在學習這些病症會有哪些影響，心裡大概有個譜，他現在是不是已經插管了，是不是有鼻胃管尿管一些管路，這樣的情形可能事先要把大概的脈絡抓起來，這樣進入案家或是評估的時

候，大概有哪幾個方向來，有些情形需要先作綜合的分析。（13,p1,L15-19）

　　居家單位有些是護理背景的機構，有些是社工比較強的背景，當初我在轉個這案子的時候，我會考慮因為他有管路有氣切，目前居家照顧單位有的是護理師，我會考慮這塊，因為畢竟社工員看這塊不是這麼懂，所以轉的時候我會請護理師去看的單位，由他們來了解老人家的狀況，知道派什麼樣的人去服務。（11,p4,L26-30）

　　社工背景評估人員會納入情境的考量因素、心理因素進行評估。護理背景人員直接看的是病理方面失能的狀況，著重的是「障礙」的發現，可能是因疾病而引發的行為、溝通、行動、身體活動、特殊技能等功能的障礙（戴玉慈、羅美芳，1996）。

　　最大差別在評分上面，醫護背景他自己的專業訓練，他今天看到一個個案就是，生理的呈現，比如說失禁就是失禁，不行就是不行，就直接給一個分數……社工員訓練出來的部分，像巴氏量表會考量到情境上面，或是說一些社會性的協助下，他有可能做到滿分，比如說失禁，他如果自己可以處理他還是不算失禁，這是社工跟醫護背景他在評估上使用量表，觀察到最大的不同……有些護理背景的護理師，他在多年的社工經驗之下他也知道要做資源的連結和多方面的嘗試，反觀就是說社工部分，有些人他如果沒有這樣的認知或是價值觀，他其實會比一些護理背景的更侷限他的觀點。（A,p8,L8-19）

　　護理人員，他們在評估的時候，他們比較會從醫療的學理當主要依據，他現場表現只是參考，所以他們分數和我們有個差距，社工員打的分數都比較低，他們打的比較高，因為他們會認為他這樣的疾病並不會影響到這樣的能力，會排除一些心理因素造成暫時性失能，或是因為他的意願不足造成的失能，會排除掉這部分，但是對我們來說，我個人啦，我比較會把這些部分納入，就是心理因

素、意願問題都會納入，所以我給的分數通常稍微會低一些。（12,p7,L12-18）

　　雖然社會工作和護理專業背景養成的不同，但是在經過居家服務評估人員的訓練之後，在評估方面應該呈現的差異不大。

　　我覺得養成背景的不同，護理他們比較care還是身體功能……社工跟護理，我只能說在經過訓練之後，在身體功能評估上應該差異不大，我們很重視家庭功能的評估、家庭支持系統啦，家人互動關係的部分，在護理的部分比較容易被忽略。（B,p6,L29-38;p7,L1）

2. 評估員的價值觀

　　評估人員的價值觀，認為家屬應該有照顧的責任，不能完全仰賴居家服務的使用；而案主也該維持自身的能力，不能因為居家服務的介入而喪失原有功能；評估人員以一種平等友善的朋友關係對待案主，可以讓評估資料的蒐集更加順利；另外評估人員對於居家服務的認知，該提供到案主什麼樣的程度？這些有關評估人員個人的價值判斷，都會影響到服務配置的安排。

(1) 家屬有照顧的責任

　　評估人員期待家屬應該負起照顧的責任，居家服務只是一種協助的，不應該全部仰賴居家服務的使用，且有家人的協助對長者來說也是一種心靈的滿足。

　　我們也期待家人可以分擔這樣的責任，他的家人來陪同，儘量減少居家服務的使用。（9,p9,L35-36）

　　家屬本來要負起他應該的，簡單的家務部分一開始的設計只是針對獨居才會有個簡單的家務整理，後來放寬即到使有家屬同住也可以但只是他個人空間。（1,p3,L6-8）

　　家屬變的有點是說，<u>也不能說坐享其成</u>，你把方便的資源丟到他手上，他只管有人來協助他這件事，變成<u>他本身有一份責任在</u>，<u>會把他責任的重心歸回他自己本身</u>，讓他去調整家庭的步調，只是輕微的去協助做一個聯繫的工作。（3,p2,L5-8）

　　今天有些工作，不是政府補助就全部丟給服務員來做，有些事情你家人的介入，有些長者不是說你幫他服務的好好的他就很高興，其實他還是有另外一份需要親人，其實他是在跟家人撒嬌，希望家人可以一起介入，所以也是說要多跟家人溝通，不是說你今天有錢請人幫忙長者就很高興，他還是希望說有<u>親情來介入</u>，對長者來講的話還是比較好。（4,p3,L26-30）

(2) 不因爲居家服務的介入而使案主原本功能漸漸喪失

　　不因爲使用居家服務而使案主原本的功能漸漸喪失，案主可以做的話還是讓案主去做，居家服務只是讓案主維持他既有的能力，維持案主自立。

　　比如說他平時他都可以買自己要吃的都ok阿，可是他來的時候就可能說你去幫我買那個買那個我會覺得說已經原本因爲<u>使用居家服務讓他原本的功能漸漸喪失</u>，如果這樣的話就<u>不建議</u>，不太適合，單就這部分可能就不會給補助。（1,p3,L35-38）

　　如果今天長輩在可以維持他基本環境整潔的話，這部分是不是眞的那麼重要，眞的要要居家服務員來做？我自己就會覺得說，其實，我覺得剛剛那些準則，今天他需要的服務項目是不是需要到居家服務員來提供？這樣的服務項目是不是長輩本身眞的不能做？……所以那個個案，他都可以維持基本生活的能力，這部分我就比較堅守，我希望是<u>長輩可以做的還是讓他去做</u>，<u>居家服務員是做你不能做的部分</u>，那部分是影響到你生活的品質。（7,p10,L34-38;p11,L1-3）

比如說剛中風出院，那你要訓練他可以換尿布，或是怎樣的情況下人家把餐拿過來他可以自己吃不要依賴，因爲有時候我們人的器官是用盡衰退，你全部都幫他做好好的，對老人家不見得是好事。（B,p5,L19-22）

應該有些部分是，如果他身體功能還好，有些要強化他，因爲居家服務不是取代他，而是讓他在服務的過程當中，讓他能力維持，所以部分是可以拉他進來做的，或是部分是給他做的。而不是說，有一個觀念，老人家就是有需要你就要幫我做，所以打掃或什麼都幫他的話，他的功能會慢慢退化，反而最後依賴更嚴重，依賴更嚴重後來是沒有自尊。（C,p4,L10-15）

在照顧的本身來講，很多人以爲照顧是一種替代性的角色，其實不是，照顧上的話其實有時候是種支持性的、補強性的，因爲如果過渡照顧，這個病患或案主，他如果沒有適當的自己的自主的精神，或是自己做些復健運動的話，你完全取代，他只會越來越退化。（13,p2,L26-30）

(3) 以平等友善的態度面對案主有利關係的建立

有的評估人員認爲，與案主之間關係應該是一種長久的合作的，用一種平等的友善態度，可以拉近彼此之距離，蒐集資料更加的容易。

我覺得這是一個跟「人」的工作，對「人」的工作，而且合作關係是長久的，我是說跟案主的合作關係是長久的，我會覺得一開始一進入案家就用嚴謹上對下式的對待方式，就是這樣、就是這樣、這不是、社會局沒辦法。我覺得這關係打壞了日後要再開始是有困難的。（1,p12,L24-27）

有時候是社工員的個性，我就是代表政府，我來評估，就是很權威的，家屬就會覺得說，爲什麼這麼ㄍㄧㄥ的感覺，有些worker去評估時候，覺得說我把你當成一般的長輩，在評估時候跟他聊啊，一些額外的事情，家屬比較不會覺得

你這麼官僚的感覺，這樣子在評估過程中會蒐集到的資料更多，家屬更願意跟你講……無形中就可以蒐集到更多他們家庭支持系統或是其他資源的介入。我會比較採去這方式，我不希望他們認為我是代表政府比較權威的感覺，他們也會有些壓力，相對的尤其有些老人家比較有防衛心，他會認為你政府來就是把我福利刪掉的，他就不願意跟你說實話，防衛心比較強一點。（11,p7,L20-30）

(4) 對家庭照顧責任的權衡

居家服務要提供到什麼樣子的程度？而家庭照顧者的責任到底是多少？這些不同的認知，也會影響到服務配置的安排。

我居家服務要提供到什麼程度，可是我們現在居家又是一個緊縮政策，我只提供你必要性的喘息性的，必要性喘息性的部分認知的程度到那邊？你的認知是政府部分的認知啊不是我家屬的認知啊，這樣的話會有落差，且你提供的部分反而不是迫切的需求造成我家庭的困擾。（13,p4,L33-36）

家庭照顧者要負擔的責任到底是多少？等於在這樣的狀況下，有時候會覺得，好像有另一個聲音出來，家屬有照顧意願的反而補助少，沒有照顧意願的補助的比較多，這一方面我覺得爭執很大，因為我們不能因為子女的不孝然後懲罰老人，所以你不孝沒關係，我們補助他，你孝順本來就是應該盡的義務，政府共同的責任就比較少。（C,p5,L1-6）

3. 評估人員之處遇經驗，發現案主真正心理需求

新進與有經驗的社工員是不同的，新進社工員已經發展所需要的知識與技巧時才會運用直覺，而有經驗的社工員會在每天的實務工作中運用直覺（O'Sullivan, 1999）。本研究發現，有些心靈層面的需求，案主不一定會表達出來，需要透過評估人員的處遇經驗，才能發現案主真正的需求。

一些心靈層面的部分，家屬會覺得他為什麼不能做，以前可以現在不行，可是這整個的關聯只是在情緒的障礙上面，比如說他已經覺得說我非常的依賴家裡面，我已經癌末，我現在唯一需要的就是家人，你現在給我居服員我不要，他在話語中會透露出來，他會想依賴跟家屬有多一點的時間，甚至不想有外人介入，他不會這麼直接說，但是如果是一個沒有經驗的社工員，可能不會覺察到這樣的訊息。（3,p3,L2-7）

有些長者不是說你幫他服務的好好的他就很高興，其實他還是有另外一份需要親人，其實他是在跟家人撒嬌，希望家人可以一起介入，所以也是說要多跟家人溝通，不是說你今天有錢請人幫忙長者就很高興，他還是希望說有親情來介入，對長者來講的話還是比較好。（4,p3,L27-30）

4. 評估人員對現有資源之了解

除了居家服務之外，是否有其他可用的資源？如民間團體的送餐服務與志工服務、鄰里的幫忙、當然也要看社區有無這些資源，而案主的狀況適不適合使用這些資源。

重點是，送餐要看他地點，不是每個地方都可以送。我們會先問，其實也要看他身體狀況，因為他要去開門啊，也要他有這樣能力，如果他沒有這樣的能力，也不會這樣建議。可能就是幫他煮或是買東西給他，什麼都是依他的狀況。（6,p4,L18-21）

應該結合志工就可以處理，或是左右鄰居幫忙一下，就會提醒他，他的鄰里關係好嗎？可以維持長期性嗎？或是也要讓他可以兼具社交或是社會參與的功能，這是不是你還沒結合好之前，是不是要先給？所以我們在核定不只是減，有時也會看到說同仁這樣想的這麼美好，你這區的資源這麼好了嗎？如果好了的話，ok的話幫他連結好，他不好的話，那這個老人家如果沒有服務進去的話就

會萎縮，大概是看他的合理性。（C,p2,L26-31）

在進行評估的時候，不一定只針對居家服務，也會看是否有其他可用的資源可結合，如果有其他資源可替代，就不一定會使用居家服務來滿足案主之需求。

在評估他這訪視失能時候，<u>不一定針對居家服務</u>，針對他整體的，因為其實他有時候會反應說他中午吃飯用餐有問題，因為早晚有家人的話都不是問題，中餐因為子女上班會有些問題，如果只是這麼單純的話，那會<u>結合送餐服務，就不用使用居家服務了</u>。（9,p2,L21-24）

我在評估時候，除了政府居家補助進來，<u>也會考慮其他民間資源進來</u>，這次核的沒有那麼多的原因可能是會幫他結合資源進來，目前坊間很多福利團體有做居家照顧，項目可能局限在陪同就醫或是購物，然後比較單純一點的話，如果老人家今天需要買東西還有備餐，其實我可能就把備餐放在居家服務，購物就轉到其他民間團體，有些資源分散。（11,p3,L22-27）

有些<u>臨</u>時性的，或需要陪伴的需求，可以<u>透過志工的力量</u>，請社區志工來幫忙。

案主失能狀況ok啦，輕度的應該沒有生命危險，可是他主要就是寂寞沒有人陪同，需要有人談話，我們就會<u>轉介</u>到我們中心，有一批<u>志工</u>，在做電話問安的工作，<u>把這納到志工的服務項目來</u>，請志工一個禮拜提供一至兩次的電話問安的服務。（2,p7,L6-9）

會盡量去拜託社區的一些<u>志工</u>來幫助，因為一般來說，有家屬的話，問題可能不是那麼大，比較大的問題在獨居的長輩，如果獨居長輩有這樣的需要的

話，一般來說就是請社區的志工來幫忙，比如說社區訪視志工幫長輩一天送兩餐，比如說臨時就醫、家務清潔，因為這些時數都被刪掉，我們就必須連結些社區的志工服務。（12,p4,L29-33）

有些長輩其實他也可以志工服務，可以協助的就請志工協助，他的頻率不多嘛。例如可能他偶爾臨時狀況，家人無法陪他就醫，可能就志工去幫他，不會請居服人員。（5,p6,L27-29）

（四）政策規定與政策精神

政策規定的審核標準與補助時數，以及居家服務的精神，都是居家服務項目與時數安排主要的依據。

1. 政策規定之標準

根據主管單位的規定，安排服務的項目和時數，有些評估人員表示會受限於政策上的限制來訂定服務計劃，並沒有什麼自由的決定權。

居家服務洗澡的話，科室規定一個禮拜最多可以給三次洗澡的時間，三次洗澡時間你就衡量說這洗澡動作是幾人完成？居家服務一個人呢還是有家屬共同？如果有家屬共同的部分除了洗澡之外還有沒有其他動作？案主本身是怎樣的狀況？（13,p5,L34-37）

供需之間怎麼提供出來，我會受限到現在政策上的考量，哪些項目是比較容易提供出來的？比如說洗澡沐浴身體上的照顧，比較傾向的，日常生活協助部分比較是次要的，這樣情形出來我只能提供建議，因為我上面還有審核單位，早期是我們決定就可以，現在是上面要審核。審核通常頂多打平，不然就刪減，所以那部分也變成是一個審核的結果，審核的結果是不是案主最大需求？我打個問號？（13,p7,L6-11）

　　一般來說去年社會局他們就有定了一個標準，什麼樣的服務只能用多少時數，我們就比較沒有什麼決定權，這部分我覺得社工員的自由度就被限制住了，我就會告訴家屬，現在就是有這樣的標準，你需要這樣的服務我給你多少時間，如果你還需要就要自費購買，大概是這樣。（12,p3,L16-20）

2. 居家服務精神與原則

　　居家服務是一種補充性、支持性的服務，用來協助案主基本的生活，維持基本能力緩和退化的速度，並且是以案主爲主不涉及家人，評估人員秉持這樣的精神，來進行服務配置的安排。

(1) 補充性支持性的服務

　　居家服務是補充案主不足的地方，是一種支持性的服務，去做些輔助並非取代。

　　合理不合理的問題在於是說如果他本身能力可及他又要求外面的人再來去做協助，其實跟社會局當初這樣子的政策是不符合的，因爲我們這叫是補其不足，這叫做支持性，所以他本身就有那能力我們可能協同或幫助而不是取代當他要求那些項目是取代的話，取代他本身的功能的話會覺得不適合。（1,p3,L32-35）

　　家庭支持系統這部分在居家服務提供多少時間一個很大的考慮因素，如果說，因爲是很希望說我們去是作輔助，而不是替代性他們小孩可以抽身，我們不希望是這樣子，所以會知道說實際照顧狀況怎樣子，互動關係好不好，如果說很好的話，我們就會去做補的動作，如果很不好即使他有小孩，小孩跟他關係很疏離，也沒有在做什麼支持的話，可能就會考量這部分多給一些支持進去。（6,p1,L26-31）

　　不會説長輩需要什麼或是講什麼就給什麼，會去評估一下家屬可不可以做什麼，他的資源系統可不可以做什麼，居家服務是定義爲補充性的服務，我不是替代你家庭的功能但是我可以補充你的不足，讓你在社區上生活更加比較好。（5,p2,L5-8）

(2) 提供足以維持一般生活

　　居家服務是協助案主可以維持基本的生活，滿足一般的狀況，如果需要更多的服務，可能就要自費或使用其他的方式。

　　一般來說居家服務會排除幾個部分，個人的衛生習慣，比如有些人很愛乾淨，他要求每天來清潔，對不起沒有辦法補助到這程度，只能就一般的狀況……比如說他的要求是不是太過分……就會要求他比如說你來這段時間要幫我買東西、跑郵局、煮飯、幫我清潔家裡洗衣服，問題就是在有限時間裡做不到這麼多，我們就會跟他講説不可能。（12,p3,L23-30）

(3) 協助案主能力的維持，緩和退化之速度

　　居家服務是協助案主能力的維持，輔助他讓他可以維持局部的功能，延緩他退化的速度。

　　因爲我們的補助就是説維持基本的生活需求，應該有些部分是，如果他身體功能還好，有些要強化他，因爲居家服務不是取代他，而是讓他在服務的過程當中，讓他能力維持，所以部分是可以拉他進來做的，或是部分是給他做的……老人家就是有需要你就要幫我做，所以打掃或什麼都幫他的話，他的功能會慢慢退化，反而最後依賴更嚴重，依賴更嚴重後來是沒有自尊，所以常常是提醒同仁在居家服務介入的過程之中，希望維持他，當然不是取代他，是輔助他，不管是洗澡，但是慢慢的訓練他也可以局部的洗澡，而不是因爲你介入洗澡後，他連局部的都不要洗了，都依賴。（C,p4,L11-17）

(4) 協助案主為主，不涉及家人

居家服務是以服務案主為主，並不是完全替代主要照顧者的工作，因此服務提供的項目以及範圍都是以案主為主的。

有些部分不是居家服務員可以做的，有些部分是我們覺得在家屬這邊還可以負擔的部分，因為居家服務的精神是做一些協助性補充性的角色而不是完全替代主要照顧者的工作，所以在做一些服務項目會考慮到這部分。（7,p4,L22-25）

（五）其他相關單位的意見

除了案主、家屬、評估員、政策規定會影響服務項目的安排，還有一些其他相關的單位，如居家單位提供服務所需的時間、主管的意見、同事的意見也會影響到評估的決定。

1. 詢問居家服務單位提供服務所需時間

詢問居家單位，提供此項服務大概要花費多少的時間，或是詢問護理人員相關疾病是否會造成一些行為的改變，多方面的蒐集資訊以做為評估的參考。

我這邊的做法是，在於我對比較難斟酌的時數，我可能會去問居家服務單位，通常做這些項目會花多少時間，再去和四科承辦人員像這樣的方式我們通常會花多少時間，多方問問看，尋求意見，因為我覺得一個人真的是閉門造車，因為有時候不是我們真正提供服務，在那時數的部分比較難拿捏該怎麼給，所以可能就會多方問一下意見。（7,p6,L18-23）

雖然我做過護理但是經驗不足，所以會去詢問護理師相關疾病的部分，是不是會造成他這類的問題還有行為的改變。（10,p2,L35-36）

2. 參考機構主管的意見

　　評估人員也會詢問主管的意見，當作評估決定的參考。

　　大部分是我自己思考過後做這樣的決定，再問一下主管的想法，主管的意思是說你覺得有這樣的需要就寫，把原因都寫出來，就做完該做的事情，最後就由社會局做決定就好。（6,p7,L6-8）

3. 參考同事的意見

　　遇到難以評斷的狀況，評估人員會和同事一起討論，是否有其他可用的資源，如何決定比較好，尋求一個共識。

　　我們在評ADL的時候非常難下筆，對，還有就是說案主的狀況不是那麼條列式的，很清楚的就符合第一條，我很清楚就符合第二條，很多狀況是模糊的，這部分我這邊的作法我是會跟同事，因為同事也是評估人員，可能就會和其他工作同仁討論，像這樣的狀況你通常會怎樣給，如果大家都沒有共識的話，除了同事之外，也會去問承辦人員，像我們失能評估有承辦人員，就會問說像這樣的部分我們應該怎樣，他們那邊可能會詢問學者專家的意見，我們就會最後再彙整這樣的部分通常要怎樣給。（7,p11,L33-38;p12,L1）

　　兩難的話怎麼辦？……我們會互相討論，看一下你說你會給多少？……對答案看能不能達到一致，我們三個當初蠻多會漸趨一致。真的不行就去問股長。（B,p6,L1-3）

　　每個社工員去評估時候，我們回來會討論，覺得說今天碰到什麼樣子問題會私下討論。（11,p7,L18-20）

若有問題會互相問一下，或是你們知不知道有啥資源可以給他。例如說有些長輩其實他也可以志工服務，可以協助的就請志工協助，他的頻率不多嘛。例如可能他偶爾臨時狀況，家人無法陪他就醫，可能就志工去幫他，不會請居服人員。（5,p6,L26-29）

三、　居家服務項目的安排與服務配置的決定

在經過一連串蒐集資料與評估，居家服務項目與時數是如何來安排？而最後服務計劃的決定，又受哪些因素的影響呢？第一部分，先說明依照常理的狀況，居家服務項目的時數安排，會根據哪些狀況而有不同的時數，比較常提供的項目又是哪些。第二部分討論居家服務配置最後是怎麼決定的。

（一）居家服務項目與時數之安排

居家服務的項目與時數都怎麼樣來安排呢？通常以老人要過一個正常生活所需的日常活動功能之項目來安排老人所需要的服務項目；至於時數方面，則根據常理判斷，完成該項目所需的時間來判定。並舉例說明，洗澡、家務整理、備餐、陪同就醫、陪同購物、關節運動這些服務項目時數如何判定，會依據哪些狀況而有不同的時數決定。

也不是說依照經驗去判斷，應該是說依照正常常理判斷。（5,p3,L6-7）

一般按照常理。要求的項目，像洗澡好了，天天洗有點怪，所以通常最多一個禮拜三次四次，用常理來看判斷，他需要的項目是什麼。我會先問他需求是什麼？你需要的東西我只要能滿足到一個階層就好，我不會提供這麼多，比如說他服務項目有20項好了，我不會問他說這20項裡面你要挑哪些項目，我不會這樣，因為他不需要的我給他也沒用，所以問他需要什麼。（3,p5,L14-17）

1. 洗澡

　　洗澡，一般來說是一星期兩次或是三次，一次一小時。會根據案主的失能狀況、移動能力、居家環境的狀況、浴室的狀況、擦澡或是沐浴、有無熱水、穿脫衣服的時間都算在內而有不同的服務時數和頻率。

　　洗澡也一樣，如果今天只是在床上擦一擦，時間就很短，如果是說一定要到浴室去洗，那這長者是能動嗎？有的是完全不能動，要兩個人抱，或是特別的工具，有的長者或是家屬要求一定要去浴室沖，這樣時間就不一樣，有的長者是可以起來走，還可以直接走到浴室，有的是他要坐輪椅這個時間都不一樣，浴室在樓上樓下，所以說要看現場狀況，還有病人的失能情況來決定他要洗澡要用多少時間，都不一定的。（4,p4,L6-12）

　　如果說是洗澡的話，一般來說一個星期兩次，一次一小時，可是又分擦澡或是只到浴室沐浴，基本上是一小時擦澡就不用那麼久，但是又要看他身體狀況是如何，如果現在是臥床，帶到浴室去，可能又因為他家的居家環境，看他有什麼設備，浴室如果有阻礙的話，如果他坐輪椅，浴室有阻礙這些都要寫出來，如果說跟他的服務項目有關的，我們都要帶到……可能他家裡沒有熱水，要燒熱水，或是環境要再做些準備，那時間可能就多一些少一些考慮的東西很多，一般而言是一個小時，如果要多就要寫原因，他的居家環境可能是舊式住宅沒有瓦斯之類的需要比較多的協助之類的，大概描述。（6,p3,L15-24）

　　比如說洗澡，我們會去評估他的身體狀況，洗一次澡要多少時間，會依季節，冬天不用洗很多次，一個禮拜兩次三次。洗多少小時，基本就一小時，有的可能要加上移位，他們家到浴室、設備比較無法在短時間結束，時間就會拉長點。（8,p2,L36-38）

　　沐浴一小時是做不來的……就包括脫衣服、穿衣服、洗衣服這一連串就會結

合在一起。這樣差不多的話，大家曾經討論過大概是一個半小時的時間，然後沐浴完幫他整理一下他的環境，所以平常協助沐浴的話，不是光沐浴這一項，加入剛才提到的一些小細節……會在通盤考量很多可以加進來的服務項目，確實也是有這些服務阿，沐浴不能叫他自己穿衣服，自己脫衣服，既然一個失能的老人需要你幫他洗澡的話，而且一個失能的老人需要到沐浴這階段，他的失能狀況大概都在60分以下比較多。（2,p4,L3-11）

2. 家務整理

　　家務整理會以案主的房間為主，不是以整個家庭為主，大概一週一到兩次，一次不超過一小時。

　　如說環境整理，如果有家屬同住，不是以整個家庭為主，會以老人家住的房間，這房間打掃要花多少時間。（11,p3,L3-4）

　　環境改善，長輩一個人在家或是夫妻在家，他們真的不能自己打掃，我們大概會給的清掃的服務大概一週一到兩次，每次不超過一小時，因為家裡清掃主要是地板清潔為主，也不會做到時間很長，擦一擦而已居服員不爬高的。（5,p3,L1-4）

　　打掃，可能一般是獨居比較會有，還是會看他打掃的範圍，一般就是以他房間為主，獨居的話就連客廳廚房浴室都大概幫他弄一下，可能一週一次兩個小時，單就環境打掃的部分。（8,p2,L34-36）

3. 備餐

　　備餐，要看準備幾餐的份量，以及烹煮的方式，是否需要準備食材為判斷的依據。

比如說做餐，他是包括居家服務員連帶去買菜、事後的清洗，跟家屬會把菜先買好，服務員只要烹調就好，那時間提供就不太一樣，所以會做這樣詳細內容的區分。（9,p3,L30-32）

煮食，可能煮一餐、煮兩餐，我覺得哪個標準？好像又很難，要看當時的狀況，是要備一餐還是兩餐？一天份還是兩天？可能需要的時間又不一樣。大概煮食會加上購物，會花一個小時到一個半，如果要備的部分比較多可能會再延長，如果一次要備三天，他的時間會比較拉長。（7,p5,L23-26）

有的長者要求要現煮的，煮飯就包括，買菜是不是家人買？我們只是負責煮或是說有的是家人煮好只是加熱，這個就分很多層次，如果你從買菜到煮飯到餵食，那可能時間就拉的很長，如果只是加熱時間就很短，所以看他實際狀況。（4,p4,L3-6）

4. 陪同就醫

陪同就醫，要看醫院距離的遠近，就醫科別有多少以及搭乘的交通工具，但是等待時間的不確定，是造成給時數較困擾的地方。

有的雖然是陪伴就醫，要看距離遠近，比如榮民長者就要到榮總去，距離是比較長的花費時間比較多，有的是附近醫院，所以這時間會差距到兩小時，有時候會看醫院距離遠近，另一方面長者或是居服單位會回應說，雖然在近的就醫，但是等候時間又不確定，所以兩小時好像又不夠，所以會造成困擾，到底這個人在近距離要給他多少時間呢，也會造成一些困擾。（9,p10,L11-15）

陪同就醫的部分看他就醫科別有多少，習慣去的醫院在哪裡，因為長輩有習慣的醫院，榮民就會去榮總，對他們負擔比較輕，有的長輩會去鄰近家的醫院，有的只是到附近診所，這樣的時間上面都不一樣，再來是搭乘的交通工

具，有的是公車有的是計程車。（7,p5,L32-36）

5. 陪同購物

陪同購物，基本上案主還有行走的能力，看購物地點，以及居家環境來給時數。

基本上，他還有行走能力才能陪同購物，也會希望他多出去走走，才會有這個項目。可能也要考慮他居家環境是不是有樓梯，走下去是不是要很久，購物的地點在哪裡，會不會很遠。（6,p3,L28-31）

6. 肢體關節運動

關節運動會加上前面暖身的部分以及後面的緩和動作，依案主需求給時數。

關節運動在做的時候會考慮到前面的暖身部分，因為沒有暖身會傷到長輩，還有就是後面的緩和動作，大概耗時一個小時，可能會在看說這長輩需要關節運動的程度再看他的頻率，一個禮拜一次或是一個禮拜兩次或是隔天一次。（7,p5,L27-30）

（二）較常提供之服務項目

在眾多的居家服務項目當中，沐浴、家務整理、陪同就醫、代購物品都蠻常提供的。

主要是環境整理，這是比較耗體力的工作，因為長輩身體健康體能退化真的對他們來說是吃力的工作，有些健康狀況不良，真的做這些事情有時會有些傷害，安全上有顧慮的，這是最常表達需要的。還有洗澡，因為洗澡有時候浴室溼

滑的環境，長者本身沒辦法做到這麼細緻的動作，所以有這需要。還有陪同就醫，去醫院的路程是需要陪伴的，有安全上的考慮。（9,p9,L27-31）

　　沐浴，有這樣的需求，一定會協助，這寫出來比較不會被刪，因為這是真的有需要，基本需求嘛，還有購物，因為長輩行動不方便，購物比較需要，如果獨居的話會協助環境改善，簡單的掃掃地這樣子，陪同就醫也會。有家人的話比較不會給環境改善。餐飲服務的話會想去結合一些送餐服務之類的。（5,p4,L7-10）

　　依照不同的失能程度有不同的需求，失能程度嚴重的案主，傾向於身體照顧的服務，如協助沐浴；失能程度較輕的案主，則傾向於家務整理、陪同就醫、代購物品的服務。

　　在不同的失能程度會有不同的需求，我覺得像我剛剛講的，陪同購物、陪同就醫、環境整理、清洗衣物、洗澡、備餐、餵食、關節運動、大小便處理，其實好像這些都會，只是輕度失能和極重度失能，每個失能程度可能會出現的，在輕度失能裡面需要的可能是家務的比較多，在極重度失能的可能是身體照顧比較多，因為我們這邊在做也在討論說，大概什麼樣的狀況因為，也重度失能的長輩比較少獨居的狀況，我們所謂極重度是ADL30分以下，他可能會有主要照顧者，他可能需要的就會是身體照顧的部分，在輕度失能的方面，可能是獨居，也可能有主要照顧者，大部分也有照顧者，主要照顧者可能有什麼因素無法協助，比較多的部分可能就是部分的家務協助，所以很難說一個個案主要需要的項目是什麼。（7,p6,L1-10）

　　可能就是洗澡、備餐、環境打掃、代購物品、陪同就醫都還蠻高的……其實還是看失能狀況，一般的話，獨居會來申請通常失能程度沒有有家屬照顧的那麼高，有家屬照顧可能要到重度失能才會來申請，這樣子的服務提供比較會在身體

照顧的部分，獨居的話失能程度沒那麼的高，會提供環境改善，因為有些他只要失能到80分以下做家事就會蠻吃力的，這樣可能就會幫他做環境改善的部分，獨居如果失能程度很嚴重的話其實也不適合留在社區，可能會建議他住機構，如果不願意住機構的可能就提供比較長時數的，應該是說頻率比較高，每天都會進去，服務項目也比較多。（8,p3,L3-11）

比如說像是居家服務的話，現在使用部分，通常長輩需要的是家務整理或家務協助，那如果是比較重病的長輩，他們在身體照顧的部分一定是沐浴，就這兩大種，如果是輕度失能的長輩大部分都是希望代購物品就是整理家務。（1,p2,L35-38）

身體方面一般幾乎都是臥床的老人比較多，日常生活方面，有失能但是沒那麼嚴重，可能就需要餐食、陪同就醫、沐浴等等之類的或是採購，輕度失能的主要需求。（2,p2,L26-28）

第六節　結語

　　學者研究指出家務及日常生活照顧的服務較為耗時，但並不困難，所以服務困難度可以從時間多寡直接反映；但是「身體照顧服務」中的「協助沐浴」和「協助肢體關節活動」困難度較高且無法由服務時間反映出困難度（陳正芬、王正，2007）。不過，又從其論述中指出，失能程度較低之長者沐浴所需時間假設為30分鐘，失能程度高的長者假設需為其翻身移位後再予以沐浴，可能需要二小時服務時間，以一小時230元計算，花費差距近四倍，有不公平之疑慮。因此其建議加權服務費用。然而依筆者看法，服務時間已經足以反映服務困難度，換言之，困難的個案所需服務時間自然需要較長，若以較少更動為宜，只要授權居服督導員在不同個案差異情況下施以不同時數的購買配置，則應可克服困難度問題。在長期照顧一年計劃實施之後，雖然居服時數之認定由照顧管理員全權評估，但居服督導員基於居家服務機構管理之需求，也必須於後續服務造訪服務使用者，更能密集性的接觸案家，因此實際有建議更改服務量的角色，賦予其權責以修改服務量也是未來長照制度需去考慮的狀況。

參考文獻

一、中文部分

內政部（2000）。社會工作辭典。臺北市：內政部社區發展雜誌。

王玠、李開敏、陳雪眞（譯）（1998）。個案管理（原作者：Ballew, J. R. & Mink, G.）。臺北市：心理。（原著出版年：1996）

王正、周麗芳（2002）。臺北市居家照顧服務需求評估暨服務項目內容及計價研究。臺北市政府社會局委託專題研究計劃。臺北市：臺北市政府社會局。

吳淑如、邱啓潤（1997）。居家照護病患照護問題相關因素之探討。護理研究，5(3)，279-289。

呂寶靜（2000）。老人照顧：老人、家庭、正式服務。臺北市：五南。

林珍珍（譯）（1996）。居家服務（原作者：Carole, C.）。載於李開敏、王玠、王增勇、萬育維等譯，老人福利服務（原編著：Monk, A.）。臺北市：心理。

林萬億（2002）。當代社會工作：理論與方法。臺北市：五南。

胡中宜（2003）。社會工作人員專業倫理決策過程之研究（未出版博士論文）。臺中市，東海大學。

徐慧娟、吳淑瓊（1998）。提供社區式家庭支持方案能否減少機構式長期照護服務之使用意願。中華衛誌，17(4)，326-336。

徐佩宜（2006）。從評估到決定：居家服務配置與核定過程之研究—以臺北市失能老人居家服務爲例（未出版碩士論文）。臺北市，國立政治大學。

梁秀青（2002）。醫務社會工作處遇經驗之分析：以老年照顧個案爲例（未出版碩士論文）。花蓮縣：慈濟大學。

章殷超、李宇芬（1997）。居家照護（三）－家庭醫師與居家照護。基層醫學，12（11），208-210。

許如悅（2002）。兒保社工員風險研判決策之初探性研究（未出版碩士論文）。臺北市，東吳大學。

陳佳惠（2003）。臺中市老人居家服務方案案主權益維護之探討（未出版碩士論文）。南投縣，國立暨南國際大學。

陳秉章、陳信木（1990）。價值社會學。臺北市：桂冠。

陳正芬、王正（2007）。臺北市居家服務方案論時計酬適切性之研究。臺灣社會福利學刊，6(1)，93-129。

黃鈺倫（2000）。什麼是兒童的最佳利益？兒保社工員對受虐兒童安置返家之決策及影響因素（未出版碩士論文）。臺北市，東吳大學。

黃源協、陳伶珠、童伊迪（2004）。個案管理與照顧管理。臺北市：雙葉書廊。

楊玲芳（2000）。早期療育服務個案管理者執行工作內涵與困境相關因素之研究（未出版碩士論文）。臺中市，東海大學。

萬育維、王文娟（2001）。老人與身心障礙社會工作實務倫理議題。載於徐震、李明政（主編），社會工作倫理（319-348頁）。臺北市：五南。

詹火生（譯）（1987）。社會政策要論（原作者：Jones, K., Brown, J., & Bradshaw, J. ）。臺北市：巨流。（原著出版年：1983）

臺北市社會局老人福利科（2005a）。臺北市長期照護個案需求服務評估表。未出版之內部資料。

臺北市社會局老人福利科（2005b）。居家服務核定時數頻率參考表。未出版之內部資料。

趙碧華（2003）。社會福利民營化的迷思：公部門的困境？私部門的願景？－社會福利資源配置的思考。東吳社會工作學報，9，1-44。

蔡啓源（2000）。老人居家服務之探討。社區發展季刊，91，252-268。

蔡貴美（1994）。我國兒童福利資源配置－分配性正義觀點之分析（未出版碩士論文）。臺北市，中國文化大學。

賴淑霞（1988）。中部地區精神疾病醫療網轉介照會工作實施現況之初步評估研究（未出版碩士論文）。臺中市，東海大學。

戴玉慈、羅美芳（1996）。功能評估－長期照護服務的重要依據。護理雜誌，43(1)，71-76。

謝美娥（1993）。老人長期照護論題。臺北市：桂冠。

二、英文部分

Austin, C. D. (1983). Case management in long-term care: Options and opportunities. *Health and Social Work, 8*(1), 16-30.

Ballew, J. R., & Mink, G. (1986). *Case management in the human services.* IL: CHARLES C THOMAS PUBLISHER LTD.

Beverly, D. P., & McSweeney, E. A. (1987). *Social welfare and social justice.* NJ: Prentice-Hall.

Corazzini-Gomez, K. (2002). The relative effects of home care client characteristics on the resource allocation process: do personality and demeanor matter? *The Gerontologist, 42*(6), 740-750.

Challis, D., Clarkson, P., Williamson, J., Hughes, J., Venables, D., Burns, A., & Weinberg, A. (2004). The value of specialist clinical assessment of older people prior to entry to care homes. *Age and Ageing, 33*(1), 25-33.

Challis, D., & Davies, B. (1986). *Case management in community care: An evaluated experiment in the home care of the elderly.* Surrey, UK: Gower.

Challis, D., Darton, R., Hughes, J., Stewart, K., & Weiner, K. (2001). Intensive care-management at home: An alternative to institutional care? *Age and Ageing, 30*(5), 409-413.

Carpenter, G. I., Ikegami, N., Ljunggren, G., Carrillo, E., & Fries, B. E. (1997). RUG-III and resource allocation: comparing the relationship of direct care time with patient characteristics in five countries. *Age and Ageing, 26*(2), 61-65.

Duke University Center for Study of Aging and Human Development. (1978). *Multi-dimensional functional assessment: The OARS methodology (2nd edition).* NC: Duke University Center for the Study of Aging and Human Development

Donabedian, A. (1992). The role of outcomes in quality assessment and assurance, *Quality Review Bulletin, 18* (11), 356-360.

Diwan, S., Berger, C. B., & Manns, E. K. (1997). Composition of the home care service package: Predictors of type, volume, and mix of services provided to poor and frail older people. *The Gerontologist, 37*(2), 169-181.

Degenholtz, H., Kane, R., & Kivnick, H. Q. (1997). Care-related preferences and values of elderly community-based LTC consumers: can case managers learn what's important to clients? *The Gerontologist, 37*(6), 767-776.

Fraser, K. D., & Strang, V. (2004). Decision-making and nurse case management. *Advances in Nursing Science, 27*(1), 32-43.

Gianopoulos, C., Bolda, E. J., Baldwin, M., & Olsen, L. (2001). What works? Maine's statewide uniform assessment and home care planning system tells all. *The Gerontologist, 41*(3), 309-311.

Guralnik, J. M., & Simonsick, E. M. (1993). Physical disability in older Americans. *Journal of Gerontology, 48* (Special Issue), 3-10.

Hennessy, C. H. (1987). Risks and resources: service allocation decisions in a consolidated model of long-term care. *The Journal of Applied Gerontology, 6*(2), 139-155.

Hennessy, C. H. (1993). Modeling case management decision-making in a consolidated long-term care program. *The Gerontologist, 33*(3), 333-341.

Intagliata, K. J. (1982). Improving the quality of community care for the chronically mentally disabled: the role of case management. *Schizophrenia Bulletin, 8*(4), 655-674.

Kane, R. A., & Caplan, A. L. (1993). *Ethical conflicts in the management of home care: the case manager's dilemma.* NY: Springer.

Katz, S., Ford, A. B., Moskowitz, R. W., Jackson, B. A., & Jaffe, M. W. (1963). Studies of illness in the aged: The index of ADL: A standardized measure of biological and psychosocial function. *The Journal of the American Medical Association, 185* (12), 914-919.

Langorgen, A. (2004). Needs, economic constraints, and distribution of public home-care. *Applied Economics, 36*(5), 485-496.

Manton, K. G. (1989). Epidemiological, demographic and social correlates of disability among the elderly. *Milbank Quarterly, 67* (Suppl 2 Pt 1), 13-58.

Miller, G. (1993). The psychological best interests of the child. *Journal of Divorce & Remarriage, 19* (1-2), 21-36.

Mayur, M. D., Harold, R.L., & Julie, D.W. (2001). Unmet need for personal as-sistance with activities of daily living among older adults. *Gerontologist, 41*(1), 82-88.

Morrow-Howell, N., Proctor, E. K., & Dore, P. (1998). Adequacy of care: The concept and its measurement. *Research on Social Work Practice, 8*(1), 86-102.

Morrow-Howell, N., Proctor, E. K., & Rozario. P. (2001). How much is enough? Perspectives of care recipients and professional on the sufficiency of in-home care. *The Gerontologist, 41*(6), 723-732.

Naruse, T., Nagata, S., Taguchi, A., & Murashima, S. (2011). Classification tree model identifies home-based service needs of Japanese long-term care insurance consumers. *Public Health Nursing, 28*(3), 223-232.

O'Sullivan, T. (1999). *Decision Making in Social Work.* Basingstoke, UK: Palgrave Macmillan.

Ory, M. G., & Duncker, A. P. (1992). I*n-home care for older people: Health and supportive services.* CA: Sage.

Rawls, J. (1972). *A theory of Justice.* Oxford, UK: Clarendon Press.

Rubin, D. B. (1987). *Multiple imputation for nonresponse in surveys.* NY: J. Wiley & Sons.

Renshaw, J., Hampson, R., Thomason, C., Daton, R., Judge, G., & Knapp,M. (1988). *Care in the community: The first steps.* Surrey, UK: Gower.

Spicker, P. (1988). *Principles of social welfare: An introduction to thinking about the welfare state.* London, UK: Routledge & Kedan Paul.

Steinberg, R. M., & Carter, G. W. (1983). *Case management and the elderly. Lexington.* MA: D. C. Heath and Company.

Tennsdetd, S. L., Mckinlay, J., & Kasten, L. (1994). Unmet need among disabled elders: A problem in access to community long term care? *Social Science and Medicine, 38*(7), 915-924.

Weisser, W. G., Cready, C. M., & Pavelak, J. (1988). The pase and future of home- and community-based long-term care. *Milbank Quarterly, 66*(2), 309-388.

Young, J. C. (1981). *Medical choice in a Mexican village.* NJ: Rutgers University Press.

第七章　居家服務組織的經營管理

/沈慶盈

第一節 成為居家服務提供單位

一、居家服務提供單位的資格

　　近年來對於居家照顧服務的需求越來越高，加上政府推動長期照顧，提供大量經費補助居家服務，使得投入居家服務領域的單位也有所增加，但投入居家照顧服務的人員卻未能如預期擴充，導致居家服務實務工作現場出現供不應求情形，而隨著人口老化與長照保險的推動，居服人力不足部分可能會更加擴大。由於供給增加的速度趕不上需求的變化，仍然需要有意願單位的投入。不過哪些機構可以提供居家照顧服務呢？內政部社會司（2005）訂定「居家服務提供單位營運管理規範」，該規範第二條指明「居家服務提供單位，指直轄市、縣（市）政府，或經直轄市、縣（市）政府委託辦理居家服務之公益慈善、醫療、護理社團法人、財團法人、人民團體，或醫療、護理、老人福利、身心障礙福利機構。2008年施行的老人福利服務提供者資格要件及服務準則第 16 條則規定居家式服務的身體照顧及家務服務由下列單位提供：

（一）醫療機構、護理機構、醫療法人。

（二）老人福利機構、身心障礙福利機構。

（三）公益社團法人、財團法人、社會福利團體、照顧服務勞動合作社。

（四）社會工作師事務所。

　　在目前法規的限制下，唯有符合上述規定的單位才具備提供居家服務的資格。不同類型單位的主管機關與設立條件皆不相同，以老人福利機構為例，申請人應檢具申請書與各項應附文件向當地主管機關（如苗栗縣為勞動及社會資源處）申請立案，經審核符合則同意籌設，最後進行實地會勘，如符合規定則核發設立許可。有關老人福利機構設立許可流程及需要文件可至衛福部社會及家庭署之老人福利機構專區（http://www.sfaa.gov.tw/SFAA/Pages/List.aspx?nodeid=365）查詢。

二、進行策略規劃

投入居家照顧服務需要動用機構龐大的資源，因此在決定之前，需先進行策略性規劃。所謂策略性規劃是指引組織從現況到所欲未來的過程（孫健忠等譯，2005）。康淑華（1999）表示要開展居家照顧事業時，需要先進行計劃，包括考慮機構的背景、使命，與決策者的共識，其次則需檢視機構的財力，組織架構及人力資源。從策略性規劃的步驟來看，首先要先界定組織願景與居家照顧服務目標間的一致性。願景往往呈現機構成員的共同價值，如果理、監（董）事對於投入一項服務沒有共識或不完全支持，只要運作過程不如預期順利，可能就會造成理（董）事會不再同意經營辦理該項服務，或是機構成員間因服務方向不一致而導致組織分裂。換言之，一個組織為了獲得一項福利服務方案的資源而隨意修改其機構宗旨或增加服務對象或項目，並不值得鼓勵。

其次則是進行環境的分析，界定外在環境的機會與威脅，並統整組織的資源，了解自己的優勢與弱勢（孫健忠等譯，2005）。有些機構投入居家服務純粹是為了獲得政府資源，並誤以為辦理政府服務方案即使不會賺錢，至少也能自給自足。康淑華（1999）表示如果抱著賺錢的角度投入居家照顧服務，可能投入大量成本，結果不僅沒賺錢，且造成服務品質不佳，恐怕機構決策者與受照顧者家屬皆會失望。就居家照顧服務而言，短期內的服務需求雖然不會消失，但因為政府對於服務提供的補助會依案件量與服務時數而改變，補助金額並不固定；而有些機構為了穩定人力資源，採固定薪資方式聘用居服督導員甚至居服員，因此在每次增加人力的初期，由於個案量無法立刻增補，或是當有多個個案突然不繼續使用服務時，所獲得的補助經費可能就無法支應機構人力薪資與方案運作的固定支出。此外，政府的服務經費是下月核銷後才入帳，如果有哪個環節出錯，甚至可能隔兩、三個月才拿到補助款，因此機構需考慮是否需要有足夠的人力與財力資源來支持居家服務方案運作的需求，甚至補貼補助金額不足時所需負擔的花費。

如果思考之後，確認機構願意且有能力投入居家照顧服務的行列，則需要

設立明確的目標，並發展達成目標的適當策略作爲指引長期行動的方向。在此階段，康淑華（1999）建議應思考開辦居家照顧服務的內涵，包括政府政策、財力資源、人力資源、工作內容、提供服務範圍及服務對象等。確立發展策略後則需根據策略確實執行，並定期評估推動結果。至於具體行動部分，可從準備居家服務相關的投標文件開始。

三、成爲居家服務委辦單位

　　由於使用居家服務的經費主要是由政府補助，自費使用者的比例很低，在經費考量之下，想成爲提供居家服務的單位，就需先獲得各縣市政府的委辦資格。一般而言，各縣市政府每隔一、二年會公告委託辦理居家服務的招標案，有意投標的單位需自行注意招標資訊，並事先準備服務建議書與相關投標文件。以下舉臺北市爲例說明。最近一次臺北市政府社會局委託辦理居家服務、居家喘息服務的標案資訊在1月22日刊登於社會局網站的招標資訊，並於1月23日公告在政府電子採購網（http://web.pcc.gov.tw/pis/main/pis/client/index.do），截止投標日期則爲2月16日。投標單位在期限內送件之後，需參與評選才能確定是否得標，得標之後才能接受長期照顧管理中心派案，開始提供居家照顧服務。至於評選的項目包括組織健全性（10分）、財務健全性（10分）、服務績效與專業能力（25分）、服務計劃之可行性及執行能力（40分）、服務對象權益保障（10分）及創新服務及回饋機制（5分）等六項。可見並非擁有投標資格就能開始提供居家照顧服務，還需具備穩定運作、健全財務及足夠的服務經驗才可能受到政府委託，提供居家照顧服務。

　　賴添福（2007）指出，政府爲了增加民間參與公共建設的行列，透過政策或方案計劃提供各項獎勵措施，使得機構照顧與各項外展照顧服務，如居家照顧等，皆具有產業化的精神，加上證照的推動，目前社會福利與產業間的界限已越來越模糊，且產業化的趨勢會越來越明顯，因此老人福利機構需要加強各種經營

技能，如人力資管理、行銷管理及財務管理等。以下各節即探討居家服務單位的各種管理相關措施與應注意事項。

第二節　居家服務組織的人力資源管理

　　居家照顧服務是一項勞力密集的工作。由於服務人員直接影響到服務使用者及其家屬的評價，因此人力資源管理對於機構的經營深具重要性。人力資源管理係組織依據其內外在環境及員工事業生涯發展，對未來長短期人力資源需求，作有系統且持續性分析之過程（方世榮譯，2002；黃源協，2008），其目的在於提升員工的技能，激勵及增強員工權能，以提高工作績效，達成組織目標。就社會福利服務機構而言，人力資源管理係指影響機構的專業人員、半專業人員和志願工作人員的管理決策及實踐活動。當代管理學強調「行銷三角」（marketing triangle）的概念，包括從「組織」到「顧客」的「外部行銷」（external marketing），從「員工」到「顧客」的「互動行銷」（interactive marketing），及從「組織」到「員工」的「內部行銷」（internal marketing）。其中內部行銷即為人力資源管理的一環，強調透過內部的教育訓練，傳達組織對品質或服務的價值與要求，以使員工了解組織的價值或理念，進而提供顧客良好的服務，並建立優良的機構形象（王秉鈞，2007）。

　　至於人力資源管理的內容，國內人力資源管理的教科書大多依據人力資源管理的業務分為「選」、「用」、「育」、「考」、「留」等五大功能領域（劉念琪等，2005）。「選」包括人力資源規劃、招募及甄選等，「用」包括人員的任用與安置等，「育」包括生涯發展及教育訓練，「考」強調績效考核與管理，「留」則包括薪資、福利與獎懲制度及勞資關係。黃源協（2008）則將人力資源管理的功能分為人員的晉用、培訓與發展、激勵以及維持四項。晉用是尋找合乎各層級短期或長期目標之可用員工的正式過程；培訓與發展在於協助員工習得新技能、改善技能、或改善在組織中的表現，以及連結個人長程目標與組織需求的員工生涯規劃；激勵尋求提升員工追求組織目標的意願；維持則著重於提供適宜的工作條件或環境，以維持或增進員工對組織的認同。由於人力是服務輸送的基礎，各機構應建立完善的人力資源管理制度，包括進用資格、工作權利與

義務、訓練與督導制度、績效獎勵制度、福利措施及員工申訴制度等，且相關制度需與機構原有的規定相結合。因人力訓練與留任部分在以後有專章討論，因此本節僅簡單討論居家服務的人力資源規劃、招募與甄選、及勞動條件。

一、人力資源規劃

　　機構在取得委託辦理居家服務資格之前就需先針對未來的人力需求進行規劃。機構需根據其內外部環境的變化，進行現有人力盤點，預測未來的人力資源需求，及計劃滿足人力需求所需的活動。換言之，機構如開辦居家照顧服務項目，需先評估現有人力及未來的人力需求，並根據預估的短、中、長期的人力狀況，規劃符合機構未來發展需求的人力調整方案。吳玉琴等（2008）即表示居家服務單位須根據組織內外在環境及員工的生涯發展，對未來的人力資源進行短、中長期的人力需求規劃；居服單位應先依年度計劃的預估服務量估計服務需求，並檢視內部既有服務人力進行人力評估，進而針對評估結果擬定目標與策略，發展招募或修訂人力運用計劃。

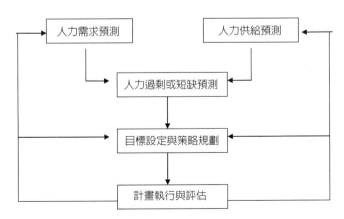

圖7-1　人力需求規劃圖
（資料來源：吳玉琴等（2008）居家服務操作手冊（再版））

　　人力資源規劃的重點之一是考量員工的生涯發展與升遷管道，不過由於臺灣大多數的福利服務機構規模很小，平均聘用的專職人力未超過5人，因此少有機構進行人力資源規劃，亦缺乏足夠的升遷管道安排員工的職涯發展途徑。既然機構內部沒有升遷機會，現有專業人員跳槽便成為獲得升遷或加薪的常態，如此亦造成專業知識與經驗無法有效累積。作者認為小型社會福利機構充斥的結果，不僅影響員工的工作滿意度與薪資福利，更影響專業的發展與機構的服務成效，因此，現今階段仍不需擔心社福機構大型化的問題，反而應鼓勵現有已聘用專業人員的機構擴展業務範圍，增聘專業人力，以降低員工的離職率與機構固定營運成本的比例。

　　機構投入居家服務所需增聘的人力主要為居家服務督導員與照顧服務員兩類，由於政府對於服務經費的補助是按個案數或服務時數補助，因此允許機構聘用兼職人力。董秀英（1999）說明，聘用專職人力的優點為機構人力使用靈活，且可降低人員流動率，其缺點則為若個案不足將面臨收入不足以支應支出的壓力；至於聘用兼職人力的優點為按服務時數或個案數支薪，能降低機構財務負擔，且可吸收能從事短工時的人力，缺點則為人數較多，且對機構的認同感及向心力可能降低，增加管理及督導的難度。人力資源規劃的主要考量因素為機構的長期發展需求，不過一般福利機構卻往往財務狀況當作最重要的考量因素，使得多數機構在服務個案數較少時，皆以現有或新聘兼職人力作為過渡，不過如此安排可能影響機構的運作狀況、人力穩定與服務品質，因此作者認為應以聘用專職人力為首要考量，在本書第十章也提出專職人力對穩定人力有幫助的建議。至於在聘用人力的專業背景考量上，以臺北市104年為例，已提供專業服務費補助機構聘用一名社工學歷背景的專職人力，因此在居家服務督導員部分，作者建議第一位可以醫護相關科、系（組）畢業為優先，因為許多失能老人及其家屬常有健康及照護相關問題，醫護相關背景者較能即時正確回應或提供照護知識，有助於與案家迅速建立關係。第二位則以社會工作科、系（組）畢業者為優先，以促進專業及資源整合。如果方案持續擴展，則可開始培訓專職的照顧服務員，讓其在服務滿5年以後，有轉任居家服務督導員的升遷管道。

二、員工招募與甄選

聘任員工的工作要包括工作分析、招募及甄選等作業，茲說明如下：

（一）工作分析

工作分析指有系統的蒐集、分析與工作相關的資訊，並就工作內容、工作環境及工作知識、技術或能力予以清楚描述的過程（黃源協，2008）。工作描述的重點在於具體說明工作的物質特點與環境特點，包括工作內容與特徵、工作責任與權利、工作目的與結果、工作標準與條件、工作時間與地點、工作職位與條件、及工作流程與規範等（廖勇凱、楊湘怡，2007），並編寫工作說明書。此外，亦需訂立工作規範，也就是擔任某項職務人員必須具備的任職條件，通常包括一般條件、生理條件及心理條件（廖勇凱、楊湘怡，2007）。一般條件是指年齡、性別、學歷、工作經驗等要求；生理條件包括健康狀態、體力、運動靈活性、感官靈敏度等；心理條件則可能包括觀察能力、記憶能力、理解能力、問題解決能力、語言表達能力、性格、氣質、興趣等。

居家服務機構需針對居服督導員與居家照顧服務員職務的工作內容分別進行分析，並訂立工作說明書與工作規範，以作為選用人員的依據。吳玉琴等（2008）說明居家服務工作說明書包含工作職別、工作摘要、人員關係與職責、職權、績效標準及工作條件等項目，用以說明各職務人員所應負擔之權利、義務及應遵守之規範。機構應清楚定義工作角色、使命、工作方式、職責及需要配合的工作人員，才能勾勒出理想人選的樣貌，並於招募時徵選到適合的人才（吳玉琴等，2008）。

工作分析主要是針對一個職位的工作內容仔細分析描述，並確定應聘該職位的候選人應具備的能力。由於2005年內政部社會司公布的「居家服務單位營運管理規範」有明文規定居家服務的人力配置、資格條件及權責內容，因此有些居家服務單位就僅以管理規範的內容作為工作內容的描述，例如居服督導員規範

的內容為：1.與服務對象簽訂服務契約；2.建立督導機制：(1)訂定督導流程並設計紀錄表單，(2)接案並擬訂服務計劃，(3)電訪及家訪個案，(4)召開督導會議；3.建立品質促進機制：安排照顧服務員在職訓練，執行居服員工作績效考核與獎懲，及評估服務結果。但是這些明訂的工作項目並不足以含括機構居服督導員實際所需完成的工作事項，譬如服務記錄資料的輸入與管理，居服員與案家的配對與時間安排，居服員的班表安排與管理，案家服務費用的計算、出帳，甚至收取，居服員的薪資計算與確認，政府補助經費的申請、管理與核銷，與其他單位聯繫與合作，意外事件、危機事件與申訴事件的處理及風險管理等。

表7-1　居家服務工作時程表（含喘息服務）

時間期程	工作內容	相關報表／登錄	備註
每日	空班表系統登錄	社會福利管理系統	
每月3日	服務員薪資核算	薪資總表	4日前給會計
每月5日	居家服務個案服務時數及系統登錄完畢 社會局相關統計報表	月效益表、月報表等相關統計資料 內政部系統登錄	
每月10日	喘息服務-個案服務費核銷作業（衛生局）	核銷相關資料 （含個案公文、服務時數及內政部系統登錄完整）	
每月15日	個案紀錄登錄完成	內政部系統抽查	
每月20日	居家服務-個案服務費核銷作業（社會局）	核銷相關資料	比對清冊回覆後才開始進行
每月30日	中低特照個案訪視	中低核銷	

◎以上期程如遇假日提早抽查或繳交

（資料來源：財團法人臺北市中國基督教靈糧世界布道會士林靈糧堂（2014）居家服務居家督導員工作手冊）

　　表7-1呈現提供居家服務過程應完成的行政作業，顯示居家服務督導的工作繁雜。游麗裡（2008）針對某機構所屬的居家服務單位且實際擔任督導員的15名工作者進行一個月的工作內容調查與分析，結果發現居家服務督導除需擔任個

案管理者、督導員、直接服務提供者、個案服務需求規劃、行政工作執行者，同時必須進行社區活動規劃與執行等職責，其中，花在行政事務，核銷事宜、填寫各種報表二項，高達21.1%的比重，又以花在核銷的時間比撰寫紀錄時間還多，如此多的行政工作也讓居家服務督導員的督導角色失焦，減少對居服員的實際督導。由於這些行政工作占據居服督導員無法忽略的工作時間，而且大部分並不在社工專業的訓練範圍，如果沒有訂定清楚的工作說明與流程，讓居服督導員有心理準備，且聘入後提供足夠的支持與在職訓練，很容易導致居服督導員的工作倦怠，甚至因為期待與現實狀況落差太大而快速離職，更有甚者離開社會服務領域。

（二）招募

招募是指機構根據人力資源規劃與工作分析結果，從內部或外部發現並吸引有條件、資格及能力的人員，以填補機構職務空缺的活動過程（廖勇凱、楊湘怡，2007）。進行招募時，應思考應聘人員潛在的出入地點及可能吸引其注意的方式，選擇合適的徵才訊息宣傳方式，如：1.公布於就業服務網站；2.至辦理訓練單位宣傳；3.於現職人員聚會時公布訊息，請推薦相關人員；4.至人力網站或報紙刊登求才資訊；5.請各安養護機構協助公告；6.請地方政府提供人力資料，發函徵才；及7.到學校相關系所招募等。一般而言，居服提供單位大多同時運用多元的招募管道，例如請家人、朋友推薦及轉介，至政府相關單位（如職訓中心、就服中心）招募，及運用網路或報章媒體等（沈慶盈，2011；蘭婉茹，2011）。蘭婉茹（2011）認為透過居服員或朋友、同事、親戚等熟識的人宣傳及介紹是開發居服人力的有效方式之一，因可以加深對於居家照顧服務的正面印象，甚至因為信任熟識的人而選擇居家服務工作。臺北市居家照顧單位的主管則表示照顧服務員訓練後是招募居服員的好時機，而沒有訓練時期就很難找到人，甚至好幾個月都找不到（沈慶盈，2011）。可見居服員的招募問題可能是結構性的問題，不見得光靠招募策略與多元管道就能招到適合的人員，不過如能採

取適當策略與管道，機會總是較大。

（三）甄選

　　甄選是從應聘的人員中，考量其個人特性（能力、經驗等）與工作職務需求的適配程度，選出最佳的候選人。甄選的第一步往往是從應徵者篩選，以保留條件較合適者，不過如應聘者不多，這一步驟往往可以省略。其次就是進行人員的選拔。甄選人才有多種方法，較常用者為面談、筆試和模擬測試等。

　　面談主要是用來評估應徵者與組織之間的適配度。除了考量與工作相關的特定技能外，面談過程還需評估應徵者的人格特質、價值觀等與組織文化及形象的適配程度。筆試則一般包含智力、性向、能力、興趣及廉潔正直程度等的測驗。模擬測試主要則透過實際操作以了解應徵者所具備的技能能否勝任未來的工作。目前居服人力普遍招募不易（黃也賢、陳貞如與黃琳惠，2013），人員流動頻繁，加上新人培育耗費時間與成本（沈慶盈，2011），居服督導亦會擔心淘汰不適任的照顧服務員，可能使個案沒有人力服務，使得居服單位往往缺乏淘汰機制（陳淑君，2009），因此實需慎重甄選人才，寧願抱持寧缺勿濫的想法。

　　吳玉琴等（2008）即指出居家服務用人單位於面試過程中，須評估應徵者的人格特質、學經歷、健康狀況、宗教信仰、對經濟的需求等，同時也需要了解應徵者對於投入照顧產業的動機、對居家服務的了解，其對於與老人相處之經驗，並測試應徵者的照顧技術（如移位法、管灌技術、肢體關節活動）。例如，照顧服務員的特質要有耐心、熱忱、願意奉獻等。李逸、邱啓潤（2013）的研究則顯示能滿足案家的需求、好的工作能力、態度，及與人溝通相處的技巧是好居家服務員不可或缺的特質。此外，居服單位亦須將機構要求的工作態度、應配合之事項，如須參加在職訓練、接受團體或個別督導、擔任志工支援活動等加以說明清楚，並提供薪資、勞健保、勞退等員工福利訊息，以便讓應徵者可以事先全盤評估其是否適任。

三、員工勞動條件

　　勞動條件（Working conditions）是指員工受僱從事工作時，僱主與勞工雙方對於權利義務的約定內容（林清松，2002）。我國僱主在僱用勞工時，雙方訂定的勞動條件需符合臺灣勞動基準法（以下簡稱勞基法）及其施行細則的規定。勞基法規範的內容主要包括：勞動契約、工資、工作時間、休息、休假、童工、女工、退休、職業災害補償、技術生、工作規則、監督與檢查等。其中工資和工時是最重要的勞動條件議題，工資部分包含基本工資規定、工資給付的形式和原則、工資加成給付規定；工時部分則包含正常工時、延長工時、變形工時、例假、休假、請假等。

　　工資或薪酬（Compensation）是指員工因工作關係所產生的各種報酬，「包括工資、薪金及按計時、計日、計月、計件以現金或實物等方式給付之獎金、津貼及其他任何名義之經常性給與」（勞基法第2條）。薪酬主要可分成財務性報酬與非財務性報酬。財務性報酬包括直接以金錢支付的薪金、工資、獎金（如工作獎金、全勤獎金、年終獎金、考績獎金、績效獎金等）、津貼（如交通津貼、誤餐津貼、危險加給、超時加給、專業加給等）、佣金與紅利等；非財務性報酬則包括各種非以現金形式支付的相關福利，如社會保險、有薪假期、員工旅遊等（廖勇凱、楊湘怡，2007；賴正倫，2004）。至於薪資的計算方式，一般而言行政、管理與社工人員等主要是以按月的固定薪水計算方式給付，但由於社福機構主要是提供助人的工作，許多機構主管認為其員工應該要有奉獻的精神，不應該計較太多薪資、福利、加班費等，如果他自己是無給職時，這種想法可能更加穩固。而社會大眾對於社福機構人員也往往有「愛心」、「熱心」等刻板想法，這些皆使得社福機構員工的勞動條件長期受到忽略（陳怡婷，1999；沈慶鴻，2008）。鍾伊玲（2015）調查臺灣330位在職社工人員的離職傾向，結果發現影響離職傾向的因素由高至低為解僱保護與特別休假、主管關係、不加班與正常休假、機構服務年資及薪資收入，可見機構最該做的事是不可將財務壓力轉嫁到員工身上，例如告訴員工如果沒標到方案就無力繼續聘用，或聘用員工讓

機構虧錢等；其次則是主管需與員工建立良好關係，第三則是要盡量讓員工正常上下班。薪資的影響較小，畢竟員工進入機構時已考慮過薪資能否接受。

至於居家照顧服務員的薪資，有些單位採固定薪水制，有些單位則是採計時的方式計算薪資，或是一部分固定底薪，一部分按時計薪，以激勵其工作績效。但就目前政府按件計酬的狀況來說，機構多半傾向聘用臨時人員而非納編人員來吸收服務量，以減少人事成本並保持彈性（王增勇，2004）。此種按時計薪的方式可能影響收入的穩定性，Aronson和Denton（2004，引自呂寶靜、陳正芬，2009）即指出照顧服務員相對差的勞動條件與不安全感是導致高流動率的關鍵。因居家服務工作必須有做才有收入，但居服員的服務時數卻常受到短期變動因素的影響，如服務對象住院、去世或到其他縣市居住，此時收入就會受到影響（邱泯科、徐伊玲，2005；吳玉琴，2008；藺婉茹，2011）。因此對於有經濟壓力的居服員來說，薪資結構的不穩定容易使其萌生離職打算。尤其在年關最需要錢的時候，居服員的收入反而可能最少，因服務對象在年節時較可能由家人自己照顧，此結果進一步降低居服工作的吸引力。雖然若改採按月計薪的方式會將居服員的風險轉嫁到組織身上，提高組織經營的風險，但為了穩定居服員人力，提高服務品質，居服單位最好採固定薪水制，或部分固定底薪加上按時計薪的方式。

工時（hours of work）是指員工處於僱主工作指揮的時間，或依僱主指示而從事作業的時間，加上因勞動過程而產生的其他具意義的時間，如休息時間、待命時間、教育訓練時間、出差時間、開會時間等（陳政智、王柏軒、王麗娟、李宜修、余家偉、邱珈霖、陳建廷、楊雅婷，2005）。在勞基法要求居服單位需負擔居服員勞、健保與勞退準備的要求下，即使照顧服務員是按時計薪，單位一般會要求每月至少需服務滿一定時數，如120小時。工作彈性是居家服務工作很吸引人的一項特色，但當機構因財務考量而要求每月最低工作時數時，反而流失了一大部分的彈性人力，使居服人力不足的困境更早浮上枱面。政府及居服單位在未來應思考聘用兼職人力的可行性。

至於一些按月計薪的居服單位往往會要求居服員每日依規定時間正常上下

班，因此沒有排班時需留在機構待命，或是接受機構安排協助行政，甚至從事志願服務工作，因此使得居家服務喪失了一項很吸引人的工作彈性特質。其實以要求每月最低服務120小時來算，除以22個工作天，每天至少需服務約5.5小時，加上交通、填寫紀錄、在職訓練等時間，所剩時間其實有限，似乎並不需特別要求留在機構待命，但當其因服務對象因素而排不滿最低時數時，請其幫忙行政工作以獲得保證最低薪資則是可替代的辦法。

國定休假日則是另一個議題，行政院勞工委員會（2007）說明按時計酬者在國定休假日時，原排定出勤者可免除出勤義務（放假），工資照原排班時數給。原排定出勤者在徵得勞工同意後，可安排出勤（加班），除原約定時數工資外再加給一倍工資。至於原排定不出勤者則無出勤義務，亦無工資。原排定不出勤者在徵得勞工同意後，可安排出勤（加班），計給2倍工資。居服提供單位一般會要求居服員國定假日不排班，以規避工資爭議。不過如此可能影響受照顧者的需求滿足。目前政府對於國定假日的補助金額已加倍，且要求服務使用者的自負金額亦需加倍，這些變動雖可能增加居服單位核算薪資與收費工作的複雜度，但能保障居服員權益，應該支持。不過服務使用者的自負金額加倍已引起身障團體的反彈，社團法人中華民國殘障聯盟就表示勞基法是規範僱主與勞工間的勞動關係與條件，案主並非僱主，因此國定假日向接受服務者收取加倍費用，欠缺公平正義，收費標準不應有平日與假日的差異，建議應由政府籌編適足的預算以提供適切的服務（劉玉秋，2015）。為了平息反彈及減輕使用者的經濟壓力，政府表示如果長者家中經濟無法負擔，可由居服單位協助調整至非假日提供服務，改由家人自行照顧，或由社會局結合民間資源以個案認定方式協助，另已協調部分國定假日之民眾自付金額依平日費用收取。

居服單位應思考如何建立成功的獎酬制度，以平衡組織與員工的需求。衛生福利部社會及家庭署自2014年7月1日起調高照顧服務補助費用至每小時200元，亦提供交通補助，至於其他良好勞動環境的創造與福利激勵制度的建立是居服單位可以繼續努力的部分。專家學者的建議包括，對於一些比較困難處理的個案或特殊情況，提供較佳時薪或建立工作獎金制度等（陳正芬、王正，2007；

吳玉琴，2008）；建立居服員等級制，並設立技能獎金，讓資深、責任較重或工作表現良好的居服員可以有較佳的薪資；創造居服員升遷管道等（呂寶靜，2012）。此外，除了採用報酬、福利等外在激勵形式，亦應注重居服員的工作挑戰與成就感等內在激勵。有居服督導特別強調要多鼓勵居服員，增強居服員的自信心，讚賞其工作表現，以提高其工作滿意度（沈慶盈，2011）。沈慶盈（2011）調查301位照顧服務員對於居家服務工作福利重要性的看法，結果發現在專業制度層面的重要條件依次為提供充足的在職訓練、提升居服員的社會形象、建立良好的督導制度、訂定詳細的退休或資遣制度及簽訂工作契約以提供工作保障。在工作條件層面的重要條件則依序為非上班時段提供加班費、提高工作時薪、依據服務項目實施不同計薪制度及提供交通補助等。而專業制度項目的重要性皆高過工作條件，可見薪資不見得是居服員最在意的事，這些結果提供居服單位重新思考健全人力資源管理的努力方向。基本上，每個居服單位皆應找出最適合自己的設計，讓整體獎酬制度發揮最大的功效，激勵員工致力於機構目標的達成。

第三節　居家服務組織的財務管理

　　財務管理是將組織的經費收入與支出，依據法令規定之會計事項，應用專業的技術將其有系統、有組織的記載與說明。也就是要使團體的經費能作最適當而有效的應用（陳武雄，2003）。社會福利機構的財務管理是指確認與獲得服務輸送方案所需的財務資源，及確保這些資源能被有效的使用與適切的記錄（Lohmann, 1995，引自黃源協，2008）。基本上，大部分的非營利機構皆會面對經費不足及財源不穩定問題，因此良好的財務管理是一個組織業務能否順利推展的重要關鍵。

一、財務管理與會計分類

　　進行財務管理需具備基本的會計概念。一般機構或人民團體的會計年度以每年一月一日起至十二月三十一日止；每個年度開始前二個月內應編列下年度工作計劃、收支預算表，提經理事會通過後送請監事會（或監事）審核，提經會員（會員代表）大會通過後，於下年度開始前報請主管機關核備。年度終了後二個月內編製工作報告、收支決算表、資產負債表、財產目錄及基金收支表提經理事會通過後，送請監事會（或監事）審核，提經會員（會員代表）大會通過後，於三月底前報請主管機關核備（陳武雄，2003）。而要整理及編製這些會計表格，需對會計要素中的資產、負債、資本（基金）、收入及費用等主要類別有所認識，尤其是對收入及費用的會計科目需有所了解。基本上，每一會計類別皆可依機構的實際需要設置不同的會計科目進行整理，簡單舉例說明如下（陳武雄，2003）：

　　（一）資產類會計科目：包括流動資產（如現金）、基金（需依財務處理辦法的規定存入基金專戶）、固定資產（如土地、房屋及建築、設備、

車輛等）及其他。

（二）負債類會計科目：包括流動負債（短期具流動性的負債）、固定負債、長期借款（償還期限一年以上之借款）及其他負債。

（三）基金暨餘絀會計科目：包括基金（如會務發展準備基金、退撫準備基金等）、及餘絀（收支決算所發生結餘或短絀之款項）等。

（四）收入類會計科目：包括會費、捐助收入、補助收入、委託收入（接受委託舉辦業務之各項收入）、專案計劃收入、利息收入及其他收入。

（五）支出類會計科目：人事費、辦公費、業務費、購置費、專案計劃支出、雜項支出、提撥基金等。

居家服務單位應建立良好的財務管理制度，包括預算管控、收支帳冊管理、成本效益分析監控等（陳明珍，2011）。營運預算管控主要是規畫年度預算，確實實施年度決算以完整呈現經費支出收入之決算情形，並經過審查；日常收支應依預算規劃的收支類別整理，並定期查核加以管控；會計、出納則應為不同人，收支需明確記帳。

二、預算的編列

預算通常是社會福利機構對其預期之收入與支出進行預估的決定過程。其是以量化的數據（例如金錢、時間、產品數、方案量）顯示在一特定時間內組織計劃進行的活動（王明鳳、黃誌坤，2010）。預算是管理方案的必備文件，其可以幫助管理者決定未來要做什麼，及評估完成了哪些事項。非營利組織的預算編列需要掌握四個原則（孫碧霞、廖秋芬、董國光，2001）：1.預算必須符合應計原則（accrual principle），將收入與付出的成本加以配對；2.預算的收入與支出要平衡，因此需要考慮資產的折舊，同時將捐款的收入納入預算管理；3.預算要依據方案內容編列，每一筆費用皆須合理且與方案活動或服務內容有關，而不是依照項目編列；4.編列預算要訂定管理法規，接受高層管理者的指導。

　　社會服務機構常用的三種預算類型分別是單項預算（line-item budgeting）、功能預算（functional budgeting）及方案預算（program budgeting）（高迪理，1999）。單項預算是將收入與支出部分以類別或名目的方式呈現，功能預算將支出以服務單位的方式呈現，方案預算則是將支出以服務方案成果單位的方式呈現。對規模較小、使用資源較少的服務機構，單項預算系統就足以因應所需。不過，居家服務的評鑑指標要求居服方案需編列獨立的預算，因此最好採用方案預算系統，或是分別就居家服務方案編製獨立的預算。

　　方案預算的編列步驟如下（高迪理，1999）：

1. 發展一標準化之單項預算格式，需注意各個類目必須符合互斥性與周延性的條件，並對每一收入和支出之類目下操作性定義。
2. 確認居家服務所有預期可得之收入，以及預定之支出。
3. 確定機構所有方案的架構。
4. 確認居家服務的支出項目（直接支出成本）
5. 確認機構的間接支出成本，並將居家服務方案需負擔的間接支出配置給方案。間接支出指的是社會服務機構的支出項目中，同時屬於或用在兩個以上之方案的支出，常被稱為行政支出或行政費用。
6. 確定方案之總支出。
7. 確定居服方案預算之收入與支出是否平衡。若收支未達平衡，則須修改預定之收入或支出或二者，以使收支達成平衡。
8. 計算每單位成果之支出：將方案之總支出除以實際達成方案目標之案主人數，或除以預定達成方案目標之案主人數。

三、成本控制

　　根據我國十年長照計劃，目前居家服務主要經費來源包括行政院勞委會就業安定基金、內政部、各縣（市）政府自籌款等，而地方政府在委託或補助民間

機構團體提供服務時，對人事費及行政費採取部分補助原則，其餘費用需由服務單位自籌（陳淑君，2009）。雖然我國衛生福利部社會及家庭署已調高照顧服務補助費用至每小時200元，且另行補助居家服務提供單位應負擔之勞、健保及勞退準備金，及專案計劃管理費等。不過，由於政府調高補助費用後，也強制規定居家服務員時薪每小時不得低於170元，亦即增加的20元必須全數為居服員加薪，因此引發居服單位的反彈，因為調薪至170元，每小時的人事成本將高達280元，但政府低估其他人事成本，僅提高居服員薪資反而變相增加了居服單位的人事支出，造成居服組織負擔增加（方家敏，2014）。政府的補助項目與方法造成居服單位的經營壓力，這是投入居家服務時應考慮的事，投入之後則需做好成本控制。

　　居家服務單位提供服務所產生的支出稱為成本。在政府補助項目與金額固定，加上競爭單位眾多之下，成本管控可能牽涉到組織的生存。居服單位的成本結構可依能否歸屬於單一方案而區分直接成本及間接成本。另一種成本分類方式則依變動性區分為固定成本及變動成本。固定成本是在一定服務量下，不會因服務量改變而變動的成本，如設施設備、按月計薪之人事成本、建築及設備折舊、租金、保險費、清潔費等；變動成本則為會依服務量改變而變動的成本，如個案使用之個人用品或耗材、交通費、水電費、電話費等（張慧美，2007；賴添福，2007b）。由於政府的補助方式要是按件或按時計算，居家服務單位基於本身的成本考量，需要進行損益兩平分析。就居家服務而言，損益兩平是指在一段期間範圍內（年、半年、季、月），機構經營結果沒有賺錢亦沒有虧損的服務量（時數）或服務金額（營業額），亦即各項收入的總和等於總變動成本加上總固定成本之和（總收入=總變動成本+總固定成本）。為了進行分析，居服單位需先估算每服務時數的平均收入及變動成本。

　　另外，政府核銷規定亦增加居服單位的經營壓力。目前居家服務單位多仰賴政府之補助，但其補助方式是提供服務後再辦理核銷，由於政府的審核作業時間可能很冗長，導致居家服務單位須先行墊付薪資，此種因核銷問題而延後獲得補助款的狀況會增加機構營運之財務困境。曾秀貞（2007）的研究發現，居服

單位所面臨的最大困境是經費不確定與經費不足。經費不確定是政府行政效率太慢造成無法按時核發補助款，導致居服單位需要先墊錢，造成機構經費控管的困難。此外，由於政府的經費不足，往往到了年底即需縮減服務時數，甚至中止服務，以致收入驟減，員工薪資沒有保障。吳玉琴等（2008）亦指出，機構的委託服務量增加代表居家服務單位的財務準備與周轉金愈趨重要。對機構而言，應收帳款如果超過60天就可能會有現金周轉的問題，然而各縣市政府目前撥款的狀況往往過久，甚至有超過90天以上的狀況。因此，居服單位的自主財源與準備金必須足夠，甚至準備金可能需達6個月以上才算穩定。

第四節　居家服務組織的行銷

一、行銷導論

　　機構必須針對外在環境與本身優缺點擬定適合的經營策略，行銷是確保機構永續經營的重要手段之一。行銷是一種理念、態度，或是強調顧客滿意度的一種經營方向，以及達成上述理念的一系列活動（郭建中，2000），行銷的最終目的則在影響人類行為（張在山，1991）。美國行銷學會（American Marketing Association, AMA）早期將行銷定義為「將生產者的物品與服務帶給消費者或使用者的商業活動」，隨著時代演進，定義亦隨之改變為「為了達成個人和企業組織之間的交易目標，行銷扮演的是某種貨物、勞務或構想的整體規劃和執行過程，其規劃執行的內容包括了概念的形成、商品定價、促銷以及構想、貨品或勞務的配銷等」。在2013年則將行銷定義為：「行銷是一種活動，由機構設定，且處理創造、溝通、傳遞和交換對於顧客、客戶、合作夥伴與整個社會有價值的產品之過程。」至於非營利組織的行銷則是指非營利組織為了滿足和目標市場間的交易所做的一切努力（AMA, 2013）。陸宛蘋（2000）認為非營利組織從事行銷的理由包括：1.確認民眾需求以提供正確服務；2.傳達訊息給特定群眾，並刺激其反應；3.決定目標並擴大組織資源以實現組織使命；4.引起群眾注目，以吸引所需的關注、支持與熱忱；及5.增加組織影響力。這些也是居服單位需要進行行銷的理由。

　　行銷的規劃主要是依循社會交換理論的原則，亦即，當消費者認知行為所得的利益大於成本時，即可達成交易；此外，個體會從所有可能的交易中選擇利益與成本的比值（ratio）最大者進行交換。因此，行銷的重點在於增加自己的影響力或提升與其他對象交換籌碼的重要性。至於提升籌碼重要性的方法受到行銷哲學的影響。何明城（2008）表示行銷哲學的發展從以組織為中心的生產導向、銷售導向，演進為考量顧客需求的行銷導向，再發展成為兼顧組織、顧客與社會

長期福祉的「全方位行銷」（holistic marketing）。生產導向著重於提升組織內部的能力；銷售導向著重於銷售技巧，如促銷活動；行銷導向則強調顧客需求的滿足，以提升顧客對產品或服務的認定價值，著重與顧客建立關係。全方位或整體行銷觀念則認爲一個行銷方案、程序與活動的發展必須在邏輯上相互關聯，它包括關係行銷、整合行銷、內部行銷及社會責任行銷等四大組成要件。關係行銷是需與關鍵夥伴，包括顧客、行銷管道等建立彼此互惠、滿意的長期關係，以能永續經營，達成組織的使命。整合性行銷則是將產品、價格、通路與促銷等行銷活動統整成一套滿足顧客需求，以及傳遞價值的行銷方案。內部行銷則是組織透過聘用、訓練與激勵等方式，使機構全體成員皆具有「全員行銷」的觀念，了解行銷是所有成員的責任，能遵從服務顧客的行銷方針，提供優質的服務。社會責任行銷是指組織在規劃行銷方案的過程，須同時考量行銷活動是否能對社會產生正向的影響，亦即組織需以社會福祉與環境永續發展爲目標；此種行銷的手段包括善因行銷、慈善活動、社區參與等活動作爲。

　　胡月娟（2006）則認爲居家服務的行銷包含三個層面：

（一）案主層面

　　服務使用者對於服務的感受將決定其是否繼續使用服務，因此從服務顧客的觀點，居家服務的行銷應重視關係品質。居服員應尊重案主，維護其隱私、滿足其自主權與乾淨舒適的需求；平時則可透過電話進行關懷，使居服員與案主及其家屬的關係不僅是購買服務而已。

（二）照顧服務員層面

　　爲了能與服務使用者及其家屬有良好的互動與關係，居服員須持續透過在職訓練、個案研討與經驗分享等方法，增進自己的態度、知識與技能。此外，居服員可透過同儕與機構的支持，妥善處理不同的工作壓力，提升自我效能。

（三）組織層面

　　居服單位本身是行銷成功的要素。行銷在組織層面主要著重居服單位的行政管理與支持的成效。居服單位應做好內部行銷，落實員工的訓練與輔導，建立全員行銷的組織文化，進行居家服務品質的管控與促進，開發與聯結社區資源，致力於提升受服務對象的服務滿意度。

　　由以上討論可知，居服單位如要成功進行行銷，不是僅規劃一個獨立的行銷方案或活動而已，而是需引進全方位行銷的概念，讓全體員工體認行銷的重要性，提升員工的服務態度、知識與技能，並與受服務對象建立良好的互動關係，以建立忠誠的顧客群，且能進一步透過服務使用者及其家屬吸引新的服務對象。

二、行銷的規劃與執行

　　組織進行行銷一般會經歷以下的過程（郭建中，2000）：1.了解組織的目標、任務，及行銷在此任務中角色；2.設定行銷目標；3.蒐集與分析資訊（SWOT 分析）；4.選擇目標市場（決定顧客群及確認其需求）；5.發展行銷策略與行銷活動；6.執行行銷企畫；7.訂定評量方式；8.定期評估並修正。同樣的，一個居服單位如要進行行銷，亦需確認行銷目標，發展行銷策略與活動，然後執行行銷計劃，並定期評鑑與進行修正。以下簡單說明行銷的步驟：

（一）確認行銷目標

　　一個組織的存在同時具備多元的目標，而居家服務方案的目標則主要在於確保受照顧者的安全與舒適，提升其日常自我照顧能力，及減輕家屬照顧負擔，維持家庭穩定。居服單位在從事行銷規劃時，需要思考進行行銷活動後，會達成何種結果，對於機構及居服方案可能會造成什麼樣的影響。例如，機構是因為有需

要的長者不知有居家服務而進行行銷，或是因為案量不足有生存危機而進行行銷，兩者出發點不同，思考重點與行銷策略可能就有差異。原則上，非營利機構的行銷需要確保對於機構使命與服務人口群沒有負面影響。

（二）蒐集與分析資訊

確定機構的行銷目標之後，居服單位就要考量自己所具有的資源，如生產成本、財務資源、機構或品牌形象、員工技術能力等內部的優點和缺點，並蒐集與評估外界環境，如人口、經濟、政治趨勢、相關法律規定及競爭對手等，以檢視機構外部的機會和威脅，然後試圖將機構所具備特質或優點與某項主要的市場需求相結合，以發現可以吸引目標消費者或服務使用者的機會點。

（三）選定目標市場

針對有居家服務需求的失能長者而言，可依據其不同的特質或狀況再區分為不同的次群消費者，這就是進行市場區隔；例如只使用政府補助的失能長者與願意自費使用居家服務的失能長者可能就具備不同的特質，能夠吸引他們的特點可能就不一樣。因此居服單位需評估不同市場需求量和銷售潛力，同時衡量各市場區隔的主要競爭對手，然後決定行銷目標要放在所有可能使用居家服務的潛在消費者，還要只專注在某一個市場區隔。

（四）發展行銷策略與活動

行銷策略是行銷規劃與執行的核心。所謂行銷策略是機構用以達成行銷目標的基本行銷邏輯，其指引組織在一個特定的市場環境，利用本身的相對優勢以使自己能與競爭對手有明確區隔，並能滿足顧客的需求。發展行銷策略主要是決定商品／服務、配銷通路、促銷及定價等策略的獨特組合，以吸引目標消費者完成彼此滿意的交易。商品／服務部分是考量服務內容／項目、組織形象、認知價值等及其他因素的吸引力。配銷通路需思考如何將服務於需要時送達預定地點，重

點在如何讓服務使用者在想要使用時，隨時都可以有人提供服務。促銷部分在於要採用人員推銷、媒體宣傳、促銷活動或公共關係（新聞稿、新聞發表會等）等手段，以便告知、教育、說服及提醒目標市場的失能長者及其家屬有關居服單位或使用居家服務的好處。價格（price）則是決定消費者使用居家服務時必須付出多少金錢。

（五）執行行銷計劃與評估

執行階段是將行銷企畫轉化成行動，包括詳細的工作指派、活動說明、時間流程及預算等。居服單位需考量有多少預算可以使用，決定執行的時間表，並協調進行的方式與人力。執行過程還需依據計劃目標來評估行銷結果，並針對無法在預算內達成目標的行動方法進行修正。

三、行銷策略的選擇

非營利組織或服務的行銷策略一般可依據價格及服務內容兩個向度分為三類（張在山，1991；陳耀茂，1997）：1.大量行銷：單一（不分）市場，透過大量生產提供低價且標準化的低階服務，以吸引所有的消費者，或重視價格者；2.產品差異化行銷：單一市場，但機構準備兩種以上的產品或服務內容供應市場，以提供不同選擇；3.目標行銷：將市場進行不同的區隔，取其一或兩個以上的部分為目標市場，發展獨特產品及行銷組合，以吸引不在意價格的消費者。此外，陳耀茂（1997）認為與顧客的互動密度會影響服務水準，如果與顧客的互動越密切，服務內容就必須個別化。反之，如果以低價為訴求，服務內容就必須標準化，因此其以互動程度與價格兩個向度將服務的行銷策略分為三種類型：1.講究型：透過高價位，提供長時間接觸與密切互動的高品質服務；2.點菜型：配合個人嗜好與需求，提供個別化的服務，並收取不同費用；3.速食型：針對受到低廉

價格吸引的顧客迅速而標準化的服務。不同的策略反應在居家服務上，呈現的就是居服員與案家的互動程度率及對案家額外服務要求的態度，以及居服單位對居服員的要求是較重視依核定內容完成工作，還是較重視案家心理的舒適感受。

而隨著居家服務需求提高、福利產業的推展及政府補助的限制，居家照顧服務單位也需發展行銷策略。江尻行男、莊秀美（2007）整理居家照顧服務企業使用的行銷策略，包括橫向擴展策略、複合化策略、顧客開發策略與價格策略等，簡單說明如下：

（一）橫向擴展策略

橫向擴展策略主要是透過在全國不同地區設立服務據點，以展開水平擴張。機構可根據地區的失能老人人數決定展店據點。而如果同一地的服務據點密度高，競爭就會較激烈。

（二）複合化策略

複合化策略是透過提供多元化的服務進行多角化經營，例如除了居家服務之外，同時經營日間照顧、團體家屋、安養中心、醫療用品與輔具商店、養護所等，隨著長者身體健康狀況的變化提供一條鞭的連續服務。

（三）顧客開發策略

顧客開發策略主要是透過提高服務人數以增加營收，可用的策略包括：

1. 開發特定顧客策略：針對特定的潛在案主人口群進行開發，以提高照顧服務的附加價值，例如以高所得階層為目標，或是與保險公司、銀行等合作，優先提供服務給其客戶。

2. 廣告策略：運用各種管道進行機構宣傳與顧客開發，例如進行社區與自願服務，到老人聚集場所或醫院發傳單，或進行媒體宣傳等。

3. 顧客滿足策略：透過建立服務口碑，請受服務者及其家屬協助幫忙宣傳及

轉介新的服務對象。

4.風險管理：落實風險管理，熟悉意外處理流程，避免任何事故發生，並儘速處理客戶的不滿與抱怨，以建立機構形象與責信。

（四）價格策略：利用較低價格以吸引客戶，例如降低失能長者的自負金額。

國內的居家服務單位應考量自己的機構規模、人力資源、服務方案的多元程度、優缺點、所在地環境與需求等，發展適合的行銷策略，並進行行銷，以提升機構的經營績效，並讓更多有需要的失能長者在社區獲得照顧。

第五節　居家服務組織的評鑑

一、評鑑的理由

　　方案（program）是為完成某一特定目標（goal）所採取的具體行動（action）。就社會福利領域而言，方案是將社會政策轉換成社會服務的媒介（高迪理譯，1999），其可定義為了解某特定族群的問題與需求，思考可行服務策略及所欲達成成果，並提供該族群一連串的服務或活動以達成預期成果的過程（鄭怡世，2010）。方案評鑑（program evaluation）則是一種運用各種方法與技巧蒐集資料，以提供資訊審查及協助改善方案的活動。績效評鑑可以協助機構系統化地檢視目標的達成狀況，並作為日後修正或改進的依據（徐仁輝，2004）。許士軍（引自林嘉誠，2004）認為績效評估在本質上係屬管理活動中之控制功能，在消極方面可了解規劃的執行狀況與進度，如發現差異則應思考修正的對策；在積極方面則可藉由績效評鑑制度之建立，引導機構管理者與員工的決策與行動，使所有員工的工作目標與組織目標一致。

　　績效評鑑具有幫助管理者達成業務監測、評估、激勵、學習及改進的功能（林嘉誠，2004）。方案評鑑的任務可以包括七點（羅國英等譯，2007）：1.確認資源是被投入真正需要的地方（確認需求）；2.確認規劃的方案的確已經在提供服務；3.檢驗服務成果；4.判斷哪些服務得到了最好的成果（方案成果評比）；5.判斷哪些方案所提供的服務是最被需要的（方案需求評比）；6.提供必要訊息以改善方案品質（有效監督與管理）；及7.檢查方案是否有預期外的副作用。就居家服務單位而言，委託單位向來會找專家學者到機構進行評鑑，而在此之前，服務提供單位也需準備資料，自行評鑑，並完成成果報告書以供現場評鑑。由此可見，居家服務單位評鑑的任務主要為：1.檢視照顧計劃以確認資源是被投入真正需要的地方；2.確認方案實際在提供服務；3.檢驗服務成果；4.檢視方案運作狀況以改善方案品質；及5.檢查方案是否有預期外的副作用。

二、評鑑的規劃

　　政府每一或兩年皆會邀請專家學者組成評鑑小組前往受委託的居家服務單位進行評鑑，而在此之前居家服務單位需先進行自我評鑑，並準備成果報告或評鑑報告。由於接受評鑑是一定會進行的事，事先準備，並將其融入平時的工作，不僅會使評鑑工作更加容易，亦有助提升居服單位的服務品質。其實評鑑提供居服方案自我檢視的機會，對員工、管理者、組織與受服務者皆有益處。當組織與服務方案的目標能與員工的工作職掌相結合，組織的運作效率就能提升，員工的士氣與生產力亦會提高（林嘉誠，2004），因此居服單位對於評鑑應有正確的認知，並鼓勵所有員工通力合作進行。而進行方案評鑑的步驟，首先應確認方案及方案關係人，並對方案進行詳細的描述，其次了解方案關係人需要哪些資訊，釐清評估重點、評估理由、時程與可用資源，第三則是擬定評估計劃，選定評估方法，進行評鑑並完成評估計劃書（羅國英等譯，2007）。

　　Tomlinson和Callahan（1993）則提出有效的方案評鑑應包括四個階段，這些階段可提供居服單位規劃自我評鑑，例如舉辦滿意度調查，或進行成效評估時的參考：

（一）準備階段

　　此階段的主要工作是擬訂評鑑計劃，重點包括：1.建立評鑑的基礎，包括詳細說明方案的目的和目標，而且目的和目標要能正確地反應服務內容；2.訂定評鑑計劃，透過所有評鑑的重要人員的參與，確認經費需求，及擬定執行評鑑的程序。

（二）發展計劃階段

　　根據評鑑的目的與問題，選擇適當的資料蒐集方法與工具，最好是使用多種資料的來源和方法，例如居服督導及居服的觀察，服務對象的生、心理評估，申

訴事件的整理，滿意度調查等。由於有好的指標才能產生好的評鑑，所以指標的選擇非常重要。良好的評鑑指標，其內容與形式皆應能反應方案設計的目的，且需能反映員工的努力程度與表現，並具備信、效度。Anthony和Young（2003，引自林淑馨，2008）指出非營利組織的績效評鑑指標可分為下列三類，分別是：1.社會指標（social indicators）：對社會影響進行概括性評量；2.結果評量（results measures）：對於組織或方案目標達成程度的評量，如受服務對象的生活品質，家屬的照顧壓力等；3.過程評量（process measures）：針對組織進行活動的過程進行評量，此方式較適合用於測量短期績效。其次則需描述資料的整理與分析方式，並向利害關係人說明其需參與或配合的時程與方式。

（三）執行評鑑階段

此時需確保評鑑成員和相關人員的適當參與。資料的分析結果應先告知重要人員和利害關係人。

（四）報導評鑑發現和追蹤評鑑階段

準備公布評鑑結果時，須先分析方案評鑑結果的影響，如方案的優缺點，各種利害關係人會如何看待結果及反應等，並針對結果提出行動建議，及採取後續行動。最後則檢討評鑑過程，並預先計劃下一個循環的評鑑。

三、評鑑資料的準備

就政府委辦方案而言，評鑑指標往往由政府決定，即使有些指標過於注重細節，但在指標未改變之前，受託單位還是需因應評鑑指標而做準備。根據衛生福利部社會及家庭署的居家服務評鑑指標及評分標準對照表，居家服務評鑑指標分為四個部分，第一部分為行政組織與經營管理，占評鑑分數19%；第二部分為專

業服務管理，占評鑑分數52%；第三部分為人力資源管理，占評鑑分數24%；第四部分則為改進及創新方案，占評鑑分數5%。其中有許多指標需靠平時的落實管理，評鑑時僅需陳列資料，不需特別準備。

行政組織與經營管理主要是檢驗居服單位的行政與財務管理狀況。就行政管理指標來看，居服單位最好事先排定每月固定的行政與居服員督導會議時間，並指定專人做紀錄；指派專人處理行政業務內容，特別是公文處理與建檔保管；明訂每月照管系統上線填報日期；按時提供業務主管機關所要求的填報資料等。居服單位可以指派一位管理人員按月檢驗這些指標的達成狀況。在財物管理方面，居服單位需獨立編制居家服務方案的財務報告，並陳報業務主管機關；成立專戶管理補助款項；在年底前規劃居服方案的年度工作計劃，並依計劃編列預算；訂定經費收入與支出的作業規範及內部稽核機制，平時對各項收入與支出即應有紀錄與審核。

專業服務管理主要檢視服務過程與服務績效，分為服務流程、服務提供、服務督導及服務績效四個類別，各有不同的指標與配分。在服務流程方面，居服單位需發展服務流程，設計服務表單及填寫說明；接案的7個工作日內需完成開案準備，並留下紀錄；與服務對象／家屬應確實簽訂完整契約；確實告知收費方式與標準，並填寫證明文件；各項收費需開立收據並依序建檔；需訂定申訴辦法與處理流程，並進行相關宣導等；至於服務對象／家屬的申訴需進行處理，後續追蹤並保留紀錄。在服務提供方面，居服督導員應評估個案需求，並依據評估結果擬定照顧計劃，此項目應檢視需求與照顧計劃的邏輯與一致性；居服督導員及照服員應與服務對象／家屬溝通服務內容，並說明其權利及義務；照服員應依據照顧計劃提供服務，並按次由服務對象／家屬簽名確認；照服員應按時提供服務，不遲到早退，且未任意調班，並接受考核；居服督導員應依照顧計劃提供服務或連結資源，並確實撰寫個案紀錄；居服單位應訂有個案紀錄保管辦法，並落實執行；居服單位應訂定轉介流程或辦法，並建立社區資源名冊；進行轉介時，應有後續追蹤處理，並有紀錄，且需與個案紀錄一致。在服務督導方面，居服督導員的資格與配置應符合規定；機構應訂定居服督導員督導照顧服務員的流

程或辦法；居服督導員每月應辦理對照顧服務員的個督或團督，並有紀錄；居服
單位應訂定服務對象／家屬服務需求改變的通報、評估機制，並確實執行；居服
督導員至少每季應辦理個案研討會，並有紀錄；居督員需定期訪視服務對象，並
進行需求評估；居督員需查核照服員按時到班且不任意調整時數情形，並有紀
錄。在服務績效方面，居服單位每年需擬定年度計劃並進行管考；每年需撰寫成
果報告並進行檢討；每年應辦理滿意度調查與統計分析，並進行檢討；每年應分
析與比較年度個案基本資料，並依結果擬定服務策略；以上指標需要時間蒐集與
統整資料，因此需事先規劃時程，分配工作項目，以達到評鑑指標的要求。還有
一個指標是依服務對象／家屬需求連結社會資源，此指標需統整連結過的資源單
位，可以表格方式呈現。

　　人力資源管理主要是檢視居服單位的人力運用、教育訓練與權益維護狀
況，分為服務規範與安全、人力管理與教育及權益維護與獎勵三個類別。在服務
規範與安全方面，居服單位需訂定工作手冊；訂定排班原則，並落實管理；訂定
感染控制處理流程或辦法，並依需要執行；辦理照顧人力健康檢查；及訂定工
作風險處理流程或辦法。在人力管理與教育方面，居服單位需整理照顧人力資
格；訂定職前訓練辦法或流程，並說明執行情形；統計員工在職訓練時數；訂定
照顧人力考核標準，並呈現考核紀錄；及統計照顧人力離職率。在權益維護與獎
勵方面，居服單位需與所有員工簽訂工作契約；為每位照服員投勞、健保及提繳
勞退準備金；訂定照顧人力獎勵辦法，並說明辦理之獎勵內容；訂定員工申訴處
理流程或辦法，並保留處理紀錄。

　　最後則為改進及創新方案，分為提升服務品質、強化人力資源及其他。在提
升服務品質方面的內容為辦理家屬支持性服務方案或活動。在強化人力資源方面
的評鑑內容為提供員工額外的福利措施與鼓勵照服員取得技術士證照。其他自提
項目則自行列舉機構所辦理的改進或創新方案。

　　由於以上的指標非常龐雜，因此在編排年度計劃時，即應將各項指標所需辦
理的特定方案或活動列入辦理月分，並指派專人負責。至於實地考評時，評鑑資
料的呈現最好依個別指標依序排列，每個指標資料一開始則統整說明機構在該指

標的作法與達成程度。

四、成果報告書的撰寫

　　居家服務方案評鑑的目的主要在於說明運作過程是否符合原先規劃或承諾，說明工作內容與統計服務成果，分析方案結果是否達到預期目標，檢討服務遭遇困難，並提供改進方向或建議。為了達成這些目的，成果報告書的撰寫最好符合幾項原則，包括：1.先呈現方案目的與年度目標，2.架構最好與評鑑指標一致，3.內容應說明工作規劃、服務結果統計與檢討說明，4.要能協助讀者了解整體運作狀況與服務成果，及5.應檢討遭遇困難，並說明改進或未來努力方向。因此，作者建議成果報告的架構如下：

（一）前言：簡述方案目標，機構承接動機與經驗，評鑑資料起迄時間，年
　　　　　　度計劃目標及年度服務成果摘要等。

（二）行政組織與經營管理

　　　1.行政管理：說明各指標辦理情形，呈現行政會議日期、每月照管
　　　　　　　　　系統上線填報日期等表格。

　　　2.財物管理：說明各指標辦理情形，呈現預算、收支等財務報表。

（三）專業服務管理

　　　1.服務流程：說明各指標辦理情形，呈現完成開案日期之次數分配
　　　　　　　　　表，說明申訴件數、類別及處理與改進作為。

　　　2.服務提供：說明各指標辦理情形。

　　　3.服務督導：說明各指標辦理情形，呈現居服督導員資格與督導人
　　　　　　　　　數之表格，居服督導員的團督日期與個督次數表，辦理個案研討
　　　　　　　　　會日期，查核照服員到班結果整理與處置措施，個案研討辦理日
　　　　　　　　　期等。

　　　4.服務績效：說明各指標辦理情形，分析與比較年度個案基本資

料，進行滿意度調查分析，說明前次評鑑委員建議事項、改善措施與結果，呈現資源連結的單位與次數等。

（四）人力資源管理：說明各指標辦理情形，描述教育訓練的規劃方向與辦理課程，分析照顧人力流動率及離職原因並提出改善方案，呈現獎勵活動辦理日期表格，及說明員工申訴處理情形。

（五）改進及創新方案：說明各指標辦理情形。

（六）檢討（遭遇困難）與建議：統整居家服務方案所遭遇的各項問題或困難，說明機構已嘗試的努力及未來努力方向，並擬定未來的服務策略。此外，亦可針對政策規畫、政府權責及行政運作提供建議。

（七）結語。

第六節　結語

　　老年人口逐年快速增加是不可避免的趨勢，居家服務的使用者勢必越來越多，因此居家服務的提供有其重要性，但是目前政府一方面採取按服務時數補助的方式，另一方面又將居服單位視為僱主，要求對待居服員需符合勞基法的規定，如此增加了居服單位的經營困難與風險。隨著福利產業化的趨勢更加明顯，如何應用各項經營管理技能克服經營困境，維持機構的永續經營是每一個社福機構需面對的新課題，居服單位亦應學習與運用經營管理技能，克服經營困境，穩定人力，以提供高品質的居家服務。

參考文獻

一、中文部分

內政部（2008）。老人福利服務提供者資格要件及服務準則。取自http://law.moj.gov.tw/Law-Class/LawAll.aspx?PCode=D0050161。

內政部社會司（2005）居家服務提供單位營運管理規範。取自http://www.rootlaw.com.tw/LawArticle.aspx?LawID=A040040061007900-0940411。

方世榮（譯）（2002）。行銷學原理（原作者：Kotler, P. & Armstrong, G.）。臺北市：臺灣東華。

方家敏（2014/7/1）。居家服務補助增 反造成經營風險。臺灣醒報，https://anntw.com/articles/20140701-URta。

王明鳳、黃誌坤(2010)。社會工作管理。臺北市：華都文化。

王秉鈞（2007）。人力資源管理。經理人。取自http://www.managertoday.com.tw/articles/view/715。

王增勇（2004）。透視專家權力：以臺北市居家服務為場域的行動研究。應用心理研究，23，51-77。

江尻行男、莊秀美（2007）。日本的企業與照護服務產業－企業的發展動向與經營策略分析。管理學報，24(6)，637-655。

行政院勞工委員會（2007）國定假日應依法給假給薪，協商調移假日亦屬可行。取自http://www.mol.gov.tw/cht/index.php?code=list&flag=detail&ids=24&articl e_ id=4321。

何明城（2008）。21世紀的行銷哲學—全方位行銷（holistic marketing）。NPO新知。取自http://www.meworks.net/meworksv2a/meworks/page1.aspx?no=149896&step=1&newsno=52910。

吳玉琴（2008）。臺灣居家照顧服務員勞動困境與對策。社區發展季刊，122，200-214。

吳玉琴等（2008）。居家服務操作手冊（再版）。臺北市：中華民國老人福利推動聯盟。

呂寶靜（2012）。臺灣日間照護和居家服務之展望。臺灣因應高齡社會來臨的政策研討會。

呂寶靜、陳正芬（2009）。我國居家照顧服務員職業證照與培訓制度之探究：從英國和日本的作法反思臺灣。社會政策與社會工作學刊，13(1)，185-233。

李逸、邱啓潤（2013）。 服務使用者觀點之「好居家服務員」特質探討。護理暨健康照護研究，9(2)，148-156。

沈慶盈（2011）。居家照顧服務人力聘用困境及其因應策略之研究。臺北市政府社會局100年度補助案。

沈慶鴻（2008）老問題、新思索：臺北市社會工作者薪資現況和期望薪資之探索性研究。東吳社會工作學報，18，35-66。

林淑馨（2008）。非營利組織的績效評估制度－以日本為例。公共事務評論，9(2)，1-25。

林清松（2002）。勞基法對非營利老人福利機構勞務管理與勞動成本影響之研究。（未出版碩士論文）。國立中正大學，嘉義。

林嘉誠（2004）。公部門績效評估技術與指標建立。國家政策季刊，3(2)，1-20。

邱泯科、徐伊玲（2005）。老人居家照顧服務員考訓現狀與工作困境之探討。社區發展季刊，110，284-300。

胡月娟（2006）。居家服務的行銷。澄清醫護管理雜誌，2，12-18。

孫健忠、賴兩陽、陳俊全（譯）（2005）。人群服務組織管理（原作者：Kettner, P.）。臺北市：雙葉。

孫碧霞、廖秋芬、董國光（譯）（2001）。非營利組織策略管理（原作者：Oster, S. M.）。臺北市：洪葉。

徐仁輝（2004）。績效評估與績效預算。國家政策季刊，3(2)，21-36。

財團法人臺北市中國基督教靈糧世界布道會士林靈糧堂（2014）。居家服務居家督導員工作手冊。內部文件。

高迪理譯（1999）：服務方案之設計與管理（第三版）。揚智。

康淑華（1999）。計劃。載於中華民國紅心字會（主編），居家照顧服務經營管理實務須知（23-40頁）。臺北：中華民國紅心字會。

張在山（譯）（1991）。非營利事業策略性行銷（原作者：Kotler, P. & Andreasen, A. R.）。臺北市：授學出版社。

張慧美（2007）。居家服務成本分析－以作業基礎成本制為例（未出版碩士論文）。亞洲大學：臺中市。

郭建中（譯）（2000）。行銷學上下冊（原作者：Lamb, C. W., Joseph, F. H. & McDaniel, C.）。臺北市：揚智。

陳正芬、王正（2007）。臺北市居家服務方案論時計酬適切性之研究。臺灣社會福利學刊，6(1)，93-129。

陳宇嘉、陳明珍（2012）。運用德菲爾術建構居家服務績效評鑑指標。社區發展季刊，138，279-291。

陳怡婷（1999）。臺灣社會福利服務業社會工作員工作保障機制之研究（未出版碩士論文）。國立政治大學：臺北市。

陳明珍（2011）。促進社會工作師事務所經營與管理。臺北市：中華民國社會工作師公會全國聯合會。

陳武雄（2003）。人民團體經營管理。臺北市：揚智。

陳政智、王柏軒、王麗娟、李宜修、余家偉、邱珈霖、陳建廷、楊雅婷（2005）。社會工作師勞動條件之探討～以高雄市社會工作師公會會員為例。社區發展季刊。109期。頁475 486。

陳淑君（2009）。居家服務督導制度運作現況之研究-以臺北市委託辦理居家服務機構為例（未出版碩士論文）。東吳大學：臺北市。

陳耀茂（1997）服務品質管理手冊。臺北市：遠流出版事業股份有限公司。

陸宛蘋（2000）。非營利組織的行銷管理與募款策略。載於蕭新煌（主.編），非營利 部門: 組織與運作（頁1-42）。臺北市：巨流。

曾秀貞（2007）。從新管理主義探討居家服務經營與績效之研究—以屏東縣為例（未出版碩士論文）。美和技術學院：屏東縣。

游麗裡（2008）。政府委託居家服務方案-居家服務督導員之工作有效性分析。「如何建立福利服務輸送之有效管理機制」社會福利學術研討會。

黃也賢、陳貞如、黃琳惠（2013）。立心慈善基金會以民間力量參與長期照顧的社區服務歷程，社區發展季刊，141，306-315。

黃旐濤、徐慶發、賴添福、蔡芳文、吳秀鳳、黃梓松、辛振三、林梅雅、黃偉誠、周慧敏、戴章洲（2007）。老人服務事業經營與管理。臺北市：心理。

黃源協（2008）。社會工作管理（二版）。臺北市：雙葉書廊。

董秀英（1999）。組織架構。載於中華民國紅心字會（主編）。居家照顧服務經營管理實務須知（43-47頁）。臺北：中華民國紅心字會。

廖勇凱、楊湘怡（2007）。管理學—理論與應用。臺北市：智勝文化。

劉玉秋（2015/3/31）國定假日居家服務費需雙倍 身障者籲檢討。中央廣播電台，https://tw.news.yahoo.com/%E5%9C%8B%E5%AE%9A%E5%81%87%E6%97%A5%E5%B1%85%E5%AE%B6%E6%9C%8D%E5%8B%99%E8%B2%BB%E9%9C%80%E9%9B%99%E5%80%8D-%E8%BA%AB%E9%9A%9C%E8%80%85%E7%B1%B2%E6%AA%A2%E8%A8%8E-060900418.html。

衛生福利部（2015年4月3日）。衛生福利部社會及家庭署。老人福利。取自http://www.sfaa.gov.tw/SFAA/default.aspx。

鄭怡世（2010）。成效導向的方案規劃與評估。臺北：巨流。

賴正倫（2004）。非營利組織人力資源管理中薪酬制度現況、勞動條件實施之探究-以高雄地區為例（未出版碩士論文）。東海大學：臺中市。

賴添福（2007）。老人服務機構的籌設。載於黃旐濤、徐慶發、賴添福、蔡芳文、吳秀鳳、黃梓松、辛振三、林梅雅、黃偉誠、周慧敏、戴章洲（2007）。老人服務事業經營與管理。臺北市：心理。

賴添福（2007b）。老人服務機構的財務管理。載於黃旐濤、徐慶發、賴添福、蔡芳文、吳秀鳳、黃梓松、辛振三、林梅雅、黃偉誠、周慧敏、戴章洲（2007）。老人服務事業經營與管理。臺北市：心理。

鍾伊玲（2015）。社工人員之勞動條件、人際關係及離職傾向之研究（未出版碩士論文）。國立臺灣師範大學：臺北市。

羅國英、張紉（譯）（2007）方案評估：方法及案例討論。臺北：雙葉。

蘭婉茹（2011）。我國居家照顧服務工作人員勞動條件與就業機會之探討—以台南某基金會為例（未出版碩士論文）。國立中正大學：嘉義縣。

二、英文部分

American marketing associating (2013,July). Definition of marketing. About AMA. Retrieved from https://www.ama.org/AboutAMA/Pages/Definition-of-Marketing.aspx

Hasenfeld, Y (1983). Human Service Organizations。MI：Prentice-Hall。

Lewis, J. A., Lewis, M. D., Packard, T., & Souflee, F., Jr. (2001).Management of Human Service Programs (3rd. Ed.). Brooks/Cole.

Tomlinson, C., & Callahan, C. (1993). A question matrix for successful evaluation of programs for the gifted. Quest, Washington, DC: Research and Evaluation Division of the National Association for Gifted Children, 4(3), 1-4.

Weinreich, N. K. (1999).Hands-on social marketing: a step-by-step guide. Thousand Oaks, CA: Sage Publications, Inc.

第八章　居家服務品質與管理

/沈慶盈

　　居家服務的功能非常多元，不僅有助於提升被照顧者在家中的自我照顧及獨立生活能力，拓展人際關係，還能協助或暫代家庭照顧者之角色，減輕服務使用家庭的照顧負擔，提供照顧者喘息的機會，增加家庭的穩定性。然而，這些功能的實現取決於能否提供良好的服務品質，因此本章首先介紹服務品質的概念，其次介紹評量居家服務服務品質的相關理論與要素，第三節分析國內居家服務服務品質的狀況，第四節則探討提升居家服務服務品質的管理策略與作為。

第一節　服務品質的概念

一、服務的定義與特性

（一）服務的定義

　　早期服務往往是商品製造者提供給消費者的免費附屬品，目的是透過售後服務使消費者願意繼續購買供應者的商品（楊錦洲，2009），但隨著產業發展的演變，服務本身不僅是商品，服務業也已成為我國現今最重要的產業之一。各領域的學者專家對於服務提供許多不同的定義，如「服務就是產品」；「產出品為抽象物的生產活動」；「由一個人或一群人，為他人利益所完成的工作」等。國際標準組織（ISO）將服務定義為「供應者在與顧客接觸之介面上的活動，以及供應者內部活動所產生的結果，以滿足顧客的需求均屬之。服務是以滿足顧客的需求為前提，但卻要達成服務業者的企業目的與確保利潤而所採取的經濟活動」（引自楊錦洲，2009）。楊錦洲（2009）則將服務定義為「服務提供者提供物品、勞力、技術、專業、知識、資訊、設施、時間或空間之中的某些項給顧客的一系列活動所構成的流程，以產生顧客所需的價值，如為顧客辦理事情、解決顧客問題、或者娛樂顧客、服務顧客、讓顧客愉悅、舒暢等」。

（二）服務的特性

　　服務品質是所有服務問題的中心，因此提升服務品質是當前重要的任務（翁崇雄，1991a）。居家服務是屬於服務業的範圍，因此如何確保及提升服務品質自是居家服務單位應努力的目標。一般認為要做好服務品質的管理與評鑑需先了解服務的特性。Zeithaml、Parasuraman與 Berry（1985）認為服務具有無形性（intangibility）、異質性（heterogeneity）、不可分割性（inseparability）及易逝性（perishability）等特性。以下根據不同學者的整理（翁崇雄，1991a；楊

錦洲，2009），簡單說明服務的特性：

1. 無形性（intangibility）

　　服務通常是無形的，在購買前無法檢視、觸摸、品嘗或感受，與實體產品有非常大的差異，所以消費者在購買前無法用具體客觀的標準來評斷服務的好壞，必須承擔一定的風險。

2. 不可分割性（inseparability）

　　一般實體產品的提供可區分製造生產、運送、展示銷售、購買等不同程序，但服務則往往是生產與消費同時產生，同時存在而不可分割，此種服務提供與消費同時發生的特性使服務提供者與消費者密不可分，兩者互動密切，不像產品可獨立存在。

3. 異質性（heterogeneity）

　　服務基本上是一種活動或流程，是各種條件所共同組成，它需要滿足不同消費者的需求，使得提供的服務內容可能會有所變動，此外，隨著服務提供者的技能、情緒與服務地點、時間等因素的差異，服務品質很難維持一致的水準。即使是同一位服務提供者，也可能受時間、地點、對象或心情的影響，而有不同的服務品質。

4. 易逝性（perishability）

　　既然服務具有不可分割性，使其無法事先製造儲存，生產完隨即消逝，如此使服務的生產缺乏彈性，無法透過預估並事先生產的方式來調整產能以滿足需求。

　　而社會福利服務針對人，尤其弱勢群體提供服務，除了以上所提的四項特性外，尚有其他的特性，如：非金錢成本高，且難以衡量；案主的需求程度不一，以致於服務過程無法標準化；案主與消費者不一致，亦即付錢者與接受服務對象不同，使得滿足消費者需求並不見得能滿足案主需求；常常需同時滿足多重目標，而非只以營利為目標；以及受到大眾的監督等特色（蔡政哲，1997；鄭讚源，1997）。至於居家服務本身因其工作場域與服務內容的關係而有其特殊

性，包括：1.隱密的工作環境；2.工作場所為案主的生活領域；3.頻繁的身體接觸；4.案主功能易因退化、疾病或情緒起伏而不穩定；5.工作範圍模糊，居服員易受關係的影響而不忍心或不好意思拒絕案主的額外要求（楊培珊，2000）。

　　由於這些服務的特性，使得居家服務的服務品質成為一個複雜且不易測量的概念。因為服務不是具體的產品，無法將其與提供服務者分開，因此消費者在衡量服務品質時，會受到服務提供者的態度與行為、彼此互動關係及服務的過程與方式的影響，而且服務本身、服務過程與方式皆不易標準化，難以有客觀的衡量標準。

（三）人群服務機構的獨特性

　　由於提供服務與生產產品不同，服務的特性亦形成人群服務機構的一些特性。以下整理人群服務機構的獨特性如下（Lewis, Lewis, Packard & Souflee, 2001；Austin，2002）：

1. 服務受道德決定：社會服務項目受到道德與價值選擇的影響，不見得能夠由機構自主創新，且服務提供可能產生道德上的後果。

2. 混合的產品利益：服務利益需混合公共及私有財，亦即需同時考量社會利益與個人利益，使得機構目標往往不夠具體或模糊，甚至可能產生服務目標優先順序的衝突。

3. 共同生產：原料與產品皆是人，服務提供需透過人際互動，因此社福組織的主要活動是由員工與案主的關係組成，使人群服務機構向來較重視服務技術而非結果。

4. 服務依賴專業人員：服務大多需由專業人員提供，而專業人員受專業價值與倫理的影響很大。當機構目標與專業價值有衝突時，可能面臨機構與專業的雙重忠誠問題，甚至較可能選擇忠於專業，降低對機構的認同感與忠誠度。

5. 生產過程的變化性與不可預期：由於服務提供者與服務使用者的特質多

變，使得服務流程無法標準化，造成服務過程難以監控與督導。

6.評鑑的限制：因影響因素複雜，且服務來源多元，使服務技術與結果間難以建立明確的因果關係，因此，人群服務機構的服務結果與品質很難測量，亦難以發展具有信度、效度的測量工具。

7.環境依賴：機構受資源提供單位與相關法規的控制，影響員工所需技能與組織結構的安排。而不同的利益團體（市民、案主、社工員、管理者、贊助單位、政策制訂者等）皆會試圖介入人群服務組織的運作來實現其價值與期待，但彼此卻可能相衝突，更增加機構運作過程的困擾。

8.財務管理：由於人群服務機構往往是非營利組織，傳統的財務規劃、控制與分析程序並不完全適用。機構經常面臨資源分散，員工薪資偏低的問題，財務規劃則以年度預算為主，著重控制以求收支平衡。

9.服務提供者的激勵：由於服務提供者往往無法決定機構政策與服務方案，工作激勵往往來自於對服務使用者的承諾和專業價值的實現，而非組織的發展壯大與營利成果。

此外，居家服務因其照顧服務工作內容的影響，亦有其產業特性存在。江尻行男、莊秀美（2007）指出，照顧產業除了具備服務業的基本特性外，還包括高公益性、低創業障礙、人力密集、社區密合、高風險性、低利潤、重視管理等特性。這些特性皆會影響福利服務機構的經營與服務品質管理。

二、服務品質的定義與發展

（一）服務品質的定義

品質受到許多不同因素的影響，不同人對於特定商品的品質可能會有不同的想法。服務品質更是一個抽象的概念，難以像物品一樣判別良莠，也很難具體化。早期對「品質」的定義，大都是以「產品品質」為導向。所以，品質很容易

讓人聯想到產品功能、規格、故障率、耐用性等。到了七〇年代以後，品質的定義逐漸從狹義的功能考量轉移到以消費者爲中心的品質定義。Parasuraman、Zeithaml和Berry（1985）即定義服務品質爲消費者對服務的期望與消費者實際接受過程間的差距。消費者個人主觀的期望與服務結果的實際感受兩者差距愈小，服務品質愈好，差距愈大，服務品質愈差。

消費者對服務品質的評估受到其本身「期望」的達成程度的影響，當消費者評估服務品質時，不僅依據服務結果，也包含服務傳遞過程的評估；在相同的服務水準下，消費者的需求與價值觀不同，所認同的服務品質也有所不同（林朝源、秦儀庭，2012）。再者，服務品質也會受到服務人員之態度與行爲影響，服務過程中有些無形的特質亦可能影響消費者的感受。而服務人員的服務經驗也是服務品質會產生差異的另一種重要因素。因此，消費者在評量服務品質時，很難具體化，往往採用信心、情感或直覺來做判斷（蔡政哲，1997）。

雖然現今大多同意消費者是服務品質最終的仲裁者，但就社會服務的品質而言，由於個案很少參與服務的決定，所以社會服務方案的品質可說有兩種最終的仲裁者，包括服務對象和其他利益相關者（Martin & Kettner, 1996）。因此，品質的績效評量需將這兩者納入其中。黃源協（2005）亦認爲服務品質標準的設定需包括直接使用者、潛在使用者及一般社會民衆等。

（二）服務品質的不同觀點

服務品質會因服務提供者與使用者之角度不同而有不同的觀點（楊錦洲，1993a），它是一個複雜的概念，同時存在多個向度。謝美娥（1993）指出服務品質一般是指服務符合或超過某一個特定且大家同意的最低標準，也可以是能適當、準確地解決某個問題。Donabedian（1980，引自謝美娥，1993）則從絕對性定義、個人化定義和社會性定義三個不同觀點去界定醫院照顧的品質：

1. 絕對性定義（absolute definition）：品質應有一個絕對標準作爲依據。就醫院照顧而言，絕對性品質多以健康問題的本質作爲衡量依據，評估患者

健康改善的程度。

2. 個人化定義（individualized definition）：品質應符合使用者的需求與價值。健康照顧的品質必須考量病人的期待和價值。如果患者對於健康服務不滿意，就表示其認為健康照顧品質有改善空間。

3. 社會性定義（social definition）：定義健康照顧的品質時，必須從某一群特定人群的福祉或是整個社會的價值來考量。

Pfeffer與Coote（1991，引自戴瑩瑩、黃源協，2009；黃源協，2005）則從社會服務品質的發展歷程歸納出傳統、科學或專家、管理或卓越及消費主義四種觀點，並提出社會服務品質的民主觀點。簡單說明如下：

1. 傳統觀點（Traditional approach）：最常被使用的觀點，將品質用於彰顯聲望與地位，品質代表高級與價昂，也代表產品或服務的特殊性，具有階級的區分。

2. 科學或專家觀點（Scientific or expert approach）：指依據專家學者制定的標準來定義品質，所有服務內容必須符合標準。但過於著重專家的觀點，可能使結果較符合服務提供者的需要，而非服務使用者的需要。

3. 管理或卓越觀點（Managerial or excellence approach）：重點在於提升服務使用者的滿意度，期能縮小實際服務輸送與服務使用者期望品質的差距。

4. 消費主義觀點（Consumerist approach）：提升服務使用者的權力，由其扮演品質最終的仲裁者或消費者，透過拒絕不符標準的服務，使服務提供者改善其服務品質。

5. 民主觀點（Democratic approach）：關心的是整個服務計劃，視服務使用者是有權力的，以公開、權利、參與與選擇為策略。品質是充權消費者，亦即服務使用者能夠加入服務、輸送和評估的決策，以擺脫無力感，增強其權能。

就服務品質的發展趨勢而言，服務使用者在服務輸送過程所扮演的角色愈來愈重要，其與服務提供者的互動關係也愈來越密切。

三、服務品質的重要性

對居家服務提供機構而言，居家服務的收入是以服務時數計算，品質好不好似乎不會影響機構營收，那爲何需要重視服務品質呢？以下從服務品質與生產力、服務品質與機構營收、及品質與成本等面向來說明服務品質的重要性。

（一）服務品質與生產力

生產力是產出與投入的比率，也評估服務績效的指標。基本上，服務服務品質與生產力的關係十分密切。居家服務會依據事先評量的服務需求項目估計所需的服務時間，如果居服員不重視品質，只著重在效率的話，結果可能會導致服務品質低落，造成較不可靠或較不適時的服務，結果需做更多的重覆作業，花更多時間重新檢查與服務（Martin & Kettner, 1996），且花更多時間與金錢在解決抱怨，機構也必須花更多監督與評鑑的頻率，時間也會增長，如此將導致較多機構資源的投入，最後會因而降低整體生產力。機構如能提高服務品質，第一次就把事情做好，不僅可減少資源的投入，提供符合服務使用者期待的產出，同時也提高機構的生產力。

此外，Martin（1993）認爲品質管理是以服務對象優先，重視消費者的回饋以改善服務品質，強調員工的自我價值與協調合作，支持預防勝於治療的理念，這些皆與社會服務和社會工作的價值相容。因此，重視服務品質可提高專業人員的工作滿意度與對機構的認同感，提高工作表現。居家服務機構應建立制度、重視服務品質以提高員工滿意度，如此有助於提高員工的生產力，降低離職率，使得員工與受服務對象能建立穩定而熟悉的互動關係，如此能有效提升服務品質與消費者滿意度。

（二）服務品質與機構財務

雖然多數居家服務提供單位爲非營利機構，即使不以營利爲目的，但仍有

維持財務平衡的壓力。過去在企業進行的研究大多發現服務品質與獲利成正相關，其關鍵在於提升消費者的忠誠度，進而成爲提升獲利的關鍵因素。Martin（1993）表示品質可以創造忠誠的消費者，使他們繼續支持社會服務機構，包括提供志願服務或捐款等，而最重要的是獲得資源競爭的優勢。就居家服務而言，如果服務使用者對於服務不滿意，其結果除了要求更換居服員之外，也可能不再使用服務，或是更換居家服務提供單位。即使一個機構的行銷能力良好，能一直開發新的服務對象，擴大服務規模，但如服務品質不佳，則無法留住服務使用者，更可能進行機構的負面宣傳，長期結果可能影響機構的營收，甚至損害機構財務的健全度。反之，服務品質提高則會提升服務使用者及其家屬的滿意度，可能吸引新的服務對象，也有助於提升組織形象，提高機構所能獲得的資源。因此，居家服務單位應致力於提升服務品質與服務使用者的滿意度，建立忠誠的消費者群體，提升財務的穩定性。

（三）服務品質與營運成本

　　品質與成本息息相關，其主要呈現在品質成本。所謂品質成本是指組織爲了維持或提高服務品質所支出的所有費用，及由於服務品質未達消費者要求而造成的一切損失的總和（經理人月刊編輯部，2007）。品質成本一般可分爲3種：預防成本（Prevention Cost）、評鑑成本（Appraisal Cost）以及失敗成本（Failure Cost）。預防成本是爲了避免服務失誤所採取措施的成本，如品質管理活動費、品質培訓費、品質改進費、品質獎勵費等；評鑑成本是試圖檢驗不良服務的活動所產生的成本，如進行服務品質稽核所產生的成本；失敗成本則是指服務品質不符合消費者需求所發生的成本，如返工損失、責任賠償費等。低品質的服務除了造成消費者抱怨或申訴，還需更多的資源來改變消費者的負面評價，因此居家服務機構應引進品質成本概念，致力於提高服務品質，以降低品質成本和提高生產力。Martin （1993）認爲機構花在品質管理方案所需的成本可被較高的生產力及較低的服務成本所補足，因此追求高品質的服務是不需要額外花錢的。

第二節　服務品質的評量

本節主要介紹評量服務品質的不同模式，以及決定居家服務品質的要素，以下進行說明。

一、評量服務品質的模式

探討評量服務品質的文獻與相關模式很多，本文僅介紹兩種常見的檢驗服務品質的架構，分別是Donabedian（1988）的照顧品質模式與Parasuram、Zeithaml和Berry（1985）的服務品質模式。

（一）Donabedian的照顧品質（quality of care）模式

Donabedian（1988）的照顧品質模式主要提供一個檢驗健康服務與評估照顧品質的架構，此模式認為照顧品質可以從結構（structure）、過程（process）和結果（outcome）三個品質向度的資訊獲得。這三個向度呈現一個相連的因果關係，亦即結構會影響過程，而過程則會影響結果。以下介紹此三個向度的概念：

1. 結構

結構包含所有影響照顧服務輸送的相關因素，例如與服務輸送有關的建物、設備、財務、人力資源，以及機構的員工訓練、薪資等特質。

2. 過程

過程聚焦在服務提供者與受服務對象在服務輸送過程間的互動，包括評估、處遇、預防性照顧及接受服務者的教育等，主要焦點則放在服務技術操作與人際關係的適當性與持續性（徐慧娟，1999）。Donabedian（1988）認為過程的測量幾乎等同於照顧品質，因為過程包含照顧服務輸送的所有行動。就照顧服務

而言，過程的內容包括：ADLs的協助、疾病的控制、居家環境清潔、案主權益維護等（陳鳳音，2002）。不過，由於居家服務通常涉及多重問題或個案間的照顧變異很大，加上照顧場域並非封閉式的環境，因此服務過程不易標準化，是否適當也就很難進行監控。

3. 結果

結果是指照顧服務對受服務對象或人口群的所有影響，它是判斷案主服務品質的最終或最重要的結果。客觀的測量結果包括死亡率、健康或功能狀況的改變、意外事件的發生率等；主觀的測量則包括服務使用者及其家屬的滿意度、與健康相關的生活品質、服務品質的認知、工作人員滿意度等（陳鳳音，2002）。不過，精確的結果品質的測量往往是非常困難的，且結果往往受許多因素的同時影響，因此無法由單一因素解釋服務的結果（戴瑩瑩，2005）。

（二）Parasuram、Zeithaml和Berry（1985）的服務品質（SERVQUAL）模式

Parasuraman等人（1985）提出一套解釋服務品質無法滿足消費者需求原因的服務品質模式（見圖8-1），並於1988年加以擴展。該模式強調消費者是服務品質最重要且唯一的決定者。依據其該模式的解釋，消費者對服務品質的期待受到其本身需求、過去經驗與口頭溝通的影響，但是消費者對服務品質的期待與知覺間差距（缺口五）才會造成對機構服務品質的不滿。就居家服務而言，雖然服務使用者不是主要出錢的人，但還是需負擔自付額部分，且居家服務的目標就在於提升服務使用者的生活品質與降低家屬的照顧負擔，因此本文以居家服務使用者及其家屬為居家服務的消費者或顧客。

至於消費者對服務品質的期待與知覺間差距則是受到四個因素的影響：1.管理階層對消費者期望的認知不足（缺口一）；2.服務設定的標準不符合消費者的期望（缺口二）；3.提供的服務未達到設定的標準（缺口三）；及4.對消費者的宣傳超出實質的服務內容（缺口四）。這些差距因素主要是由服務的提供者所造成的（翁崇雄，1991b，1991c），也就是機構本身運作的問題會影響消費者對

服務品質的評價。唯有將這些差距縮到最小，才能滿足消費者的需求。

Zeithaml等人（1990）進一步探討影響服務品質缺口的因素及其解決策略，以下針對服務品質的各缺口進行說明（陳耀茂，1999；陳澤義，2005）：

缺口一、認知落差：消費者對服務的期望與服務提供者對消費者期望的認知產生差距。主要是因為服務機構對市場不了解，因而無法提供消費者所期望的服務。這可能受到機構員工與消費者互動的程度、管理者與員工溝通的程度，及消費者提供資訊受管理者重視的程度等因素的影響。若要縮短此缺口，需要研究消費者的期望及需求。就居家服務而言，居服員、居服督導與機構主管需要多與服務使用者及其家屬溝通，了解其真正想要的服務。

缺口二、設計落差：將消費者期望服務的認知轉變為服務品質標準時產生差距。主要是因機構受限於環境、經營理念或資源條件，無法提供符合消費者期待的服務品質。若要縮短此缺口，應設計清楚且具挑戰性的服務品質標準，並訂定適當的回饋測量與審核機制。就居家服務而言，居服單位應規劃從進入案家到離開，以及從事各項服務內容的標準化流程與品質標準，訂定督導居服員的流程與案家需求改變之通報與評估機制，並定期辦理滿意度調查。

缺口三、執行落差：服務品質標準與實際服務之間產生差距。員工實際所提供服務時，受限於知識、技能與態度，達不到服務品質標準。若要縮短此缺口，除了讓員工清楚了解服務規範外，需要提升員工的技能與工作態度，提供執行工作的適當工具，並提供適當的督導與獎勵。換言之，居家服務單位應提供足夠的訓練，使居服員了解及提供一致且符合品質標準的服務，並透過定期考核與激勵機制，使居服員能持續提供高品質的服務。

缺口四、溝通落差：實際服務與消費者溝通間的差異。主要是服務機構使用廣告或其他方式形塑消費者的期待，但其實際服務的感受與廣告宣傳所得的認知不同，或是機構過度承諾卻無法達到消費者期望。若要縮短此缺口，居服單位需要注意避免誇大的行銷內容；建立一個良好的說明流程與溝通系統，在提供服務前詳細說明居家服務的目的與內容，確實簽訂契約，解釋無法從事超出契約範圍服務的原因，並獲得服務使用者及其家屬的諒解，避免其有錯誤或不合理的期

待。

　　缺口五、傳遞落差：消費者的服務期望及實際服務認知間產生差距。這是消費者主觀的認知，其對於自己所得到的服務，會根據過去的經驗、企業形象及口碑、以及需求的滿足程度來判斷品質好壞。服務使用者及其家屬所期望的服務與實際服務水準的差異大小將影響其對居家服務品質的滿意程度。

　　由上述說明可知，居服單位需要同時想辦法克服這些差距，才能有效提升服務品質。此外口碑相傳、個人需求、及過去經驗會影響消費者對服務品質的期望程度，因此在服務過程中，除了重視服務品質之外，亦應與服務使用者及其家屬建立良好的互動關係。

　　整體而言，Donabedian的照顧品質模式比較偏向從客觀的觀點評量服務品質，但也可部分兼顧服務使用者的主觀感受，而Parasuram等人的服務品質模式則僅以服務使用者的主觀感受來評量服務品質。

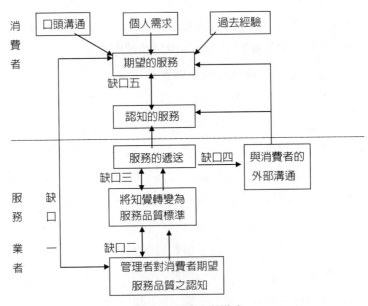

圖8-1　服務品質模式

資料來源：Parasuraman, A., Zeithaml, V. A., & Berry, L. L.（1985）. A conceptual model of service quality and its implications for future research. *Journal of Marketing*, 49, pp.44。

二、決定居家服務品質的要素

　　服務品質受到哪些因素的影響？我們如何決定服務品質受否良好？許多學者提出有關決定服務品質的要素，基本上皆是採用多元向度的觀點，因此提出的服務品質層面非常多元，包括可近性、保證性、溝通、參與、勝任力／才能／技術和知識、一致性／可靠性、禮貌、缺失、持久性、同理心、人性化、可信度、反應力／可接受性／回應性、伙伴／合作關係、安全性及有形資產、公開、選擇、公平性、效率、效能、持續性、持久性、信賴、了解消費者等（Parasuraman, Zeithaml & Berry，1985；Martin，1993；黃源協，2005）。其中以Parasuraman, Zeithaml和Berry（1985）提出的服務品質要素最為人所接受與應用。

　　Parasuraman等人（1988）透過因素分析將評量服務品質的因素簡化為5項，並發展出目前廣泛使用的服務品質量表（SERVQUAL）。該5項品質要素為：

1. 可靠度（reliability）：正確一致的提供服務的能力或方式。
2. 回應性（responsiveness）：服務意願與能在最短的等候時間內提供服務。
3. 保證性（assurance）：員工知識、禮貌及使人信任能力。
4. 同理（empathy）：為消費者著想及提供個別化服務。
5. 有形資產（tangibles）：設施、硬體設備、人員儀容、及文宣資料等。

　　國內外已有一些文獻探討居家照顧服務的品質要素或評量標準。李慧玲（2003）歸納影響居家服務品質的要素，包括能力性、安心性、確實性、溝通性、配合性、關係性、關懷性、穩定性、舒適性、反應性、可靠性等，與前述服務品質的要素差距不大。林玉琴（2006）則將居家服務的品質要素區分為5個面向：

1. 適切性：居家服務的各項服務內容是否可以讓服務使用者接受，覺得合適且對其本身功能有所助益，當服務使用者需要協助時，可以獲得適當照顧。
2. 服務的充份性：服務機構所提供的服務，在數量、容量上是否足以滿足服

務使用者，包含服務時數、次數與頻率是否足夠。

3.服務的可接受性：服務使用者對於使用居家服務意願的高低，是否可以符合其期待。

4.服務的可近性：服務使用者能否有效取得服務，是否會因爲申請的資格、程序、等待時間、需負擔費用或其他因素而阻礙其取得服務。

5.服務提供者因素：主要包含對服務提供者的服務態度、服務成果及整體服務滿意度的看法。

戴瑩瑩（2005）及邱啓潤與黃源協（2005）皆以Donabedian的結構、過程與結果三個品質面向爲分析架構，提出居家服務評量的品質要素包括：1.結構：服務設備、知識才能／知識技巧、就近服務、服務宣導、專業形象、可獲性、可接受性、可負擔性等；2.過程：訊息提供、服務態度、即時回應、關心關懷、溝通技巧／完整溝通、案主參與／合作關係、選擇自由／選擇機會／充權、可靠穩定、服務彈性／個別化、保密要求、誠信要求、直接服務的持續性、創新服務、促進服務使用者的能力等；及3.結果：回應需求與整體服務的持續性、服務使用者及其照顧者的生活品質等。陳宇嘉、陳明珍（2012）則透過文獻與居服指標整理、焦點團體、深入訪談、修正型德爾菲術等方法建構居家服務的績效評量指標，結果形成165條指標，分爲：1.背景層面：含服務計劃及服務優勢二大項共3條指標；2.輸入層面：含行政管理、人力管理、財務管理三大項共24條指標；3.過程層面：含照顧管理、專業管理、照顧品質與考核三大項共32條指標；4.結果層面：含績效管理、滿意度調查、創新服務三大項共6條指標。由此可見，服務品質是一個主觀、複雜的概念。居家服務品質的評量指標包括服務結構、服務內容與服務關係、服務結果與生活品質改善等多元面向的品質要素。

至於如何進行服務品質的評量也未有定論。服務品質的資訊通常有四種來源：1.由服務人員提供訊息；2.由消費者對品質的反應或抱怨獲得訊息；3.由公司或其他競爭者取得訊息；及4.由對消費者的問卷調查獲得訊息（楊錦洲，1993b）。一般而言，針對消費者進行問卷調查是評量服務品質最直接的方式，其可獲得最具代表性的樣本與最眞實的感受。紀金山、劉承憲（2009）指出政

府對於居家照顧服務品質的了解多數是從服務使用者對服務內容的滿意度、繼續使用服務意願及其身心改善程度來評量。黃瑞杉（2004）將居家服務的滿意度調查區分為對於居服員提供服務項目的滿意程度及對於居服員本身的滿意程度，居家服務的品質要素主要是評量對服務項目的滿意度，亦即對服務的預期與實際服務認知兩者差距的比較，而對居服員的滿意度則是服務使用者依情感認知所作的判斷。換言之，其認為居家服務滿意度調查不能僅重視服務品質，還需重視居服員與案家的互動，亦即需要關注關係品質。雖然營利機構主要是以消費者作為品質的最終仲裁者，Martin和Kettner（1996）則認為社會服務方案的最終仲裁者包括服務對象和其他利益相關者，因此服務品質的評量需將這兩者納入其中。周眞眞（2000）說明應由政府、服務單位及服務使用者共同訂定居家服務品質的評量指標，指標內容可包括足夠的服務時間、良好的服務關係與人際互動、固定的服務人員、照顧者壓力的降低、服務使用者生活品質的改善等。可見，居家服務品質的評量可從不同的資訊來源蒐集資料，尤其是服務使用者或消費者的觀點。

不過，服務使用者或消費者的觀點主要是主觀感受，Martin和Kettner（1996）認為除了從服務使用者滿意度調查了解服務品質與服務結果外，亦可透過機構記錄或運用焦點團體來檢驗含品質要素的服務輸出。邱啓潤與黃源協（2005）亦認為居家服務品質的評量除了從主觀觀點，也可從客觀觀點檢驗。客觀觀點評量的的品質要素包括：1.服務提供者之結構與過程：設施的完備、服務者的知識與技能，服務達成照顧目標、能替服務使用者解決問題等；2.服務使用者的照護結果：服務使用者的功能性健康狀態。換言之，居家服務品質的評量不僅只能透過主觀的觀點來決定，還可輔以客觀或絕對的評量標準。

第三節　居家照顧服務品質的相關研究

　　本節主要是統整有關居家照顧服務品質的相關研究，首先探討服務使用者對居家服務滿意度及服務結果的看法，其次探討服務使用者對於居家服務品質要素的看法，第三小節則簡介臺北市老人居家服務品質的實徵研究。

一、對居家服務的滿意度與服務成果調查

　　最常用以評量居家服務品質的方式是針對服務使用者及其家屬進行滿意度調查，一般認為結果若是滿意便可推論品質優良。大多數的居家服務滿意度調查皆發現服務使用者對於居家服務整體感到滿意（曾秀貞，2007；劉文敏、傅玲、邱亨嘉、陳惠姿，2007；吳佳樺，2009；吳尚柔，2011；內政部統計處，2012；沈慶盈，2012；林凱鈴、劉立凡，2013；謝智旭，2013）。進一步檢驗對服務內容的滿意度，黃瑞杉（2004）針對雲嘉南的非中低收入失能老人使用居家服務狀況的研究發現，多數服務使用者對於居家服務項目感到滿意，特別在護理服務、家事服務及身體照顧方面。內政部100年居家服務使用滿意度調查則發現有9成以上的服務使用者對於協助洗澡、協助換穿衣服、協助吃飯、協助起床或站立、協助上廁所等項目感到滿意（內政部統計處，2012）。至於不同服務層面的比較，鄭淑琪、黃松林（2007）的調查發現雲林縣老人對居家服務的滿意度依序為：對行政人員滿意度最高，其次是對照顧人員滿意度，接著才是關懷訪視、身體照顧又次之。劉文敏等（2007）針對高雄市非中低收入戶失能老人進行調查，發現居家服務使用者最滿意的是居家服務的時段，其次為服務的項目，最低者為服務總時數。

　　整體來說，受訪者雖然在不同項目有不同的評價，但對整體服務滿意度卻是正向的。值得注意的是，由於社會期待效果，加上政府服務方案的使用者往往是

弱勢群體，因此滿意度調查的結果往往非常偏向正向，就研究者多年的研究與實務經驗，服務滿意度在八成五，甚至九成以上皆是可預期的，因此，不滿意的比例與意見反而有較高的參考價值。

使用居家服務的結果或影響也是評量服務品質的重要面向。黃瑞杉（2004）發現多數服務使用者認為居家服務對於其「心理精神生活方面」、「生活獨立方面」及「生活健康方面」有改善效果，但在「社會參與」及「知識資訊方面」則認為沒有太多幫助。陳慧君（2004）發現居家服務使用者的身體功能能獲得維持或改善。劉文敏等（2007）發現輕度失能服務使用者，一年後之ADLs分數有明顯退步，但中重度服務使用者的ADLs分數卻較前一年有明顯提升。內政部100年居家服務使用滿意度調查結果顯示，有7成2的服務使用者認為居家服務對其生活與照顧有明顯改善，6成8則認為能明顯減輕家人的照顧負擔。吳佳樺（2009）發現嘉義縣有近8成的服務使用者認為居家服務能滿足其需求。吳尚柔（2011）則發現生活品質與居家服務品質未呈現相關，可能顯示居家服務對失能長者生活品質的提升並不明顯。整體而言，居家服務對於提升服務使用者的身體功能，減輕家人照顧負擔等直接目標有正面影響，但對服務使用者整體生活品質的影響則不明顯。不過，此部分的相關研究仍有所不足，有待未來持續進行。

二、對居家服務品質要素的相關研究

針對居家服務的服務品質的研究，品質要素的評量指標大多使用Parasuraman等人（1988）的服務品質量表的概念，不然就是以Donabedian的結構、過程與結果三個品質面向為基礎。研究對象包括服務使用者、主要照顧者及居服員，至於研究方法則量化的問卷調查或質化的深入訪談皆有人採用。

以服務品質量表為評量基礎的研究主要是探討服務使用者及其家屬或其他利益相關者（如居服員），對於服務品質各層面的主觀感受。林玉琴（2006）探

討嘉義市使用居家服務的52位長者及21位身心障礙者對於居家服務的滿意度，結果發現其對於服務的適切性、充分性、可接受性、服務供給面等多數表示非常滿意，僅有可近性以滿意居多數。周淑美（2006）調查南投某居服單位的居服員及居家服務使用者，結果顯示服務使用者對於服務品質感到滿意，而對各品質面向的評價高低依序為保證性、反應性、可靠性、同理心及有形性。至於居家服務提供者對各品質面向的評價高低則依序為保證性、同理心、反應性、可靠性及有形性。此可能顯示居家服務使用者對於同理心的滿意程度與服務提供者的認知可能有所不同。如果從服務品質各層面的內容來看，服務充分性是最常被表達不滿的面向。雖然陳妍樺（2007）的調查則顯示大多數的居家服務使用者對於服務時數感到滿意，但曾秀貞（2007）發現多數居家服務使用者均感受到服務時間不足、服務次數較少、且服務項目可再增加等。江雅筑（2006）亦建議增加居家服務的服務時數、與陪伴時間。The National Consumer Voice for Quality Long-Term Care（2012）則發現服務使用者認為需要提供更多照顧服務時數與次數，能夠提供較多出門的機會，並能提供夜間服務。

　　有關居家服務結構品質與過程品質面向的研究除了調查之外，較多是以質化訪談為主。在結構品質面向，周淑美（2006）發現服務使用者關注的是居服員的特質，服務提供者則在意居服員的問題解決能力。戴瑩瑩與黃源協（2009）發現服務使用者關注的是知識才能／知識技術，服務提供者關注的則為就近服務。內政部100年居家服務使用滿意度調查發現有近9成的服務使用者對居服員的照顧技巧及解答問題與處理狀況能力表示滿意（內政部統計處，2012）；但The National Consumer Voice for Quality Long-Term Care（2012）發現服務使用者認為需要改善居服員的訓練，並提高居服員的報酬以維持人力穩定。江雅筑（2006）亦發現居服員能否在專業上達到服務使用者的要求會影響服務品質，並建議應加強居服員的專業知識及增加適當人力。整體而言，在結構品質面向居服員的知識技能是較受到重視的因素。陳妍樺（2007）即發現專業知識與技巧是影響居服員服務品質的最重要預測因子之一。

　　在過程品質面向，周淑美（2006）發現服務使用者與服務提供者皆重視居

服員在服務過程的態度。戴瑩瑩與黃源協（2009）發現服務使用者關注服務態度、服務準時、可靠穩定與服務彈性／個別化；服務提供者除同樣關注服務態度、服務準時與可靠穩定外，還關注關心關懷、溝通技巧與案主參與。詹弘廷（2013）則發現服務使用者重視溝通性及禮貌性品質要素，而照顧者則重視效能性及禮貌性品質要素，可見要提升居家服務品質應同時重視服務使用者及照顧者的觀點。　整理國內、外研究發現，服務使用者期待居服員應具備的特質或條件包含，服務要有熱忱、愛心、能注重細節，並能感受與回應服務使用者的需求；好的服務態度；服務個別化且兼具彈性；良好的相處關係等（李逸、邱啓潤，2013；陳宜婷，2011；戴盈盈、黃源協，2009）。不過，戴瑩瑩（2005）發現，南投縣居家服務使用者對於居家服務的要求簡單，認爲只要有身體照顧和家務協助便是有品質的服務，對其他指標像遵守服務時間、充分知識技巧、親切的服務態度、眞誠關心個案、全面的細心照料、即時回應需求、持續穩定的服務等皆抱持著不強求的態度。

對過程品質面向影響最大的因素爲服務使用者與居服員的關係，Davis（1994）認爲居家照顧服務品質主要是「關係品質」，亦即由服務使用者對於與居服員互動時的主觀感受來決定。儘管一個居服員的服務技術良好，如果服務使用者對其接受服務時的感受不佳，如覺得居服員態度不好或未受尊重，對品質的評價就不高。陳妍樺（2007）發現人際溝通技巧是影響居服員服務品質的最重要預測因子之一。盧盈妤（2011）發現照顧關係是影響居家服務照顧品質關鍵要素，如果照顧關係良好，居服員的照顧技術差是可以接受的。李慧玲（2003）發現服務使用者與居服員互動感受有正向也有負向，正向感受如認爲居服員能關注長者情感需求，願意接受指導、能遵守規範；負面感受則包括居服員流動率高、長者需要重新適應新的人選，另服務員常要趕場忙碌、有遲到早退現象，還有居服員未恪守倫理而與使用者有金錢或其他請託關係，而讓服務使用者覺得被利用。Oealey-Ogden（2014）的研究更發現照顧關係不佳對服務使用者的生活品質可能有負面影響；如果居服員沒有認知到「家」的意義，僅將服務使用者的家視爲一個工作的地方，過度聚焦在照顧工作的完成，未充分考量服務

使用者的感受，則可能將私人領域的家庭轉化成半公共的空間，使服務使用者覺得居服員就像是一個侵入的陌生人，或覺得自己坐在自己家中卻像不存在一樣，沒有受到重視；如此服務使用者及其家人可能會覺得失去對自己家庭生活的控制，而導致其生活品質降低，或是拒絕繼續接受居家照顧服務。The National Consumer Voice for Quality Long-Term Care（2012）就發現服務使用者認為照顧品質需要改善的核心領域有：能夠參與選擇居服員；居服員要更有彈性，而不是限制在機構同意的項目；能夠與居服員建立人際關係而不被要求或限制。這些皆顯示服務使用者與居服員關係品質的重要性。

　　至於影響服務品質認知的因素，盧盈妤（2011）發現，服務使用者的經濟生活來源、先前工作類別與主觀感受、與照顧者的關係、及居家服務提供單位的成立年數皆為有效預測居家服務品質的因子。詹弘廷（2013）的研究發現服務使用者的家庭狀態完整、經濟獨立、有受教育經驗及非原住民時，對於居家服務品質的滿意較高；而照顧者如果有其他替代照顧者、有家人支持、照顧時數較長及心理健康正常時，對居家服務品質的滿意度亦較高。不過陳妍樺（2007）則發現居家服務使用者的背景變項對於居服員服務品質的影響有限。

三、臺北市老人的居家服務品質的實徵研究

　　本章作者在2012年受臺北市政府社會局委託，以電訪方式調查臺北市使用居家服務的長期照顧對象共415人，其中超過百分之四十的電話訪問是由服務使用者本人回答，共172名（41.4%），其次最多的是子女／媳婦代答共137名（33.0%），由配偶代答者共75名（18.1%），兄弟姊妹代答者共10名（2.4%），孫子女／孫媳婦代答8名（1.9%）。而非由居服使用者本人回答的電訪對象中，超過99%皆表示了解受照顧對象的生活狀況，顯示本調查的資料有一定的可信性。

　　表8-1呈現受訪者對於居家照顧服務服務品質的感受，由表中可看出受訪者

對於居家照顧服務的服務品質敘述表示同意者皆在八成以上，其中在「服務人員
令受僱者覺得受尊重」、「服務人員能及時提供服務，不會拖延」、「服務人
員令人信任」和「服務人員能在答應時間內完成服務」等幾個項目上對於服務
品質的滿意度皆高達九成以上，分別為391人（94.3%）、378人（91.1%）、393
人（94.9%）；另外受訪者對於「服務人員能適時回應需求」、「服務的安排令
人滿意」兩個項目感到不滿意者則皆超過一成，分別有50人（12.1%）及49人
（11.8%）。此種狀況可能反映長照中心為了避免資源誤用及保護居服員，而對
居家照顧的使用時間及服務內容安排有所限制。

表8-1　服務品質滿意度

題項	非常同意	%	同意	%	不同意	%	非常不同意	%	不知道/不適用	%
服務人員能及時提供服務，不會拖延	51	12.3	338	81.4	23	5.5	1	0.2	2	0.5
服務時間安排令人滿意	28	6.7	332	80.0	41	9.9	8	1.9	6	1.4
服務人員能適時回應需求	24	5.8	312	75.2	46	11.1	4	1.0	29	7.0
服務人員能在答應時間內完成服務	42	10.1	352	84.8	16	3.9	3	0.7	2	0.5
服務人員令人信任	46	11.1	332	80.0	10	2.4	3	0.7	24	5.8
服務人員令受僱者覺得受尊重	55	13.3	336	81.0	12	2.9	2	0.5	10	2.4
服務人員能傾聽及了解需求	37	8.9	321	77.3	27	6.5	5	1.2	25	6.0
服務人員真心關懷	34	8.2	318	76.6	32	7.7	4	1.0	27	6.5
服務相關資訊的介紹清楚完整	44	10.6	327	78.8	24	5.8	2	0.5	18	4.3

　　至於受訪者對居家照顧服務的建議，由表8-2可知最多受訪者建議的項目以

「提高服務次數或時數」排第一，有高達99位（23.9%）受訪者提出建議；其次為「增加服務項目」和「提高服務人員素質」，各有38位（占9.2%）；第三則為提升服務品質（36位，8.7%）。此結果顯示受訪者最喜歡的是提高服務次數或時數及增加服務項目，所有調查皆會得到相同結果。而提高服務人員素質及提升服務品質的建議人數亦排在很前面，此可能顯示目前居家服務的服務品質是該給予更多關注，並加強對照顧服務員的在職訓練，以提升其服務態度及專業技能。至於建議降低自付費用與減少等待服務期間的人數不多，顯示目前受訪者對於使用居家服務的經費負擔不會太重，服務的提供也還充裕。而沒有任何受訪者建議取消居家服務，顯示受訪者皆肯定居家服務的重要性。

表8-2　居家服務建議項目次數表

建議項目	人數	%	排序
增加服務宣傳	21	5.1	4
簡化申請手續	21	5.1	4
放寬申請資格	17	4.1	5
增加服務項目	38	9.2	2
降低自付費用	14	3.4	6
減少等待服務期間	10	2.4	7
提高服務次數或時數	99	23.9	1
提升服務品質	36	8.7	3
提高服務人員素質	38	9.2	2
取消此項服務以節省經費	0	0.0	8
其他	16	3.9	

為了了解居家服務的成效，作者亦探討居家照顧服務之使用對於受照顧者生活的影響。從表8-3可知，受訪者認為使用居家照顧服務對於受照顧者生活的影響，主要為：使受照顧者獲得適當的照顧（369人，88.9%）、減輕受照顧者家庭／家人的負擔（364人，87.7%），及提升受照顧者的生活品質（354

人，85.3%）；而不同意居家照顧服務能增加受照顧者社會參與機會（212人，51.1%）及協助受照顧者在社區獨立行動（201人，48.4%）的人數比例皆在五成左右。可知目前居家照顧服務在達成照顧長期照顧對象之生活及減輕其親屬照顧負擔上的功能較為明顯，但在社會參與及協助在社區活動的影響則較不明顯。換言之，目前居家服務的運作同時具有照顧服務及喘息服務的功能，但似乎僅偏重在維持受照顧者生理或安全需求的滿足。

表8-3　居家服務對受照顧者生活影響統計表

題項	非常同意	%	同意	%	不同意	%	非常不同意	%	不知道/不適用	%
協助受照顧者在社區獨立行動	9	2.2	138	33.3	151	36.4	50	12.0	67	16.1
改善受照顧者的生活環境	21	5.1	305	73.5	38	9.2	24	5.8	27	6.5
增加受照顧者社會參與的機會	4	1.0	138	33.3	157	37.8	55	13.3	61	14.7
提升受照顧者自我照顧能力	10	2.4	250	60.2	94	22.7	8	1.9	53	12.8
增進受照顧者與家人的相處互動	12	2.9	240	57.8	65	15.7	32	7.7	66	15.9
減輕受照顧者家庭/家人的負擔	41	9.9	323	77.8	24	5.8	8	1.9	19	4.6
提升受照顧者的生活品質	26	6.3	328	79.0	28	6.7	8	1.9	25	6.0
減緩受照顧者身體功能的退化	19	4.6	236	56.9	89	21.4	26	6.3	45	10.8
使受照顧者獲得適當的照顧	24	5.8	345	83.1	32	7.7	2	0.5	12	2.9

　　表8-4則呈現使用居家照顧服務長者對其生活品質的感受，較多受訪者表示

滿意的項目依序為生活居家環境（307位，73.9%）、整體生活品質（290位，69.9%）及情緒與心理健康（255位，61.5%）。而較多受訪者表示不滿意的項目則依序為日常生活獨立行動（207位，49.1%）及身體健康狀況（175位，42.2%）。而對財務狀況的滿意程度表示不知道／不適用的比例則是最高，這有可能是受照顧者失能嚴重而無法自行管理，另一個可能原因是財務問題較敏感而不願回答。此外，作者比較使用居家服務與未使用居家服務兩個老人群體對生活品質的感受，結果並無發現明顯差異。此結果亦顯示有必要檢驗居家照顧的服務品質及其對服務使用者生活品質的影響。

表8-4　使用居家照顧服務者之生活品質

題項	非常滿意	%	滿意	%	不滿意	%	非常不滿意	%	不知道／不適用	%	未答	%
身體健康狀況	5	1.2	194	46.7	149	35.9	26	6.3	41	9.9	0	0.0
情緒與心理健康	9	2.2	246	59.3	105	25.3	15	3.6	40	9.6	0	0.0
財務狀況	6	1.4	203	48.9	91	21.9	14	3.4	100	24.1	1	0.2
人際關係與社交狀況	7	1.7	209	50.4	101	24.3	9	2.2	89	21.4	0	0.0
生活居家環境	8	1.9	299	72.0	50	12.0	5	1.2	53	12.8	0	0.0
日常生活的獨立行動狀況	2	0.5	135	32.5	186	44.8	21	5.1	71	17.1	0	0.0
整體生活品質	8	1.9	282	68.0	64	15.4	6	1.4	55	13.3	0	0.0

第四節　服務品質管理

　　評量服務品質的目的主要是為了提升服務品質,而就機構而言,要提供高品質的服務則要做好服務品質管理(Quality management)。所謂服務品質管理是指為維持、提升服務的品質標準所進行的各種管理活動。目前探討如何提升服務品質的相關管理工具與技術已經很多,本節首先介紹兩種較常見的品質管理模式,分別為全面品質管理與六標準差,然後探討提升居家服務品質的可行策略。

一、全面品質管理

　　1980年代全面品質管理(Total quality management, TQM)的理念興起。全面品質管理是一個強調組織不斷提升與改善的管理概念與過程,其是在上層管理者的領導下,全體機構成員參與品質改善的過程,隨時了解服務使用者的需求,並運用良好的人力資源管理、統計技術及品質管理工具,以提升服務品質,滿足服務使用者期望,達到永續經營目標(王明鳳、黃誌坤,2010)。

　　全面品質管理包括三種重要的哲學:

1. 追求消費者滿意度,亦即組織應重視消費者的看法,盡其所能的了解消費者需求,而不是以組織過去的經驗或目標來制訂決策。

2. 持續改善,亦即組織需掌握與管理服務流程,分析影響品質的關鍵因素,維持計劃(plan)、執行(do)、檢討(check)和行動(act)的PDCA管理循環的運作,持續推動永無止境的改善計劃。

3. 組織中的全員參與,持續的品質改善需要高階主管的了解、支持與承諾才有可能運作,也需要企業內所有員工主動積極的投入與努力才有可能貫徹。機構中的每一個人皆需了解品質對其工作的意義與品質不良的後果,並清楚認知需要投入多少努力才能達到工作完美的境界(許世雨等譯,

1997）。Martin （1993）則從文獻整理全面品質管理的六個要素為：1.品質是一個機構的主要目標；2.品質需由組織的消費者來決定；3.消費者的滿意度可用來引導組織的方向；4.組織應研究並削減在服務過程中產生的變異；5.需由團體或團隊工作進行持續性變遷；及6.高層主管的承諾才能提升品質文化，增強員工權能。王明鳳、黃誌坤（2010）指出全面品質管理的特色包括：1.事先預防，注重過程；2.不斷改進，不斷求新；3.全員承諾，全面參與；4.注重工具，改善品質；5.品質領導，消費者至上。

　　而從美國Malcolm Baldrige國家品質獎的評選標準可知一個品質管理優良的機構需具備的條件包括：重視品質的領導能力、能呈現品質與績效的資訊與分析系統、具策略性的品質計劃、人力資源的發展與管理、服務過程的設計與控制管理、服務品質結果的查核與控制管理、及消費者需求與滿意度的掌握與回饋等（許世雨等譯，1997）。黃源協（2005）認為社會服務品質的改善可能遭遇來自服務輸送體系、組織管理文化、組織設計、員工素質及利害關係人所造成的障礙，因此需要建立一套現代化的品質管理策略，而其內容主要是採用全面品質管理的觀點，包括：1.改變專業與管理文化；2.建構包含一個開放的次體系、一個回應的次體系、一套標準途徑的次體系，及一套查核的次體系的新式服務體系；3.獲得利害關係人的參與和承諾；及4.加強對員工的投資。可見全面品質管理強調從上到下的全面投入，是非常複雜的工作。

二、六標準差

　　「六標準差改善」又簡稱「六標準差」，其概念是由摩托羅拉在1985年引進，後來慢慢從生產單位的品質改善（降低不良率）進化為降低成本的計劃，再發展為創造消費者價值，提高消費者滿意度的計劃（經理人月刊編輯部，2007）。六標準差是以統計分析、產品設計及流程改善等技巧，來創造高品質、低成本及高利潤的管理概念。其意涵是指每百萬抽樣產品或服務，不會有

超過3、4個不良品數。在技術上，六標準差則是運用定義、測量、分析、改善，及控制的流程改進手法，縮小流程與服務的變異性，避免瑕疵或失誤的發生。而流程改進（DMAIC）的內容爲定義（Define）消費者問題和需求，測量（Measure）誤差和流程作業，分析（Analyze）資料並找出問題原因，改善（Improve）流程以去除問題原因，以及控制（Contral）流程以確定不再發生誤差（Pande, Neuman, & Cavanagh, 2002）。

　　六標準差的成功關鍵，主要是高層主管的了解、支持與承諾。而其推動的工作重點，首先要仔細評估並選擇適當的專案計劃，成立專案團隊；其次，擬定優先的解決策略，並以六標準差專案方式運作；第三，選定能夠產生財務效益和創造消費者價值（Profit & Value Creation）的目標；第四，則是選定的議題需能經由流程改善、流程創新和流程管理提升消費者價值；第五，所有六標準差專案團隊成員需具備問題分析與解決能力；第六，能夠靈活應用六標準差的工具（經理人月刊編輯部，2007）。

　　林瑛祥、廖秀玲、李昀儒、張嘉寶（2008）實際運用六標準差DMAIC模式探討中部某照顧服務機構的照顧服務品質，其取得該居家服務機構過去服務的1500筆資料後，針對照顧服務不滿意的次數進行統計分析，結果發現該照顧服務機構的風險管理成效不佳，經由研究者的後續討論，歸納出影響服務使用者感到不滿意的主要因素，是認爲服務提供者不夠主動積極、服務時間不確實、服務不符合需求及專業知識不足；然後，研究者再依所分析因素與服務提供者、社工、社工督導人員及志工的相關性，逐項發展持續改善流程進行改善；最後，在改善後再次針對服務使用者進行不滿意的次數統計分析，結果已無立即需要改善的部分，但仍建議照顧服務機構能持續監控，維持服務品質。

　　上述的研究及其實際操作過程，可清楚地了解六標準差是如何運用在照顧服務機構的品質評估與服務問題改善。此種以服務使用者的滿意度爲標準，共同分析造成不滿意的可能原因，進而逐項提出在流程上應改善之處，實施改善措施，並追蹤結果、持續監控的作法，應有助於服務品質的持續進步。需特別注意的是，如何具體找出服務機構待改善之處，除了仰賴服務機構的團隊成員具備問

題分析與問題解決能力外，良好的跨團隊合作與溝通也是改善服務品質的基本準則。另外，因為服務品質是與時俱進的，所以後續的持續監控以及定期服務品質評估皆不可忽略。

三、服務品質管理的實施

　　許多學者運用不同模式探討實施品質管理或持續改善服務品質的策略。王明鳳、黃誌坤（2010）綜合國內外學者的看法，建議非營利組織提升服務品質的實務策略包括：1.「高層卓越的領域與支持」：建立組織未來的願景（vision）及使命、長期承諾、系統化思考；2.「良好人力資源管理的規劃」：建立團體合作的環境、授權及強化員工能力、提升成員士氣；3.「善用品質工具於服務方案的評估」：承諾持續改善、具備統計觀念、使用品質改善工具及技術；及4.「滿足消費者期望」：蒐集消費者的需求、分析消費者的需求、尋求改善產品與服務、評估成效。Martin（1993）認為社會服務組織實施全面品質管理時，必須涵蓋九個面向：1.「訓練高層主管」：訓練高階主管有關全面品質管理的哲學與工具；2.「引導高層承諾」：高階主管必須向中階主管與基層員工說明全面品質管理的政策方向，使所有員工皆能參與；3.「成立品質委員會」：由主任與高階主管組成品質委員會，協調與監督全面品質管理的活動；4.「選擇執行策略」：可採用由高階主管到中階主管至基層員工的上而下的瀑布型態，或一個單位接一個單位的漸進策略；5.「訓練中級主管與員工」：內容包括全面品質管理的哲學，團隊運作的方式與工具；6.「蒐集並分析服務對象品質資料」：運用焦點團體來確認服務對象對於品質層次的喜好程度，並建立定期蒐集服務對象品質資料的系統；7.「組成品質團隊」：由員工組成品質團隊，檢視及進行持續的品質改善；8.「表揚優良的品質改善」：品質委員會應建立品質改善的團體誘因制度，以團體方式獎勵品質改善；9.「持續品質改善」：機構的品質改善是永無止盡的。

　　Sureshchchandar et al.（2001，引自楊錦洲，2009）整合相關研究後，提出

全面品質服務（Total Quality Service, TQS）的向度必須包含12個向度：1.「高階管理者的承諾與願景領導」：高階管理者的積極參與與承諾，能有效的讓全體員工實踐機構願景；2.「人力資源管理」：員工於聘用後需提供教育訓練與增權（empowerment），以提升機構的競爭優勢；3.「消費者取向」：機構必須了解與滿足消費者的需求與期望，以提供讓消費者喜悅的服務品質；4.「員工參與與員工滿意」：機構必須先顧及員工的需求，提升其工作滿意度；5.「品質管理系統」：機構應建立合理化與標準化的流程管理、服務運送和產出品質等控管系統；6.「落實流程管理」：機構最重要的是能強化員工對於流程管理的執行狀況；7.「資訊及分析系統的建立」：運用功能較佳的資訊系統，以幫助機構掌握即時現況便於即時決策，並做為跨部門溝通的工具以發揮團隊合作；8.「持續改善」：應針對消費者期待與現實的差異，或是設立更高遠的挑戰目標，持續進行永無止盡的改善；9.「標竿學習」：當機構可向業界最佳管理典範的機構學習，以掌握改善重點；10.「服務情境」：應注重服務提供過程的服務設施；11.「服務文化」：機構應持續教育員工正確的態度與服務方式，以建立符合消費者取向的企業文化；12.「社會責任」：機構應善盡社會責任以提升機構形象。

　　楊錦洲（2009）則針對服務業的品質管理提出一個服務機構的「整體性品質管理系統」（Holistic Quality Management System），該系統分成五個階段架構，1.「長期規劃」：機構應思考公司的重要價值並獲得高層的承諾，明確訂定使命與願景，進行目標市場的區隔與定位，然後擬定策略並落實其執行的管理與評估，以消費者服務為導向，訂定品質政策與主要目標，及設計服務提供與支援系統；2.「短期規劃」：機構應事前妥善規劃設計服務流程，配合服務系統進行組織的設計與調整，規劃完善的員工教育訓練，將作業程序的標準化，建立完整的資訊與分析系統，進行員工的增強權能；3.「日常管理」：部門主管應負起領導的責任，讓部屬能發揮潛力，機構則應建立良好的員工激勵制度與福利措施，進行需求管理及維護服務設施，管制行銷過程與服務設計，進行日常資訊分析，管制服務人員的技術能力、服務態度與服務方式等；4.「考核」：進行消費者滿意度調查，員工績效評估及品質稽核，確保品質活動的落實；5.「改善對

策」，進行持續不斷的改善與提供消費者後續服務，以讓消費者滿意，創造消費者價值。

　　由於組織各部分同時進行品質管理與改善可能過於複雜，有學者將焦點放在特定領域。劉常勇（1991）認為服務人員對於品質有決定性的影響，因此針對人力資源管理提出五項提升服務品質的必要條件：1.明確定義服務角色，建立服務標準，使服務人員能依照服務標準提供服務；2.考慮人格特質、知識程度與技能，以選擇最適當的服務人員；3.強調服務團隊的功能，促進溝通，使員工有歸屬感、參與感及認同感，以鼓舞士氣，維持服務水準；4.重視服務產品的可靠度，使員工能於第一次就將服務做對；5.當消費者於接受服務的過程中有任何問題時，應立即有效的解決其問題。

　　Carte（2010）表示服務機構要提升競爭力，必須建立一套品質管理系統，如六個標準差和實務問題解決，以確保組織各階層人員的投入。其將品質管理聚焦在機構運作流程的持續改善，並提出一套四個步驟的流程改善取向：

　　（一）準備（Prepare）：由高階主管及管理者組織和創造一個領導小組，發展令人注目的願景、宗旨與機構價值，找出服務成功的重要因素與機構服務流程，然後評估這些流程的目前狀態與期待未來之間的差距。此步驟主要在建立機構鼓勵與獎勵持續流程改進的文化。

　　（二）計劃（Plan）：第二步驟是依據機構評估的結果發展策略性的持續改善計劃。此計劃必須包含消費者認為重要的服務流程的改善，及組織的改善兩部分。服務流程改善計劃透過消除不重要的活動以提升服務成效，縮小目前及未來的差距，並引導流程改善團隊的建立。組織改善計劃則提供訓練、獎勵、溝通及評量方案的藍圖。

　　（三）執行（Execute）：流程改善團隊檢驗及了解現有流程的運作，分析及測量各流程步驟的表現，並決定如何改善流程及執行計劃。

　　（四）維持（Sustain）：最後步驟則是維持過程改善的文化，服務機構必須使過程改善成為其生活的一部分，小心地管理改變以使機構文化從救火往持續流程改善的方向移動。此步驟成功的要素之一是員工的增強

權能（empowerment）

由這些文獻可知，不管是全面性的品質提升，或是針對組織特定面向，如服務流程的品質改善與管理，皆須獲得高階主管的認同與投入，組成品質改善團隊，蒐集資料以確認要改善的部分，訂定並執行品質提升計劃，並透過建立鼓勵及獎勵制度以建構重視品質提升的組織文化。

至於居家服務的全面品質管理應如何進行呢？Verhey（1996）及Conover（1997）皆指出居家照顧的全面品質管理或持續品質提升（Continuous Quality Improvent，CQI）方案應聚焦的重點包括：1.系統與過程而非個人表現：居家照顧的環境複雜，居家服務單位應評估目前方案各部分的流程與系統運作狀況，包括可近性、適當性、消費者滿意度、服務對象對服務的配合度、風險管理、員工表現、財務管理、資料管理等，以發展品質改善計劃；2.投入、合作和增強權能：高層管理者應支持品質改善計劃，並將全面品質管理與持續品質改善的原則融入機構的正式與非正式結構中，以使每個人皆支持及投入全面品質管理的運作；3.消費者：進行滿意度調查，了解受服務對象及其家庭的期待與經驗，發展以消費者為焦點的服務取向，使服務符合及超越消費者期待；4.資料和測量：使用各項工具與技術，如流程圖、魚骨圖、腦力激盪、調查、訪談、焦點團體等蒐集與分析資料，以提升服務提供者達成全面品質管理的能力；及5.標準化、行動準則和照顧結果：整合全面品質管理的原則與實務建立服務輸送與照顧結果的標準與指導原則，包括以案主為焦點的個案權益、倫理、評估、照顧、服務等，及以組織為焦點的績效、領導、照顧環境、人力資源、資訊管理等，並確認可提升品質的活動。至於實際的作法，Conover（1997）舉例說明服務機構可以採用一個單位接一個單位的漸進策略，如先針對接案時需完成過多的文書工作成立一個品質改善團隊，請經手這些文件的相關單位人員加入，探討可能改善的建議，然後共同決定流程改善步驟，並在獲得委員會同意後進行小規模嘗試，大家對新流程感到滿意於是全面施行。第一個團隊工作接近完成時，機構針對新的議題成立兩個新的團隊，如此持續進行，使得後來參與團隊的機構人數越來越多。也許漸進式的品質提升與管理方案是居家服務單位可學習與嘗試的方式。

第五節　結語

　　由以上文獻可知，居家照顧服務的品質管理應有：1.高層主管的支持以建立重視持續改善服務品質的組織文化；2.融入全面品質管理的概念將組織的各系統與運作流程標準化；3.機構所有成員支持及投入品質改善與管理程序；4.發展並持續蒐集各類資料，特別是消費者的看法與滿意度，分析並應用各項技術發展品質改善計劃；5.持續地進行品質改善的工作。以下針對居家服務品質的提升提供一些建議：

一、居家服務單位應導入服務品質管理的概念：居家服務提供單位的高層主管應接受全面品質管理或品質提升的訓練，促使其了解全面品質管理的概念及推動方法，並協助其將全面品質管理的原則導入機構政策與運作流程中。

二、居服單位應針對各項流程發展標準化的運作程序，並檢視其適當性：Davis（1994）指出一個居家服務單位的運作流程至少有以下14項：1.接案流程，2.保險確認流程，3.資料輸入流程，4.排班流程，5.服務輸送流程，6.品質保證與檢視流程，7.藥物記錄流程，8.人事／招募流程，9.員工發展流程，10.薪資流程，11.出帳流程，12.收費流程，13.會計出納流程，及14.業務／行銷流程等。居服單位應針對每項業務發展標準化的服務流程，各項流程應由所由的相關人員組成團隊，蒐集相關資料重新檢視每個流程的適合性，並針對各項流程發展品質提升方案。

三、提升服務使用者參與服務的決策：服務使用者是服務品質的最終評判者，因此應擴大其參與有關服務的決策，包括在服務項目、時數、次數、時段安排、居服員的選擇、每次服務內容與順序、對於服務品質的看法等皆能自由表達意見，並慎重將其意見納入考量。

四、加強居家服務員關係品質相關的訓練、導督與考核：居服員的知識技能及與服務對象的關係對於服務品質有決定性的影響，而關係品質的影響

力又高過知識技能，因此居服單位加強照服員的服務態度、同理心及與
案家互動的能力的訓練，避免居家服務員僅著重於服務項目的完成，以
與案家建立良好的關係，並應學習如何關注服務使用者在各生活品質層
面的需求，適時提供關懷與照顧。

五、持續進行服務品質的監控與改善：居家服務單位應建立內部各系統運作
　　的品質監督與管控制度，持續進行監控，並定期調查服務使用者對於服
　　務品質的滿意度，然後依各項資料的分析結果與服務使用者的需求成立
　　品質改善團隊，持續進行服務品質的改善。

參考文獻

一、中文部分

內政部統計處（2012）。一○一年第四週內政統計通報（100年居家服務使用者滿意度調查結果）。取自：http://www.moi.gov.tw/stat/news_content.aspx?sn=5915。

王明鳳、黃誌坤（2010）。社會工作管理。臺北市：華都文化。

江尻行男、莊秀美（2007）。日本的企業與照護服務產業—企業的發展動向與經營策略分析。管理學報，24(6)，637-655。

江雅筑（2006）。台中市老人使用居家服務經驗之探討。臺中：東海大學社會工作學系碩士論文。

吳佳樺（2009）。嘉義縣居家服務滿意度之研究（未出版之碩士論文）。南華大學：嘉義。

吳尚柔（2011）。失能老人居家服務品質與生活品質關係之研究（未出版之碩士論文）。國立臺灣師範大學：臺北市。

李逸、邱啓潤（2013）。服務使用者觀點之「好居家服務員」特質探討。護理暨健康照護研究，9(2)，148-156。

李慧玲（2003）。高雄失能老人自費使用居家服務品質之探討（未出版之碩士論文）。東海大學：臺中市。

沈慶盈（2001）。臺北市兒童福利機構服務品質及其相關因素之研究。實踐學報，32，73-98。

周眞眞（2000）。服務過程中案主權益維護之探討—以臺北市居家服務爲例（未出版之碩士論文）。國立臺灣大學：臺北市。

周淑美（2006）。南投縣居家服務品質探討—服務使用者與提供者之觀點比較（未出版之碩士論文）。亞州大學：臺中。

林玉琴（2006）。居家服務使用滿意度評估研究—以嘉義基督教醫院爲例（未出版之碩士論文）。國立中正大學：嘉義。

林凱鈴、劉立凡（2013）。我國居家服務使用者滿意度與成效之研究—以南部某城市爲例。臺灣老年學論壇，19期。取自：http://www.iog.ncku.edu.tw/files/archive/625_55c72f57.pdf

林朝源，秦儀庭（2012年12月）。PZB服務品質模式探討服務品質與顧客滿意度之研究。「彰雲嘉大學校院聯盟學術研討會」海報發表，彰化：彰雲嘉大學校院聯盟。

林瑛祥、廖秀玲、李昀儒、張嘉寶（2008）。居家服務機構以六標準差提升服務品質之應用。「2008中華六標準差管理學會年會暨論文發表研討會」論文發表，臺北：中華六標準差管理學會。

邱啓潤、黃源協（2005）。評量居家照護服務品質之觀點。護理雜誌，52(6)，11-16。

紀金山、劉承憲（2009）。臺灣長期照顧服務政策與治理：以居家服務爲例。第一屆發展研究

年會,臺北市,2009/11/28-2009/11/29。

徐慧娟（1999）。長期照護結果品質評值-以護理之家住民評估量表（MDS）為例，護理雜誌，46(1)，57-64。

翁崇雄（1991a）。提升服務品質策略之研究。台大管理論叢，2(1)，41-81。

翁崇雄（1991b）。服務品質管理策略之研究（上）。品質管制月刊，27(1)，26-42。

翁崇雄（1991c）。服務品質管理策略之研究（下）。品質管制月刊，27(2)，82-102。

許世雨、張瓊玲、蔡秀涓、李長晏（譯）（1997）。人力資源管理（原作者：DeCenzo, A. D., Robbins, P. S.）。臺北市：五南。（原著出版年：1994）。

陳妍樺（2007）。使用居家服務的成人身心障礙者對照顧服務員服務品質之研究（未出版之碩士論文）。慈濟大學：花蓮。

陳宜婷（2011）。失智老人家庭照顧使用居家服務經驗之初探（未出版之碩士論文）。國立政治大學：臺北。

陳明珍（2010）。居家服務績效評鑑之指標建構研究（未出版之博士論文）。東海大學：臺中。

陳鳳音（2002）。機構式長期照護的品質及其相關影響因素（未出版之碩士論文）。國立臺灣大學：臺北。

陳慧君（2004）。臺中市北區居家服務支援中心「居家服務方案」之成果評估研究（未出版之碩士論文）。東海大學：臺中。

陳澤義（2005）。服務管理。臺北市：華泰文化事業股份有限公司。

陳耀茂（1999）。全方位服務實戰寶典。臺北市：財團法人中衛發展中心。

曾秀貞（2007）。從新管理主義探討居家服務經營與績效之研究—以屏東縣為例（未出版之碩士論文）。美和技術學院：屏東。

黃源協（2005）。民主觀點社會服務品質的內涵與管理措施之探討。臺大社會工作學刊，11，45-87。

黃瑞杉（2004）。照顧服務產業初步評估—以雲嘉南辦理非中低收入失能老人居家服務方案為例（未出版之碩士論文）。南華大學：嘉義。

楊東震、羅玨瑜（譯）（2003）。服務行銷與管理（原作者：Christopher Lovelock & Lauren Wright）。臺北市：雙葉書廊（原著出版年：2002）。

楊培珊（2000）。女性居家照顧服務員工作中遭受性騷擾之經驗探討。臺大社會工作學刊，2，97-149。

楊錦洲（1993a）。影響服務品質的特性。品質管制月刊，29(2)，25-29。

楊錦洲（1993b）。顧客用來評估服務品質的特性。品質管制月刊，29(3)，15-21。

楊錦洲（2009）。服務品質：學理到應用。臺北市：華泰文化。

經理人月刊編輯部（2007）。品質管理。取自http://www.managertoday.com.tw/articles/view/649

詹弘廷（2013）。居家服務品質與家庭滿意度之關聯性：以南投縣爲例（（未出版之碩士博文）。臺灣大學：臺北市。

劉文敏、傅玲、邱亨嘉、陳惠姿（2007）。高雄市非中低收入戶失能老人使用居家服務及其相關因素之探討。長期照護雜誌，11(2)，149-161。

劉常勇（1991）。服務品質的觀念模式。臺北市銀月刊，22(9)，2-16。

蔡政哲（1997）。非營利機構的服務品質之研究—以高雄市立美術館義工運用爲例（未出版之碩士論文）。國立中山大學：高雄。

鄭讚源（1997）。社會福利機構與政府之間關係的省思 - 以我國老人扶療養機構爲例。臺灣地區社區、婦女與家庭學術研討會論文集，31-56。

鄭淑琪、黃松林（2007）。老人居家服務成效評估研究—以雲林縣爲例。臺灣健康照顧研究學刊，3，101-119。

盧盈妤（2011）。以案主爲中心觀點探討居家服務照顧品質及其相關因素：以南投縣爲例（未出版之碩士論文）。國立暨南國際大學：南投縣。

戴瑩瑩（2005）。老人居家服務品質管理之研究（未出版之碩士論文）。國立暨南國際大學：南投。

戴瑩瑩、黃源協（2009）。老人居家服務品質觀點與要素之探討。社區發展季刊，125，272-286。

謝美娥（1993）。老人長期照護的相關論題。臺北市：桂冠圖書股份有限公司。

謝智旭（2013）。健康城市建構下—客庄地區失能老人居家服務滿意度調查研究：以苗栗縣爲例（未出版之碩士論文）。國立聯合大學：苗栗。

二、英文部分

Austin, D. M. (2002). *Human services management : organizational leadership in social work practice*. New York, NY:Columbia University.

Booth, M.; Fralich, J. & Nonemaker, S. (2002). *Literature review:quality management and improvement practices for home and community-based care*. Retrieved from http://muskie.usm.maine.edu/Publications/ihp/HCBSLitRev.pdf

Carter, W. (2010). *Now is the time for process improvement in service organizations*. Retrieved from http://ezinearticles.com/?Now-Is-The-Time-For-Process-Improvement-In-Service-Organizations&id=3762916

Conover Linda R., EdD, RN. (1997). Implementing continuous quality improvement in home care: a success story. *Home care provider*, 2(3),129-134.

Davis, E. (1994). *Total quality management for home care*. Gaithersburg, MD:Aspen Publishers, Inc.

Donabedian, A. (1988). The quality of care. How can it be assessed?. *JAMA, 260* (12), 1743-1748.

Healey-Ogden, M. J. (2014)Being "at home" in the context of home care. *Home Health Care Management & Practice*, Vol. 26(2) 72–79.

Lewis, J. A., Lewis, M. D., Packard, T. & Souflee, F., Jr. (2001). *Management of Human Service Programs* (3rd. Ed.).Belmont, CA: Cengage Learning.

Low, L., Yap, M., Brodaty, H. (2011)A systematic review of different models of home and community care services for older persons. *BMC Health Services Research*,11-93.

Martin, L. L. (1993). Total Quality Management in Human Service Organizations. Thousand Oaks, CA: *SAGE Publications, Inc.*.

Martin, L. L., & Kettner, P. M. (1996). *Measuring the performance of human service programs*. California, CA: SAGE Human Services Guides.

National Consumer Voice for Quality Long-Term Care (2012).*Consumer Perspectives on Quality Home Care*. Washington, DC: National Consumer Voice for Quality Long-Term Care.

Parasuraman ,A. ,Zeithaml , V. A. & Berry , L. L. (1985). A conceptual model of service quality and its implecations for future research. *Journal of Marketing*, 49(4), 41-50。

Parasuraman ,A. ,Zeithaml ,V. A. & Berry ,L. L. (1988). SERVQUAL：A multiple-item scale for measuring consumer perceptions of service quality . *Journal of Retailing* ,64(1) ,12-40.

Verhey Marilyn P. (1996). Quality management in home care: Models for today's practice. *Home Care Provider*, 1(4), 180-211.

Zeithaml, V. A., Parasuraman, A. & Berry, L. L. (1990). *Delivering Quality Service - Balancing Customer Perceptions and Expectations.* New York: The Free Press.

第九章　居家服務人力的困境與實證

/謝美娥

　　根據內政部2006年統計資料顯示，臺灣地區目前共有33,455人受過照顧服務員訓練，卻僅約3,661人留在居家服務職場工作，實際投入率2-10%，其餘人力大部分流向醫院或機構式照顧服務，造成居家服務人力短缺之問題（引自張正穎，2009）。然而不論國內外，居家服務皆面臨前所未有的工作人員短缺和流失的危機，越來越多的媒體和國家政策制訂者以及機構本身開始了解勞力短缺的危機可能造成照顧品質及生活品質的負面影響（吳玉琴，2004；Stone & Wiener, 2001）。居家服務的工作困境方面可分成個人、機構和政策三個層面，茲分述如下。

第一節　居家服務人力困境的個人層面

　　個人層面的工作困境可分為居服督導員與居服員兩部分；其下又區分為個人的因素，以及其在面對居家服務工作場域時所面臨的困境。

一、居服督導員的困境

（一）居服督導個人層面的困境

1. 督導經驗不足與價值衝突

　　部分居家照顧服務員認為，居家督導普遍居家工作經驗不足，年齡太年輕，專業性的資歷及實務經驗亦不足，當有問題需要解決時，往往都無法獲得解決，也時常面臨居服員的挑戰與質疑（陳淑君，2009；蘭婉茹，2010）。此外，督導也會面臨自己的價衝突或角色衝突，例如同時符合案家的角度及服務員的角度（林素蘭，2011）。

（二）居服督導於工作場域的困境

1. 居服人力與品質難兼顧

　　由於照顧人力的缺乏，督導面對不適任的居服員，一方面須考量服務品質，一方面又須面臨人力的不足及個案量的壓力，對於表現不佳的居服員，只要未出現重大違規，便難以淘汰（陳淑君，2009），故面對不適任的服務員時，督導必須容忍服務品質較差的服務員，因為沒有人可以接他的案（林素蘭，2011）。

2. 政府規定、委託變動性大

　　居家服務是政府定期將方案委外給民間單位來執行，若單位今年沒有標到

方案時，督導與服務員就會沒有工作，方案委託的不穩定難以形成向心力（林素蘭，2011）。評估單位在2008年也由原先的社政單位轉為衛生單位，督導首當其衝得面臨制度轉銜的落差，以致於在媒合人力上出現困難（陳淑君，2009）。

3. 薪資給付方式導致的人力管理困難

居服員的薪資給付方式是依照服務個案決定，但個案的狀況卻非督導員能夠掌控，又政府經費以「時」及「案」給付，而非以「人」給付，導致在服務員生病請假、開會或是個案異動時，服務員會沒有薪水，導致居服員經濟壓力及人力流失，考驗著人力管理的穩定性（陳淑君，2009；林素蘭，2011）。

4. 多方面的期待與要求

大多數居家督導員都提到，督導要面對長照中心管理的壓力，又要處理單位行政相關的工作，還要面對派案的壓力，並且需要隨時處遇案家與照服員的情緒及未知狀況。由於督導員同時面對政府、個案及服務員，所以本身會遭受到多方的期待與規範（藺婉茹，2010；林素蘭，2011），因而容易在如何兼顧居家服務目標、個案權益和照顧服務員立場上經歷兩難（陳淑君，2009）。且運用單位將居家督導員一人當數人用：督導需派案、訪視個案、協調、訪視記錄、核銷、機構交辦事務等，但各單位卻將政府補助的經費撥列給其他相關單位使用，造成督導及居服員福利縮減（藺婉茹，2010）。

二、居家照顧服務員的困境

（一）居服員個人層面的困境

1. 居服員的人口特質

影響居服員「離職傾向」的人口特質包括，居服員為年齡較低、年資短（林薇莉，2005；辛進祥，2007）。研究顯示，年長者更喜歡沒有約束、無直

接上司的工作環境，而居家服務工作多數獨立工作，因此環境符合他們生命階段的工作環境（Faul et al., 2010）。Crown （1995）則指出年輕的工作者較可能離開低薪資、沒有發展前景的工作（引自Faul et al., 2010）。

2. 內在動機的影響

對居家照顧者而言，服務者的承諾是他們選擇這個工作的最重要的理由（Howes, 2008）。然而值得注意的是，分析助人的專業時，內在滿意度雖影響居服員留任並不讓人感到意外，但是這些工作者從提供服務中獲得的回報可能掩蓋了低薪資、缺乏晉升機會和困難工作環境相關的問題（Faul et al., 2010）。因此，居家服務應當思考居服員的招募與留任並不能視愛心付出與行善列為首，否則居家服務人力的提供易受外在條件而受限。

3. 居家照顧服務員薪資給付偏低

照顧服務員勞動條件與權益未能受到合理保護，僱用關係不明，職業的社會形象尚未建立，薪資水準太低，工時過長等不利因素（邱泯科、徐伊玲，2005）。如果居家服務的薪資可以和其他產業相競爭，居服員就不會單單因薪資而離職，我們必須重視居服員的薪資過低的現象（Faul et al., 2010）。國內研究顯示，薪資不足的部分扣除機構的行政費用、到案家來回的油資、餐費及勞健保自付額等，實際所得的每月平均薪資太低不夠養家（蘭婉茹，2010）。

（二）居服員於工作場域的困境

1. 工作專業性無法受到肯定與尊重

目前社會大眾對居家服務的認識有限，甚至是錯誤的認知與期待，普遍受服務者或家屬們都不認為居服員是專業的、認為政府提供這些服務是理所當然，不少案主會以類似對待「幫傭」的態度來對待服務員，對於服務契約中所明定的服務內容常有意無意地忽視，而隨意指派工作（楊培珊，2000；詹秀玲，2005；吳玉琴，2008；陳淑君、莊秀美，2008；劉宛欣，2010；蘭婉茹，2010；張江清、林秋菊、蔡和蓁、陳武宗，2011）。

2. 頻繁的身體接觸

居家照顧服務員因為必須進入服務對象的私生活領域中工作，居家照顧中有相當多的項目，屬於身體照顧服務的項目，而牽涉到頻繁的身體接觸，因此不少服務員都曾有過被性騷擾的經驗（楊培珊，2000）。

3. 無中立第三者的工作環境

居服員是一個人進入「無中立第三者在場」的情境中工作，如果發生任何狀況或衝突，在後續處理時亦形成案主及服務員「各說各話」的現象（楊培珊，2000）。此外，居服工作的地理範圍分散，工作獨立性高，有問題時卻也孤立無援，僅能獨自解決問題（詹秀玲，2005）。

4. 案主家屬的因素

當服務員在提供服務時，接受服務的案主也必須遵守一些行為守則以尊重服務員，但這些守則也許對案主或其家屬而言是一種自由的限制或干涉（楊培珊，2000）。然而，家屬亦會對服務有所影響，包括家屬對於服務的項目與內容等有時會與案主不一致，導致服務進入的困難，甚至導致服務的內容是在於滿足家屬而非個案；有時家屬會透過有力人士向政府單位進行關說，造成居家服務督導員在服務提供、媒合上產生壓力與困難（劉宛欣，2010）。

總而言之，居家服務的工作人員，相對於醫院的照顧服務員，其在薪資上的報酬一直是較低的，但是其在技術、工作、責任或經驗上的要求，卻不見得較低。因此，正如眾所周知，居家服務工作所帶來的內在因素測量（internal measures）如：滿足感可能還高；但在外在因素（external factors）的測量上，如薪資、工時或工作結構等卻都評量很低（Neysmith & Aronson, 1996）。

第二節　居家服務人力困境的機構層面

居家服務人力困境從機構層面可分為兩部分。

一、專業訓練無法滿足工作需求

研究發現居家服務使用者有其多元及異質的特性，不像其他的服務在對象的年齡或是障礙別上有一定的範圍與限制，這些不同類型的服務使用者在需求及照顧技巧上都非常的不一樣，因而衍生許多照顧難題（劉宛欣，2010；張江清等人，2011）。照顧員常感受照顧專業知識的不足，包括不知如何解決案主身心問題，以及特殊個案照顧知識的缺乏（徐悌殷，2003）。

二、兼職人力產生的影響

目前各機構的服務人力分為兩種：納編人員與臨時人員，納編人員不論服務人數及時間都有固定薪水及員工福利，而臨時人員則案件計酬，納編人力對機構而言是固定成本，在目前政府按服務時數補助的方式下，機構多半以臨時人員吸收服務人力，以減少人事成本（王增勇，1997，引自陳淑君、莊秀美，2008）。

在實務上，機構的人員編制和調度對照顧工作者工作和薪資的穩定有很大的影響；照顧工作者通常在獲得全職時數是有困難的，不固定的班表、時數與工作滿意度低、高度離職意願有關。國外的研究，以2009年為例，超過一半的個人照顧服務員僅有部分時間全職，不然都以兼職為主（Seavey, 2010）。

第三節 居家服務人力困境的政策層面

從文獻上整理，居家服務人力困境的政策面有四。

一、推動政策的承辦人員流動率高

一般戶居家服務的服務量由於政策全面的推動，服務量被要求快速擴充，地方政府在人力並沒有增加的情況下，承辦人員大多兼辦居家服務業務，工作量增加且壓力大，造成承辦人員只要有其他職務就儘量調職，或視居家服務是項苦差事，帶來的問題是工作經驗無法累積（吳玉琴，2004）。

二、主管機關多頭馬車

因主管機關不同，管理方式自有差異，居家照顧服務員工作場域分列於不同主管機關與法令之內規範，照顧服務員不易在各種工作場所互通有無，易造成照服員溝通協調產生問題（藺婉茹，2010）

三、政策使居家服務員職涯受限制

長期照護的監督管理政策主要側重於保護消費者而不能回應工作員關注的議題。規定通常強調入門培訓，很少關注於持續的職涯成長和發展（Stone & Wiener, 2001）。國內研究亦指出，目前居家服務的推動主要由政府透過公開招標方式委託非營利組織來提供，居服員的薪資福利往往視政府補助資源的多寡

而訂，一旦方案結束，服務及居服員的任期也隨之結束（張正穎，2009）。此外，照顧服務員職類丙級技術士的證照雖已上路，但獲得證照之照服員的專業性地位，社會對其肯定仍有限（張正穎，2009）。大部分的居家照顧服務員都認為取得丙級證照對於工作薪資沒有幫助，也因此會讓居家照顧服務員覺得專業度在公司或案主沒有獲得肯定（藺婉茹，2010）。

四、外籍照護政策易放難收，本國照顧服務產業不易發展

現有龐大外籍看護工，實質上已經造成受照顧者權益損害，並限制我國相關照顧服務發展的可能，在此狀況下照顧服務員更沒有生存的空間（邱泯科、徐伊玲，2005；張正穎，2009）。

第四節　居家服務員工作困境的實證結果

　　以下分析受訪者的工作困境，分別列出居服員、居服督導員及居服機構各自面臨的困境。

　　居家照顧服務員具有勞心勞力、吃力不討好、工作環境差異大、以及全人服務等需進入案家之中並與案家密集接觸之工作，這樣一個「人」的工作所產生的困境，許多是與案家之間的關係，而有異於其他的工作或是居服督導員。此外，居家服務在臺灣還是一個起步階段的職業，尚未發展成熟，也尚未得到社會大眾的認同，故屬於一個低社會地位的工作，服務員也因此面對外在人士的歧異眼光。在種種的壓力堆疊之下，居服員更需要得到機構或督導的支持，紓解其工作壓力，以提升其持續服務的動力，若無法得到此部分的支持力量，則加深其工作上之負荷。故以下整理出受訪之居服員所感受到之工作困境。

一、經濟需求不被滿足

（一）薪資福利不完整

　　影響居服員留任意願的因素中，薪資福利是一重要因素。有些人可能因為對於薪資結構不太清楚便踏入居服工作，而漸開始感到薪資不敷所求；有些人則是和其他縣市、單位比較後，發現自己的福利不夠好，而感到工作福利的不完整；有些則是因應工作的彈性特質，對於需隨時應付案主的需求感到工作缺乏保障。

　　「有聽到另外一個部分是，薪資高或低跟原本期待可能不合。因為可能會因為，就是接一些個案的狀況，然後到後面，可能也有一些是個人因素，對，就是

到後面覺得薪資沒有跟我想像的那樣子，對，就離開也有。」（S5,4708-10）

「還有一種情形是，有些人比較會義憤填膺，這個福利制度不夠好，別人有交通費，我們都沒有，被人家看成什麼樣，然後假日案主說要上班你就得上班，可是假日我也想休息啊，想到最後就會覺得這個工作沒有保障，福利也不夠。」（H1,2817-18）

「我覺得居服員他會沒有辦法留任，一個就是跟他的薪資結構有關係。」（A2,1704-05）

（二）經濟不穩定

相較於體制層面所提供的不完整的福利，實務的執行層面上，居服員也因案主狀況的不穩定而使得經濟收入不穩定。因居服員是一個講求實務經驗的工作，且是直接進入案家中進行服務，故一開始受完訓，機構並不會安排太多的班次；但服務員沒有排班、沒有服務，便沒有收入，故一開始會薪資較低，也因班次不多，薪資容易因案家狀況而受影響。

「有的就是為了錢的問題，到某某機構去做，可以沒多久就覺得怎麼這麼辛苦，就做不下去了，就離職了。剛剛去的時候，因為經驗不夠，公司也不會派太多班給你，會慢慢慢慢增加。」（H3,3321-22）

「服務員它們本來就是比較浮動性的薪資，就是他們有服務才有薪資，沒有服務就沒有薪資。」（S3,1210）

「還就是案子接得不順，案子接得不夠多，他們會覺得做了三個月，都領兩萬多，生活很困難，還不如去醫院做，或是轉其他地方，就會離職。」（H1,2815-16）

　　再則，居家服務的對象大多是失能老人，如同張正穎（2009）、Dawson（2007）研究發現當個案生病、轉住機構或往生時，工作時數驟降，立即影響當月工作收入。本研究受訪者也因案主住院治療而暫停服務，或因案主辭世而結案。服務的不穩定導致其薪資不穩，有經濟壓力的服務員便因此離開居服工作。

　　「他們一開始可能就沒留下來的原因是在於浮動性的薪資，因爲會按照他接的案量，然後有時候個案住院啊什麼什麼的就暫停，所以是沒辦法給他們一個比較穩定的薪資上的保證。」（S3,0121-22）

　　「老人家嘛，總會直接走了，我連續兩個月，走了兩個個案都是六次三小時，他就是用到90分上限。我又空了人力……我說過居服員大部分都有經濟壓力，他就說……因爲他要考量他的生活，他就說他要走了。」（W4,1911-13）

　　「有時候是排班問題，你的案主突然間，就是結案了好幾個，阿你中間空下來，甚至等好幾個月才有案子再下來，我甚至三個月賺不到兩萬塊。」（H7,4402-03）

　　有些居服員將居家服務工作當作救急的經濟來源，但因居服工作具有「浮動性薪資」的特質，故當找到較穩定的工作時，便會轉職。

　　「他們可能是家裡的主要經濟來源，那他們可能是在沒有辦法的情形狀況之下，還是說沒有找到比較穩定的工作之前，他們先到我們這邊來，那這樣他們有有全職的工作，或是更穩定的工作的時候，他們通常就會往更穩定的工作那邊去跑，對就是說可能我是領月薪的……然後他們就比較是浮動性的薪資。」（S3,1720-1801）

二、工作內容充滿矛盾

（一）工作範圍不易界定

居家服務的工作內容除了案主的身體照顧外，也牽涉到家務範圍，此時便容易產生「案主的家務範圍」及「案家的家務範圍」間的模糊地帶，難以區分，如同劉宛欣（2010）研究中發現，家屬對於服務項目與內容有時會與案主不一致，導致服務的內容在於滿足家屬而非個案，而致使居服員容易做了過多原不屬於契約範圍內的工作。

「當然我們去跟案主簽約的時候，也很講清楚說我們的工作範圍是哪一些，哪些是可以做的，哪些是不能做的。但這個東西有時候講歸講，實際上又是另一回事……服務員畢竟是跟案主第一線接觸，我們會希望他們跟案主之間的關係不要太過於強硬。」（S4,0317-19）

「最討厭最麻煩最會碰到的就是居家環境打掃的界定，然後因為很多人都會覺得說我們居服員去反正你時間就是那麼多，為什麼不能幫我做多一點。」（W4,0223-0301）

「全家都洗，禮拜天的碗還不洗，留給你禮拜一去洗。」（H1,3905）

「居服員是很弱勢的，因為他們經常在案家，案家會不管我們事前跟案家做了什麼說明，或是我們公文上面怎麼寫，就是案家會凹他的時候，居服員在現場很難直接去做拒絕。」（A2,2809-12）

因為居家服務具有長時間無第三者在場的工作環境的特質，有些居服員則是為了與案主保持良好的友善關係，即使案家提出了契約外的工作要求，居服員也只能「勉為其難地做」，長期提供非契約的服務，而造成過多的工作負荷。

　　「然後服務員很可憐，他為了維持友好的關係，他有時候也勉為其難地做，沒有紛爭的時候就沒有，但是有紛爭的時候，我們才發現這樣的情形不曉得持續多久，說好聽一點是委屈求全，那如果以法規來講，就是你自己一直做非服務範圍，才會造成今天這樣。」（S1,3518-20）

（二）定位不明

　　有些居服員與案主有較深的情感聯繫、對工作有較高度的投入，而未劃分清楚工作與私生活的界限，讓案主進入自己的日常生活之中，隨時待命般的為其提供服務，而導致過高的工作負荷與壓力。

　　「我感覺到一點是，居服員自己被自己擊倒。因為他過度熱忱，所謂過度熱忱就是跟案家之間，我可能留了電話給你，隨時保持聯絡，案家有什麼問題就會說你趕快過來，到最後你自己被逼走，我個人是這麼認為。」（H7,2904-05）

　　「居家服務的定位沒有很明確。」（S1,3319）

（三）案家認知錯誤

　　伴著居服員社會地位低、專業形象低落、工作範圍難以界定等因素而來，顯現在案家對於居家服務的認知上，與多案家認為居家服務是一種志工服務，將其視為理所當然，且欠缺專業認識。故許多居服員面臨的工作困境來自於案主的家人。

　　「大部分都是家屬真的很機車，家屬比較會挑毛病，還會找碴。」（H4,1819）

　　「早期很多也都會覺得這是志工服務，連家屬和個案也都這樣覺得，早期很

多是不用付錢的，就覺得他們是來幫忙的，這樣就會發生很多不同的狀況。」
（S1,3321-22）

更多的狀況則是案家對於居服員有過多的期待，要求他們進行非職責範圍的工作內容，有些是非屬於居家服務範圍的工作，例如清洗抽油煙機；有些是超過案主的居家生活範圍，例如打掃媳婦的房間。

「當初講的時候是說我要幫爺爺洗澡，但是……奶奶就跟我講……『你幫我整理我的廚房』。那也OK啦，但是那個奶奶他有潔癖，他叫我每次都要洗抽油煙機。」（H2,0920-22）

「就是我們還是要維持在一定的服務內容，但是他卻是還有很多的要求跟期待。」（W3,2810-11）

「還不是只有這樣的狀況，他是連他媳婦的房間都要做，有點本末倒置了。」（H2,1011）

「我碰到的困擾就是剛剛有講過，就是他們的需要超過我們工作的範圍，第一次要求我會解釋，今天可以幫你做，可是下次沒有。」（H3,2304-05）

案家若沒有被告知或提醒居家服務的工作範圍時，則容易因本位主義去要求居服員進行過多的非契約範圍內的工作，來滿足自身的居家需求，進而形成對於居服員剝削。

「政府的一種的美意，當成就是說，阿你就是來做這些事的，對，就會把他當作是傭人來使喚……他們的要求就會很那個……好像我們要去做，幫他做那是應該的……對我們就變成就是予取予求知道嗎。」（S4,0412-16）

「他們對居家服務的範圍跟範疇還不是很清楚了解，那他們會以他們的想法，做為主要的依歸，他們會覺得說，我今天就是想做什麼你就是要幫我做什麼這樣……以他們來講的話，就是他們覺得這份工作這個服務是他的權利，但是他沒有想到說，這樣的服務是不是在合理的範圍之內他應該要接受的部分。」（S8,0213-14,16-17）

即使經由照專出面協調、釐清工作範圍，但案家對於無法從居服員提供的服務中得到需求的滿足，變轉而從言語上、眼神上去數落居服員，讓居服員感覺受到輕視，而求助於督導。

「剛有講到的是酸服務員這件事情，有時候不是照專踩住界線就好，因為他或許是採住界限了，他真的沒做了，但是它就變成是一種言語上的、或是眼神上的輕視等等之類的。」（W6,1120-22）

更進一步的，案家若是對於居家服務已有根深蒂固的錯誤認知時，居服員、居服督導與案主、案家都無法溝通時，便會申訴至市政府的承辦單位處理。

「如果他對於服務有一些認知上的誤解的話，或者是他使用服務就是有些特別的要求，有時候是跟家屬這邊，或是跟個案溝通不來，那單位會到我們這邊來通常都是因為他們跟個案已經講很久了。」（A2,2017-20）

（四）案主與家屬的矛盾

除了案家本身對居服的錯誤認知外，案主申請服務的需求與案家期待服務提供的需求亦有落差，居服員究竟要先滿足契約的服務內容、案主非契約內容的想望、或是案家的要求，常使的居服員無所適從。

「我碰的困境是案家跟案主角色矛盾，我要照顧案主，可是案家把我變成說是他們的專屬……就是變成家屬的部分比較多啦。」（H6,2018-19）

「雖然他是去服務個案，可是家屬都在一旁干涉。有時候他去服務，那家裡面剛好有客人來，他就說會你去倒水、你去幹麻。」（S4,3217-18）

「有時候個案很好，可是他旁邊的人很難搞。像我們就有一個是案主非常喜歡我們的服務員，可是他的女兒對服務員就是挑剔得半死，事實上這個女兒在家裡是非常強勢的……這個媽媽在家裡通通不敢講話，什麼事都是女兒出面作主。」（S4,3205-07）

尤有甚者，是雙方在工作指令上出現歧異，輕則是案主與案家人關係緊張，使居服員陷於兩難，重則是鬧上警局、法庭，但居服員認為這是案主與案家人之間的家務事，將他們捲入這樣的矛盾之中，難以應付。

「我習慣會有一個行程表……困境的話是有時候是家屬，大部分是女兒會比較挑剔……禮拜一到禮拜五都排得很好，但他們的女兒來的時候，偏偏今天要去散步，媽媽自己都弄得好好的，梳妝打扮好……女兒就說為什麼要出去散步……他媽媽就不講話，就開始生氣了，所以大部分都是女兒有意見……他女兒就說幫我媽媽衣服縫一縫啊，換鬆緊帶啊，就是額外的工作。」（H4,1917-23）

「案主跟家屬間的矛盾，姊妹兩個人，姊姊說你下樓的時候幫我把垃圾帶下樓，結果妹妹回來說你怎麼把那丟了，那裡面是錢耶。結果妹妹就告到派出所做筆錄，這不就兩姊妹之間的矛盾，跟我們有什麼關係。」（H5,2202-04）

三、社會地位低，缺乏專業形象

已有不少研究發現，案主會以類似對待「幫傭」的態度來對待居服員（楊培珊，2000；吳玉琴，2008；蘭婉茹，2010），但對於居服員而言，得以繼續提供服務最大的動力在於受到尊重的感受（詹秀玲，2005）。本研究中的服務員，也提到了在提供服務的過程中，被當作「下女」、「傭人」的不被尊重感受，甚至連名字都沒有，僅被稱做「打掃的」、「煮飯的」，而失去的人格。具體的行爲表現則是使用命令式的口氣、貪小便宜、理所當然、利用等心態，讓居服員感覺自尊受損。

「當著我們服務員的面説，你們家那個打掃的來了，不尊重……有時候案家的口氣都是命令式的口氣，就是像以前家裡的下女那樣……變成説他對我們居服員的要求，在他們認爲是理所當然。」（S4,3218-19,3302-03）

「很多的老人或很多的殘障人士，總是在心態上有很奇怪的心態説，有的是排斥你，有的是貪小便宜，好像就把你當作下人，所以我們常被人家説『我們那打掃的來了』、『我們那煮飯的來了』，就常常會有這些字眼。」（H1,0220-22）

「我説我平常來的時候都有做，那如果禮拜六、禮拜天我們沒有來呢？你有沒有叫你兒女做？『唉唷，我女兒他不會做這個啦。』那你把我們當成什麼？他就不説話。就是這樣啊，就是要利用你。」（H3,3913-15）

「其實民眾的觀念還是會認爲你是看護，然後你是傭人，然後會把就是他們工作的那個名稱，跟他的人就是對應，就是他是來打掃的，然後他是來煮飯的，就是一個不尊重的感覺。」（S5,1008-09）

另外一種情形則是，案家認為居服員是政府提供的福利，自己繳了稅應該得到的回饋，而看輕居服員的地位。

「完全是低收入的話，有一句話，他會講說，<u>你是政府派來給我用的</u>。」（H3,1316）

「民眾對居家照顧服務員的主觀的印象……停留在他是<u>幫傭</u>……就是對他們的態度跟……可能，不客氣，而且頤指氣使，覺得<u>你來我們家是政府花錢，我有繳稅，我應該的</u>。」（A1,25155-157）

「照顧服務員因為他現在變成是政府的補助案件，委辦案件，所以變成他，會變成好像是……民眾把它想成是政府部門最末端的東西，<u>你是政府部門派來的人，你應該照我的方法去做我的事情</u>。」（A1,2621-2701）

可能是受到案家態度的影響、整個社會的價值觀，或是受訓過程中的教育不足，居服員也會懷疑自己的專業價值，進而影響居服督導在居服員與案家的協調中取得平衡點。

「<u>居服員對於自己的專業價值也有一些質疑</u>，那這些可能會影響到居服督導員對於他們在跟他們……像我們很多服務的細節要去跟服務員、跟案家取得共識，那個過程就很難去找到一個很有力的說服點。」（A2,1610-12）

造成居服員專業形象低落的原因，尚包括政府部門及新聞媒體的宣傳效用，僅著重在宣揚居服員的刻苦耐勞，加強其勞工身份，而忽略了居服員的專業形象。

「還有的時候，我會覺得<u>政府部門</u>，或者是<u>新聞媒體</u>，他們在處理這種個

案服務，或者是照顧服務員的時候，刻苦耐勞是，你知道，主要的標題。所以大家對於，就像早期對社工員的印象就是有愛心、不收錢，但是專業形象就不見了。」（A1,2817-20）

四、職業傷害

（一）心理傷害－性騷擾

居家服務的照顧項目中，有許多需進行頻繁的身體接觸，不少居服員都曾有被性騷擾的經驗（楊培珊，2000），包含肢體上、言語上。可能是有意無意的觸碰，或是故意且直接的觸摸及擁抱，甚至是言語上的性暗示，都讓居服員感到不舒服且難以繼續服務。

「老人家的話我覺得就是會有性騷擾的問題。他們會有時候就碰一下，或是買東西的時候摳摳你的手心也有。就是有一些肢體語言，讓居服員覺得很不舒服。有時候是言語方面的。」（S6,3311-12）

「那個嘴巴喜歡吃人家豆腐，那我們的那個工作人員去幫他洗澡……他手就伸過來你胸部就遭殃了嘛……然後他就洗了一半就跟我說……你幫我搓一下。」（H4,0303,05,09-10）

「有一次我去到他們家的時候……是爺爺來幫我開門的，他一開門就要抱我，我就順勢蹲下來，他也沒有得逞……我馬上退出來，然後就馬上打給我們的督導，那督導就來，之後我就再也不接這個工作了，就叫別的男的去接。」（H2,1002-03,04-05）

　　甚至是整個工作環境中的不友善，例如案主與友人在家中聚會時衣衫不整而使居服員感到尷尬、困窘，或是即使沒有具體的言語、肢體騷擾，也在互動的模式中讓居服員感覺不舒服。

　　「我曾經碰到一個狀況是，連我們的照管專員去訪視的時候，都覺得這個伯伯的眼神……互動的感覺不舒服。」（A1,25166-167,169）

　　「曾經有個案反應說，個案他是，好像是一個身障的男性，然後他常常會有一群身障的朋友聚在他家，然後全部都是衣衫不整，男男女女都有，他可能就穿一件，男生可能就只有一條內褲或什麼的，就在家裡。」（A1,2715-18）

（二）生理傷害－拉扭挫傷

　　排除外在的社會價值觀、案家庭的關係等因素，居服工作本身便具有勞心、勞力的勞動特質，需要移位、攙扶、揹負、舉抱等工作內容，容易導致腰、手、肩膀、膝蓋等部分的拉傷、扭傷、挫傷等職業病，若視情況惡化，非但可能離開工作崗位，甚至可能居家服務的提供者變接受者。

　　「因爲其實服務員他們在做這個工作的話，都有一些職業病，比如說移位，腰部的拉傷，或者是手，有些腕隧道症，然後還有一些肩膀的問題，還有膝蓋，這些都是他們的……我也擔心當他們老了之後，會不會又成爲我們的案主。」（W6,4106-08）

　　「有的是因爲職業傷害。」（H2,3214）

　　「很多是家庭因素或身體因素。所謂的身體因素，他受傷了，他眞的沒有辦法從事這樣的工作。」（A1,32176-177）

五、督導功能不足

　　居服員大多數皆是40、50歲以上之中年婦女或男士所擔任，相較於居服督導多是剛大學畢業20出頭歲的年輕人，常認為大學畢業生歷練不足、對居服工作認識不足、待人接物的態度也不恰當、流動性又大，與其求助督導解決問題，不如自己扛下來，與蘭婉茹（2010）的研究發現，部分照服員認為無法從年紀太輕、工作經驗不足的督導員一方獲得問題的解決有相同的結果。

　　H4：我們單位大部分都是社工進來當督導，都是剛剛從學校畢業出來，22、23歲的。
　　H7：有時候我們還要點他一下耶。（2506-07）

　　「反而是剛講到督導的經驗不足，流動性又很大，其實是一個困擾……當然督導在開案的時候，會說就醫我們陪著去，那我們的車費他要付，可是在很多細節上，因為經驗不足，很多服務員就是鼻子摸著，自己吸收下來。」（H1,2713-14,21-22）

　　「我心裡就覺得奇怪，我們社工員不懂嗎？社工員就講說他是中低耶，婦人之仁嘛……我就覺得這個社工員奇怪，難道他沒有經驗嗎？」（H5,2923-3001,04）

　　「我們經驗豐富，比那些新進的督導還要了解的更多。然後他們進來後還不太清楚，就會跟你講說這個要怎樣怎樣怎樣，我聽了半天想說你要講什麼？」（H4,2404-06）

六、性別議題

　　居服員是一個以女性為主的行業，但本研究發現專屬於男性居服員的工作困境。前述提及居服員的工作困境包含性騷擾事件，而女性居服員若遭遇嚴重性騷擾而無法調解的個案時，機構便會轉案給男性居服員。故，相較於女性居服員，男性居服員特別會接收到因性騷擾因素而轉案的案主，這些案主便將無法由女性繼續提供照顧的怨氣加諸在男性居服員身上。

　　「我們男性居服員常常會接到舊案的轉移，所謂的舊案就是女生做不下去的。我剛剛說到含著眼淚帶著微笑通常也是屬於那一類型的，因為他們把所有的悶氣加諸在我們男生的身上，我又不能反彈，只能向督導訴訴苦。」（H7,1811-12）

第五節　居家服務督導員工作困境的實證結果

不同於直接面對案家的居服員，身爲第二線的居服督導所面臨的工作狀況則是包含了案量高、居服員與案家無法媒合、人籍不合一個案、網絡間職責不清、行政雜事等困境，也因工作者特質不同之故，大學剛畢業的督導員對於較年長的居服員進行督導工作時，經常被認爲工作能力不佳，而遭居服員質疑；另外也包含上層督導功能不足、教育訓練不敷使用等困境。

一、遭居服員質疑

承上所述，大部分的居服督導與居服員有一段年齡差距，後者常因自身的工作經歷和人生歷練，而挑戰剛大學畢業督導員的工作能力，讓督導員備感壓力，對工作產生無力感。

「在一年多的時候，我也是一度超想離職，因爲那時候的居服員會面質你、會挑戰你，他可能不一定站在你這邊，那那個，個案，他可能也會面質你挑戰你，你就瞬間覺得，怎麼好像孤立無援。」（W7,1106-08）

「像我剛畢業的時候，當然服務員都會以他們的較資深的年紀來對著我說阿，你……就是爛草莓阿、或者是社會新鮮人阿，或者是我吃的鹽都比你吃的米還多之類的這些話。」（W3,3016-18）

不僅是督導員本身感受到被居服員輕視，居服員自身也認爲督導員講話不清楚、經驗不足，甚至難以溝通。

「我們經驗豐富，比那些新進的督導還要了解的更多。然後他們進來後還不太清楚，就會跟你講說這個要怎樣怎樣怎樣，我聽了半天想說你要講什麼？」（H4,2404-06）

二、案量高，人力分配不均

居家服務的需求量高、服務提供量大，但機構的居服員人數有限，在進行人力媒合時無法提供足夠的居服員以滿足現在的需求，難以符合政府「只要有需求，就要有服務」的規定。

「但是我們面對政府、面對看到這些新北市民，他們真的很需要服務，那我們也希望說那有沒有其他的單位可以一起share那個量，因為真的太龐大了，然後我們其實這幾年來後面的社工進來壓力很大。」（W6,1606-07）

另一種情況則是督導員所督導的居服員人數過高。因機構在考量成本時，不會招收足夠的督導員人數以符合1比60（一位督導員督導60位居服員）的規定，使得督導員的工作負荷過重。

「我們機構其實沒有1比60，因為我們主管會去考量說你61，他不會為了那一個人去多聘一個人嘛，他們會考量成本的問題阿，那有時候分配量不平均，我們曾經有督導員衝到90案，那像我自己現在就76。」（W1,2311-13）

三、上層督導功能不足

居服督導員在工作上遇到困難時，缺乏上層的督導與支持功能，可能是因為

上層主管的業務繁忙，或是能力不足、職責劃分不重視督導工作，以致於居服督導必須自行承擔工作上所遇困境。

「就是最直接就是譬如說我們的組長到副組長到我們，就會覺得好像沒有真的那麼強，因為大家真的都很忙……組長副組長又常常不在，那就會覺得有點困難，對，那真的，假設真的出現什麼事情的話，其實要去溝通要去面對的也是你阿，所以有時候會有一點點困難。」（W7,1111-14）

「我們欠缺的是有關深度的那個可能團督的部分，可能我們多的部分督導的部分是在工作彙報的部分。」（W1,5921-22）

四、居服員與案家無法媒合

居服工作具有彈性排班的特質，且提供的服務並非全日照顧，故需進行對案主所需服務時間及服務員可提供服務的時間進行適切的搭配。但有些案主對於服務員的性別、個性、工作習慣較為挑剔，導致居服督導難以找到合適的人選前往案家提供服務。

「我把我的口袋名單的居服員，三個我已經讓他用兩個，他還可以給我嫌成這樣，那我就相信應該不會是完全是我們的問題。」（W4,0704-05）

然而，有些情況則是居服員很多空班，但與案主的時間合不攏，例如老人家午睡時段對於居服的需求較少，導致許多服務員一天中有1到2小時的空班。

「服務員為什麼會擔心他的生活，就是包含了就是他可能個案要的時間，服務員有空一個冷門的時段，比如說一點到三點，有些老人家在睡覺，一點到三

點我就是沒有這個個案給他，那他中間空檔他又覺得說我這個工作不穩定我做不下去這樣子……我不是沒人，只是我人的時間跟你要搭配的時間搭不起來。」（W1,2402-05）

或者是，有些居服員有自己的限制，例如體力不足、年紀較大、訓練不夠，或是其他因素，以致於能夠接受的個案類型較少，致使督導難以安排服務個案。

「然後問題是，有些居服員她雖然空在那邊，又不好用，有些居服員她真的是有自己的限制在。」（W4,1916-17）

「就是居服員其實本身有一些能力跟體力、年紀的受限，還有他們的素質，所以可能他是有很多空班的，可是卻不適合在這個案家來提供服務。」（W3,2807-08）

居家服務的承辦員也有發現，居家服務會因為個案與服務員的變動性皆大，可能是個案突然結案，或是居服員轉職但個案不希望換居服員等，皆可能導致服務輸送的不流暢。

「居家服務他會困難是在於說個案跟服務員的變動性都很大，就是服務員他可能隨時會……因為他有個人的一些那個個人的生涯規劃或是怎麼樣，所以他覺得需要離開，然後個案也是一樣，尤其是我們服務的是失能老人，他的身體狀況變化很快，所以這種狀況之下，其實居家服務會輸送的不流暢，有時候都是因為個案會覺得說，因為照顧服務是一項很私人的服務，他會希望說我不要換服務員，那這個在服務整個流程裡面就常常會卡在那邊。」（A2,4817-12）

五、人籍不合一個案

內政部召開了開放戶籍與居住地在不同縣市的家庭使用居家服務的會議，尚未健全體制，便已有服務提供的需求，並且進入居服機構中等待媒合，

「99年十月一號內政部召開了一個會議，針對戶籍跟居住地不在同一個地方的個案，它開放使用居家服務。所以從去年跟今年，去年大家還在磨合，沒有正式的上路，今年就開始，案量就跑出來了。」（A1,0306-09）

縣市承辦人員對居家服務的業務普遍經驗不足，對於業務的推展是邊做邊修正（吳玉琴，2008），也因政策尚未完善，許多縣市間不知如何核定人籍不合一個案的補助，導致居服督導員在進行補助申請時，面臨許多行政網絡間規定的差異，耗費許多時間處理行政流程，甚至可能要自行貼補差額。

「我今年接了一個人籍不合一的個案，他給我一個很大的困擾就是補助的部分，（各縣市）不一致……我是案主是住我們這一區嘛，但是他是連江縣，連江縣那邊統一補助，可是……聽說是除了臺北市之外，其他都是用180來做計算，可是臺北市是230，中間差了這50塊。」（W4,3222-3302）

六、網絡間職責不清

居家服務機構屬於「服務提供者」，而長期照顧管理中心則是屬於「個管單位」，但是當遇到案家出現問題時，個管單位可能將問題丟回給居服單位處理，而非直接提供服務或是轉介，使居服單位感到自己被定位成一個個案管理單位，而實際的個案管理單位卻不清楚自己的定位。

「我自己的分法就是，反正有問題就是找照專，因爲照專照定義他是個管單位，阿如果他是列冊獨居，我就找老人中心，然後像我們文山區有平宅，我就一定找平宅，阿可是有時候你會發現他們個管單位不一定把自己定位成個管單位。」（W4,2416-18）

七、行政雜事

居服督導的職責應該是在接案、派案、給予居服員情緒支持、處理案家問題等，但卻經常爲了其他的行政庶務分身乏術，承擔更多的工作負荷，也壓縮了眞正能夠處理居服員與案家問題的時間，藺婉茹（2010）的訪談中也發現居服督導員有一人當數人用之困境。

「就是行政上面阿，就是每個月都有很多既定的行程阿，像是月初五號之前，我們要做會計的工作，所以我們的薪資報表都是我們自己key阿，或是分工校對，然後還有就是月效益……月報表。」（W4,2812-14）

社會工作者製作個案記錄，本是個案服務的一部分，但居服督導爲了因應政府的行政系統，必須製作三份個案紀錄繳交給不同的單位，儼然成爲一項行政庶務，甚至占用了督導員工作時間的一半。

「我有次去桃園去上課，我問他們工作比例的事，他們幾乎督導員都要花50%在行政工作，然後他回答的東西叫做個案紀錄，在我的認知個案紀錄是服務的後續嘛，那爲什麼會變成行政工作，因爲他們要做三套，第一個內政部的，第二個他們是政府，第三個他們機構內部因爲他因應這些系統他要花很多時間，所以這個東西，行政工作也都會影響我們工作。」（W9,5522-5603）

八、教育訓練不敷使用

　　機構會定期辦理督導員的教育訓練，以提升其處理居服員與個案狀況的能力，但因為居家服務是一項「人」的工作，是非常彈性而多變化的，故教育訓練中講授的因應方式，不一定能夠直接與實務狀況相符。

　　「我一直覺得上歸上，可是實際上碰到情況不像課程講的那麼……那麼的好，就是我可以這樣我就用這個東西去，就是一個蘿蔔一個坑，就是不太可能。」（W4,0603-04）

　　在職訓練也設計出許多不同的主題來因應不同的實務狀況，但限於師資品質、講師的實務經驗、機構的辦訓能力等，督導員認為有些課程確實對於督導工作有幫助，但有些單元則較無效。

　　「自己機構裡面辦的都是請外聘督導還有定期的個案研討……部分的主題有幫助，一定會有一些沒有幫助的。」（W1,0511,0513,0515）

第六節　居家服務機構困境的實證結果

　　居服機構則面臨制度面及大環境而來的困境，例如因受訓學員未進入居服場域服務，而導致人力招募之不足；以及人力與案量上的失衡，所產生的供需失調困境；在任用人員上，面臨人員流動高，以及人力品質的優劣，所影響的機構任用人力之成本效益問題；另外，在處理案家與居服員間之爭議時，尚需應對議員、民意代表等政治力之介入。

一、政治力介入

　　現在的民眾都相當重視自身權益是否得到保障，但在居服機構的眼中，卻成為一種「麻煩」。民眾除了透過政府設立的申訴管道爭取權益外，也會動員自己或親友的人脈，商請議員、立委等政治人物，或是訴諸媒體，以權力壓制居服單位，卻省略了先與居服員、督導、機構協商的過程，也可能因此使得更需要服務的人被排除，或是順位後移。進一步的，造成居家服務督導員在服務提供、媒合上產生壓力與困難（劉宛欣，2010）。

　　「其實我們就為了交通費的事情，剛好好死不死，我們有服務一個個案他的兒子是某個議員的助理，然後可能那個居服員跟他complain一下之後，那個案子滿挺這個居服員的，就這樣子打回來，就是靠著這個議員回來質詢我們這個部分。」（W4,3618-20）

　　「他們動不動就會說，那沒關係阿，我找媒體，我找議員阿，我找立法委員阿。他會用盡各種可以折磨你的方法，來處理這一件非常微小的事情。」（A1,2611-12）

「有一些是地方的人事，就是仕紳啦，他們會透過這樣的有權有勢，那就透過申訴管道，去取得他們想要既得的一個利益，對，那我覺得這個是透過政治的那個管道是很糟糕的一件事情，那擁有權力的人他就可以享有這樣的一個福利嘛。」（S6,0707-09）

二、人員流動高

人員流動包含了居服員與居服督導員的流動，此部分可從前述居服員與督導員的工作困境中窺知一二。人事不穩定，將增加機構訓練新人的成本、等待招募的時間、案主枯等服務提供等狀況。

「所謂的困難是，有時候會有點煩躁的部分是人事的不穩，就是幾乎每個月都有服務員的進或出。」（S3,0113）

「照顧服務員流動其實也很高，督導員流動其實也很高。」（A1,0409-10）

其中督導員的流動率，來自於年輕人旺盛的學習力、或是在居服單位得不到人生目標的滿足，在做了幾年後，便想轉換跑道、見見世面。

「我發現我們新北市這邊，都是找很年輕的人，就是剛畢業的人，這是他們人生第一個工作，所以他們做兩三年就會很想去看看別的工作長什麼樣子……我覺得他們走的原因多半跟這個有關。」（S7,4110-11）

三、受訓學員未進入居服場域服務

居服機構面臨的工作困境，有一部分是來參加受訓的學員並未留下來從事居家服務工作，許多人只是為了照顧家人而來學習照顧技巧、取得一技之長，更甚者僅是為了取得那張證照，實際受訓後留下來的人僅5%。這樣的低比率，將造成機構辦理訓練的成本不符合效益、無法招募到足夠的居服員，也難以估算受訓學員中潛在居服員人數。

「整個年度下來走居服的大概只有百分之五耶……因為這些學員，他們其實大部分只是……拿個證照而已，他們並沒有真正想要就業……我們當然也會想要從真正想要從是這份工作的人去篩選，但實際上不容易啦，在篩選的過程中，他也會跟你講我有啊，我有意願要從事這份工作。但是實習之後，應該還沒到實習...應該說他們本身就沒有要從事這份工作的規畫。」（S8,0812,0815-16,0915-17）

「其實有很多是養護中心的，他就各式的人都來上，會計也來上、廚師也來上、司機也來上，因為他們需要這個東西，他就是一家要幾張那個證照。所以其實有很多不是真正要進入這個行業的。」（S4,0908-10）

「確實是有訓練，但是訓練的人進不來，我們也、可能覺得在這上面也有問題。」（W6,0811-12）

同藺婉茹（2010）的研究發現，受訓後大部分居服員選擇到福利制度較健全的醫院服務。原因在於機構中的照顧員以月薪計，薪資較高也較穩定；另外，不同於居家服務在家中提供服務的特性，機構中的工作規範較明確，且有第三人在場。

「如果說在訓練那一塊流失比較多，我覺得真的是流到機構跟醫院啦。」
（S1,1912）

四、供需失調

　　居家工作場域中，存在著案主變動性與照顧員流動性皆大的特質，有時是案量多，但居服員不足人；有時是一次結案了許多家，居服員空班太多；或者是面試的人突然增多、現存的居服員突然離職，都將造成居服員與案主難以媒合的情況，亦即案主的需求數與服務（員）提供數量失調。另一種情形則是案主與服務員數量皆不變，但照顧專員核定的居服時數減少，也會造成居服員空班的情況。

　　「像我們文山區一直案量還滿多的，而且都很穩定，那……那陣子突然爆出個案量多，我沒有人，可是後來最近這陣子人我也在煩惱一件事情，就是我有人，但是我沒有個案，我最近都在擔心我家居服員吃不飽這件事……有時候可能一口氣來兩個，那時候還滿高興的，可是發現我的案量怎麼突然變少，案量變少還是其次，重點是照專的時間也變少了，以前可以核三次兩小時，這是最少的，現在是三次兩小時是最多的，而且我進去我不一定開成案。」（W4,1901-03,1907-09）

　　「也會遇到一種狀況是說，我們很缺人，但那個一班一班他是一個波動，它可能這一班結訓突然說有四、五個人說要來面試這個工作，可是我們手上沒有這麼多案子。」（W5,2209-10）

　　居服市場中供需失調的情形，除了自然發生的情況外，也包含了政府的政策取向。政府希望增加居家服務的正當性，便要求居服機構必須提供到一定的

量，以突顯居家服務存在的重要性及必要性。但一味的放寬申請資格與時數核定，將導致居服人員來不及招募，卻已有需求存在的情形。

「政府部門一直在壓迫服務提供單位說，你要趕快提供服務，你要把能量產出來……重點是沒有人……你有個案，照理來說就一定要有照顧服務員，對，可是有了照顧服務員你沒有個案的話，照顧服務員又沒有辦法生存……他們在推廣這個方案的時候……他們是高推估這個服務量。」（A1,1007-08,13,17-19,21-22）

對於居服單位而言，若為應付未來可能出現的服務量，先行招募足額的服務員，但卻沒有個案讓他們進行服務，將造成服務員空班、沒有收入，或是機構成本增加的問題。

「服務單位當然他們在營運成本上面，他們也會有一種考量是，如果我先聘了很多照顧服務員，可是政府沒有給我服務費、沒有個案，沒有這些相關的補助，那我靠什麼養他們？可是如果個案一進來，我沒有服務員給它們，政府又要來壓迫我說，你怎麼沒有在時限內提供服務？」（A1,1313-16）

五、招募居服員的成本效益考量

對於機構而言，必須配合現行勞基法的規定給與居服員休假金、各式福利，卻必須給足時薪180元的規定，成本相當地高。

「又要走勞基法、又要給他們180，其實這對單位成本是蠻高的。」（S8,0418）

　　故在此前提之下，機構面試服務員時，必須考量服務的成本效益是否足夠，例如排班的配合度、居家服務能力等。

　　「真的必須考量一些成本跟經濟效益，因為我管二、三十個服務員，跟管十個是不同的，可是你們能提供的時數跟案量是相同的……然後講難聽一點，就是你的經濟效益是好的。」（S1,1411-12）

第七節　居服政策困境的實證結果

在居家服務的政策困境中，面臨到宣導不足、與長期照顧管理中心的網絡合作、居家服務納入勞基法、配套措施的限制、長照服務體系不夠完整、政策面與實務面的落差、民眾申請福利的權益等七個議題，分述如下。

一、宣導不足

從居家服務提供單位的角度來看，社會大眾對居家服務的了解與認識有限，根本不知道這項服務的存在，或者是不清楚這項服務如何使用，就降低了民眾申請服務的可能性。

「還是會發現有很多的家屬還是不清楚有這項福利，或者是說不曉得這個部分怎麼使用」（S5,0901）

其次，宣導的不足、不明確也造成許多民眾對於居家服務的誤解，以為居家服務可以滿足所有家庭的需求，除了影響居家照顧服務員與服務使用者合作的情形，同時也降低了居家服務的專業性。

「我覺得最重要的一點還是政府宣導不夠，他其實對居家照顧服務員這一塊，沒有很明確的說他們是一個專業的存在。我們今天來，是協助你們從事某些你們沒辦法做的事情，可是都沒有這樣宣導，而是一直跟民眾說你有需求你就可以去申請」（S8,3405-07）

二、與長期照顧管理中心的網絡合作失調

　　居家服務是長期照顧中的一項服務，是經由長期照顧管理中心進行評估後，派案給居家服務單位，因此，與長期照顧管理中心的運作密切相關；在此過程中，居家服務單位卻時常感覺到與長期照顧管理中心網絡合作不夠流暢，有時甚至覺得是居家服務單位在孤軍奮戰，「現在的長照中心都是你們居服單位可以做到什麼程度、可以提供什麼服務，你們就去服務。但我們會覺得說今天應該是大家站在同一陣線去對服務做界定，或澄清服務範圍，但是長照中心通常都是推給服務單位去面對」（S2,3605-06）。此部分整理出兩個主要的困境議題，分別是評估機制不完善，以及長期照顧管理專員流動大，論述如下。

（一）評估機制不完善

　　在目前的評估中，依照失能程度核定不同的居家服務時數，可是同一個失能程度中，案主本身的功能還是存在差異，可能實際上並不需要那麼多的時數，可是在評估的過程中，並未仔細的考量每一個案主的個別差異，就居家服務機構而言，反而是一種資源的浪費。此外，長照中心的照專對於居家服務內容的了解不夠充足，工作範圍的界定不夠清楚明確，亦增加居家服務機構在提供服務時的困擾。

　　「因為現在的狀況是這樣，雖然他是重度失能，可是他事實上可以走動、可以自理，但他一核就是90個小時，根本不會考慮說他需不需要」（S8,3502-03）

　　「其實我們的服務過程中發現，有多事情是在浪費資源。因為有的使用者本身他可能名下有兩個房產，那他可能跟照專說一個禮拜有兩天需要打掃，他獨居，照專也核給他啊。因為界線跟定位照專自己都沒有釐清的話，轉到我們服務單位來真的很難做」（S8,3704-06）

「有的時候單位跟照專都會有很不同的看法，就照專核定了以後，單位去服務可能會覺得說他有某項服務也許根本不需要」（A2,2106-08）

對於評估機制的問題，其一是給予過多的時數，另外就是案主的時數已達上限，但是家屬仍感到不足夠，究其原因，發現案主其實已經不適合留在家庭與社區中，需要長時間的照顧協助，轉入機構式照顧較為合適。然而，現階段的評估機制仍然把許多案主留在居家服務內。

「如果他需要三次，然後需要七天，那你應該是比較需要機構的服務，而不是留在社區。我覺得這種東西應該是要評估，而區分出來的」（S1,3420-21）

「因為居家服務最高時數上限是90……所以還是有很多家屬覺得說，這個服務其實還是不夠這樣子……其實在居家的服務裡面，其實有些個案他應該……其實他應該是需要轉日照……或是轉機構的服務可能會比較適合……因為他們的經濟狀況，然後或者是可能家人的一些等等其他複雜的因素，所以就沒有辦法受到比較好的照顧，所以那個，所以還是會把這樣的問題留在居家裡面」（S5,0907-14）

（二）長期照顧管理專員流動大

合作的困境很重要的一部分，來自於長期照顧管理專員人力流動大，居家服務單位面臨責任區的照顧管理專員時常變動，可能才剛熟悉彼此的合作模式，又必須重新適應一次，同時也造成業務的不連貫。進一步而言，當長期照顧管理中心的專員流動很大時，專員的經驗不足、業務熟悉度不夠，對於相關的法令規章與服務內容了解不清楚，使得居家服務單位需要花更多時間精力與照顧管理中心溝通協調。

　　「我其實也很擔心說，好像我們的淡水跟三重的長照，他們的人力不足，他們的照管專員常常換，甚至我們現在還不知道現在的三重的督導是誰，對，所以他們很可怕的地方是他們根本留不住照管專員」（W6,4116-18）

　　「照專的流動率很大，就是要反覆的去強調那個部分（居服工作範圍）」（A2,0719）

　　照管專員他們可能就是對於，譬如說內政部頒布的一些法令規章，他們是比較不清楚的，就是說那個熟悉度啦，可能力人力、人員的變動或什麼，那個經驗的一個承傳可能不夠。（S6,06135-0701）

三、居家照顧服務員納入勞基法

　　現行居家照顧服務員納入勞基法的規定中，對於機構整體經費的運作造成一定的影響，儘管有政府補助的行政管理費，但要完全符合勞基法的規定，給予居家照顧服務員相關福利措施，相對應的勞動條件，機構往往需要額外支付許多費用，對機構來說負擔很大。

　　「在整個居服政策的話，譬如說像現在對我們影響跟衝擊比較大的大概就是，現在服務員都一定要納保嘛，要跟著勞基法……雖然說我們有有行政管理費，不過其實那個部分就是，要支付平常一些他們的勞健保，或者其他的一些開銷福利什麼，其實有時候真的是不夠的……從整個勞基法來看，又是保護他們，那我們就只能，嗯怎麼講，吃悶虧吧，還是我們就只能自行吸收，自己看著辦」（S3,1208-09,13-15,19-20）

　　「最簡單的說嘛，如果他的工作時間是超過八小時，第九小時按照勞基法就

給他1.33，滿一年的這個所謂的特休假要給他多少，假日加班要多少，對，這個完全就是勞動條件，問題是現在沒有一個機構可以這樣」（W8,2005-06）

由於居服員的薪水必須達到一定標準以上才能投保勞健保，居家服務機構在排班時，會盡量將居服員的時數排滿，如此才能維持機構的人力成本，以及符合勞基法的規定。這樣的排班面臨了幾個問題，首先是新進居服員開始接班時，需要經過一段適用期，通常在這階段機構不會排太多班給居服員，如此一來就無法符合勞基法；其次，有些居服員喜歡彈性自由的排班，可是適用勞基法之後，機構開始規定居服員每月必須達到一定時數，使得其排班的彈性降低，降低某些居服員的工作意願。

「現在居服員又是用勞健保，那個成本是……開銷很大……就會有很多成本的考量……變成他（居服員）一到五班都是滿的，才符合人力成本……他們在做的時候也會心疼他們，然後也不想讓他們做那麼累，可以我們卻一定要把他們的班排滿」（W2,1717-21）

「其實我們單位很爲難的地方就是當他的服務員適用勞基法以後，以前他的服務員進來以後……單位也會評估說這個人他適不適任……那我們就排少一點的班給他，可是現在他很難這樣做，因爲我既然要幫他投保勞健保，那他的每個月服務時薪要達到一定標準以上，我們才能幫他投保勞健保」（A2,1016-17,19,21-22）

目前許多居家照顧服務員皆是二度就業的中高齡勞動人口，過去已加保於其他的職業工會，進入居家服務場域後，必須在機構中納保，可能影響居服員過去已有的福利而不願意放棄過去的投保身分，但又不能進入居家服務工作，機構也因此流失了一些有意願的工作者。

　　「那個人力的部分，就是說我們現在這一群照服員，可能還是偏中高齡嘛，那其實社會上有個現象，假設他們沒有就業，他們會去保職業工會，然後當他要來應徵這個工作的時候，我們會要求一定要在我們這裡納保，那其實有些的人力就會這樣流失了」（W9,3507-09）

四、配套措施的限制

　　每個縣市對於居家服務的規畫不盡相同，在新北市的部分，當初招標時，即規定區域綁標，也就是一個熱門區域要搭配一個偏遠區；而新北市幅員遼闊、城鄉差距大，對於居家服務提供單位是很大的挑戰與壓力，往往機構都設立於熱門區，在服務提供上問題較小，但是偏遠區常常招不到居服員，儘管地區有需求，卻未必能馬上供給相應的人力。機構派案的能力攸關其居家服務的品質，社會局的品質監測機制是七天內提供服務，可是偏遠鄉鎮的當地招不到人，都市區域的居服員又不願意到如此偏遠的地區服務，都使得居家服務機構很難達成政府的品質要求。

　　「因為社會局的配套是說，你要接一個熱門區和一個偏遠區嘛，我們接中和，中和案量五百多，那林口一百多，可是林口根本就徵不到人，我們林口的督導員徵不到人，社會局有派案的品質監測機制，七天內一定要提供服務，那你就是沒人，你七天一定就被釘死了」（W9,2316-18）

　　「新北市的城鄉差距非常大。我們有很偏遠的平溪、雙溪、貢寮這種區域，跟也有很都市化的中和、永和、板橋這種區域，那對於服務提供單位來說，他們的壓力就會更大。因為我們當初在招標案的時候，我們是以區域綁標的部分要求他們一定要提供服務」（A1,1107-10）

五、長照服務體系不夠完整

我國現行的長期照顧服務體系的規畫，主要是以失能的老人為對象，整個服務的設計都圍繞在失能老人，但是在實際提供服務的過程發現，需要長期照顧或居家服務協助的不只失能老人，還包括失智老人、不同年齡的身心障礙者，因為服務的內容、居家照顧服務員所受的訓練，都是關於失能老人較多，居服員因此對於其他的服務對象不了解，能提供的協助相對就少了許多，不僅降低居服員接案的意願，若居服員接案後，也可能增加居服員工作時的風險。

「現在所有的服務體系都是針對失能的老人去做發想，可是整個居家服務的發展，我們已經不是只有照顧失能的老人了。失智的老人、有身心障礙的老人，然後各種障別的老人」（A1,3019-21）

「因為九十小時的訓練裡面大部分是針對老人的，所以他們在服務身障或是小孩的時候，就特別的困難，那像服務那個萎縮症的小孩，就很難，因為他全身就像軟趴趴的布娃娃一樣，服務員包括怎麼抱、他抽痰的方法跟一般人不一樣」（W7, 4818-21）

六、政策面與實務面的落差

政府的政策規範是一個大的目標，在整體目標之下產生許多執行目標的方式，每個地方落實政策的方式各有不同，因為有各自解讀的方式，隨之可能產生許多執行面的問題。

「上面的政策落實到地方的時候，每個有各自的解讀」（S6,06135）

　　政府好像也陸陸續續一直在辦那個訓練，可是真的到那個就業部分，還是差異性滿大的。（S5,0903-04）

七、民衆申請福利的權益

　　當民衆符合申請居家服務的資格時，政府與服務提供單位則無法拒絕民衆申請的福利，然而，民衆本身可能對於服務有許多誤解，且基於居家服務進入個案家庭的特殊性，居家照顧服務員本身的安全需要考量，若案家對於居服員的工作安全或人身安全造成潛在威脅，機構為了保護居家照顧服務員，通常會希望能拒絕提供服務；但是民衆有權利申請福利，政府部門無法拒絕提供服務，只能要求居家服務機構與案家自行協調，造成居家服務機構與居服員工作的風險性。

　　「站在政府部門的角度，民衆已經申請這項福利了，你能不給他嗎？你只能說，麻煩你再去跟他溝通。溝通到，服務員是安全的狀態，可能下一些切結或什麼的。可是政府部門，我們真的沒有辦法拒絕民衆申請的福利」（A1,2603-06）

第八節　結語

　　老人居家服務工作的困境，除了來自居服員和居服督導員外，機構本身和政策上的推廣與落差等都造成不同程度的困境。居家服務的提供擴大老人選擇留在社區居住的選擇權，是社區照顧的保證。老人藉由不同時數的協助，增加了其獨立性。惟，政府雖然挹注大量經費於此項服務，使用者卻不完全知道這項善意。許多社區民眾到處張揚可以申請幫傭來清潔住處，取代了原有子女應負擔的責任，將居服員視為打掃清潔工，且不知尊重，許多民眾使用者規避使用者付費的精神，也是不可鼓勵。濫用與錯用使居家服務難以得到應有的尊重，惟有藉著精準的失能評量，使真正有需求者使用服務，方能讓失能長者安全又安心的居住在社區裡。

參考文獻

一、中文部分

吳玉琴（2004）。臺灣居家服務的現況與檢討。社區發展季刊，104，132-141。

吳玉琴（2008）。臺灣居家照顧服務員勞動困境與對策。社區發展季刊，122，200-214。

辛進祥（2007）。居家照顧服務員工作滿足與離職傾向關係之研究－以臺東縣為例（未出版碩士論文）。國立臺東大學，臺東縣。

林素蘭（2011）。居家服務督導之工作經驗（未出版之碩士論文）。亞洲大學，臺中市。

林薇莉（2005）。護理之家照顧服務員工作滿足、組織承諾與離職意圖之相關研究（未出版碩士論文）。臺北醫學大學，臺北市。

邱泯科、徐伊玲（2005）。老人居家照顧服務員考訓現狀與工作困境之探討。社區發展季刊，110，284-300。

徐悌殷（2004）。彰化縣「居家照顧服務員」工作表現相關因素之研究（未出版之碩士論文）。東海大學，臺中市。

張正穎（2009）。照顧服務員的就業與勞動條件之探討－以嘉義縣居家服務的照顧服務員為例（未出版碩士論文）。南華大學，嘉義縣。

張江清、林秋菊、蔡和蓁、陳武宗（2011）。困境向前行～高雄縣市居家照顧服務原服務經驗探究。弘光學報，64，70-89。

陳淑美、莊秀美（2008）。臺北市居家服務實施現況與相關議題探討。社區發展季刊，122，183-199。

陳淑君（2009）。居家服務督導制度運作現況之研究－以臺北市委託辦理居家服務機構為例（未出版碩士論文）。東吳大學，臺北市。

楊培珊（2000）。女性居家照顧服務員工作中遭受性騷擾之經驗探討。臺大社工學刊，12，97-149。

詹秀玲（2005）。居家服務中照顧服務員之勞動特質及互動關係－以桃園縣為例（未出版碩士論文）。元智大學，桃園縣。

劉宛欣（2010）。居家服務困難個案處遇工作之研究：督導員實務經驗之分析（未出版碩士論文）。東吳大學，臺北市。

蘭婉茹（2010）。我國居家照顧服務工作人員勞動條件與就業機會之探討－以臺南某基金會為例（未出版碩士論文）。國立中正大學，嘉義縣。

二、英文部分

Dawson, S. L. (2007). *Recruitment and retention of paraprofessionals.* Retrieved from The Paraprofessional Healthcare Institute website: http://phinational.org/research-reports/recruitment-and-retention-paraprofessionals-iom-presentation

Faul, A. C., Schapmire, T. J., D'Ambrosio, J., Feaster, D., Oak, C. S., & Farley, A. (2010). Promoting sustainability in frontline home care aides: understanding factors affecting job retention in the home care worlforce. *Home Health Care Management & Practice, 22*(6), 408-416.

Howes, C. (2008). Love, money, or flexibility: what motivates people to work in consumer-directed home care? *The gerontologist, 48*(1), 46-59.

Neysmith, S. M., & Aronson, J. (1996). Home care workers discuss their work: The skills Required to "Use your common sense". *Journal of Aging Studies, 10*(1), 1-14.

Seavey, D. (2010). Caregivers on the front line: Building a better direct-care workforce. *Generations, 34*(4), 27-35.

Stone, R. I., & Wiener, J. M. (2001). *Who will care for us? Addressing the long-term care workforce crisis.* Retrieved from Urban Institute website: http://www.urban.org/publications/310304.html

第十章　居家服務人力的留任因素與實證

/謝美娥

　　居家服務是屬於勞力密集的工作，沒有足夠的勞力，工作便很難推行，因此勞動力的不穩定造成服務輸送中斷並妨礙了重要的照顧關係，進一步使得照顧品質低落。了解居服員的困境之後，如何提升其留任意願顯得相當重要，關於影響工作者留任的因素，彙整了許多研究結果，分別從工作條件、工作意義與專業認同來探討，詳述如下。

第一節 工作條件與居家照顧服務人力的留任

一、工作條件

在查閱國內外相關文獻後，在此將居家服務的工作條件分為薪資與福利、工作特質、訓練的提供、居服員與機構、與案家的關係以及組織支持等面向。

（一）薪資與福利

居服員的工作具高度生理、心理壓力的特性，但是薪資水準普遍偏低，加深居服員離職的傾向；國外的研究發現，由於投入此領域的女性勞動人口數量減少，而服務需求迅速提升，以及在老人照顧與身障領域中的人力競爭，促使僱主開始關注保留人力。當機構願意提供合適的工資與福利，且排班和僱用能支持照顧工作者穩定的工時和收入時，能增加員工留任的意願（Brannon, et al., 2007；Seavey, 2010）；若要吸引更多人投入居家服務，薪資必須具備一定的競爭力，並確保工作者可獲得健康保險的福利，這是工作者願意留任的重要因素（Howes, 2008）。國內的研究指出，居服員的薪水不論年資多久皆按時薪給付，若能隨著工作資歷調整薪水，更可以吸引資深居服員的留任（劉育婷，2008；林燕姿，2010）。

（二）工作特質

除了外在的薪資福利是吸引居服員留任的因素，居服工作本身所具有的特殊工作特質可吸引到不同工作需求與期待的工作者，亦為重要的留任因素。以下分別就三方面介紹居服工作特質。

1. 工作時間彈性

居服工作有一個獨特的工作情境是，居服員可以依照個案的需求，安排工作

時間與工作內容，在這個過程中獲得自主性，許多居服員認為這樣彈性的工作時間符合自己的需求，也是居服員願意持續工作的原因（劉育婷，2008；Faul, et al., 2010）。

2. 生理與情緒壓力

研究發現居服員感受到的生理或情緒壓力，會影響他們留任的意願，因為生理或情緒壓力與居服員的生活福祉有關；當居服員面臨高度的情緒耗竭時，會對留任意願造成負面的影響（Faul, et al., 2010；Tourangeau , Cranley, Laschinger, & Pachis, 2010），例如受到性騷擾（張正穎，2009）。

3. 工作勝任性與自主性

許多研究顯示出工作自主性越高，工作滿意度越高、組織承諾也越高，離職傾向越低（Price, 2001；Sagie & Krausz, 2003）。護理人員在工作中能自己做主，有機會充分發揮自己在護理方面的專業技術能力，輪班次數不多且班表是自己能夠安排的，工作量、工作時數與工作上需負的責任是個人所能勝任的，較願意留任（周美雲，2005；Sagie & Krausz, 2003）。

（三）訓練

居家照顧服務員面臨越來越多元的健康與社會照顧需求，以及越來越多關於品質和風險的規範。當服務使用者的需求越來越複雜，需要更高層次的技巧與訓練以有效滿足這些需求；而促進社會照顧品質的關鍵因素在於技術的發展和具有競爭力的勞動人口（McFarlane & McLean, 2003；Fleming & Taylor, 2006）。訓練可以增進居服員工作時的知識與技巧，增加工作者對照顧的了解，運用最適當的工作方法。許多研究已顯示出照顧工作者參與訓練的正向結果，包含：促進工作者與案主的溝通，增加自信與知識的提升，減少壓力、耗竭，以及提升士氣、工作滿意度、團隊合作，並減少員工的職業傷害等（McFarlane & McLean, 2003），這些結果都與員工留任意願相關。當居服員感覺到自己的工作是需要技巧性時，他們會對自己的工作感到認同，不會輕易受到他人取代，進一步能提

升居服員留任的意願，另外，還可以吸引年輕人從事照顧工作，創造更完整的職涯發展機會（Fleming & Taylor, 2006；Faul, et al., 2010）。

（四）在機構裡的關係

劉素芬（2001）指出居家照顧服務員對於機構督導制度傾向肯定的態度，認為督導的存在為其後盾，當他們面臨工作困境時，居服督導若適時協助，則能達成機構、居服員與案主三贏的局面（引自林靜瑜，2007）。督導提供的工具性或情感性支持，對於直接照顧服務者的工作滿意度有顯著影響；督導在工作上若能發揮支持性功能，關心居服員工作狀況，遇到突發狀況給與實質的協助，或是精神上的陪伴與鼓勵，都是居服員持續服務的動力（劉育婷，2008；Brannon, et al., 2007）。

（五）與案家關係

居服工作是直接提供案主照顧服務、滿足案主的需求，當居服員在工作過程中，感受到個案與個案家屬的尊重，則能提升其留任的意願（Faul, et al., 2010）；而有些居服員長期服務固定的案主，與案家建立一定的信任關係，彼此間互動良好，也增加居服員繼續提供服務的動力（劉育婷，2008）。

（六）機構支持

居服員透過機構安排工作，因此機構是否能妥適的安排工作、保護居服員相當重要。過去研究指出，維持照顧服務員的工作品質其中的基本要素包含穩定的工作排班、合理的工作負荷量，當機構的排班能符合服務員對於工時及收入的需求時，是對於留任意願相當重要的支持來源（Dawson, 2007；Seavey, 2010）；機構的人力資源安排、問題解決機制，對於提供直接照顧工作者的工作滿意度影響很大，進一步影響其留任（Chou & Robert, 2008），若機構能協助照顧員處理困難個案的問題，也是一種機構支持的表現（Atchley, 1996）。另一項針對護士

　　的研究結果發現，當管理者具有充分的權力，且發揮協調工作的影響力時，護士較願意留任，人員流動率低（Yin & Yang, 2002）。

第二節　工作意義、專業認同與居家照顧服務人力的留任

　　Herzberg, Mausner & Snyderman（1959）所提的雙因子理論，又稱爲「激勵－保健理論（Motivation Hygiene Theory）」，運用於居家服務領域，當薪水、管理制度、督導方式、工作環境等保健因素不合適或不合理，則居家照顧服務員之工作滿意度會降低；而激勵因素不足，即未受到讚賞、未受到肯定，則居家照顧服務員之工作滿意度不會提升。故以下將工作意義與專業認同分爲工作意義、內在報償與專業肯定三面向。

一、工作意義

　　在葉建鑫（2009）的研究中，長期照護機構中的社工人員如喜歡機構內的工作、獲得很多成就感、喜歡老人，則留任意願越高。當照顧員越是對工作感到興趣、生活中最大的滿足來自工作、身上發生最重要的事情都與我的工作有關、以及當進行別的事情時會想到自己的工作時，代表工作投入越高，越有可能留任（彭安娜、吳怡萱、張媛慧，2006）。亦即，當居服員認爲此份工作是有意義、喜歡幫助人的感覺，是促使留任最重要的原因（陳曼華，2003；Brannon, et al., 2007）。

二、內在報償

　　江孟冠（2002）的研究中，工作的內在滿意度，包含個人對工作的創造性、獨立性、運用能力的機會、工作所賦予的成就感、工作對社會的服務性、社會上地位及工作的社會道德觀等，與照顧服務員之留職意願成正相關。國內外

許多研究皆發現，工作滿意度越高，照服員的留職意願越高（江玉珍，2003；王郁智、章淑娟、朱正一，2006；藺寶珍，2006；林燕姿，2010；Barbarotta, 2010）。

三、專業肯定

國內研究發現，專業認同對臨床心理師及護理人員的離職傾向有決定性的影響（陳國瑚、陳麗如、蘇喜，2006；張錚如，2010；劉諺羲、劉波兒、蘇淑芬，2011）；社會對其工作的觀感與護理人員的留任意願呈顯著也呈正相關，亦即護理專業應擁有其社會地位，受社會尊重，方能提升護理人員的留任意願（周美雲，2005）。

第三節　實證結果：居服員留任因素

　　即使在居服場域工作會面臨許多上述的困境，而導致不低的離職率，使居服單位經常招募不到足夠的人力提供居家服務，以致供需失衡的情形。但居服單位中還是不乏許多資深的居服員與督導員，究竟是什麼樣的因素使得即使面臨上述那許多令人望之卻步的工作困境，還是願意留在居服場域繼續進行服務？而居服單位又在留任人力上面做了些什麼樣的努力？故本節將討論居服員與居服督導員自發性的留任因素，以及機構所制訂的留任措施。

　　本研究發現，儘管居服員與督導員面臨許多的工作困境，但依然有許多資深的成員繼續留任在居服領域中服務。在了解了工作中所面對的困難後，我們希望看到的是什麼樣的誘因，使流動率高的居服員與督導員，仍然有人願意繼續留下來，在居服場域中揮灑生命。辛進祥（2007）之研究中發現，當居服員之工作滿足越高，則離職意願越低，其中又可分為內在滿足（如工作內容）、外在滿足（如薪資）、一般滿足（如工作環境、人際關係）等，與本研究之自我成長、與案家關係、機構支持、薪資、助人滿足感、工作成就感等發現相呼應。

一、自我成長

　　有位受訪者在擔任居服員之前，當過送貨員、倉管、酒店少爺、政治人物的私人秘書、自己開修理廠當老闆，甚至在高科技產業月入七、八萬，因一直找不到人生價值而時常轉職，在面臨經濟不景氣時，因緣際會進入了居家服務的場域。儘管收入低、工作辛苦，卻也甘之如飴，因為受訪者在這份工作中找到了人生的價值，認為自己能夠健康的身體照顧需要幫助的人就是一種快樂，也在工作中看見許多生老病死，讓自己對於人生有更深刻的體會，有助於自我成長。

「這個工作我很喜歡，做那麼多工作這個是讓我最滿意的，找到我人生的價值就在這裡，我的目標就在這裡，這個工作啟發我心靈的成長，心理層面成長很大，讓你看到生老病死……我會繼續做下去，因為我覺得在這裡得到了快樂，我的快樂就是我身體健康能夠協助人，然後在這個快樂裡面，自我成長會提升。」（H8,1623-1702,1711-12）

二、與案家的關係

居服員與案主是包含時間上與肢體上緊密互動的工作關係，必須建立關係才能使服務順利的進行，也容易因為熟悉而產生工作之外的情感，是一種人與人之間相處的真心。也因為重視人情味的人格特質，使居服員將服務個案當作一種經營，甚至可能一個個案就服務了數十年，成為了居服員的留任因素。

「再怎麼不好的人其實相處久了，那個情感建立，我所謂情感的建立不是越線，而是我對他的關心，他能夠感受說這個人是真的真心對我，而且從來也不貪也不什麼，那他就自然覺得你是個好人。所以我一個個案就是到現在七年了……所以我會覺得說因為我把這個個案已經當作是在經營了。」（H1,0304-08）

照顧員與長輩長時間的相處所建立起來的照顧關係，有時比家人關係更緊密（張江清等人，2011），而這樣彼此關懷與體貼的情誼，也增加居服員持續服務的意願。

「所以我只要聽到他們講說，阿你比我的女兒更像我的女兒（臺），就是這一句話，喔～告訴你，我真的很感動喔。」（H4,4503-04）

除了對於個案的情感使居服員願意持續的服務外，隨著服務年數的增長，個案的年歲也漸長、身體健康則每況愈下，居服員因放心不下個案，寧可繼續留守在工作崗位上，以確保個案能夠得到舒服、適當的照顧，以安享晚年。

「那你怎麼會願意做那麼久，那有很大一部分原因是因為他有一些固定的個案，他其實跟個案已經很熟悉了，那他會有一種就是有一點情感啦，他覺得他也放不下這個個案，有一些資深的服務員是這樣子。」（A2,1622-1701）

三、助人的滿足感

有些居服員認為居家服務是一項愛心事業，不計較於薪資多寡的居服員將自己當作類似志工的身分，志願的投入自己的時間、勞力、愛心來幫助需要照顧的失能者或老人，在助人的滿足感中也忘卻了工作的辛苦，不知不覺地服務了好多年。與陳曼華（2003）的研究發現，居服員認為工作具有意義、喜歡幫助人的感覺是其留任的重要因素有相同的結果。

「就是抱著一種愛心在做。」（H3,3219）

「那我在服務的過程中，考照之後就想說這樣也還好，兼職阿，可以幫助人家，就有點像他們說的，把自己當成半志工這樣子，可以有收入又可以幫人家，不知不覺就做了好幾年。」（H10,1421-22）

「有一些居服阿姨，他們其實也是有這種工作的特質，就是他們也希望看到長輩獲得幫助，他們也很滿足，我覺得這是可以繼續留下來的很大的動力。」（W2,5813-14）

四、工作帶來的成就感

　　國內外許多研究顯示，工作滿意度與工作所賦予的成就感與居服員之留職意願成正相關（江孟冠，2002；江玉珍，2003；王郁智、章淑娟、朱正一，2006；藺寶珍，2006；林燕姿，2010；Barbarotta, 2010）。在本研究中，居服工作面對各個家庭環境、案家經濟差異相當大的案家，對於不同的家庭、案主有不同的要求與期待，在工作中面對困境又突破困境，在關關難過卻關關過的過程中，享受工作帶來的挑戰性與成就感。

　　H4：我覺得居服的工作還是比較有趣，為什麼呢？
　　H8：挑戰性比較大。
　　H4：不但挑戰比較大，而且你在等車坐車的時候，還可以思考很多事情。
　　H3：還有成就感。（3114-17）

五、機構支持

　　機構支持可區分為教育訓練層面、心理照顧層面與福利提供層面。在教育訓練層面，是提供明確的工作指引，提升居服員對於居服工作的認同感，以及工作範圍的界定，並藉由同儕間的經驗分享，互相加強對於居服工作的情感。

　　「就是個人公司的教育。譬如說我到紅十字會，或是哪一個單位都好，你們公司自己的課程教育，你們要教育說，到我公司來做這一份工作，要遵循的定義是什麼，才不會讓人員流動那麼快……每個月聚會、開會、交班表的時候，就需要大家來分享，我們今天會進入這個工作，這個機會大家要珍惜，珍惜說我們這個工作是怎麼樣的好。」（H3,3712-13,15-16）

　　在心理層面，機構營造出一種家的感覺，讓居服員和居服員間、和機構間建立良性互動，讓居服員來到機構有一種回家的親切感，也可以將這樣的正向感受延續到家中與案家中，讓這樣的循環能的讓居服員歸屬在居服工作場域之中。

　　「那他們願意留下來，都是有學習動機的，還有就是他喜歡這一群人，用關係取向去拉攏他們，讓他們覺得在機構有向心力，這個向心力讓他們來聊聊八卦，回到家裡就很開心，那把這樣開心的結果再帶到個案家，就會造成一個好的循環。」（S6,3118-20）

　　在機構支持的範疇下，與居服員關係最密切的莫過於督導員的支持角色，且年輕的督導員若能以謙虛的態度領導年長的居服員，也會讓居服員感到被尊重，而能夠有被支持與協助的感受。

　　「第二個還會影響的是……這個組織對他的這個員工照顧程度。所謂的照顧程度可能是比較社會層面的，例如就是一般的福利的部分，還有一種是心理照顧的程度……居家服務督導員因為也都是資深的社工員，他在對待這些照顧服務員的時候，他是用一個很謙虛、互相學習的角度來帶領他們，然後當這些照顧服務員遇到挫折、有狀況的時候，他會立即現身，然後告訴他們說『沒關係，有什麼問題我們來幫忙，我們來討論』，然後給他個督的指導，然後給他成長的空間。」（A1,18182-184,1903-07）

　　「當居服員他在面對個案的要求的時候，單位是不是，就是單位是不是能夠去支持他，就做為他的後盾……他跟督導員之間的關係應該會影響到他在這個單位的留任。」（A2,2807-08,2913）

六、薪資來源

居家服務作為一門專業工作，必須滿足身為家中經濟主要來源的工作者養家的需求，提供足夠的薪資讓居服員維持家計。居家服務的特質又包含了服務的變動性與彈性，即「有服務，才有薪資」，經濟的不穩定，是居服員卻步的一大主因，機構若是能確保讓居服員一個月至少20,000元的收入，是留住人力的一大誘因。

「第一個會影響他留任的因素是薪資，絕對會影響的是薪資……我大概知道說，要維持一個照顧服務員，就是至少還願意留在這裡的話，至少要兩萬多塊。」（A1,18181-182,5120-22）

七、宗教信仰

居家服務的助人性質，吸引了許多具有宗教信仰的信徒獻身，有些人認為這是一種奉獻，有些人則是發願從事居家服務來照顧需要幫助的人。

「有一些可能是宗教信仰……他覺得，我就是發這個心，要來照顧這些人……比較會是心靈層面的。我願意，發這個，就宗教講說，我發願，或者是怎麼樣的來處理，來從事這樣的工作。」（A1,5408-10,12-13）

第四節　實證結果：居服督導員的留任因素

　　不同於居服員長時間直接面對案家的工作性質，居服督導員面對的是居服員、案家、上層主管，以及這三者間的關係，故與居服員存在著相異的留任因素，包含了案家的回饋、助人的滿足感、同事支持、機構間支持、員工福利、自我成長與學習。

一、案家的回饋

　　在與人的互動中，我們總是期待能夠得到平等、互惠的關係，來支持這段關係的維繫。當督導員為了個案或居服員疲於奔命時，收到案家寄來的謝禮，即使不能收下，也能夠感受到個案的心意，同時也得到了助人的成就感。

　　「其實我記得我來這份工作，我第一份感動是在我大概做了半年……我突然收到一個包裹……打開來五顆蘋果，然後裡面是我一個案家寄的，因為他知道我不收，我們不會收這個，但是他覺得可能就是我剛好有幫助到他，他寄這個東西給……也許是薄禮嘛，然後那個時候，他上面，他把我寫得很好，好像說，就是很感動……他把你形容說你像甚麼天使下凡，你是天使派來救我的，我當然心裡只能用一個爽字來形容，在某部分來講，這就是一個成就感啦，然後帶來這份感動。」（W4,5618-23）

　　案家給與回饋的方式，不一定是禮物、或卡片一個具體的形式，一句謝謝、一個感謝的眼神，都可以讓督導員認為自己的辛苦是值得的。案家情感上的回饋對於督導員的留任相當重要，是他們持續工作的動力。

「個案他可能跟你講說ㄟ很謝謝妳幫我做了這些事情，是很感謝、有你真好，我就這一句話他可以讓我們開心一整個月都沒有問題，為了這句話我又可以繼續很開心做這件事情。」（W5,5816-18）

「當這個服務是助人者的時候，我們會是期待那是一個雙向的回饋，所以我們在助人的同時，其實案主抱有那種感謝，或是又那種很謝謝你的眼神看著我的時候，就是給我的支持跟動力。」（W3,6121-23）

「還有一個就是，長輩可以被輔導，當他充滿感激的對我說，真的很謝謝你的時候，我覺得那是一個很大的成就感。」（W2,5812-13）

另一種回饋是照顧經驗的分享，督導員在訪案的時候，家屬也會分享自己照顧家人的經驗，讓督導或居服員能夠更適切的照顧不同的個案，甚至將與案家學系到的技巧應用到更多的個案身上，是一種做中學的成長方式。

「我覺得來做這一行有個很大的優勢，是我感謝很多的家屬教了我很多事情，因為有些東西是我們在技術上面看不到的東西，但他們平常都要面臨嘛，他們會告訴你說這怎麼弄、那怎麼弄。」（W6,3207-08）

二、助人的滿足感

不同於他者的回饋，對於督導自身而言，內在心理得到滿足也是一股重要的留任動力。看到個案因為居家服務的協助而能夠過更舒適的生活，讓身體狀況更加健康，讓督導員感到很快樂。

「有些不可否認的，從協助個案裡面，有一些也是可以有一些激勵自己的部

分，因為他的照顧需求透過你得到某些的滿足……我們督導員去幫個案刷牙，然後我再引導我的服務員進去做，可是我就覺得這個照顧讓他的身體很健康，我就覺得這樣為我是一件很快樂的事情。」（W8,5609-13）

　　大部分的督導員都是社會工作背景，在社工的養成教育中，社工使命包含了「服務」、「滿足案主基本人性需求」、「為弱勢與受壓迫者服務」（林萬億，2006）等核心價值。督導員將這樣的使命帶入居家服務場域之中，不但覺得使命得以發揮，也在其中得到了助人的滿足感。

　　「我其實有時候會覺得，蛤又禮拜一了要去上班，會有點無奈，但是家人告訴我說你去上班很好耶，我說為什麼很好，他說因為妳幫助，你只要今天去上一天的班，你八個小時當中你可以幫助多少人，我後來想想沒錯，今天也一樣是24小時，但是刑事案件會增加很多，但是我為什麼不當一個真的是幫助人家去增加國人的幸福感呢，我想說，這我覺得這也是當社工的使命啦。」（W6,6014-17）

　　除了社工使命外，單純的喜歡老人、且願意陪伴他安享晚年的心態，甚至參與了老人的生命故事，也讓督導得到了工作報酬以外的附加價值。

　　「我覺得你可以陪伴一個老人他生命的最後的那幾年，其實我覺得是一個很光榮的事情，因為他的生命故事，搞不好他的孩子都不知道，你卻知道，我覺得那個附加價值是大的。」（W6,6107-09）

　　在提供居家服務的範圍之外，督導員也依據個人經歷與經驗，積極引入不同的資源進入案家之中，將醫院的照顧資源、相關的經濟資源帶入居服場域，甚至設計其他的活動以滿足老人的需求，在不同的方案之中，看見老人得到滿足的快樂與成就。

「我會覺得比較特別的是，因為我先前有就是在醫院，我曾經做過出院準備，那時候我會覺得說有一些資源他是沒有進入到家庭裡面，我是覺得很可惜，所以我會覺得說，當我今天做這個居家服務的時候，我可以把照顧的資源、把經濟的資源，很多的資源引入，真正的引入家裡面，讓他們真正可以接受到這些資源服務的時候，我也覺得是說還滿開心滿滿足的……另外一個部分是……我們單位有滿多的活動的企劃……這部分我們的活動企劃他們會看到長輩的他們可能有一些圓夢，他們可能想要做的事情，雖然說他可能不能出門，那我們會設計一個計劃、一個方案，讓這些長輩可以去滿足他們的一些夢想，他們想要做的事情……那我會覺得說，在這些活動當中，就是不同於居家服務這部分，就是一些其他的活動。」（W5,5819-5903）

三、同事間的支持

同事的支持廣義的包含了同為督導員的同事，以及機構的上層督導。有受訪者明確的指出，尋找工作的條件就是辦公室中必須要有同事，透過同事間的互動、工作上的支持、下班後的休閒活動，強化彼此之間、以及對於機構的凝聚力。

「我不要做一人社工，我這個辦公室有其他人的這個很重要……我們單位是從基層到最高主管都是社工背景，我覺得這真的非常重要，那再來就是辦公室環境很好，就是……我們同事感情很好……我覺得同事支持很重要……在我之上都還有很多的資深、資深的社工員，其實有時候我會回來問他們……我覺得很大的成長我覺得公司同事其實真的支持很重要。」（W6,1515-19,1601）

「我們督導員們，我們固定每個月都會去大吃，聚餐。」（S2,4312）

「同儕的支持真的很重要，所以在我們下班之後，其實因為我們單位人力比較少，所以相對的可能感情阿……參與活動的凝聚力會相對比較高耶。」（W3,2907-09）

「我覺得同事氣氛很好，這很重要，我剛有提到說我們同事之間都滿年輕，就我們自己私下大概每個月都會出去一次，這是一部分。」（W7,5711-12）

資深的同事提供的則是另一種支持作用。當受訪者感到自己的生活被工作給充滿、被壓得喘不過氣、看不見未來時，可以從走過一樣的路、資深的社工身上看見自己的未來，知道如何規畫工作可以較有效率、如何規畫自己的時間以得到抒解。

「有資深的社工在，我覺得這對我來講對我幫助很大，是因為他們走過我們的路，所以他們會去規劃他們的生活，……看他們怎麼去運作自己的生活也知道說將來怎麼規畫自己的時間，那什麼事情要縮短時間、什麼事情在那個上面要快，其實他們都會告訴我們，啊你這個要這樣做，做到什麼程度他也告訴你說。」（W6,1613-19）

同事支持也包含了機構中上層主管的支持。如果督導員能夠得到主管的體諒、關心、工作上的協助，也可增加其留任動機。

「換得這個主任是我們原本的督導員升上去的……他曾經跟我們一起做過同事，所以他知道我們的困境……在有些部分他很能理解我……我們的困難點到底在哪邊，然後他也很願意幫我們……所以我才會去cover他那麼多事情……因為今天我覺得……他當主管他很挺我們，那相對得我們也要挺他，那就算是我每天一直在想著說我今天要不要上班，可是因為為了他，我不會去提辭呈。」

（W4,1501-06）

「（督導的支援）比較多是在行政上面的教導，還有就是教育我們在一些能力上面的提升，對，那情緒的部分我們每個月都會進行個別的督導，所以，我覺得是有幫助的，你可以很能夠讓你的長官知道你目前這個月的工作狀況、進度，以及你個案上面目前有什麼樣的困難。」（W3,2914-17）

「在個督或團督的時候，你可以好好帶領你的照顧服務員，讓他們在照顧上或情緒上，都有得到適當的發洩，留任度也會高。」（A1,4404-05）

四、機構之間的經驗分享與支持

機構之間因地區差異、服務個案的差異、居服員特質不同等異質性，擁有著不同的經驗，督導員除了機構內的同儕級主管支持之外，也可從其他機構間得到經驗分享的協助。其中居家服務常涉及護理相關問題，假如機構中缺乏護理背景的專業，則臨近的機構支持更顯得重要。

「我們新北市的就是居家服務的單位其實都是很好……機構跟機構間大家會互相告訴我們說有什麼經驗可以分享。」（W6,1519-21）

「另一部分是在我們基金會是有個耕莘的外展單位，所以醫院的外展單位相對的福利跟體制我覺得還滿健全的，那雖然說我們單位沒有護理背景的人，可是因為我們旁邊就是醫院，所以我們可以去問到醫院的護士阿。」（W7,5715-17）

經驗的分享之外，可能因為居家服務單位分地域提供服務，較少產生個案

競爭的情況，機構間也會有聯盟或同盟的關係，或者是認為居家服務單位是一體的，共同實現居家服務的照顧助人使命，所以機構之間也會有情緒上的支持。

「同儕支持很大的幫助以外，我覺得居服單位間的支持很重要，我記得我們那時候評鑑真的是趕到三更半夜的時候，有單位打電話來說『ㄟ我們評鑑完了，你們要繼續加油喔』，然後給我們一些幫助，其時覺得很感動，就是失智，他們那時候先評鑑完，那種感覺很溫暖，不是只有我們單位在忙，那是大家來一起，在一起為這個新北市打拼，我覺得這也滿重要的。」（W6,6018-21）

五、能力取向的員工福利

員工福利除了薪資與獎金方面的物質滿足外，督導員也重視機構如何看待他們的能力。若機構注重的是督導員的年資與能力，而非任職時的學歷，會讓督導員有較強的認同感與被肯定的感受，自然也願意留任於原機構之中。

「第三個就是，單位的福利跟制度是不是完善，然後像我們單位我覺得就滿不錯的，然後還有就是會看重我們的年資，而不是說學歷，還有能力這塊做為我們升遷的管道。」（W3,6123-6201）

六、自我成長與學習

許多受訪員在留任因素中提到，居家服務工作帶給他們自我的成長與學習，例如像是抗壓性、人際溝通等內在成長。

「其實這個工作還是有成長的地方嘛，就一些學習，然後就是抗壓性的部

分、還有溝通的部分。」（W1,0419-20）

　　或是居服工作相關的經驗、技術的累積，希望能在第一份工作中盡情的摸索與學習。

　　「我就是想說第一份工作要好好的做個紀念，我們就是要來學要來看嘛，因為本來就從學理，然後大學畢業完到那個實務界一定就是要累積經驗啦，那當然有甚麼樣的學習就不斷的去吸收，然後去滿足自己想要的部分。」（W1,5908-10）

　　「在回憶這一些工作的階段阿，或是各個歷程來看，我覺得我給自己一句箴言就是『我在做中學習，然後關關難過，卻關關都過了』。」（W3,6119-20）

　　還有一種學習，是看見弱勢族群如何在困難的生活中努力的生活下來，看到了案主與其家屬的生命韌性，也讓受到工作挫折的督導員更有能力讓自己保持在工作崗位上，繼續提供服務以協助更多的需要居家照顧服務的案主與家庭。

　　「如果抱持一個學習的態度……你會覺得說，ㄟ生活當中，你會看到案主、家屬他們怎麼為他們的生活而生存，他們有一些你看似奇奇怪怪的想法，但他們就是用這樣的方式就是多年的生存下來，你會覺得ㄟ就是生活上面有滿大的有趣。」（W6,6105-07）

第五節　實證結果：機構的留任措施

　　在了解了居服員與居服督導員自發性的留任因素後，接著探討機構有哪些預防人員流動的措施，或是對於具有離職傾向的工作者，有哪些進行人員留任的措施，以將人才留在居家服務的場域中造福更多需要照顧服務的案家。

一、提升薪資福利

　　薪資福利的部分包含了時薪、給薪假、年終獎金、考績獎金、資深服務員獎金、優良服務員獎金、各式禮金、相關津貼補助、保險，提供實質之物質誘因，滿足工作者的基本生存需求以及慰勞勞動者的工作辛勞，以提升居服員或督導員的留任意願。

（一）提供休假金

　　在薪資的部分，Barbarotta（2010）一文中提到，若機構提供有給薪的休假此類福利，可以提升居服員的留任意願，在本研究中，亦有機構提到對於勞基法所規定的給薪假，一應配合並落實執行，且相關的特休假也屬給薪假。

　　　「我們有些都有配套措施了，請那個勞基法給的假都有給錢，特休假也有給錢。」（W9,2008）

（二）累進時薪

　　機構在留任措施的努力上，也有以累進時薪的方式，意指做得越久則時薪越

高，鼓勵居服員久任以達到期望的薪資，並將薪資級距分為10級，給居服員一個可以看得見的未來。

「那新進……我們是累進時薪制啦……你做得越久，對應到越高……就是（最低）150，最高165，可是我又要做鼓勵新人的機制，所以又會設計制度，譬如說在一個累積幾小時可以做一個跳級的動作……譬如說我八百小時我做一次考核，那大概做半年或是四、五個月這樣子，那你可以往上再跳一級……（總共）十級。」（W8,3915-23）

（三）特殊服務項目加薪

另一種薪資提升的形式是以服務項目為依據，提供困難度較高的項目，則酌予增加時薪。機構也會依照居服員的健康、體能狀況，搭配適合的服務項目，讓付出較多勞力的服務員，能夠得到相應的報償。

「薪資的部分……會做一些調整，例如說這個照顧服務員他年紀比較大，所以他能執行的項目是比較簡單的，他就會幫他挑個案是比較簡單的；但這個照顧服務員他年紀比較輕，他可以做一些負重、移位的東西的話，他也不會說大家薪資都一樣，他會給你略增，比方說你有做這樣，這類的工作，我幫你加個五塊十塊每小時。」（A1,1907-11）

（四）兼任組長的行政加給

在不同工則不同酬的設計下，另一種形式是「兼任組長」的部分，鼓勵服務員在原本的服務範圍、時間之外，積極參與進階課程訓練，並回到機構來帶領其他的同仁，達到教學相長、互相扶持的作用。這樣的措施也得到服務員的認同，顯見其效益。

「那因爲其實一些領導的，就是<u>組長部分</u>，我們還是有給他另外一個價<u>錢</u>。鼓勵我們自己的同仁，就是除了<u>這些</u>，就是平常服務的時候，還是要去上一些課，那服務員也都還蠻認同這樣的做法。」（S8,4605-06）

（五）機構盈餘的年終回饋

在薪資之外，也有機構以提供年終獎金的方式分配機構盈餘，以回饋辛勞的服務員。

「當然我們單位這邊還有一些<u>額外的加給，像年終的部分，還有盈餘的部分</u>。」（S8,0501）

（六）成就取向的獎金

機構頒發獎金的名目有許多種，包含了累積服務的時數、擔任居服員的年資、提供服務的品質等。在時數的部分，可以分成以每年服務的總時數進行累積、以及每月做足時數所領到的薪資爲憑，分別以增加時薪或加發獎金的方式進行獎勵。

「服務員我們就會依照時數，譬如說時數達1000或2000，或最上限多少，<u>那一小時就額外給你1.5塊或2塊</u>，以去年的總時數去做累積。」（S6,3819-20）

「我們是時薪制，可是我們是説，平均如果到，去年是兩萬五，如果<u>平均每個月都有兩萬五的話，我們年終就是加發獎金三千塊</u>。」（S2,4223-4301）

既屬於留任措施，最直觀且直接的方式，便是對於資深的居服員進行獎勵。國內研究也指出，若居服員的薪水能隨資歷而調整，能夠吸引資深居服員的留任（劉育婷，2008；林燕姿，2010），本研究中知居服單位，則是以設立不

同的年資等級，對不同年資之居服員給予不等的獎金，以慰勞久任的辛勤。

「以年資計的話，就是滿三年跟十年，都是一個LEVEL。那，三年就是加發一千塊嘛，那十年就是加發2000這樣。」（S2,4305-06）

「鼓勵他們就是留任，譬如說工作滿十年，然後會頒發就是留任的獎金，對，譬如說你工作滿三年、五年，然後你的考核都OK，然後你就可以提報。」（S5,4612-13）

除此之外，也有機構會進行優良服務員的表揚，或者是當機構獲得評鑑甲等以上的肯定，機構也會將功勞回饋給居服員，褒獎工作人員的辛勞與付出。

「在年中，就是中間的時候，我們有一個考核的機制，那優秀，就是前60可以得到600塊的獎金……不管我們是不是有盈餘什麼的，我們的祕書長都還是會募捐，讓我們有一個尾牙的互動，然後也都有一些獎勵、獎金這樣子。為了鼓勵大家可以衝到就是平均薪資。」（S2,4219-21）

「我們也會有獎勵金，也會有優良服務員的一個表揚……我們從去年的話就是，我們自己的考核獎金，當中就是我們也做新的分級，就是他的服務時數比較高，或者是說，他的考績成績在八十分以上，那除了他在年終的那個考核獎金之外，會再視我們當年度的營運狀況再加發，我們最高是五千，所以如果再加發五千的話，可以到一萬……我們還會有一個，那個評鑑或督導考核的獎金，就是如果說我們的部門是拿到優等甲等，然後我們會再加發獎金這樣。」（S3,4820-4903）

除了優良服務員的表揚方式外，機構也以考績獎金獎勵不同服務品質之居服員及督導員。

「考績是改成分優、甲、乙、丙不同程度，優等可以得到3000塊，甲等2000，乙等1000這樣，丙等就沒有。」（S7,4101-02）

「今年度還有考績，就是依照考核的狀況給予考績，針對督導員和服務員也有。」（S6,3918-19）

居家照顧服務員能自願決定是否考取居家照顧的丙級技術證照，機構則是站在鼓勵居服員考取證照的立場上，設立證照獎金以增強服務員考照的動機，一方面可以達到居服員自發學習的效果，一方面也可確保服務提供的品質。另外，若是居服員在非常態的時間提供服務，也會有額外的薪資補助。

「我們都還有績效獎金，就是那個久任獎金，那還有證照獎金這樣，就是，根據他們表現去核發一些獎金。」（S8,4417-18）

「我們有些在職的照顧員，其實有些他們沒有證照，所以我們也鼓勵他們去考證照，只要考到了跟我們提報，我們就會給她們獎勵金。」（S5,4703-05）

「每個月證照是有加150元……但是你不能有違規的狀況，如果假設抓到違規的話，這個150就沒有了……第二個我們像那個負重的，我們都有加錢……夜間的也加錢，假日也加錢，但是就沒有給加班費，但是我用變向的一種，因為你相對在一個比較不是例行……就是常態性的班的時候，我們都會有一些鼓勵的措施。」（W9,3908-10,12,14-15）

（七）關係取向的禮金

相對於需要付出努力才能得到的「獎金」，「禮金」更像是一種關係取向的連結。藉由生日、三大國定節日、尾牙、旅遊等時機表達對於居服員的關心以及獎勵，也可進一步增加服務員對於機構的認同與向心力。

　　「每個月生日會給他們生日禮券600塊，新進人員都會給他們小禮物、小蛋糕這樣。」（S7,4102-03）

　　「我們服務員福利的部分的話……就是我們有生日禮金啦，然後就是我們有尾牙，然後有抽獎，是我們大家一起的，而不是分說全職、兼職或是怎麼樣，就是人人機會是均等的。」（S3,4716-19）

　　「那另外一個部分是，其實三節或者是旅遊部分，我們也有給居服員。」（S5,4613-14）

（八）補償或照顧性質的津貼

　　英國的Weekly Gripe中報導了居服工作的低薪和困境，其中提到了「在個案家的往返交通費是沒有被計算在薪水裡。」（引自蘭婉茹，2010）而我國因應居家服務是一個到宅服務的性質，服務員需要在案家與案家之間移動，耗時耗油，故臺北市社會局針對此一部分給予居服員交通費的補助，但有機構的服務範圍涵括了臺北市與新北市，為了統一機構制度，便主動提供新北市地區的居服員交通費的補助。另外也因應社會局規定居家服務單位需搭配一個市區、一個偏遠地區的服務範圍，機構也會對於願意至偏遠地區進行服務的居服員給予交通費的補助。

　　「還給了交通費……北市是社會局會給。那因為我們是同一個組織模式，所以也給了新北……針對偏遠地方，我們還有額外的交通補助……針對跨區，可能淡水到三芝、石門，我們就會給額外實際支出的費用。」（S6,3906,08,3914-15,17）

　　「我們是105個小時，以前是170，然後之後就是180……因為有做偏遠的話，一個個案就是加五塊錢，就變成說是，今天這個個案做20小時，那偏遠的

話就20乘以185。」（W2,4611-13）

　　除了交通費之外，機構還會提供各種的津貼，包含育兒津貼、喪葬津貼、結婚津貼、生病津貼補助等，盡力的照顧到居服員的家庭中的需求。即使是例行的團督活動，機構也會補助餐費，以免增加居服員外食的經濟負擔。

　　「再來就是有育嬰津貼，就是育兒津貼，就一個月給1000，針對員工。」（S6,3904）

　　「員工福利啊，這些我們也都有……我們也有喪葬津貼啊……至於其他就是像我剛剛講的，婚喪喜慶我們通通都有津貼。居服員如果生病的話，我們也都會有一些津貼補助。」（S4,4006,4009-10）

　　「我們每個月都會做團督，那我們團督都會有聚餐，就是一個人補助五十塊。」（S5,4702-03）

（九）職災保險

　　Barbarotta（2010）一文中發現，增加照顧者的留任因素包含了為他們加保健康保險。在臺灣已有全民健康保險的情境下，機構注意到了居服員執行照顧工作時可能產生的職業傷害導致暫時無法工作，而加保部分補償責任險，以保障居服員因職災休假期間的生活。另外也有團體險、公共意外險等，也都是因應居家服務的到宅服務、案家間移動、照顧工作耗費勞力等特質而進行加保。

　　「除了勞健保，還有額外幫他們保一個團體險。」（S7,4103）

　　「我們有幫服務員投保部分補償責任險，還有公共意外險……部分補償責任險，就是，如果他在，發生職災的時候，就是發生職災期間，他可能不能，

要休假，那在休假期間，單位還是有給薪，那就是由部分補償責任險來支。」
（S8,4409,4413-14）

二、晉升機會

居服督導員原則上是由社會工作者來擔任，居服員這個職業就顯得沒有升遷的機會。在居服單位的因應上，除了前述以年資、總時數的方式調整薪資外，也有機構設計出居服員組長的角色，讓資深、經驗豐富的居服員能夠擔任一個領導者的位置，去帶領其他的服務員進行居家服務的工作，並分享他們的工作經驗，讓他們在居服工作之外，能夠有發揮所長的機會。

「當然我們這些服務員，資深的服務員……會依照他們的年資，還有他們的工作態度，還有依照他們的體質去做提升的部分……主要是希望他們成為一個……服務員的領導，就是他的帶領人，可能組長這類的，所以我們還是有組長的。」（S8,4522-4601）

三、持續性教育的在職訓練

居服員感受照顧專業知識不足，包含不知如何解決案主身心問題、缺乏特殊個案照顧知識，所造成的工作壓力將會影響工作者的離職意願（徐悌殷，2003；林燕姿，2009）。在本研究中則是呈現出居服工作之中，居服員常遇到的工作困境包含了與案家之間的糾紛，例如案家的認知錯誤而導致的非契約內的工作要求，或是性騷擾問題等。故，機構透過在職訓練中去加強居服員的法律常識以及危機意識，讓他們能夠在第一時間懂得保護自己，以減少其工作上產生的無力感。

「在職訓練如果給他一些應該有的<u>法律常識</u>，對他們來講就能記住我應該做什麼、不應該做什麼。」（S8,3015）

「可以透過在職訓練去<u>加強他的危機意識</u>，或個案的研討，從別人的經驗裡面，他可以隨時去吸收。」（S6,3114）

四、由居服場域自行提供職前訓練

在居服機構所面臨的困境中，包含了受訓學員未進入居服場域，在這點上，有主管發現問題可能在於居服員所受的職前訓練的師資多來自於醫院、住宿式照顧機構等場域，在教學的過程中無形的傳達了機構式照顧的優勢，以致學員接受了居家照顧的訓練後，卻轉而選擇機構式照顧單位。所以在留任措施的運行上，也應注意居家服務課程的講師及授課內容，應該要增加學員對於居家服務場域的認識與認同。

「你去上課的老師都一直跟你講的護理技巧阿、什麼的，都是病房的那一套，都是護理之家的那一套，都是醫院的那一套的時候……（訪：他就很容易就到那一邊了。）對，可是如果老師來講的，就跟你講說，我們這個居家有多麼……學生還是會跟著老師走。」（A1,5801-04,11）

五、居服專業外的抒壓課程

儘管機構提供了居家服務相關的職前訓練及在職訓練，機構也會提供一些額外的專業課程，使居服員依照興趣選擇，並以此建立居服員間的同儕支持網絡，加強居服員間的凝聚力，也讓他們有一個抒發壓力的管道，形成一個工作場

域中的支持力量。

「組織方面就會針對他們興趣，在禮拜六的下午會留下來，有一些電腦班啊、抒壓班、攝影班，用社團模式讓他們互相交流……這一群有攝影興趣的人，他們可以透過攝影去抒解壓力，作為同儕的網絡，用網絡的方式去連結……依他們興趣，人數比較多的就開班，是今年才開始的。因為就是組織太過龐大、太快了，那我們就是想要用這樣的方式凝聚共識。」（S6,3817,20-21,3903-04）

在鼓勵參與專業外課程的作法上，除了由機構自行組織課程及成員外，也有提供學費補助以鼓勵督導員參加非督導業務需求的課程，以適當的放鬆工作壓力、抒解工作帶來的情緒壓力。

「督導員的部分一樣也有，專業支持團體，有外聘督導員，那當然還有一些課程，那我們也會鼓勵督導員他，除了業務需求去需要上的一些課程，專業課程以外，我們也鼓勵督導員，如果他想要去上一些不一樣的課程……我們也都鼓勵他們去上。那當然這個部分其實也有做學費的補助。」（S8,4419-20,22）

六、員工旅遊

機構也會辦理各種旅遊活動帶員工出去遊玩、放鬆，分成補助車資、部分補助及完全免費，也有分為國內與國外，讓居服員可以每年至少一次完全放下工作的時間，能夠盡情的紓散工作壓力。

「去年我們就覺得，好像還有一部分的經費可以出來，讓他們去旅行……願意參加的，我們就補助他車資這樣……那今年的九月，我們就有準備了四臺遊覽車讓他們去旅行，不要錢。」（S1,4205-06,08-09）

「員工旅遊，基本上是我們每年都有辦一次。」（S8,4505）

「員工福利很重要，我們是一年國內旅遊，一年國外。」（W6,6101）

七、工具性或情感性的支持團體

　　針對居服員工作上的知識或情緒性的需求，機構也會辦理支持性的團體，由居服員組成，互相分享工作上的知識與技巧，並且能夠互相支持彼此的情緒。有些是針對新進服務員幫助他們快速的認識居服場域，有些則是機構內的常態組織，凝聚居服員間彼此的感情。

　　「因為去年將近40位的服務員進來，所以我們會辦一個支持團體，會有一個服務員的支持團體，讓他們快速的進入這個領域⋯⋯我們一年會有六場的活動，那我們就針對他們的需要，譬如說知識、技巧或是抒壓的部分。」（S6,37135-136,138）

　　「我們還有一個，是同樂會，同樂會就是，有點像支持性的團體這樣的類型，一年大概只有兩次，對，就是譬如說讓他們一人出一道菜，對，就是鼓勵他們彼此之間交流。」（S5,4714-15）

　　另一種支持團體則是著重於經驗的分享。因位居家服務工作難以標準化、規格化的進行教育訓練，許多與案家接觸的細節需要資深工作員的帶領，才能夠提早因應，但居家服務的工作性質使居服員工作時間各自分散在各自服務的案家，難以有同儕互動與支持的機會。鑒於此，機構特別設計了居服員的經驗分享時間，使資深的居服員能夠分享居家服務的相關經驗，以及一些工作上的「小撇步」，讓新任居服員較不會太快感到負荷過重，以降低居服員的人力耗竭（burnout）。

「除了督導員協助團督之外，還會有一些，我們<u>資深的服務員分享</u>，分享他們的工作經驗……他的職前訓練的部分，是由資深的服務員帶領他們去認識這個服務，這個服務的內容，還有服務的理念是什麼。」（S8,4519-21）

「我們會在每年，大概年終的時候，然後我們就會辦北中南的那個居服員的交流。那我們會在這個時間訂，去做，譬如說多鼓勵他們投稿，他們<u>工作上的小撇步</u>，對，然後來做徵詢，然後也會給他們獎勵金。」（S5,4610-11）

八、增加內部凝聚力

不管是居服專業外的課程、員工旅遊、支持團體等措施，都隱含著增加組織內部凝聚力的效用，但除此之外，也有其他增加成員間凝聚力或是對組織認同的方式，例如將組織盈餘回饋給工作人員，辦理喝春酒等非常態性質的活動。

「今年年初的時候，我們就後來看看，整個結算後OK，所以我們在今年二月的時候，就有所有的同仁<u>喝春酒</u>這樣子。」（S1,4208-09）

或者是在組織使命的設定上，便著重「小而美」的經營方式，小規模、小區域的提供服務，增加居服員彼此交流的機會，也不會因需要偏遠地區的服務人力而與居服員間產生排班上的爭議，居服員與機構之間的關係也會較為正向。

「<u>我們一直強調區域的小</u>……組織的凝結力也會比較強……但是我們都是偏……偏鄉啦，我們沒有拿到人家的「市」……所以我們沒有那種都市的好處就是可能很近，但是我們相對不用配一個偏遠的……<u>我覺得組織的規模會相對影響內部的許多狀態</u>。」（W9,1311-13,16-17,21）

第六節　居服政策困境的因應措施：
實務觀點

　　針對上述居家服務單位所看到在居家服務政策上的困境，從實務的角度提供了不同的因應措施之建議，包含建立社會大眾對居家服務的正確觀念、多元的居家服務人力來源、增加服務的明確性、提升居家照顧服務員能力、增加需求評估的確實性、強調家屬責任、修正配套措施等七個因應措施。

一、建立社會大眾對居家服務的正確觀念

　　社會大眾對於居家服務的認識不足，造成有需求的家庭不了解如何申請服務，或者因對居家服務有錯誤的認知，而導致居家服務資源的過度使用，因此提出了以下方式來建立社會大眾對居家服務的正確觀念。

（一）加強宣導

　　社會大眾因為不了解居家服務的工作內容，容易產生對居家服務的錯誤認知，引發居服員進入案家提供服務時的許多爭議，而民眾不了解居家服務很大的原因是政府的宣導不足。因此，欲建立大眾使用居家服務資源的正確觀念，就應該加強宣導，包含居家服務的功能、居家服務對於家庭的協助與改變為何等等。

　　「我覺得，另外一個很重要的部分是，如何建立民眾的使用觀念」（A1,2701-02）

　　「我個人的感覺是媒體應該試著宣導，正面的，這個居服帶給我家庭什麼樣的改變，我覺得要大肆的宣導。否則，居服兩個字很多人都會認為是來打掃

的、煮飯的」（H5,3514-15）

「目前的狀況其實是就是看他們還是要多宣導啦，很多東西都是要宣導，這樣他們才會了解他們真正的用意跟目的」（S8,0723-0801）

另外，提升居服員專業形象也相當重要，除了宣導居家服務的功能，還必須宣導居家照顧服務員的專業角色，讓社會大眾看見居家照顧服務員的專業度，將居家照顧服務員與傳統的幫傭區別開來；這些宣導都應該從居家照顧服務員的角度出發，從服務提供者的立場來進行。除了使社會大眾正確了解居家服務之外，也能增進居服員本身對於居家服務工作的認同感，提升其留任意願。

「應該要從多方面的一些單位來加強宣導居服員他們自己專業的形象，因為大部分居服員都被認為說是一個比較低下階層的一個勞動的工作，這就是大家普遍、一定是這樣認為的」（W3,3819-21）

「發展它是不同於家庭照顧者的專事業是能夠凸顯的，其實是比較有助於照顧服務員的尊嚴跟工作認同的提升嘛，這樣才能留住照顧服務員願意在這個領域工作阿」（S1,1021-22）

「應該是站在服務提供者的立場去做，而是去強調居家照顧服務員他應該是做什麼樣的工作內容，那他受過什麼樣的訓練……我們居服員需要的應該也是這個部分的強調，而不是說他們是很有愛心，而是說他很有專業」（A2,5521-23,5602-03）

（二）媒體行銷

國外研究指出，透過社會行銷的方式來發展廣告策略，建立口號或標語，並廣泛宣傳，如寄明信片、張貼廣告在報紙、收音機、廣告版、公車上等建立居家

服務的正面形象（Stone & Wiener, 2001）。行銷在社會福利領域中還是比較新穎的方式，有一些機構開始與唱片公司合作，拍攝某一個社會議題的電影，也有機構開始籌備關於居家服務的電影，透過影片的方式，促使社會大眾更快速、清楚的認識居家服務，從居家服務的使用者開始，擴展到一般的民眾。

「我是○○○○基金會，那我們的主任其實在行銷這一塊，他其實一直都滿強調的，因為像最近我們有跟滾石合作，就是跟萬芳有一個微電影，那這個為電影其實大部分還是只有youtube和facebook上面有做宣傳，其實還沒有很強調居服啦……我們之前就有拍過一部電影，然後未來其實有預計要推出一部是關於居家服務的電影，未來如果真的是有推出的話，我們可能會有免費的電影票是給家屬的，所以是鼓勵他們可以去電影院看這部片」（W7,4720-4802,10-11）

另一方面，媒體行銷也是吸引民眾投入居家服務工作行列的方法之一，以平面媒體或電視求才，說明居家照顧服務員工作的樣貌，從居家服務工作中可以獲得的成就感，讓更多有意願、有熱忱的民眾加入居家服務工作。

「內容要真實一點啦……平面媒體或是電視應該大肆的宣導它的好處在哪裡，要多多利用。有熱忱要當服務員、有意願的，你來做，你的人生會更開闊，把那個好處講好一點，人家都會來啊」（H8,3621-23,3703-04）

二、多元的居家服務人力來源

居家服務人力多為二度就業的人口群，受訪者表示「有的人二度就業，無怨無悔的；通常第一次就來接觸這種工作的不多」（H3,3318），若要增加居家服務的人力，首先必須多方開展居家服務的人力來源，不僅僅在於中年轉業、失業等二度就業的人口，還應包含其他的人口群，例如外籍配偶，同時也應鼓勵居家

照顧服務員的年輕化。

（一）納入外籍配偶、外籍看護工

　　許多的外籍配偶在孩子念書後，開始有工作意願，是居家服務人力的潛在來源；而納入外籍配偶、外籍看護工，可以彌補本國勞工的不足之處，以分級的方式，將本國級的居服員安排較高階與專業的工作內容，而外籍看護工可以簡易的家務處理為主。

　　「他們（外籍配偶）說小孩子大了，想出來工作，這是二度就業最好的人才啊……因為我的鄰居外籍新娘特別多，都是越南的……白天小孩子去上課，他們就可以來工作啊。」（H4,4013-14,17-18）

　　「利用外籍看護工去補足本國勞工，不願意從事的時間或者是他們可以，就是我們本國籍我們可以做一些比較高階或專業的，外籍看護工做一些簡易的，家務的整理、洗衣服，或者是他沒有辦法，他可能語言訓練還不夠好，他可能沒辦法陪長輩聊天、一些心理的支持。但是他可以說，我做打掃、我做什麼的，但是我們照顧服務員可以就做另外一個階段的東西了。」（A1,6105-09）

（二）鼓勵年輕化

　　居家服務時常需要負重、移位，從事這項工作大多為中高齡者，其實是非常有可能在工作過程中產生職業傷害，到年老時反而成為居家服務的使用者，以長遠的角度來看，納入年輕的勞動人口，對於居家服務領域是大有益處的。而要顧勵年輕化，可以從學校教育做起，也應該提升此工作的升遷機會，說明如下。

1. 從學校教育做起

　　要建立居家服務的專業，居家照顧服務員本身的訓練要足夠，若能從學校教育做起，在學校學習專業知識，加強實務工作的培育，讓年輕學生提早接觸這

個工作，對居家服務的實際工作型態有更多的認識，美國目前已經開始與學校合作，培養居家服務的相關人力，它的做法是透過與學校合作的方式（School-to-Career Pathway program, 產學合作方案），讓學校的學生成為同時參與機構訓練，進而成為機構的員工；通常使學生於在學期間即進入機構的訓練中，並提供部分的食宿福利，學生畢業之後即進入組織當中（Stone & Wiener, 2001）。

「我是覺得鼓勵年輕化……現在有些大學有這種學系，有這種科系，他就有概念，那如果又有熱忱、又有意願要從事這個工作，我們應該多多鼓勵。讓他去了解居家服務相關訊息，或是相關業務，或是你進來會得到什麼，在你的人生會開放的另外一個視野是什麼」（H8,3310,12-14）

「希望說學校這邊也可以開相關的課程，從學校教育做起……直接在學校那一段的教育，直接告訴他們比較實務型、實務面的，就是提早去接觸，或者在課程，課程的部分就是先規劃好」（S5,1416-17）

在長期的訓練之下，提升學生的人力素質，建立學生與社會對於居家服務領域的認同與專業形象，當個人對其有認同感時，他從事這個工作的穩定性較高，也能增加其留任意願，當然，不可忽略的是必須要有相對應的薪資結構，來支持個人從事居家服務工作。

「對應到其他的國家的政策，他們的照顧服務人員，他們是有點像我們臺灣的專科，你可能是要經過好幾年的訓練，那他可能從前面的那他帶著你去探索這個職業阿，讓你去認識這個居家服務，然後甚至讓你有很長的時間帶你去做實習，帶你進入這個職場，那相對而言，這些的照顧人員一些素質、還有他怎麼樣去看待他自己的專業，也會比較高，那他相對而言，他可能這個人力就會比較穩定，就會比較留任……相對來講，他的一些薪資跟其他國人怎麼去看待這個服務人員，我覺得還是滿重要的，他們的薪資相對是比臺灣好很多」（W5,4503-08）

2. 增加升遷機會

　　一個工作要能長遠發展，留住人才，除了薪資福利的誘因外，是否能有升遷機會也是一個重要考量，居家照顧服務員並沒有升遷管道，對於年輕的勞動人口來說，當然不會是優先考量的工作。

　　「也要讓覺得年輕人說至少，社會工作發展下去是可以，是可以有發展的餘地阿，因為否則在居服員阿，其實他們能夠覺得也沒什麼晉升的機會阿，或者是薪資在往上多有多大的提升，那當然會影響年輕人不想來投入這個工作」（S7,1420-22）

三、增加服務的明確性

　　由於居家服務在實務工作上有許多模糊與界定不清的範圍，因此居家服務單位認為若能有政令的統一解釋，以及訂定明確的服務規範，就能增進服務的明確性，使得服務的進行更順利。

（一）政令的統一解釋

　　由於居家服務的內容與範圍不易界定，民眾在使用服務時，常常搞不清楚可以居服員提供的服務範圍，而一個政策的執行也會有不同的解讀方式，若能有一個統一的資訊系統，提供社會大眾查詢，也許就能對政策有完整統一的解釋，減少資訊的不連貫與執行的困境。

　　「內政部他相關的一個法規，那可以透過一些系統，譬如說跟居家有關，或跟長照有關的一些相關的資訊，它可以有一個資訊系統可以去查詢，那降低可能就是資訊的不連貫，造成執行面的一個執行困境這樣子」（S6,0701-03）

（二）訂定明確的服務規範

訂定明確的服務規範，讓民眾清楚知道居家服務的工作包含哪些，而不是一味的滿足民眾的要求，需要考量其真正的需求為何，再提供相應的服務；政府的政策雖有一定的彈性協調空間，可是還是必須有一個規範限制存在。

「醫院很清楚明白，這是照服員的工作、這是護士、這是醫生的。可是居家確實界線很難分清楚，但它不是不能發展，就是看國人的期待，跟政府你想提供到怎麼樣嘛，如果你想提供到那樣，有些配套是需要進來的」（S1,3623-3401）

「可以服務的對象，以及他應該也要有所限制，不能民眾要求什麼就什麼這樣……還是應該要有規範在會比較好一點……他們才會知道說，其實這個服務並不是他們想要做什麼就做什麼，或者是說應該是說政策面要有政策面的做法，然後他也應該有一點規範給這些民眾才對」（S8,0801-02,04-06）

四、提升居家照顧服務員能力

居家照顧服務員就是居家服務工作中最重要的一環，而提升居家照顧服務員的能力不僅可以促使服務更順利，對於居家照顧服務員本身也是一種保障，而提升居家照顧服務員能力可以將居家照顧服務員領域分級分類，以及在職進階訓練與考取專業證照的補助兩方面來進行。

（一）居服員領域分級、分類

居家服務的內容涵蓋廣泛，服務對象多元，並非只有失能老人，還包含各種不同障礙程度、不同障別的身心障礙者，以及不同年齡層的身心障礙者，目前實務上已經開始面臨居家服務使用者的需求無法被滿足的情形，也促使第一線的居

家服務單位開始思考居家照顧服務員領域的分類。

「那媽媽那時候就不停的在申訴並跟我們抗議，他就覺得說居家服務應該是要專科的，比如說，你們就是某一個服務員是專門做失智老人的阿，你們要訓練一批服務員他們是做特殊教育的小朋友，某一批服務員是做身體照顧、翻身拍背的，某些服務員叫他們做家務等等之類的，那就其實滿理想化的，但是我覺得他裡面有一些東西是我們可以拉出來思考的，所以這部分也是最近我們單位在討論的」（W7,4901,18-22）

居家照顧服務員的分級與居家服務工作的專業形象有關，在分級的過程中，檢討應該提供的服務內容，規畫出不同層級的服務員，而給予不同的服務。

「可是專業形象的部分……這也會涉及到，我們剛才說的，哪些服務可以做，哪些服務不能做，照顧服務員要不要分級」（A1,2901-03）

（二）在職進階訓練與考取專業證照的補助

在職訓練的部分，由於許多共通的課程都是給新進的居家照顧服務員上，儘管有要求居服員必須達到一定的上課時數，可是有許多課程已經是重複學習，對居服員實際工作上的協助效果有限；若要增加更多專業的訓練，往往變成單位自行辦理進階課程，可是這也就成為機構的另一項成本開銷，因此期待政府對於進階訓練能有更多的補助。

「再多一些專業的訓練……通常在職訓練阿，都是變成是單位自行去辦理一些進階的，照顧員的在職訓練，可是就會變成各個機構的，就是居服單位的受訓上的一個負擔」（S5,0923-1001,1003-04）

透過鼓勵居家照顧服務員考取專業證照，參加延伸的在職訓練課程，來增加居家照顧服務員本身的價值，同儕之間也可以有一個共同目標，為了考取證照互相學習、討論，增加彼此的照顧技巧，而機構支持居家照顧服務員，政府再提供機構相關補助經費，達成一個良好的協助合作系統。

「我們應該怎麼樣去宣導服務員他們本身從事這工作的價值，是不是可以透過他們在職業訓練的時候？他們結訓一定會拿到結訓證書，那可能自己想要再去多學習的會去延伸考丙照或是乙照，從單位來說，針對服務員他們本身有專業證照的話，可以做一些薪資的加給……因為我覺得這樣可以更提升服務員他對自己本身的價值，而且也可以讓其他同儕藉由這樣來學習……那也許政府這邊是不是也可以，譬如說證照的可以相對做一些補貼，讓單位的成本如果說有比較可以負擔的話，就一起合作」（W3,3822-3905）

五、增加需求評估的確實性

由於居家服務的過程是由民眾向長期照顧管理中心申請，由長期照顧管理中心審查後，分派給承接的居家服務單位，因此篩選評估案主的資格是由長期照顧管理中心負責，然而居家服務單位與長期照顧管理中心的認知與評估時常有所出入，而認為對於案主需求評估的確實性不足。

（一）將需求過高的案主轉入機構式照顧

許多居家服務工作者在訪談的過程中都提到，長期照顧管理中心的評估需要改善，有些服務使用者其實已經不適合居住在家中，也不適合使用居家服務的協助，應該需要更長時間、更全面性的照顧，例如機構式照顧，可是長照單位仍然將其留在居家服務裡，這時候就會面臨家屬一直要求更多的時數，然而居家服務

的規定時數已達上限，無法提供更多的服務。持續循環的結果就是案家認爲的需求無法滿足，居家服務單位也沒有多餘的人力，形成一個僵持的困境。

「大概在案主還沒往生的一年多以前，我跟我們單位反應過，我有跟督導員說這個個案不適合住在家裡，他需要專業的照顧，又洗腎、腹膜透稀……他也反應給長照，結果長照也不行……他眞的不適合住在家裡。」（H5,2119-22）

「在居家的照護裡面，如果說他眞的有評估，就是有達到說其實不適合留在居家，不曉得政府這邊是不是可以有一個，譬如說有一個評估機制，就是建議他一定要轉機構的照護，或是其他適合的照護。因爲其實我們居服員進去的時候，沒有辦法做到長時數的服務，然後就會變成家屬一直認爲他的需求是沒有辦法被滿足的，然後反而是需要照顧員，可能就是超過8小時以上的照顧這樣子，可是我們一直礙於人力不足的問題，所以就會變成兩邊問題在拉扯。」（S5,0916-20）

（二）使用者付費

除了將需求超過居家服務範圍的案家轉入機構式照顧，另一個方式爲使用者付費，當案家要求的服務已經超過案主的基本需求時，應該建立一個付費機制，讓有意願提供的機構來服務，但是必須由案家自行負擔費用，以免案家過度使用居家服務，反而造成資源的浪費。

「我們有服務過那個個案，一天要3次，一個禮拜要7次，你就一個禮拜要21次，那不對阿，那你用居家服務合適嗎？……都是居家服務要補助的，那我覺得這很奇怪，那個我就會比較認爲這是想要啦，那想要當然就是你有經濟能力到，你願意自費，也有廠商願意提供，那這樣可以嘛，對不對，就像有人只要吃牛肉，可是有人要吃牛排阿，一樣意思嘛，那要吃牛排的人總不能政府都要買給

每個人吃牛排阿，不過現在的居家是確實沒有這樣分比較不好，而且會很浪費資源，阿因爲資源有限嘛。」（S1,1119-23）

六、強調家屬責任

　　居家服務的家務服務工作是最容易產生困擾的一部分，因爲居家服務主要還是以案主的身體照顧爲第一優先，配合與案主日常生活相關的家務內容，而非家庭中所有的家務皆由居服員承擔；尤其是當案家有工作人口時，應該是家庭中的其他成員來負擔主要的家務，居家照顧服務員僅是協助的角色，協助的範圍也僅只於與案主相關的部分。因此，儘管申請了居家服務資源，家屬仍有一定的照顧責任，在服務提供的過程中，應該再次強調家屬的責任。

　　「家務服務，我們希望不要核給家裡面有工作人口，因爲我們是把重點放在身體照顧，這個部分其實在新進個案的時候，我們都希望照專去跟他們強調，或者是他打電話進來我這邊的時候，我都會跟家屬去強調說其實是以身體照顧爲主，除了身體照顧之外一些附帶的家務服務，其實是可以提供的。」（A2,0713-17）

　　「家裡有子女的都應該要求他們要分擔……家裡面孩子只要國中以上，應該可以協助一部分的工作，就應該要減少時數、減少家務。」（H1,3816,22）

七、修正配套措施

　　居家服務單位普遍支持居家服務納入勞基法規定，認同居家照顧服務員應該享有相對應的福利保障以及勞動條件，但從機構經營者的角度來看，提供居家服

務的單位多為非營利組織，與一般的企業組織大不相同，政府以一個相同的標準要求所有機構遵從有其困難性，也未考量不同組織型態的差異性，應該在大的規範項目下，訂定相關的配討措施。

「其實原則上那個居服員去納入勞基法，那個基本上我們是支持的啊，因為我們會覺得我們也支持去提高勞動條件，可是你要給他相應的那些其他的部分，就是不能只去修改法規，然後相對的補助其實都沒有改變，因為我們的僱主都是非營利組織，他其實沒有多大的能力去負擔一個真正企業僱主的責任。」（A2,4709-13）

而政府在進行居家服務的招標時，所制訂的規範也應定期重新評估以符合實際情形，例如居家服務單位服務地區的畫分，是否應該以相鄰地區為主，或是以熱門區搭配偏遠區的綁標方式。由於每個單位的規模不同，機構經營的理念與使命也有所差異，政府以同一套規定來執行業務，可能使得機構為了承接委託案，而改變機構原本的運作規畫，但這樣的改變未必有利於機構。

「我是覺得如果在政府的委託關係裡面，其實可以去看單位，能夠尊重單位啦，因為有的單位真的喜歡多點布局，那他們就去大規模經營，有的單位可以、願意小，那就讓他們小，那資源不足本來就是政府要去配置的，不是居服單位的責任，不能每次都做強行分配這個事情。」（W9,5303-05）

第七節　結語

　　選擇進入居家服務場域的居服員，有些是面臨經濟壓力、二度就業的需求，有些則是秉持著利人利己的奉獻心態協助案主生活，每個人帶著不同的需求走進機構、走進案家，也走出了許多種的工作態度。

　　無論是居服督導員或是居服照顧員，只有要合理的工作條件，包括合理的薪資、福利和訓練，並且得到案家應有的尊重，多數督導員和照顧員都願意繼續投身於居家服務工作。多數的他們，願意以更正向的力量去自我調適、摸索與案主的互動模式、提煉人生面對生命老化的課題，尤其是當居服員與案家關係產生了勞務工作外的情感支持、以及案家充滿感謝的回饋，也顯示出居家服務工作雖然有些辛「苦」、有些心「酸」、有些辛「辣」，但也有許多的馨「甜」滋味，是吸引居服員的在這個場域奉獻己力的工作魅力，在居家服務中「為人生寫下色彩的一頁」。

參考文獻

一、中文部分

王郁智、章淑娟、朱正一（2006）。升遷機會、社會支持、工作滿意度與留任意願知相關性研究。志篤護理，5(4)，90-101。

辛進祥（2007）。居家照顧服務員工作滿足與離職傾向關係之研究-以臺東縣為例（未出版碩士論文）。國立臺東大學，臺東縣。

江孟冠（2002）。長期照護管理者之人力資源管理措施與照顧服務員留任關係之探討（未出版碩士論文）。國立臺灣大學，臺北市。

江玉珍（2003）。工作滿意度為角色衝突、角色模糊與留任意願關係的中介變項—以臺北市長期照護機構病患服務員為例（未出版碩士論文）。國立臺北護理學院，臺北市。

林萬億（2006）。當代社會工作－理論與方法。臺北市：五南。

林靜瑜（2007）。老人居家服務督導功能發揮與居家服務員工作滿意度之相關性研究。社區發展季刊，117，218-246。

林燕姿（2009）。照顧服務員感受之督導功能、工作滿意度與留職意願之關係研究（未出版碩士論文）。長榮大學，臺南市。

周美雲（2005）。影響護理人員績效表現與留任意願之相關因素分析（未出版碩士論文）。亞洲大學，臺中市。

劉育婷（2008）。居家照顧服務員持續服務之動力（未出版碩士論文）。輔仁大學，新北市。

彭安娜、吳怡萱、張媛慧（民95年10月）。照顧服務員留任意願之研究。2006健康與管理學術研討會，新竹市元培科技大學。

陳曼華（2003）。照顧服務員留任因素之探討－以臺北縣長期照護之機構為對象（未出版碩士論文）。國立臺北護理學院，臺北市。

陳國瑜、陳麗如、蘇喜（2006）。護理人員對護理工作認知與離職傾向之探討。臺灣衛誌，25(3)，177-188。

張正穎（2009）。照顧服務員的就業與勞動條件之探討—以嘉義縣居家服務的照顧服務員為例（未出版碩士論文）。南華大學，嘉義縣。

張錚如（2010）。臨床心理師的工作壓力、專業認同及對心理健康、離職意圖及轉業意圖之影響（未出版碩士論文）。中山醫學大學，臺中市。

張江清、林秋菊、蔡和蓁、陳武宗（2011）。困境向前行～高雄縣市居家照顧服務員服務經驗探究。弘光學報，64，70-89。

劉諺義、劉波兒、蘇淑芬（2011）。影響護理人員的護理專業形象與留任意願之相關因素探討。澄清醫護管理雜誌，7(2)，61-68。

葉建鑫（2009）。老人長期照顧機構人力資源管理措施與專業人力之留任意願關係探討（未出版碩士論文）。長庚大學，桃園縣。

藺寶珍（2006）。護理之家護理人員留任意願及其相關因素之探討－以臺南地區爲例。長期照顧雜誌，10(4)，363-378。

藺婉茹（2010）。我國居家照顧服務工作人員勞動條件與就業機會之探討—以臺南某基金會爲例（未出版碩士論文）。國立中正大學，嘉義縣。

二、英文部分

Atchley, R. (1996). *Frontline workers in long-term care: recruitment, retention, and turnover issues in an era of rapid growth*. Oxford, OH: Scripps Gerontology Center.

Barbarta, L. (2010). *Direct care worker retention: strategies for success*. Washington, DC: Institute for the Future of Aging Services and the American Association of Homes and Services for the Aging.

Brannon, D., Barry, T., Kemper, P., Schreiner, A., & Vasey, J. (2007). Job perceptions and intent to leave among direct care workers: evidence from the better jobs better care demonstrations. *The Gerontologist, 47*(6), 820-829.

Chou, R. J. A., & Robert, S. A. (2008). Workplace support, role overload, and job satisfaction of direct care workers in assisted living. *Journal of Health and Social Behavior, 49*(2), 208-222.

Faul, A. C., Schapmire, T. J., D'Ambrosio, J., Feaster, D.,Oak, C. S., & Farley, A. (2010). Promoting sustainability in frontline home care aides: Understanding factors affecting job retention in the home care workforce. *Home Health Care Management & Practice, 22*(6), 408-416.

Fleming, G., & Taylor, B. J. (2006). Battle on the home care front: perceptions of homecare workers of factors influencing staff retention in Northern Ireland. *Health and Social Care in the Community, 15*(1), 67-76.

Howes, C. (2008). Love, money, or flexibility: what motivates people to work in consumer-directed home care? *The gerontologist, 48*(1), 46-59.

Herzberg, F. B., Mausner, B., & Snyderman, B. B. (1959). *The Motivation to Work.* NY: John Willey & Sons, Inc.

McFarlane, L., & McLean, J. (2003). Education and training for direct care workers. *Social Work Education, 22*(4), 385-399.

Price, J. L. (2001). Reflections on the determinants of voluntary turnover. *International Journal of Manpower, 22(7)*, 600-624.

Seavey, D (2010). Caregivers on the Front Line: Building a Better Direct-Care Workforce. *Generations, 34*(4), 27-35.

Sagie, A., & Krausz, M. (2003). What aspects of the jod have most effect on nurses? *Israel Human Re-*

source Management Journal, 13(1), 46-62.

Stone, R. I., & Wiener, J. M. (2001). *Who will care for us? Addressing the long-term care workforce crisis.* Washington, DC: The Urban Institute.

Tourangeau, A., Cranley, L., Laschinger, H. K. S., & Pachis, J. (2010). Relationships among leadership practices, work environments, staff communication and outcomes in long-term care. *Journal of Nursing Management, 18*(8), 1060-1072.

Yin, J. C. T., & Yang, K. P. A. (2002). Nursing turnover in Taiwan: a meta-analysis of related factors. *International Journal of Nursing Studies, 39*(6), 573-581.

第十一章　居家服務的未來發展方向

　　為因應高齡化社會所衍生的老人照顧問題，行政院於2007年提出「我國長期照顧十年計劃」，以居家、社區式照顧為主，機構式為輔之照顧服務模式，保障老人及身心功能障礙者獲得適切之服務。由於多數長者仍希望與子女同住並生活在熟悉的社區環境中，且隨著「在地老化」（aging in place）及「去機構化」（deinstitutionalization）概念的盛行，居家服務成為協助老人持續住在社區，並能維持自主自尊生活的重要措施（陳淑君、莊秀美，2008）。The Alliance for Home Health Quality & Innovation（2014）亦指出居家照顧的價值在於其可提升服務使用者的健康狀況，且是成本最低，並受使用者喜愛的服務方式。

　　我國居家服務使用人數已逐年增加，自2010年至2013年7月間，居家服務在案數成長40.1%（2010年12月28,398案，2013年7月37,994案），相較於其他服務的使用次數，居家服務使用人數的增加最為快速。政府花費在補助居家照顧服務的經費也占了我國長照支出的一大部分。而依照目前政府推動長期照顧制度的方向來看，未來居家照顧服務還是建構我國長照服務體系的最主要服務項目。由於多數人喜愛留在自己熟悉的家中，以居家服務為長期照顧體系的主要服務項目自是合理的選擇。因此，本章主要探討未來可能影響居家照顧發展的外在環境趨勢，整理因應居家照顧服務問題的相關建議，進而提出對未來居家服務發展方向的建議。

第一節　未來影響居家服務發展的環境趨勢

　　居家照顧服務的未來發展受到很多外在環境因素的影響，包括人口、經濟、社會、科技發展等。由於一般社會工作人員較少從鉅視面檢視社會問題，因此作者探討外在環境的發展趨勢對居家服務的可能影響。

一、人口結構的改變

　　國家發展委員會（原經建會）（2012）發表的「中華民國2012年至2060年人口推計報告」指出，我國受到生育率降低的影響，將在2018年正式進入高齡社會（老年人口占總人口的14.6%）；2025年則進入所謂的「超高齡」（Super-aged）社會（老年人口占總人口的20.0%）。隨著高齡人口的人數增加，年紀越大產生失能狀況的人數比率就越高，加上醫療技術的進步，未來依賴醫療科技而生存的重度失能者的機會亦可能增多，除了對於醫療健保系統的經濟負擔產生深遠的影響之外，需要居家照顧服務的人數亦將急速增多。

　　在另一方面，臺灣人口於2021年達到高峰之後即可能開始負成長，預估2060年臺灣的人口將由目前的2,339萬人降至1,818萬人，少了500萬人（國家發展委員會，2012）。除了人口總數下滑，幼年人口與工作年齡人口（15～64歲）均將大量減少為現在的一半左右，老年人口則增加為現在的2.7倍，勞動人口的負擔勢必日益加重，進而衝擊我國的整體經濟與社會之發展。在此種發展狀況之下，未來需要照顧的人口增加，提供照顧的人力卻減少，未來居家照顧人力不足的問題應會更加嚴重。

二、政府的財政困難

　　隨著民主的推展，全世界許多國家皆陷入相同的困境。右派政黨主張降低負稅負擔，但卻不敢刪減社會福利，左派政黨則推動大量的社會福利方案，卻又不敢增加稅負。結果就是政府的財政負擔過重，債務累積過多，甚至造成政府有倒閉的風險。臺灣的狀況並沒有不一樣，甚至更糟。就臺灣的所得稅率及政府收入而言，只能維持小政府的規模，無力負擔過多的業務，尤其是不具生產價值的福利服務方案。然而在選舉文化影響之下，兩個主要政黨皆競相加碼福利支出與降稅（中國時報社論，2015.2.28），結果造成政府的財政嚴重惡化。

　　有關我國政府財政的嚴重程度，財政部的資料顯示2014年底各級政府一年以上非自償性公共債務的未償餘額高達5兆9851億元，佔當年度GDP的37.2%，為前3年度平均GDP的40.6%；光就中央政府的未償債務餘額來看，平均每個人所負擔的債務高達23.2萬元（中國時報社論，2015.2.28）。此外，勞保與軍公教人員退撫基金的潛藏負債更高達16兆左右（中國時報社論，2015.2.28），以當年度收入及支出合計數來看，軍職人員在100年度即已出現不足的問題，教育人員2014年首次發生收支短差，公務人員則可能2015年就會入不敷出，可見破產警鐘皆已被敲響（黃邦平，2015.01.30）。

　　在社會福利部分，臺灣現有的社福支出約有四分之一，亦即高達1000多億元是花在65歲以上人口（中國時報社論，2015.2.28）。隨著老年失能人口的急遽增加，如果長期照顧經費繼續全由政府支出，必定沒有足夠的經費可以支應。在此狀況下，開辦長期照顧保險似乎是必然要走的路。只是在選舉文化並未改變之下，長期照顧保險是否同樣又挖了一個錢坑，開始運作不久亦會面臨破產的境況則是目前規劃需仔細思考的問題，畢竟如果又增加財政及年輕世代的負擔，則喪失開辦長期照顧保險的意義。

三、社會價值觀的變遷

　　臺灣的民主推展與政治變遷不僅影響政府財政而已，也改變了社會純樸的風氣，讓國人養成任何事皆要政府負責的態度。此種社會氣氛的改變可能受到社會論述權移轉的影響。首先是黨外運動興起破除了言論控制，接著是社會運動的此起彼落創造出多元化的發言權，而政黨輪替則製造出藍綠兩極的價值認同，第四則是蓬勃的名嘴政治發展出畸形的媒體監督角色；這些發展導致價值與認同的涇渭分明，社會難以產生共識，媒體亦失去理性空間（聯合報黑白集，2009.9.4）。結果造就出中央氣象局前預報中心主任吳德榮所說的「理盲又濫情」的社會（李宗祐、林如昕，2009.10.08）。社會整體瀰漫一股「只要我喜歡，沒有什麼不可以」的氣氛，民眾越來越覺得不需要對自己的行為負責任，使得人與人之間越來越無情，彼此間不信任，社會的包容與自省能力越來越低，並有任何事皆可以推給政府的傾向。李秉穎（2011）認為這是整個社會愈來愈重視自我權益與功利主義的趨勢所造成，並把它稱為「只要我喜歡症候群」。胡佛也批評現今的社會風氣「散亂、貪婪、虛浮、功利」，充斥放縱及民粹導向的價值觀，使得很多人不懂尊重他人；社會應該重新建立共同規範及道德價值（李威儀，2010.11.15）。

　　除了價值改變之外，有些可能是過去既有的不良特質也更加明顯。在日本統治時代，後藤新平曾制定有名的 「治台三策」：1.臺灣人怕死，要用高壓的手段威嚇；2.臺灣人愛錢，可以用小錢利誘；3.臺灣人重面子，可以用虛名籠絡（臺灣海外網，無日期）。後藤透過治臺策略，加上嚴格但明確的法令，達成使臺灣人守法的結果，如今仍有許多老一輩的人懷念過去夜不閉戶的日子。如今愛錢的特質展現在各種貪小便宜的行為上，美其名為「小確幸」，於是可以為了幾百元的優惠漏夜排隊，或幾十元的價差特地開車去加油，而不計算其他成本。像2014年王品的原燒餐廳週年慶活動，不僅有上萬人露夜排隊，後來還有人因沒有拿到優惠卷而與店家發生衝突，並使此事件上了頭條新聞。

　　這些社會價值與道德會影響每個人的決策與行為。就養老準備部分而言，今

周刊2014年的國人退休理財調查結果顯示，臺灣有7成民眾沒有自行提撥薪資到勞退基金，也有34%民眾每月沒有存錢作為退休規畫。此外，各年齡層的受調查民眾大多呈現退休金的投入偏低，且退休理財的心態及策略保守的狀況，年輕族群看重「保本」的比率更超過6成，且有47%的年輕族群選擇以「定存」作為主要退休理財工具（陳宥臻，2014.12.11），可見臺灣人在退休理財上面臨「投入本金不足」，且「投資報酬率偏低」的窘境。因此未來在自我退休準備不足的狀況下，需要依賴政府照顧的機率大增。

道德價值的改變對社會福利支出亦有其影響，過去老一輩的人民往往覺得接受社會福利救助是一件丟臉的事，並以能夠照顧自己及養活自己為榮，然而現在卻有很多人缺乏服務使用者付費的觀念（徐名筠，2005；江雅筑，2006），認為領到社會福利補助是應該的，主張政府應該養活自己或自己的小孩，因此有些家長不繳學費及營養午餐費等，有些人則千方百計想辦法領取福利補助，甚至有些人還認為自己有辦法領取補助是值得炫耀的事，這種現象不僅加重政府的福利支出，更製造出一群福利依賴人口。

在臺灣目前政治人物競相加碼社會福利的選舉文化，加上理盲濫情又貪小便宜的社會氣氛之下，長期照顧服務體系的推出可能無法減輕政府的財政負擔，甚至可能引發照顧需求。在臺灣人習慣不用白不用，甚至覺得有福利不用是自己吃虧的特質下，長期照顧服務保險推出之後，其經費支出有可能超過原有規劃所能承擔的負荷，在短期內面臨超支，甚至破產的壓力。

四、科技技術的創新

隨著科技技術的創新發展，將科技技術導入居家服務的可行性越來越高。經濟部投資業務處（2009）表示我國目前的照護模式具有高人力需求及低科技的特性，在長期照顧人力缺乏的狀況下，服務需求很難被滿足，而隨著健康照護產業與資通訊技術的發展，未來資通訊技術應用在高齡者與居家照顧的領域將持續

增加，例如應用資通訊技術進行資料管理與整合，及疾病預測與風險評估等。謝楠楨（2008）認為導入遠距照顧服務（Tele-Care）有助於強化服務輸送與照顧管理。遠距照顧強調提供「家庭型態」的服務，服務項目包含日常生活照顧服務與安全性照顧服務（謝楠楨，2008）。日常生活照顧服務以遠端服藥之控制與管理、線上心理諮商、關懷、及居家服務的連結為主，安全性照顧服務則是在服務使用者家中建置一個監視網絡，整合網路與電話技術，避免長者發生意外或危險，並在有需要時能立即連繫緊急服務中心提供即時服務（謝楠楨，2008）。安全性照顧服務以「居家緊急救援服務」的形式在臺灣已推動多年，不過普及性仍然不高。如今在技術上已發展出「主動式偵測」的功能，透過偵測跌倒、體溫、心跳等，由緊急服務中心主動聯繫，不過主動偵測技術目前容易受環境限制或因使用者忘記隨身攜帶，還很容易造成誤報（林金立、楊筱慧，2008）。

　　黃啓瑞、陳靖國、陳猷仙（2009）則展示一套「居家照顧服務管理資訊系統」。這套系統包括前端記錄模組及後端管理模組，前端記錄模組為照顧服務項目之記錄及被照顧者生理量測資料的輸入介面，供照顧員以最便利的方式將服務記錄即時回傳到機構的資料庫，且含GPS定位系統，能在照顧服務員回傳資料時同時監控其所在位置。後端記錄模組則為督導員及機構監控之模組，能設定及查詢照顧服務項目，查詢被照顧者生理量測資料，查詢GPS定位及進行報表作業。透過整合居家服務各項內容對服務的管理進行資訊化，即將個案的服務內容（家事服務、被照顧者生理量測記錄）存入資料庫，能減少作業時資料記錄的重工動作，使居服單位能更有效率的經營，並升機構的服務品質。

　　家庭用機器人的發展則是另一個值得期待的科技應用。日本NEC及富士軟體皆推出過小型的家庭用機器人或對話機器人。最近日本軟體銀行公司（Soft-Bank）則推出「pepper」智能機器人，其頭部、手臂和腰的動作靈活，眼睛的攝影機可以辨識人的容貌，嘴巴的攝影機可測量與人之間的距離，而胸前的面板則可作展示之用。軟體銀行公司希望Pepper未來能成為養老院的老人及失智患者的對話夥伴，以減輕照顧人員的勞力壓力（黃菁菁，2014/03/01）。成功大學李祖聖教授也表示機器人的時代已經來臨，其所設計的居家型機器人May可自主協助

整理居家環境及提供居家照護，未來將持續進行視覺改良、觸覺感測、聽覺偵測、底盤改進、互動功能、外型設計等六項能力，並與企業合作，透過量產降低生產成本（林育仁，2014/04）。

第二節　居家服務未來發展的相關議題

　　居家服務的未來發展除了受到外界環境趨勢的影響之外，目前的實務困境、未來的政策發展與社會各界的看法與角力更是直接影響其未來發展的重要因素。在政策方面，建構我國長期照顧制度的兩個主要法案為管理照護機構與人力的《長期照顧服務法》與規範長照保費收支的《長期照顧保險法》。《長期照顧服務法》在2015年5月15日經立法院三讀通過，預計2017年實施。內容主要涵蓋長照服務內容、人員管理、機構管理、受服務者權益保障、服務發展獎勵措施、罰則等要素，共有七章66條。而該法案對照現有長照服務體系有三大重大變革，包括：整合所有長照機構、外籍看護改採雙軌制，以及將家庭照顧者納入長照體系（林思宇，2014/01/09）。《長期照顧保險法》草案則在2014年7月規劃完成，規劃原則為（衛生福利部，2014）：1.體制採以全民納保之社會保險模式；2.以中央健康保險署為保險人；3.長照保險有三年投保資格的等待期；4.保險費由被保險人、政府及僱主三方共同負擔；5.強化財務責任制度，具體內容包括收支連動、每三年檢討調整費率、提列安全準備期八個月（採部分提存制）；6.發展多元評估量表作為評估工具；7.經評估有需要始能獲得基本給付；8.依長照需要等級及照顧計劃提供給付，超過部分則自行承擔。草案內容亦規範政府需負擔的總經費不得少於每年度保險經費扣除法定收入後金額之36%，且不足部分由主管機關編列預算撥補之。至於給付項目則共有十四類：1.身體照顧服務；2.家務服務；3.安全看視；4.護理服務；5.復健訓練；6.輔具服務；7.居家無障礙空間規劃或修繕；8.交通接送；9.喘息服務；10.照護訓練課程；11.照護諮詢；12.關懷訪視；13.照顧者津貼；及14.其他經主管機關公告之項目。

　　行政院會於2015年6月4日通過《長期照顧保險法》草案，將送立法院審議。草案的保費負擔比例採僱主四成、個人三成、政府三成，同時比照健保制度，利息、獎金、股利等也將收補充保費。至於照顧對象則將不分年紀、身份、性別、經濟所得等，只要評估需要長期照顧服務，就可獲得保費給付，提供

長照需求者與家庭照顧者經核定的服務項目（臺灣新生報，2015/06/05）。

　　國內、外有很多文獻針對長期照顧的實務問題與法案規劃提出批評與建議，本節針對其中與居家照顧服務有直接相關的議題進行探討，以提供國內未來居家照顧服務發展方向的參考。

一、服務項目給付議題

　　「活躍老化」（active ageing）是世界衛生組織推展的概念，主要透過預防來降低個人的失能，提供安全、健康、參與的環境以確保長者的生活品質（沈慶盈，2013），不過衛生福利部（2014/02/19）認為長期照顧的服務對象主要為日常生活功能受損而需要由他人提供照顧服務者，因此活躍老化、預防失能等並不是屬於長照服務範疇。吳玉琴（2011）則建議應重視照顧預防，在長照保險的給付項目中增加預防服務，針對可能成為長期照顧的高危機對象提供預防服務，避免或延緩其需要接受照顧的時間。普及照顧政策聯盟（2013/12/17）亦呼籲將預防性的服務措施納入，且需預留彈性，鼓勵創新服務。長照服務項目可依據受照顧者的需求與失能程度區分為核心與外環服務（普及照顧政策聯盟，2013/12/17）。核心服務是針對失能情況較重者所提供的昂貴服務，外環服務則是針對失能情況較輕者的服務，政府對此部分應採取較寬鬆的管理，鼓勵發展新的服務型態，透過社會互助以延緩失能，減輕個人、家庭、社會負擔，並提升生活品質。

　　現有服務項目的給付金額亦是一個討論的議題。目前居家服務的服務項目內容廣泛，難易及專業程度差異很大，但居家服務的給付一律以時間為基準，不管服務對象是身心障礙者、失能者或是失智者，也不區分提供給受照顧者的服務項目。這種執行狀況引發居服員間同工不同酬及挑選服務對象的爭議，增加居服提供單位的困擾。對居家照顧服務員來說，家務服務或陪同就醫最輕鬆；服務重癱案主的心理壓力最低，因為他們對於服務沒有意見也不會表達不滿，但身體負

擔與職業傷害的風險卻較高。至於服務身心障礙者或失智者的過程，雖然身體負擔可能較低，但服務對象容易對服務內容有意見，容易受到批判、懷疑（如偷竊），甚至攻擊，需面對較高的精神壓力。因此，有些照服員就有挑案主或服務項目的狀況，未來應針對居家照顧服務項目的給付金額重新檢討、修訂，使照服員的服務與所得更能反應其專業技能與付出。

二、長照資源議題

　　許多國家的長期照顧發展採取社區式的居家照顧服務，以達成「在地老化」（aging in place）的目標，臺灣也朝這方面進行。根據2002年臺北市就業輔導中心調查顯示，臺北市新興的九大熱門行業當中，居家照顧服務業（Home Health Care）就是其中一項（經濟部中小企業處創業圓夢網，2006/7/27）。而就長照制度的規劃來看，居家式及社區式照顧服務仍是未來的主流。隨著人口老化，加上長照保險實施，兩者的相乘效果，必然導致居家照顧服務的人力需求大增，但是長照服務資源除了機構式的資源較豐富外，居家式及社區式服務資源仍嚴重不足（吳玉琴，2011）。此外還有分布不均的問題，偏遠、山地離島、原住民地區由於需求不足，服務成本高，不易吸引服務資源投入（吳玉琴，2011；普及照顧政策聯盟，2013/12/17）。

　　針對資源不足與不均的議題，衛生福利部（2013）的資源發展策略主要為：1.優先發展及獎助社區式及居家式長期照護服務；2.以弱勢人口及地區優先，逐步增加長期照護服務對象及內容；3.獎助長期照護資源不足地區發展長照資源，以普及長期照護服務體系。吳玉琴（2011）認為未來可能需透過土地分區使用、建管、消防等法規的鬆綁，並針對偏遠、山地離島、原住民地區的服務設計加值給付，提高機構投入服務的誘因，才會有機構願意開辦服務。所有產業的發展受到其經營成本所左右。就居家照顧服務機構而言，目前主要依賴縣市政府委託個別的非營利組織辦理。但非營利機構面對各項不利經營的困境之下，不是

不願增聘人力提供服務，就是周轉不靈而退出市場。未來照顧需求大增之下，政府勢必須積極鼓勵各類型的民間組織進入居家服務市場，以刺激服務的質與量。由於較大型的機構所能運用的經營管理技能與資源較多，能支撐的時日較久，較能把握機會擴大經濟規模，不然就是能同時提供多元的服務內容，如養護、日間照顧、居家服務及送餐服務等，滿足不同個案多層次的需求，因此在政策上引導照顧服務往產業化發展可能是有效解決資源不足與分配不均的策略之一。莊秀美、周怡君、賴明俊（2012）從日本戒護保險制度的經驗，認為企業參與照顧服務的提供對於服務提供多元化是不可或缺的，因此應積極思考如何結合企業，推動市場的良性競爭。

　　對於照顧服務產業的發展，主要著眼於其可降低成本，提供更有效的服務，但是相關的批評很多。謝美娥（1993）指出政府向私立機構購買服務，可能造成機構的財務依賴，使機構喪失自主性，且模糊政府的照顧責任；其次，在成本考量下，私立營利機構可能排除經濟條件弱勢者的使用，或是選擇成本較少，或服務困難度較低的失能長者，因而損害服務的公平性；第三，私人機構為了降低成本，可能任用較少或專業能力與經驗較不足的人員，或是因福利不佳，導致人員流動快速，如此反而會導致服務品質不佳。因此，法案內容應明訂國家責任的範圍與服務義務，並將所有營利及非營利的居家服務提供單位皆列入監督管理的範圍（莊秀美、周怡君、賴明俊，2012）。

三、照顧服務員人力議題

　　長期照顧服務是一項勞力密集的服務，各類長照人員的需求將隨制度改變而服務需求大增，其中照顧服務員是長照最缺乏的人力。但照顧服務員低薪資、低社會地位的形象，不僅培訓後大量流失，在職場也不易留任，因此，照服員人力問題不解決，臺灣長期照顧政策的推動將無法成功（吳玉琴，2011）。臺灣照服員主要為中高齡、社會弱勢女性，但目前長照法案的規畫為了管控品質，將照服

員與社工員、醫事人員等統稱為「長照人員」，採取相同的管理方式，需要進行認證、登錄、核備、繼續教育等手續，嚴格且形式化，此種作法是不了解基層照服員的特性，無助於提升服務品質，卻會提高照顧服務員的就業門檻（普及照顧政策聯盟，2013/12/17），反而使人力不足問題更加嚴重。

至於如何解決居服人力缺乏的困境？相關文獻的建議在本書前一章詳細整理，主要包括改善工作條件，提升工作意義與促進專業認同等。有關改善工作條件的建議包括提高薪資與福利、強調居家服務的工作自主與彈性、提供訓練、改善居服員與機構及案家的關係，及增強組織支持等面向（戴玉慈、吳淑瓊，2002；行政院社會福利推動委員會長期照顧制度規劃小組，2005；行政院，2007；行政院經濟建設委員會，2006；陳正芬、王正，2007；吳玉琴，2008；陳淑君、莊秀美，2008）。提升工作意義與內在報償則需創造讓居服員感受到工作意義，及幫助人的感覺的工作環境，創造工作的獨立自主及運用能力的機會，使其享受工作帶來的成就感，提升其工作的滿意度。至於促進專業認同則可從提升居服員的社會地位著手，讓居家服務成為一個良好的職業選項。吳玉琴（2011）認為長遠目標可從學校、職訓系統培育人才，到提供國家考試與證照，建立照服員的完善生涯路徑。不過，臺灣青年在民主自由的薰陶下，具有創意優勢，但耐力稍嫌不足，持續能力不夠，有「人才談不上，奴才做不來」的問題，既無法吃苦，還挑工作（尹俊傑，2015），未來能否吸引年輕人將居家服務當作職業選項，投入照服員的工作還有待努力。

四、現金給付抑或實物給付的議題

行政院（2007）核定的「我國長期照顧十年計劃」明定「針對一般社會大眾，給付型態以實物給付（服務提供）為主，現金給付為輔，而以補助服務使用為原則」。蘇麗瓊（2009）批評其忽略照顧者勞務壓力之外的問題，特別是經濟性支持，並建議實施長期照顧保險時，應將現金給付有條件的納入社區式照顧

的實施範圍，全面適用於相同條件者，因為現金給付的目的在於回應獨立自主和選擇的價值，且在財務負擔與福利公平原則下，對於資源缺乏的社區應容許請領現金，以僱用經照顧訓練之親友。

目前長照保險法的規畫仍遵循我國長期照顧十年計劃的服務項目規劃原則，但為因應長照資源不足，在開辦初期有照顧需求者可申請服務或請領現金。普及照顧政策聯盟（2011/09/27）認為開放現金給付可能加劇性別的不平等。換言之，長照保險若提供現金給付，有可能造成實物提供的服務難以發展；加重家庭照顧者，特別是女性照顧的責任；增加財政負擔；及服務品質不易監督等問題，因此不宜開放現金給付（吳玉琴，2011）。而照顧者津貼的設計更可能加速長照財務健全程度的崩解，除了可能有些聘請外籍看護的家庭蓄意申請照顧者津貼外（假冒有家人留在家照顧），更嚴重的狀況是難保有人會為了照顧者津貼，假裝失能或失智，畢竟評估居家照顧服務需求的工具並無法有效辨識造假狀況。

在另一方面，由於外籍看護工在臺灣的總人數約共有21萬多人，遠遠超過本國籍人數（劉建國，2013/08/15），如果現金給付聘有外籍看護工的家庭，可能使臺灣長期照顧有全面外籍看護工化的危機，但如將聘有外籍看護工家庭排除則不符公平正義。因此，吳玉琴（2011）認為聘有外籍看護工之家庭應只能獲得居家式、社區式服務等實物給付，以支援對失能者的照顧。為了照顧聘有外籍看護工之家庭，提升外籍看護工的服務品質，衛福部已針對外籍看護工試辦教育訓練方案。勞工委員會則於2013年3月訂定公布「外籍看護工外展看護服務試辦計劃」，試辦由非營利組織擔任僱主，聘僱本、外國籍看護工後，再派到符合聘僱外籍家庭看護工之家庭提供鐘點照顧服務，以鐘點計費，並提供外籍看護工專業管理、定期在職訓練及外展服務模式提供照顧服務。此種方式以社區為服務區域，打破既有家庭單一聘僱外籍看護的作法，提供另一種照顧服務模式的選擇。

第三節　居家服務的未來發展方向

　　根據以上的討論可知居家服務受到許多因素的影響，本節乃針對居家服務的未來發展提出建議如下：

一、政府應增加促進老人健康需求的服務系統，以降低長期照顧需求

　　預防或延緩長者的身心功能退化，縮短其需要使用長期照顧的生命期，是降低長期照顧需求，減少長期照顧支出的最有效策略。我國長期照顧十年計劃的推動策略中亦有一項為「規劃並建立預防性照顧體系」，因此政府除針對失能者提供生活照顧外，亦應加強提供長者預防保健與健康促進等服務。

二、政府應考量經營成本，適當補助居家服務單位，並鼓勵創新服務

　　目前政府補助居家服務方案的費用包括聘僱居服員的薪資與單位行政管理費用，居服單位往往忙於行政工作，無法兼顧居家服務的服務品質。此外，因為居服單位無法控制案量多寡，因而在成本考量下不是不願投入，就是不願多聘居服員，不僅造成照顧資源不足及分配不均的問題，也引發政府與居家服務單位間有關誰是僱主的爭執。而「身心障礙者臨時及短期照顧服務」的補助方式乃是將照顧服務員的薪資從委託經費排除，受託單位僅執行照顧服務員薪資的代收代付，不需負擔僱主的責任，照顧服務員可在職業工會加保，其照服員聘僱與每月服務時數的彈性就增加很多，未來居家服務亦可考量將居家服務員的聘僱與督

導機制分離的可能性，讓居服單位的職責單純化，僅需提供居服員的訓練，媒合，在職訓練，督導及訪視等，以確保居家服務的服務品質，並建立服務對象的回饋機制等，不需負擔居家服務的經營風險。

此外，目前居家服務是以「照顧服務」為主，相關服務及給付項目著重於協助日常生活活動，這對於服務對象的生活品質似乎影響有限。政府可精確評估長期照顧補助額度與居家服務薪資的合理性，明定不同條件服務對象的每月補助額度上限，並重新思考給居服員的給付金額，設計反應不同地區、年資與服務項目的薪資結構。而在每月補助額度確定的狀況下，政府應保持服務項目彈性，並鼓勵創新。

三、政府應發展適當的評估工具

目前評估工具的準確度不佳，容易造假，且補助標準似乎過於寬嚴不一，不僅容易與民眾發生爭執，也容易造成資源的誤用與浪費，不符合社會的公平正義（沈慶盈，2013）。而現行的評估工具在學者專家來看，尚有五點問題（林麗嬋、吳肖琪、蔡誾誾、張淑卿，2010），包括：量表項目選取的原則待確立、獨立與依賴的定義待釐清、輕症重判待改進、工具式日常活動功能的性別影響待評估、認知功能障礙者長期照護需求的評估工具待建構等。建議政府應研擬更為具體或嚴謹評的估工具。

四、居服單位應創造吸引及留住人力的工作條件

從目前居家服務的人力困境來看，如要吸引投入居服的人力，並使已投入者願意留下，除了持續訓練照顧服務人力的消極策略之外，較有效的作法應是想辦法提升居家服務在職場的吸引力與競爭力，使居家服務成為具優勢的職業

選項。由於目前的居服員社會地位低落，心理與生理負荷偏高，且薪資保障不足，不僅不被年輕人視爲有前途的職業生涯選項，連對於中高齡者也不具太大的吸引力。過去的研究亦指出居服員的社會地位未受到社會大衆的認同及尊重（邱泯科、徐伊玲，2005；吳玉琴，2008；陳淑君、莊秀美，2008；劉育婷，2009）。如要提升居家服務的職場吸引力，本書第十章針對提供就業安全，改善工作條件與福利著手，並發展提升工作意義、內在報償，與促進專業認同的條件。第四章提供良好的訓練與督導機制等的相關建議。

五、居服單位應運用新的科技技術，以改善服務輸送

在科技發展日新月異而照顧人力卻明顯短缺的年代，將科技導入居家照顧服務是必然的發展趨勢，居家服務單位應仔細考量新的技術對於服務使用者及其家庭的正向及負向影響，引進科技技術以提升服務品質。至於居家服務可以運用的科技主要有三個層面：

（一）輔具的應用

以前的輔具發展與設計非常緩慢，主要的原因是因爲設計之後，需要找工廠開模及製造，成本非常的高，加上臺灣市場規模太小，爲了避免所投入的資源無法回收，輔具的設計製造向來以一般人的身材與需求爲主，不然就是強調通用設計，往往無法符合個人化的需求。如今科技的發展使得設計與製造方便很多。特別是3D列印技術的日漸成熟，未來可以省下製造模具的時間與成本，只要畫出設計圖就可以用印表機列印出來，在此種狀態之下，輔具設計與製造可以合而爲一，輔具的製作成本就可以大幅度降低，不僅可以讓更多人投入輔具的開發與設計，爲更多使用者設計符合其需求的產品，也有助於推廣與鼓勵更多人使用輔

具。

（二）遠距居家照顧系統的建構

　　資訊科技產業是臺灣的重要產業之一，不過應用於長期照顧部分似乎仍顯不足，如何把資訊、通訊科技導入照顧服務產業，提供使用者完整的應用服務內容，值得居家照顧服務業者思考。相關的創新服務方案如遠距照護系統，專業人員可透過網路傳輸與視訊設備監測失能者的健康狀況，並提供遠距諮詢，如此可節省往來醫院的不便，並降低遭受感染的風險。另外，也可透過建構智慧型環境與生活系統，提供生活關懷（電話問安）、生活提醒（尿床、夜間地板檢知、用藥、用餐提醒）、緊急救援（如體感手環）、運動健康管理（由虛擬教練引導，完成運動訓練）等管理平臺服務，提供多元化的居家照顧服務。

（三）智慧機器人的導入

　　目前國內失能老人的照護，除一部分由家人負責照顧外，多數聘請外籍看護工照護，使用居家服務者只有一小部分。在我國目前居家照顧服人力不足的狀況下，發展居家照顧為主的機器人也許是可行策略之一。羅仁權說明：「智慧機器人可協助病人上下床、拍背、按摩，移動至廁所、浴室；餐桌用餐以及客廳看電視……，並能提供協助閱讀當日新聞、報天氣狀況及溫度、提醒吃藥等服務，成為貼心的好幫手」（亞洲商訊，2014-2-5）。作者認為開發機器人有助於解決居家照顧服務人員短缺的問題，不過機器人畢竟容易給人冰冷的印象，要在短期內讓案家或案主接受由機器人提供身體照顧服務可能並不容易，因此先發展家事服務機器人，提供家務、清潔等服務，居家照顧服務則專注在個人的身體照顧服務，應是可行的方向。

第四節　結語

　　人口高齡化是一個無可避免的全球趨勢，隨著臺灣人口的老化，未來需要照顧的人越來越多，但是家庭照顧能力卻隨著人口的減少而降低，因此提供居家照顧服務有其必要性。目前臺灣社會對於長期照顧服務法及長期照顧保險法的內容還有許多的爭議，但是人口結構改變的速度卻不會因為這些爭議而減緩。

　　就目前的發展趨勢來看，居家照顧服務仍然將是我國未來長期照顧服務的中流砥柱，不過，考量我國政治、經濟、社會、科技等面向的發展趨勢及居家服務目前所遭遇的問題，作者認為依靠居家照顧服務撐起我國長期照顧系統有許多風險存在，唯有配合推動成功老化，降低對於長期照顧，尤其是居家服務的需求才是適當的發展方向。因此，政府應盡更大的努力，宣導成功老化的理念，推動預防老化及健康促進的服務方案，讓老人家能夠儘可能健康活著，降低需要居家照顧服務的期間與程度。

參考文獻

一、中文部分

中國時報社論（2015年02月28日）。財政炸彈倒數計時 如何拆解？中國時報。取自：http://www.chinatimes.com/newspapers/20150228000308-260109。

尹俊傑（2015年2月26日）。台生闖蕩大陸，須兼具創意與耐力。中央通訊社。取自：https://tw.news.yahoo.com/%E5%8F%B0%E7%94%9F%E9%97%96%E8%95%A9%E5%A4%A7%E9%99%B8-%E9%A0%88%E5%85%BC%E5%85%B7%E5%89%B5%E6%84%8F%E8%88%87%E8%80%90%E5%8A%9B-071326237.html。

江雅筑（2006）。台中市老人使用居家服務經驗之探討。東海大學社會工作學系碩士論文。

行政院（2007）。我國長期照顧十年計劃。

行政院社會福利推動委員會長期照顧制度規劃小組（2005）。改善長期照顧居家式服務各項措施規劃報告。

行政院經濟建設委員會（2002年05月31日）。挑戰2008：國家發展重點計劃（2002-2007）。國家發展委員會。取自：http://www.ndc.gov.tw/m1.aspx?sNo=0001568&ex=2#.VR43oPmUeSo。

臺灣新生報（2015年6月5日）長保法僱主負擔改4成。取自：https://tw.news.yahoo.com/%E9%95%B7%E4%BF%9D%E6%B3%95-%E9%9B%87%E4%B8%BB%E8%B2%A0%E6%93%94%E6%94%B94%E6%88%90-160000125.html

吳玉琴（2008）。臺灣居家照顧服務員勞動困境與對策。社區發展季刊，122，200-214。

吳玉琴（2011）。臺灣老人長期照顧政策之回顧與展望：老盟觀點。社區發展季刊，136，251-263。

李宗祐、林如昕（2009年10月08日）。氣象局預報主任請退 吳德榮：臺灣理盲又濫情。中國時報。取自：http://blog.yam.com/nelly324/article/24481647。

李秉穎（2011年08月05日）。只要我喜歡症候群。康健雜誌。取自：http://www.tmn.idv.tw/ping-ing/comment/co017.htm。

李威儀（2010年11月15日）。胡佛：部分媒體硬拗 造成是非不分。聯合報。取自：http://yu-anchin-news.blogspot.tw/2010_11_01_archive.html。

沈慶盈（2013）談居家照顧服務人力之因應策略—兼論長期照顧政策的發展方向。社區發展季刊，141，131-140。

亞洲商訊（2014年02月05日）。智慧機器人是高齡及長期照護的好幫手！。亞洲商訊。取自：http://www.abcs.com.tw/baodao_Detail.asp?id=9466。

林育仁（2014年04月）。李祖聖教授的機器人世界。成大產學合作季刊，16。取自：http://we-bap.rsh.ncku.edu.tw/mag/article_view.php?mcateid=134&serno=132。

林金立、楊筱慧（2008）。遠距照顧技術應用於居家老人照顧服務之探討－以雲林縣老人福利保護協會「無線生理監測系統應用於居家糖尿病、高血壓失能老人照顧服務計劃」為例。取自：www.hwwtc.mohw.gov.tw/att.php?uid=4047&file=2。

林思宇（2014年01月09日）。新版卡介苗敬告家長書，卡介苗副作用，衛福部寫清楚。防疫產品推薦計劃。取自：http://s2.misa.com.tw/anti/NewsDetail.php?REFDOCID=0mzhalpqku1r8ooh&Page_Num=42。

林麗嬋、吳肖琪、蔡誾誾、張淑卿（2010）。現行長期照護評估工具的問題與因應。長期照護雜誌，14(3)，254-265。

邱泯科、徐伊玲（2005）。老人居家照顧服務員考訓現狀與工作困境之探討。社區發展季刊，110，284-300。

徐名筠（2005）。台中市獨居老人對居家服務的認知狀況及其相關因素之探討。東海大學社會工作學系碩士論文。

國家發展委員會（2012年08月）。中華民國2012年至2060年人口推計報告。取自http://iknow.stpi.narl.org.tw/Post/Files/policy/2012/policy_12_037_2.pdf。

莊秀美、周怡君、賴明俊（2012）。論照顧服務提供多元化存續的條件：日本介護保險制度監督機制因應經驗之啟示。臺大社會工作學刊，（26），183-221。doi:10.6171/ntuswr2012.26.05

陳正芬、王正（2007）。臺北市居家服務方案論時計酬適切性之研究。臺灣社會福利學刊，6(1)，93-129。

陳宥臻（2014年12月11日）。7成國人未自提勞退金。中時電子報。取自https://tw.news.yahoo.com/7%E6%88%90%E5%9C%8B%E4%BA%BA%E6%9C%AA%E8%87%AA%E6%8F%90%E5%8B%9E%E9%80%80%E9%87%91-215036700--finance.html。

陳淑君、莊秀美（2008）。臺北市居家服務實施現況與相關議題探討。社區發展季刊，122，183-199。

普及照顧政策聯盟（2011年09月27日）。長期照顧（護）。取自：http://www.twh.org.tw/policy_law_word.asp?lawid=00158&lawcatid=00015&lawcatnm=長期照顧（護）&lawcat2id=00032&nouse=95。

普及照顧政策聯盟（2013年12月17日）。長照立法「呷緊弄破碗」，將扼殺照顧服務與人力發展。取自：http://www.familycare.org.tw/index.php/newscenter-news/791-2013-12-19-09-06-46。

黃邦平（2015年01月30日）。「退撫基金破產警鐘敲響」 銓敘部盼調高提撥率。自由時報。取自http://news.ltn.com.tw/news/focus/paper/851815。

黃啓瑞、陳靖國、陳猷仙（2009）。居家照顧服務e化之研究。2009年資訊科技國際研討會論文集。取自：http://www.inf.cyut.edu.tw/AIT2009/Paper/ft_396.pdf。

黃菁菁（2015年03月01日）。日家用機器人 照顧老人好幫手。中時電子報。取自：http://www.chinatimes.com/newspapers/20150301000327-260108。

經濟部中小企業處創業圓夢網（2006年07月27日）。居家照顧服務業第一章創業市場概況與機會分析。經濟部中小企業處創業圓夢網。取自：http://sme.moeasmea.gov.tw/sme/modules.php?name=km&file=print&sid=329。

經濟部投資業務處（2009年07月）。健康照護產業分析及投資機會。取自：http://www.taiwan-alliance.com.tw/2009TBAC/download/IAR-PHI-tc.pdf。

臺灣海外網（無日期）後藤新平的治台三策。臺灣海外網。取自：http://www.taiwanus.us/Media-VideoAudio/books/history/b3/02.htm。

劉育婷（2009）。居家照顧服務員持續服務之動力。輔仁大學社會工作學系碩士論文。

劉建國（2013年08月15日）。正視臺灣超高齡化老人照護暨長照機構人力短缺嚴峻問題。蕃薯藤新聞。取自：http://history.n.yam.com/my-formosa/politics/20130815/20130815686240.html。

衛生福利部（2013）長期照護服務網計劃（第一期）－102年至105年。取自：http://www.mohw.gov.tw/MOHW_Upload/doc/%e9%95%b7%e6%9c%9f%e7%85%a7%e8%ad%b7%e6%9c%8d%e5%8b%99%e7%b6%b2%e7%ac%ac%e4%b8%80%e6%9c%9f102%e5%b9%b4%e8%87%b3105%e5%b9%b4_%e6%a0%b8%e5%ae%9a%e6%9c%ac_0042566001.pdf

衛生福利部社會保險司（2014年10月14日）。長期照護保險簡報。衛生福利部社會保險司。取自：http[U2]://www.mohw.gov.tw/MOHW_Upload/doc/%E9%95%B7%E7%85%A7%E4%BF%9D%E9%9A%AA%E5%88%B6%E5%BA%A6%E8%A6%8F%E5%8A%83_0044943001.pdf。

衛生福利部護理及健康照護司（2014年02月19日）。長照服務法已納入社區式長照服務。衛生福利部護理及健康照護司。取自：http://www.mohw.gov.tw/cht/DONAHC/DM1_P.aspx?f_list_no=582&fod_list_no=0&doc_no=46630。

戴玉慈、吳淑瓊（2002）。長期照護服務員角色和培訓留任策略之研究：內政部九十一年度委託研究計劃。

聯合報黑白集（2009年09月04日）臺灣社會為何理盲？。聯合報。取自：http://blog.sina.com.tw/yunwei93/article.php?entryid=586754。

謝美娥（1993）。老人長期照護的相關論題。臺北市：桂冠圖書股份有限公司。

謝楠楨（2008）。失能者智慧化居家照顧之規劃。內政部社會司委託研究。

蘇麗瓊（2009）。長期照顧家庭支持方案現金給付之探討。社區發展季刊，125，31-43。

二、英文部分

The Alliance for Home Health Quality & Innovation. (2014). The Future of Home Health Care Project. 取自：http://www.ahhqi.org/images/pdf/future-whitepaper.pdf.

國家圖書館出版品預行編目資料

老人居家照顧的服務與治理／謝美娥、沈慶盈
著. ─ 初版. ─ 臺北市：五南，2015.07
　　　面；　　公分.
ISBN 978-957-11-8127-1（平裝）

1.老人養護　2.居家照護服務

544.85　　　　　　　　104008957

1JC5

老人居家照顧的服務與治理

作　　　者 ― 謝美娥、沈慶盈

發 行 人 ― 楊榮川

總 編 輯 ― 王翠華

主　　　編 ― 陳姿穎

編　　　輯 ― 邱紫綾

封面設計 ― 吳雅惠　童安安

出 版 者 ― 五南圖書出版股份有限公司

地　　　址：106台北市大安區和平東路二段339號4樓

電　　　話：(02)2705-5066　　傳　　　真：(02)2706-6100

網　　　址：http://www.wunan.com.tw

電子郵件：wunan@wunan.com.tw

劃撥帳號：01068953

戶　　　名：五南圖書出版股份有限公司

法律顧問　林勝安律師事務所　林勝安律師

出版日期　2015年7月初版一刷

定　　　價　新臺幣520元

ISBN 978-951-11-8127-1
GPN 1010400836
國家書店松江門市　地址：104台北市松江路209號一樓
TEL:02-2518--0207（代表號）國家網路書店：http://www.govbooks.com.tw
台中五南文化廣場　地址：台中市中區中山路6號
電話:04-2226-0330　傳真：04-2225-8234